清代學術名著叢刊

讀書雜志

（五）

[清]王念孫 撰
徐煒君 樊波成 虞思徵 張靖偉 等 校點

上海古籍出版社

淮南内篇弟十一

齊俗

僞匿之本

「夫水積則生相食之魚，土積則生自宍之獸。「宍」與「肉」同，各本「宍」誤作「穴」，辯見《原道》「欲寅之心」下。禮義飾則生僞匿之本」。《太平御覽·禮儀部二》引此「僞匿之本」作「僞慝之儒」，又引注曰：「僞，詐。慝，姦。」念孫案：「慝」、「匿」古字通。說見《泰族》「民無匿情」下。「本」當爲「士」。「僞匿之士」與「相食之魚」、「自肉之獸」相對爲文，若云「僞匿之本」，則與上文不類矣。《御覽》作「僞慝之儒」。「儒」亦「士」也。隸書「士」字或作「𡈼」，見漢《仙人唐公房碑陰》。與「本」相似，又涉上文「禮義之本」而誤。

致煖　兵戈

「其衣致煖而無文，其兵戈銖而無刃」。高注：「楚人謂刃頓爲銖。」念孫案：此本作「其衣煖而無文，其兵銖而無刃」。後人於「煖」上加「致」字，於義無取。戈爲五兵之一，言兵而戈在其中，不當更加「戈」字。且「其衣致煖」與「其兵戈銖」不對，明是後人所改。《文子・道原篇》正作「其衣煖而無采，其兵鈍而無刃」。

抽簊　扣墳墓

「故有大路龍旂、羽蓋垂緌、結駟連騎，則必有穿窬拊楗、抽簊踰備之姦」。高注曰：「抽，握也。備，後垣也。」引之曰：「抽簊」當爲「扣墓」。高注「抽，握也」當作「扣，掘也」。「扣」字本作「搰」。《說文》曰：「搰，掘也，或作扣。」《廣雅》曰：「扣，掘也。」《荀子・正論篇》曰「扣人之墓」是也。《呂氏春秋・節喪篇》「葬淺則狐貍扣之」，高注曰：「扣，讀曰掘。」是「扣」與「掘」聲相近，字亦相通也。今本「扣墓」作「抽簊」者，「抽」與「扣」字相似，故「扣」誤作「抽」。《說林篇》「伏苓扣，兔絲死」，《藝文類聚・草部上》引此「扣」作「抽」。《論衡・薄葬篇》「不畏罪法而丘墓扣矣」，今本「扣」作「抽」。蓋世人多見「抽」少見「扣」，故「扣」誤爲「抽」矣。「墓」與「基」字亦相似，「墓」以形誤爲

「基」，《漢書・敘傳》「陵不崇墓」，《漢紀》「墓」字誤爲「基」。「墓」可誤爲「基」，故「基」亦可誤爲「墓」。《逸周書・大開篇》「兆基九開」，今本「基」誤爲「墓」是也。「墓」可誤爲「基」，故「莫」亦可誤爲「其」。《史記・孝文紀》「宗室、將相、王、列侯以爲莫宜寡人」，《漢書》「莫」誤爲「其」是也。「基」又以聲誤爲「箕」耳。「穿窬拊楗、抇墓踰備之姦」，皆謂盜賊也。「楗」謂户牡也。「拊楗」謂搏取户楗也。《呂氏春秋・異用篇》云「跖與企足得飴，以開閉取楗」是也。「備」與「培」同。下文「鑿培而遁之」，高注曰：「培，屋後牆也。」《呂氏春秋・聽言篇》亦作「培」，《莊子・庚桑楚篇》作「阫」，《漢書・楊雄傳》作「坏」。故此注云：「備，後垣也。」又《兵略篇》「毋扣墳墓」，「扣」亦「抇」字之誤。本或作「抉」者，後人以意改之耳。莊刻從或本作「抉」，非。

䗃莣

「夫蝦蟇爲鶉，水蠆爲䗃莣」。高注曰：「青蛉也。」「青蛉」上當有「蟌」字。念孫案：「水蠆爲䗃莣」本作「水蠆爲蟌」。《玉篇》：「蟌，千公切，蜻蛉也。」《廣韻》引《淮南子》：「蝦蟇爲鶉，水蠆爲蟌。」《太平御覽・蟲豸部六》所引與《廣韻》同，又引注云：「老蝦蟇化爲鶉，水中蠆蟲化爲蟌，蟌者，蜻蜓也。」此蓋許注。《說林篇》「水蠆爲蟌」，高注曰：「水蠆化爲蟌。蟌，青蜓也。」皆其明證矣。今本作「水蠆爲䗃莣」者，「䗃」爲「蟌」之誤，「蟌」字從虫、悤聲。隸書「悤」或作「⿱毋心」，又作「悤」，其上半與「每」相近。「蟌」或作「蜙」，因誤爲「螅」耳。《廣雅・釋草》「蒚，藸蒠也」，今本「蒠」作「葸」，又「藜蘆，蒠葹也」，今本「蒠」作「葸」，皆其證也。「苾」爲「䓗」之誤。「䓗」，俗書「蒠」字也，與「蟌」同音。校書者記「䓗」字於「蟌」字之旁，而寫者因誤合之耳。又案：高注「青，蛉也」下，各本皆有「音矛音務」四字。蓋「蟌䓗」二字既誤爲「螅苾」，後人遂妄加音釋耳。《字彙補》乃於《虫部》收入「螅」字，音矛；又於《艸部》「苾」字下注云「音務」，引《淮南子》「水蠆爲螅苾」。甚矣其惑也。

筐

「柱不可以摘齒，「摘」讀若「剔」。筐不可以持屋」。高注曰：「筐，小簪也。」《太平御覽・居處部十五》引作「蓬不可以持屋」。念孫案：「筐」與「蓬」，皆「筳」字之誤也。「筳」讀若「庭」，又讀若「挺」。庭、挺，皆直也。《爾雅》：「庭，直也。」《考工記・弓人》注曰：「挺，直也。」小簪形直，故謂之「筳」。小簪謂之「筳」，小折竹謂之「筳」，草莖謂之「莛」，杖謂之「梃」，皆以直得名。「柱」與「筳」大小不同，而其形皆直，故類舉之。若筐與蓬，則非其類矣。《玉篇》「筳，徒丁切，小簪也」，義即本於高注。此言大材不可小用，小材不可大用，故柱可以持屋而不可以摘齒，小簪可以摘齒而不可以持屋也。「筳」字隸書或作「莛」，隸書從竹之字或從艸。形與「蓬」相似，「筐」與「筳」，草書亦相似，故「筵」誤爲「筐」，又誤爲「蓬」矣。

函食不如簞　弊箄

「夫明鏡便於照形，其於以函食不如簞」。念孫案：「函食不如簞」本作「承食不如竹箄」。箄，博計反。今本「承」誤爲「函」，「箄」誤爲「簞」，「箄」誤爲「箪」，又誤而爲「簞」。又脱去「竹」字耳。《説文》：「箄，蔽也，所以蔽甑底。」「承」讀爲「烝之浮浮」之「烝」，謂用以烝食也。《漢書・地理志》「長沙國承陽」，師古曰：「承，音烝。」《續漢書・郡國志》作「烝陽」。是「烝」與「承」通。《太平御覽・器物部》引此作「蒸食」。今人猶謂甑中蔽爲箄子。《世説》云「客詣陳太丘宿，太丘使元方、季方炊二人，委而竊聽，炊忘箸箄，飯落釜中」是也。《説山篇》云：「弊箄甑瓾，在旃茵之上，雖貪者不搏。」是箄爲物之賤者。然明鏡雖貴，若用以蔽甑底，則氣不上升而食不熟；竹箄雖賤，而可以烝食。故下文云：「物無貴賤，因其所貴而貴之，物無不貴；因其所賤而賤之，物無不賤也。」鏡形圓，箄形亦圓，故連類而及之。若簞笥之屬，則儗之不於其倫矣。且「箄」與「蜧」爲韻，蜧音戾。若作「簞」，則失其韻矣。《太平御覽・服用部》「鏡」下引《淮南子》「明鏡便於照形，承食不如竹簞」，雖「承」字不誤，而「簞」字已與今本同。然《器物部》「箄」下又引《淮南子》「明鏡可鑑形，蒸食不如竹箄」。是則《服用部》作「簞」者，後人據誤本《淮南》改之耳。《北堂書鈔・服飾部》「鏡」下引作「承食不如竹簞」，「簞」亦「箅」之誤。又案：《説山篇》「弊箅甑瓾」，今本「箅」作「簞」，非也。《説文》：「箅，蔽也，所以蔽甑底，從竹，畀聲。」《玉篇》「博計切」，《急就篇》云「笸篅簁箄箅篝」是也。《説文》又云：「箄，簁箄也。從竹，卑聲。」《玉篇》「必匙、必是二切」，《急就篇》云「簁箄箕帚筐篋篓」是也。此言「弊箅甑瓾」，則是甑箅之「箅」，非簁箄之「箄」字，不當從卑。

代爲常

「見雨則裘不用，升堂則蓑不御，此代爲常者也」。陳氏觀樓曰：「『常』當爲『帝』，字之誤也。《太平御覽・服章部十一》引此已誤。『代爲帝』，謂裘與蓑迭爲主也。《説林篇》曰：『旱歲之土龍，疾疫之芻靈，是時爲帝者也。』《莊子・徐無鬼篇》曰：『堇也，桔梗也，雞廱也，豕零也，是時爲帝者也。』義竝與此同。」

肆

「譬若舟車楯肆窮廬，故有所宜也」。高注曰：「沙地宜肆。」《脩務篇》：「水之用舟，沙之用肆，泥之用輴，山之用蔂。」念孫案：「肆」當作「𨽾」，《玉篇》「乃鳥切」。字相似而誤。《文子・自然篇》正作「沙用𨽸」。朱本、茅本、莊本依《吕氏春秋》《慎勢篇》改作「沙之用鳩」，非也。「鳩」與「肆」形聲皆不相近，若是「鳩」字，不得誤爲「肆」矣。或又因《説文》無「𨽸」字，而以「肆」爲「槷」。「槷」與「肆」形聲亦不相近，且《脩務篇》明言「沙用肆，山用蔂與「槷」同。」，肆、槷不同物，何得以「肆」爲「槷」乎？

過簫

「若風之過簫，忽然感之，各以清濁應矣」。陳氏觀樓曰：「各本『過』字皆誤作『遇』，莊本同。唯《道藏》本不誤。《文子·自然篇》正作『若風之過簫』。」

以物

「凡以物治物者不以物句以睦；句治睦者不以睦，以人；治人者不以人，以君」。念孫案：「凡以物治物者」，「以物」二字因下文而衍。《吕氏春秋·貴當篇》《文子·下德篇》皆無此二字。

哀可樂者

「夫載哀者聞歌聲而泣，載樂者見哭者而笑。哀可樂者，笑可哀者，載使然也」。念孫案：「哀可樂者」，「者」字因下句而衍。

水擊　智昏

「故水擊則波興，氣亂則智昏。智昏不可以爲政，與「正」同。波水不可以爲平」。念孫案：「水擊」當爲「水激」，聲之誤也。《羣書治要》引此正作「激」。《氾論篇》亦云「水激興波」。「智昏不可以爲政」，「智昏」當爲「昏智」。「昏智」與「波水」相對，謂既昏之智，不可以爲正，已波之水不可以爲平也。今本作「智昏」者，蒙上句而誤。《文子·下德篇》正作「昏智不可以爲正」。

萬物之情既矣

「故聖王執一而勿失，萬物之情既矣，四夷九州服矣」。高注曰：「既，盡也。」各本脱此注，劉本有。念孫案：「既」本作「測」，高注本作「測，盡也」。今本正文、注文皆作「既」，後人以意改耳。《羣書治要》引此正作「測」。《原道篇》「水大不可極，深不可測」，《主術篇》「天道大不可極，深不可測」，《吕氏春秋·下賢篇》「昏乎其深而不測也」，高注竝云：「測，盡也。」測與盡同義，詳見《經義述聞·禮記》「測深厚」下。後人但知「既」之訓爲「盡」，而不知「測」之訓爲「盡」，遂以其所知，改其所不知，謬矣。且「測」與「服」爲韻，「服」字古讀蒲北反，説見《唐韻正》。若作「既」，則失其韻矣。

人之所能已

「不强人之所不能爲，不絶人之所能已」。陳氏觀樓曰：「『能已』上亦當有『不』字。《文子·上仁篇》正作『不絶人所不能已』。」

樂優以淫

「禮飾以煩，樂優以淫」。念孫案：《文子·上仁篇》「優」作「擾」，於義爲長。「擾」亦「煩」也。俗書「擾」字作「擾」，與「優」相似而誤。

義者宜也禮者體也

「義者，循理而行宜者也；下「者」字據下文及《太平御覽·禮儀部二》補。禮者，體情而制文者也。「而」字據上文及《太平御覽》補。義者，宜也；禮者，體也」。引之曰：上二句即是訓「義」爲「宜」，訓「禮」爲「體」，不須更云「義者，宜也；禮者，體也」矣。疑後人取《中庸》《禮器》之文記於旁，而寫者因誤入正文也。

有虞氏之祀

「有虞氏之祀，其社用土，祀中霤葬成畝」。念孫案：「有虞氏之祀」，「祀」當爲「禮」，此涉下文「祀中霤」而誤也。「有虞氏之禮」，總下三事而言，不專指祭祀。下文「夏后氏之禮」、今本脱「之禮」二字，據下文補。「殷人之禮」、「周人之禮」，皆其證。

遂反於樸

「已淫已失，與「佚」同。復揆以一；既出其根，復歸其門；已雕已琢，遂反於樸」。念孫案：「遂」當爲「還」，字之誤也。「還」字與上文兩「復」字同義，作「遂」則非其指矣。《原道篇》

及《説苑·説叢篇》竝云：「已彫已琢，還反於樸。」是其明證也。《莊子·山木篇》云：「既雕既琢，復歸於朴。」《韓子·外儲説左篇》云：「既雕既琢，還歸其樸。」「還」亦「復」也。此皆《淮南》所本。

草蒯

「譬若芻狗土龍之始成，文以青黄，絹以綺繡，《太平御覽》引作「飾以綺繡」，《莊子·天運篇》作「巾以文繡」。纏以朱絲，尸祝袀袨，大夫端冕以送迎之。及其已用之後，則壤土草蒯而已」。各本「蒯」下有「音出」二字。莊曰：「《太平御覽》『蒯』作『芥』。《皇王部二》『芥』，正字；『蒯』，奇字。」念孫案：「音出」二字，後人所加。高注皆言讀某字，無言音某者。考《説文》《玉篇》《廣韻》《集韻》皆無「蒯」字，或音出，或以爲「芥」之奇字，皆不知何據。余謂「蒯」者，「薊」之壞字也。草薊，即草芥。《史記·賈生傳》「細故慸薊兮」，今本「薊」作「葪」，《文選·鵩鳥賦》注引《鶡冠子》作「細故袃葪」，又云「『袃葪』與『蔕芥』古字通」，《玉篇》：「葪，俗薊字。」索隱曰：「薊，音介。」《漢書》作「蔕芥」。」[二]是「芥」、「薊」古字通，故此作「薊」，《御覽》作「草芥」也。

[二] 蔕芥，《史記索隱》引《漢書》作「芥」。

大雨

「故當舜之時，有苗不服，於是舜脩政偃兵，執干戚而舞之；禹之時，天下大雨，禹令民聚土積薪，擇丘陵而處之」。念孫案：「天下大雨」，「雨」本作「水」，此後人妄改之也。唯天下大水，是以令民聚土積薪而處丘陵。若作「大雨」，則非其指矣。後人改「水」爲「雨」者，以與「舞」、「處」二字爲韻耳。不知此文但以「舞」、「處」爲韻，餘皆不入韻也。《要略》正作「禹之時，天下大水」。

故不爲三年之喪始

「武王伐紂，載尸而行，海内未定，故不爲三年之喪始。禹有洪水之患，各本「有」作「遭」，乃後人以意改之。《文選·海賦》注、應璩《與從弟君苗君胄書》注、《太平御覽·禮儀部三十四》引此竝作「有」，今據改。陂塘之事，故朝死而暮葬」。《道藏》本「不爲三年之喪始」下注云：「三年之喪於武王。」念孫案：「故不爲三年之喪始」當作「故爲三年之喪」，高注當作「三年之喪始於武王」。《藏》本「始」字誤入正文，正文「爲三年之喪」上又衍「不」字，則正文、注文皆不可讀矣。且上文以「舞」、「處」爲韻，此以「行」、「喪」、「葬」爲韻，若「喪」下有「始」字，則失其韻矣。此言武王爲三年之喪，而禹則朝死暮葬，與武王不同，非謂武王不爲三年之喪也。下文云：「脩干戚而笑钁插，知三年而非一日。」今本「非」上脱「而」字，據上句補。「干戚」二字，承上文舜舞干戚而言，「钁插」二字，承禹令民聚土而言，「一日」二字，承禹朝死暮葬而言，「三年」二字，則承武王爲三年之喪而言。若云「不爲三年之喪」，則與下文相反矣。《要略》云：「武王誓師牧野，以踐天子之位。天下未定，海内未輯，武王欲昭文王之令德，使夷狄各以其賄來貢，遼遠未能至，故治三年之喪，殯文王於兩楹之閒，以俟遠方。」彼言武王治三年之喪，正與此同。若云「不爲三年之喪」，則又與《要略》相反矣。《道應篇》述武王之事亦云：「爲三年之喪，令類不蕃。」以上三篇，皆謂武王始爲三年之喪，故高注云「三年之喪始於武王」也。《藏》本作「三年之喪於武王」者，「始」字誤入正文耳。劉績不知是正，又改注文爲「三年之喪於武王廢」，朱本又改爲「言始廢於武王也」，莊本同。皆由正文誤作「不爲三年之喪」，故又改注文以從之耳。

爲人

「是故不法其以成之法，「以」與「已」同。而法其所以爲法；所以爲法者，與化推移者也。夫能與化推移爲人者，至貴在焉爾」。念孫案：「夫能與化推移者」，乃復舉上文之詞，「推移」

下不當有「爲人」二字，蓋涉下文「與造化爲人」而衍。

鉗且

「鉗且得道以處崑崙」。莊氏伯鴻曰：「《莊子・大宗師篇》『堪壞得之以襲崑崙』，陸德明釋文云：『堪坏，神名，人面獸形。司馬彪注。《淮南》作「欽負」。』是唐本『鉗且』作『欽負』也，字形近，故誤耳。程文學據《山海經》云『是與欽䲹殺祖江于崑崙之陽』，《西山經》《後漢書》注引作『欽駓』，《張衡傳》皆古字通用。」錢別駕云：「古『丕』與『負』通，故《尚書》『丕子之責』，《史記》作『負子』。『丕』與『負』通，因之從『丕』之字亦與『負』通也。『堪』、『欽』亦同聲。」念孫案：程、錢、莊說皆是。

齊味

「今屠牛而烹其肉，或以酸，或以甘，言或用酸，或用甘也。舊本作「或以爲酸，或以爲甘」，兩「爲」字皆後人所加。《北堂書鈔・酒食部四》、《太平御覽・資産部八》《飲食部十一》引此皆無兩「爲」字，今據删。煎敖燎炙，齊味萬方」。念孫案：「齊味」當爲「齊咊」，字之誤也。「齊」讀若「劑」，「咊」即今「和」字也，讀若甘受和之「和」。舊本《北堂書鈔》及《太平御覽》引此竝作「齊和萬方」。陳禹謨改「齊和萬方」

爲「有萬方」，謬甚。「和」與「齊」義相近。鄭注《周官·鹽人》云：「齊事，和五味之事。」又注《少儀》云：「齊謂食羹醬飲有齊和者也。」高注《吕氏春秋·本味篇》云：「齊，和分也。」《本經篇》云：「煎熬焚炙，調齊和之適。」《鹽鐵論·通有篇》云：「庖宰烹殺胎卵，煎炙齊和，窮極五味。」《新序·雜事篇》云：「管仲善斷割之，隰朋善煎熬之，賓胥無善齊和之。」《漢書·藝文志》云：「調百藥齊和之所宜。」皆其證也。又案：「和」字《説文》本作「咊」，今經傳皆作「和」，從隸變也。此「咊」字若不誤爲「味」，則後人亦必改爲「和」矣。

撥檖

「伐梗柟豫樟而剖棃之，或爲棺槨，或爲柱梁，披斷撥檖，所用萬方」。高注曰：「撥，析理也。遂，順也。」念孫案：如高注，則「檖」字本作「遂」，故訓爲「順」也。今作「檖」者，因上文「棺槨」、「柱梁」等字而誤耳。茅本并注文亦改爲「檖」，而莊本從之，謬矣。

一體

「故百家之言，指奏相反，其合道一體也。譬若絲竹金石之會樂同也」。念孫案：「體」字因下文「不失於體」而衍。「合道一」與「會樂同」，文正相對，則「一」下不當有「體」字。下文又云：「其知馬一也，其得民心鈞也。」皆與此文同一例。

刀以剃毛

「屠牛坦一朝解九牛，而刀以剃毛」。念孫案：「刀」下當有「可」字。「刀可以剃毛」，《賈子》所謂「芒刃不頓」也。脱去「可」字，則文義不明。《白帖》十三、《太平御覽·兵部七十七》《資産部八》引此皆有「可」字。

刀如新剖

「庖丁用刀十九年，而刀如新剖」。劉本於「剖」下增「硎」字。念孫案：劉增是也。據高注云「硎，磨刀石」，則有「硎」字明矣。下「刀」字當作「刃」。「刃」、「刀」字相似，又涉上「刀」字而誤也。「刃如新剖硎」，言刀刃不頓也。《莊子·養生主篇》：「今臣之刀十九年矣，而刀刃若新發於硎。」《吕氏春秋·精通篇》：「宋之庖丁好解牛，用刀十九年，而刃若新磨研。」皆其證也。《太平御覽·資産部八》引此作「刃如新砥硎」，雖「砥」與「剖」不同，而字亦作「刃」。

所以巧

「若夫規矩鉤繩者，此巧之具也，而非所以巧也」。念孫案：「巧也」上當有「爲」字。下文云「故弦，悲之具也，而非所以爲悲也」，與此相對爲文。《太平御覽·工藝部九》引此正作「非所以爲巧」。《文子·自然篇》同。

心手衆虛之閒

「游乎心手衆虛之閒」。念孫案：「衆虛」二字，因上文「游乎衆虛之閒」而誤衍也。上文説庖丁解牛，批卻導窾，游刃有餘，故曰「游乎衆虛之閒」。此是説工匠爲連鐖之事，不當言「衆虛」也。且「心手之閒」，謂心與手之閒也，則不當有「衆虛」二字明矣。《文子》作「遊於心手之閒」，無「衆虛」二字。

不知孰是孰非

「今吾欲擇是而居之，擇非而去之，不知世之所謂是非者，不知孰是孰非」。陳氏觀樓曰：「『不知孰是孰非』，『不知』二字因上句而衍。」念孫案：《羣書治要》引此無「不知」二字。

趣舍合

「故趣舍合即言忠而益親，身疏即謀當而見疑」。念孫案：趣，謂志趣也。七句反。「趣合」與「身疏」相對爲文，則「趣」下不當有「舍」字，蓋即「合」字之誤而衍者也。《文子・道德篇》正作「趣合」。

不能致

「常欲在於虚，則有不能爲虚矣。若夫不爲虚而自虚者，此所慕而不能致也」。念孫案：「此所慕而不能致也」，義不可通，「不能致」當作「無不致」。上文「欲在於虚則不能爲虚」，高注以爲「爲者敗之，執者失之」是也。聖人無爲故無敗，無執故無失，故曰：「若夫不爲虚而自虚者，此所慕而無不致也。」「所慕無不致」，猶言所欲無不得。《精神篇》曰：「達至道者，性有不欲，無欲而不得。」義與此同也。今本作「不能致」者，涉上文「不能爲虚」而誤。《文子・道德篇》正作「此所欲而无不致也」。

然忽不得

「不通於道者，若迷惑，告以東西南北，所居聆聆，一曲而辟，然忽不得，復迷惑也」。念孫案：「然忽不得」當作「忽然不得」。

俔

「辟若俔之見風也。無須臾之間定矣」。高注曰：「俔，候風雨也，世所謂五兩者也。」莊氏伯鴻曰：「《文選注》引『俔』作『綄』《玉篇》：「乎官、乎管二切。」許慎注云：『綄，候風也。楚人謂之五兩。』玫古『完』與『見』字形相近，本多譌別，故《論語》『莞爾』之『莞』，陸德明又作『莧』。此字義當作『綄』爲是。」念孫案：莊以「俔」爲「綄」之譌，是也。《道藏》本、朱本注竝作「俔，候風雨也」。「雨」乃「羽」字之譌，劉本改爲「候風雨者」，茅本又改爲「候風者也」，而莊本從之，誤矣。《廣韻》：「綄，船上候風羽。」《北堂書鈔・舟部二十》引注云：「綄者，候風之羽也。」《太平御覽・舟部四》引許注云：「綄，候風羽也。」今本「羽」譌作「扇」。則高注「雨」字明是「羽」字之譌。《文選・江賦》注引許注作「候風也」者，傳寫脱「羽」字耳。

治世之體

「治世之體易守也，其事易爲也，其禮易行也，其責易償也」。念孫案：「治世之體」，《羣書治要》引此，「體」作「職」，是也。俗書「職」字作「軄」，「體」字作「軆」，「軄」誤爲「軆」，又改爲「體」耳。「職易守」、「事易爲」、「禮易行」、「責易償」，四者義竝相近，若作「體」，則與「守」字義不相屬，且與下三句不類矣。《文子·下德篇》亦作「職易守」。下文云「萇弘、師曠，不可與衆同職」，又其一證矣。

跖钁

「故伊尹之興土功也，脩脛者使之跖钁」。高注曰：「長脛以蹋插者，使入深。」《太平御覽·地部二》《器物部九》引此「钁」竝作「鏵」。念孫案：「鏵」字是也。鏵，即臿也。跖，蹋也。《文選·舞賦》注引《淮南》許注如此。故高注言「蹋插」。《說文》：「茉，《玉篇》「胡瓜切」。兩刃臿也。宋魏曰茉，或作釫。」《玉篇》云：「今爲鏵。」《方言》云：「臿，宋魏之閒謂之鏵。」高注《精神篇》云：「臿，鏵也。青州謂之鏵。」《釋名》云：「鍤，或曰鏵。鏵，刳也，刳地爲坎也。」「茉」、「釫」、「鏵」，字異而義同。「臿」、「鍤」、「插」亦同。今人謂臿爲鏵鍬是也。使長脛者蹋臿，則入地深而得土多，故高注曰：「長脛以蹋插者，使入深也。」後人不識「鏵」字，遂妄改爲「钁」。《埤雅》引此作「钁」，則所見本已然。案《説文》：「钁，大鉏也。」鉏以手揮，非以足蹋，不得言「跖钁」。且高注明言「蹋插」，不言「蹋钁」。

毛嫱

「待西施、毛嫱而爲配，則終身不家矣」。高注曰：「西施、毛嫱，古好女也。」《羣書治要》引此作「西施、絡慕」，又引注作「西施、絡慕，古好女也」。《太平御覽・獸部八》引作「落慕」。念孫案：《廣韻》及《元和姓纂》「絡」、「落」皆姓也，「慕」蓋其名。《治要》《御覽》所引者，原文也。今本作「毛嫱」者，後人不知「絡慕」所出，又見古書多言「毛嫱」、「西施」，故改之耳。不知他書自作「毛嫱」，此自作「絡慕」，不必同也。

竝用

「然非待古之英俊而人自足者，因所有而竝用之」。念孫案：《羣書治要》引此「竝」作「遂」，於義爲長。遂，即也，言因所有而即用之，故不待古之英俊而人自足也。今本作「竝」者，後人依《文子・下德篇》改之耳。

危爲禁

「亂世之法，高爲量而罪不及，重爲任而罰不勝，危爲禁而誅不敢」。念孫案：「危爲禁」本作「危爲難」。「危爲難而誅不敢」者，「危」猶「高」也。見《緇衣》鄭注。高爲艱難之事，而責之以必能，及畏難而不敢爲，則從而誅之，正與上二句同意。後人不察，而改「難」爲「禁」。禁之正欲其不敢，何反誅之乎？《文子·下德篇》正作「危爲難而誅不敢」。《莊子·則陽篇》：「匿爲物而愚不識，大爲難而罪不敢，重爲任而罰不勝，遠其塗而誅不至。」《吕氏春秋·適威篇》：「煩爲教而過不識，數爲令而非不從，巨爲危而罪不敢，重爲任而罰不勝。」文義竝與此同。

易其處

「道德之論，譬猶日月也，江南、河北不能易其指，馳騖千里不能易其處」。念孫案：下「易」字本作「改」，此因上「易」字而誤也。《意林》及《文選·月賦》注、鮑照《翫月城西門解中詩》注引此下「易」字竝作「改」。

「故六騏驥，四駃騠，以濟江河，不若竅木便者，處世然也」。高注曰：「竅，空。」念孫案：「處世」本作「處勢」。古者謂所居之地曰處勢。「竅木」，謂舟也。言乘良馬濟江河，不若乘舟之便者，處勢使然也。《莊子·山木篇》曰：「王獨不見夫騰猿乎？得柘棘枳枸之閒，危行側視，振動悼慄，處勢不便，未足以逞其能也。」《新序·雜事篇》曰：「元蝯在枳棘之中，恐懼而悼慄，危視而蹟行，處勢不便故也。」《史記·蔡澤傳》曰：「翠鵠犀象，其處勢非不遠死也。」《漢書·陳湯傳》曰：「故陵因天性，據真土，處埶高敞。」又《史記·楚世家》曰：「處既形便，勢有地利。」「有」與「又」同。《淮南·俶真篇》曰：「處便而勢利。」「處勢」或曰「勢居」。《逸周書·周祝篇》曰：「勢居小者不能爲大。」《賈子·過秦篇》曰：「秦地被山帶河以爲固，自繆公以來，至於秦王，二十餘君，常爲諸侯雄，其勢居然也。」《淮南·原道篇》曰：「故橘樹之江北，則化而爲橙，今本「橙」作「枳」，乃後人據《考工記》改之，辯見《原道》。鴝鵒不過濟，貈渡汶而死，形性不可易，勢居不可移也。」或言「處」，或言「勢」，或言「處勢」，或言「勢居」，其義一也。後人不識古義，而改「處勢」爲「處世」，其失甚矣。

箕子

「王子比干非不知箕子被髮佯狂以免其身也，然而樂直行盡忠以死節，故不爲也」。念孫案：「箕子」二字因下文「從箕子視比干」而衍。下文曰「伯夷、叔齊非不能受禄任官以致其功也」，「許由、善卷非不能撫天下寧海内以德民也」，「豫讓、要離非不知樂家室安妻子以偷生也」，皆與此文同一例。若有「箕子」二字，則文不成義，且與下文不對矣。

不足以論之

「故其爲編户齊民無以異然，貧富之相去也，猶人君與僕虜，不足以論之」。念孫案：「論」當爲「諭」，字之誤也。「諭」或作「喻」。《太平御覽·人事部一百二十六》引此作「不足以喻」，之又引注云：「喻，猶方也。」是其證。

由是

「夫乘奇技，僞邪施者，「僞」與「爲」同。自足乎一世之閒，守正循理今本「循」誤作「脩」，辯見《原道》。不苟得者，不免乎飢寒之患。而欲民之去末反本，由是發其原而壅其流也」。念孫案：「由是」當爲「是由」。「由」與「猶」同。《羣書治要》引此正作「是猶」。

仕鄙

「故仕鄙在時不在行，利害在命不在智」。陳氏觀樓曰：「『仕鄙』當爲『仁鄙』，字之誤也。『仁』與『鄙』相反，『利』與『害』相反。《論衡・命禄篇》引此正作『仁鄙』。《本經篇》曰：『毀譽仁鄙不立。』《漢書・董仲舒傳》曰：『性命之情，或夭或壽，或仁或鄙。』」

決沈　先升

「故江河決沈一鄉，父子兄弟相遺而走，爭升陵阪，上高丘，輕足先升，不能相顧也」。念孫案：「沈」當爲「流」，字之誤也。《荀子・勸學篇》「瓠巴鼓瑟而流魚出聽」，《大戴禮》作「沈魚」。「江河決流」爲句，「一鄉」二字下屬爲句，非以「沈一鄉」爲句。江河之決，所沈非止一鄉也。《羣書治要》引此正作「江河決流」。又「輕足先升」，「升」字與上文相複。《羣書治要》引作「輕足者先」，無「升」字，於義爲長。

求水

「扣門求水，莫弗與者，所饒足也」。念孫案：此用《孟子》語，則「水」下當有「火」字。《羣書治要》《意林》引此皆作「求水火」。

淮南内篇第十二

道應

無爲知　弗知之深

「『若是，則無爲知與無窮之弗知，孰是孰非？』無始曰：『弗知之深而知之淺，弗知内而知之外，弗知精而知之粗。』」念孫案：「弗知之深」，「之」字當在上文「無爲」下。「無爲之知」與「無窮之弗知」相對爲文。今本「無爲」下脱「之」字，則文不成義。「弗知」下衍「之」字，[一]則與下二句不對。《莊子・知北遊篇》作「『若是，則無窮之弗知與無爲之知，孰是而孰非乎？』無始曰：『弗知深矣，知之淺矣，弗知内矣，知之外矣。』」是其證。

[一] 字，原作「事」，據《國學基本叢書》本改。

形之不形

「孰知形之不形者乎」。念孫案：「形之不形」，當依《莊子》作「形形之不形」。郭象曰：「形自形耳，形形者，竟無物也。」少一「形」字，則義不可通。《列子・天瑞篇》亦云：「形之所形者實矣，而形形者未嘗有。」

誰知

「白公曰：『然則人固不可以微言乎？』《道藏》本如是。案：《詩箋》《儀禮注》多云「以，猶與也」。上文「人可以微言乎」，即其證。劉本改「以」爲「與」，而諸本及莊本皆從之，蓋未達古訓也。孔子曰：『何謂不可？謂，猶爲也。誰知言之謂者乎？』」念孫案：「誰」當爲「唯」，字之誤也。言唯知言之謂者，乃可與微言也。《呂氏春秋・精諭篇》作「唯知言之謂者爲可耳」，《列子・說符篇》作「唯知言之謂者乎」，《文子・微明篇》同。是其證。

先生

「惠子爲惠王爲國法，已成而示諸先生，先生皆善之」。《太平御覽・治道部五》引此同。

念孫案：「先生」二字於義無取。《吕氏春秋·淫辭篇》「先生」皆作「民人」。《集韻》《類篇》「民」字古作「兇」，「人」字唐武后作「𤯔」。疑「兇」誤爲「先」，「𤯔」誤爲「生」也。《宋策》「吾欲藉子殺人」，今本「人」作「王」，亦「𤯔」之誤。

曰善

「以示翟煎，曰『善』」。念孫案：「曰善」上當更有「翟煎」二字。「以示翟煎，翟煎曰『善』」，與上文「示諸先生，先生皆善之。奏之惠王，惠王甚説之」，文同一例。今本「翟煎」二字不重寫者，脱之也。《太平御覽》引此已誤。《羣書治要》引此作「以示翟煎，翟煎曰『善』」，《吕氏春秋》作「以示翟翦，翟翦曰『善也』」，皆其證。

有禮

「治國有禮，不在文辯」。念孫案：「有禮」當爲「在禮」，字之誤也。「在」與「不在」相對爲文。《羣書治要》引此正作「在禮」。

石乙

「石乙入」。念孫案：「石乙」當爲「石乞」，字之誤也。「乞」即「气」之省文，非從乙聲，不得通作「乙」。《人閒篇》及哀十六年《左傳》、《史記·楚世家》《五子胥傳》、《墨子·非儒篇》《吕氏春秋·分職篇》皆作「石乞」。

來附

「攝女知，正女度，神將來舍。德將來附若美，而道將爲女居。惷乎若新生之犢，而無求其故」。「惷」，各本誤作「惷」，辯見《地形篇》「其人惷愚」下。念孫案：「德將來附若美」本作「德將爲若美」，此後人因上句「神將來舍」而妄改之也。「若」亦「女」也。「德將爲若美」、「道將爲女居」相對爲文，若改爲「德將來附」，則「若美」二字文不成義矣。此文以「度」、「舍」、「居」、「故」爲韻。「舍」古讀若「庶」，故與「度」、「居」、「故」爲韻。後人讀「舍」爲始夜反，故不入韻。後人不知「舍」字之入韻，故改此句爲「德將來附」，以與「度」爲韻，不知古音「度」在御部，「附」在候部。説見《六書音均表》。「附」與「度」非韻也。《莊子·知北遊篇》作「德將爲女美，而道將爲女居」，《文子·道原篇》作「德將爲女容，道將爲女居」，皆其證。

直實知

「直實知，不以故自持」。念孫案：「直實知」三字文不成義，當從《莊子》《文子》作「真其實知」。今本「真」誤爲「直」，又脱「其」字。《主術篇》注曰：「故，巧也。」「真其實知，不以故自持」，《莊子》所謂「去智與故，循天之理」也。《漢魏叢書》本改爲「直實不知，以故自持」，而莊本從之，斯爲謬矣。

攻翟　左人終人

「趙襄子攻翟而勝之，左人終人」。《道藏》本、劉本、朱本，「左」字竝作「𠂇」。俗書「左」字作「𠂇」，因誤而爲「𠂇」。茅本改「𠂇」爲「尤」，而莊本從之，斯爲謬矣。《吕氏春秋·慎大篇》作「老人」，亦「左人」之誤。《晉語》《列子》竝作「左人」。《水經·滱水注》：「滱水東逕左人城南。應劭曰：『左人城在唐縣西北四十里。』」是也。今改正。念孫案：「攻翟」上當有「使」字。襄子使新稚狗攻翟，而未親往，故下文言「使者來謁」也。《羣書治要》引此有「使」字。《晉語》曰「趙襄子使新稚穆子伐狄」，《列子·説符篇》同，是其證。「左人終人」句與上句義不相屬。莊據《列子》於句首加「取」字，理或然也。

今一朝兩城下

「今趙氏之德行無所積，今一朝兩城下，亡其及我乎」。念孫案：「今一朝兩城下」本作「一朝而兩城下」，此後人嫌其與上文相複而改之也，不知此是復舉上文之詞，當與前同，不當與前異。若云「今一朝兩城下」，則與上句「今」字相複矣。《羣書治要》引此正作「一朝而兩城下」。《列子》《吕氏春秋》竝同。

勝非其難者也下脱六字

「勝非其難者也」。劉本於此下增入「持之其難者也」一句，云：「舊本無此句，非。」念孫案：《列子》《吕氏春秋》皆有此句，《羣書治要》引《淮南》亦有此句，則劉增是也。莊本作「持之者其難也」，則與上句不對，非是。

杓國門之關

「孔子勁杓國門之關，而不肯以力聞」。注：「杓，引也。古者縣門下，從上杓引之者難也。」念孫案：《列子釋文》引此作許注，今高注有之者，蓋後人以許注竄入也。又案：「杓」當爲

「扚」，字從手，不從木。《玉篇》：「杓，甫遥、都歷二切，斗柄也。又市若切。」「扚，丁激切，引也。」《廣韻》：「杓，甫遥切，北斗柄。」「扚，都歷切，引也。」許注訓「扚」爲「引」，則其字當從手。《玉篇》《廣韻》訓「扚」爲「引」，即本於許注。其證一也。《史記·天官書》「用昏建者杓」，索隱：「《説文》：『杓，斗柄，音匹遥反。』」又下文「扚雲如繩者」，索隱：「扚，《説文》音丁了反。許慎注《淮南》云：『扚，引也。』」是「扚」音丁了反，而訓爲「引」，與「杓」字不同。其證二也。《晉書·天文志》「扚雲如繩」，何超音義：「扚，音鳥」。「鳥」與「丁了」同音。其證三也。而今本《淮南》及《列子釋文》《史記》《漢書》「扚」字皆誤作「杓」，《晉書》又誤作「杓」。與《玉篇》《廣韻》不合。世人多見「杓」，少見「扚」，遂莫有能正其失者矣。

蹀足謦欬疾言

「惠孟見宋康王，蹀足謦欬疾言曰：『寡人所説者，勇有功也，不説爲仁義者也。』」念孫案：「蹀足」上當更有「康王」二字，今本脱去，則文義不明。《列子·黄帝篇》作「惠盎見宋康王，康王蹀足謦欬疾言」，是其證。「有功」當爲「有力」，字之誤也。「勇有力」對下句「仁義」而言，若作「有功」，則非其指矣。下文皆言有力，不言有功。《列子》及《呂氏春秋·順説篇》竝作「勇有力」，是其證。

人雖勇　雖巧有力

「臣有道於此，人雖勇，刺之不入；雖巧有力，擊之不中」。念孫案：「人雖勇」上當有「使」字。下文曰：「臣有道於此，使人雖勇，弗敢刺；雖有力，不敢擊。」又曰：「使人本無其意。」又曰：「使天下丈夫女子，莫不歡然皆欲愛利之。」皆其證也。今本脱「使」字，則與上句義不相屬。《列子》《吕氏春秋》皆有「使」字。又案：「有力」上本無「巧」字，此後人以《文子·道德篇》加之也。案：《文子》云「雖巧，擊之不中，」此云「雖有力，擊之不中」，文各不同，加「巧」字於「有力」之上，則文不成義矣。下文云「雖有力，不敢擊」，亦無「巧」字也。《列子》《吕氏春秋》皆無「巧」字。

愛利之心

「臣有道於此，使天下丈夫女子，莫不歡然皆欲愛利之心」。念孫案：「愛利」之下不當有「心」字，此因上文「未有愛利之心」而誤衍也。《文子》《列子》《吕氏春秋》皆無「心」字。下文云「天下丈夫女子，莫不延頸舉踵而願安利之」，亦無「心」字。

故老子曰下脱五字

「故老子曰『勇於不敢則活』」。念孫案：「老子曰」下脱「勇於敢則殺」一句，兩句相對爲文，單引一句則文不成義。《文子·道德篇》亦有此句。

文君

「杜赫以安天下説周昭文君。文君謂杜赫曰」。念孫案：「文君謂杜赫曰」上脱「昭」字，當依上句及《吕氏春秋·務大篇》補。

爲人妾

「魯人爲人妾於諸侯」。念孫案：《吕氏春秋·察微篇》《説苑·政理篇》《家語·致思篇》「妾」上俱有「臣」字，於義爲長。

受教順

「夫聖人之舉事也，可以移風易俗，而受教順可施後世」。念孫案：「教順」上本無「受」字，此因上文「不受金」而誤衍也。「教順」，即「教訓」也。「訓」、「順」古多通用，不煩引證。「教訓」上有「受」字，則與下四字義不相屬矣。《説苑》《家語》竝作「教導可施於百姓」，是其證。

知禮

「孔子亦可謂知禮矣。故老子曰：『見小曰明。』」念孫案：「知禮」本作「知化」，謂知事理之變化也。見子贛之不受金，而知魯人之不復贖人，達於事變，故曰知化。《齊俗篇》曰：「唯聖人知其化。」《吕氏春秋·驕恣篇》曰：「智短則不知化。」《知化篇》曰：「凡智之貴也，貴知化也。」非謂其知禮也。俗書「禮」字或作「礼」，形與「化」相近，「化」誤爲「礼」，後人因改爲「禮」耳。《齊俗篇》述此事而論之曰「孔子之明，以小知大，以近知遠」，即此所謂「知化」也，故下文引老子「見小曰明」之語。《吕氏春秋·論此事》曰：「孔子見之以細，觀化遠也。」《説苑》曰：「孔子可謂通於化矣。」此皆其明證。

及至

「桓公及至」。念孫案：「及」當爲「反」，字之誤也。「反至」，謂桓公反而至於朝也。《吕氏春秋·舉難篇》《新序·雜事篇》竝作「反至」。

難合

「且人固難合也，權而用其長者而已矣」。念孫案：「合」當爲「全」，言用人不可求全也。「全」、「合」字相近，又因上文「合其所以」而誤。《吕氏春秋》《新序》竝作「全」。

所自來者

「今受其先人之爵禄，則必重失之。所自來者久矣，而輕失之，豈不惑哉」。念孫案：「所自來者」上當有「生之」二字。此承上文「保生」而言，言人皆重爵禄而輕其生也。脱去「生之」二字，則文不成義。《莊子·讓王篇》《吕氏春秋·審爲篇》《文子·上仁篇》皆有「生之」二字。

本任於身

「臣未嘗聞身治而國亂者也，未嘗聞身亂而國治者也，故本任於身，不敢對以末」。念孫案：「任」當爲「在」，字之誤也。《覽冥篇》「余在天下，誰敢害吾意者」，「在」字亦誤作「任」。《吕氏春秋·執一篇》作「爲國之本，在於爲身」，《列子·説符篇》作「故本在身」，皆其證。

輪人　其人在焉

「桓公讀書於堂，輪人斲輪於堂下，釋其椎鑿而問桓公曰：『君之所讀書者，何書也？』桓公曰：『聖人之書。』輪扁曰：『其人在焉？』」高注曰：「輪扁，人名，問作書之人何在也。」念孫案：「輪人」當依《莊子·天道篇》作「輪扁」。「輪扁」之名，當見於前，不當見於後也。高注「輪扁人名」四字，本在此句之下，因「扁」誤爲「人」，後人遂移置於下文「輪扁曰」云云之下耳。陳氏觀樓曰：「『其人在焉』當作『其人焉在』，故高注云：『問作書之人何在。』」

刦宋君　刦以危

「子罕遂刦宋君而專其政」。念孫案：「刦」當爲「劫」，字之誤也。《韓詩外傳》作「去」，「去」亦「劫」之誤。《韓子·外儲説右篇》作「劫宋君而奪其政」，是其證。《二柄篇》又云：「宋君失刑而子罕用之，故宋君見劫。」《史記·李斯傳》亦云：「司城子罕劫其君。」又《説林篇》「知己者不可誘以物，明於死生者不可刦以危」，「刦」亦當爲「劫」。《繆稱篇》曰「有義者不可欺以利，有勇者不可劫以懼」，是其證。

藏書　焚書

「王壽負書而行，見徐馮於周。徐馮曰：『事者應變而動，變生於時，故知時者無常行；書者言之所出也，言出於知者，知者藏書。』於是王壽乃焚書而舞之」。念孫案：「知者藏書」本作「知者不藏書」，與「知時者無常行」相對爲文。今本脱「不」字，則與上下文不相屬矣。《太平御覽·學部十三》引此有「不」字。《韓子·喻老篇》同。「焚書而舞之」，《御覽》引「焚」下有「其」字。《韓子》同。據高注云「自喜焚其書，故舞之也」，則正文本有「其」字。

莊王許諾下脱文

「令尹子佩請飲莊王，莊王許諾。子佩跣揖，北面立於殿下，「跣」，今本誤作「疏」。高注「跣，徒跣也」誤作「疏，徒跣也」。《太平御覽》引正文作「跣」，與高注「徒跣」合，今據改。曰：『昔者，君王許之，今不果往，意者臣有罪乎？』」念孫案：《太平御覽·人事部一百九》引「莊王許諾」下有「子佩具於京臺，莊王不往。明日」，共十二字。今本脱去，當補入。《文選·應璩〈與滿寵書〉》注引此「子佩」作「子瑕」，亦云：「子瑕具於京臺，莊王不往。」「京」、「强」二字古同聲而通用。故今本「京臺」作「强臺」。

爲吴兵先馬走

「越王句踐，請身爲臣，妻爲妾，親執戈，爲吴兵先馬走」。念孫案：「爲吴兵先馬走」當作「爲吴王先馬」。今本「吴王」作「吴兵」，涉下文「襄子起兵」而誤，其「走」字則涉注文而衍也。據注云「先馬，句走先馬前」，《道藏》本、劉本、朱本竝同。茅本於此下加「而走也」三字，蓋誤以「先馬走」絶句故也。莊本同。則正文無「走」字明矣。「爲吴王先馬」，即上文所謂「身爲臣」也，若作「吴兵」，則非其指矣。《越語》曰「其身親爲夫差前馬」，《韓子·喻老篇》曰「身執戈，爲吴王洗馬」，「先」、「洗」古字通。皆其證。

攻圍之未合

「趙簡子死，未葬，中牟入齊。已葬五日，襄子起兵攻圍之，未合而城自壞者十丈」。念孫案：此當作「襄子起兵攻之，句圍未合而城自壞者十丈」。今本「之圍」二字誤倒，則文不成義。《太平御覽·兵部四十九》引此不誤。《韓詩外傳》作「襄子興師而攻之，圍未帀而城自壞者十丈」。《新序·雜事篇》作「襄子率師伐之，圍未合而城自壞者十堵」。

若亡其一

「相天下之馬者，若滅若失若亡，其一。若此馬者，絶塵弭徹」。高讀「若滅若失若亡」爲句，云：「若滅，其相不可見也。若失，乍入乍出也。若亡，髣髴不及也。」引之曰：此當以「若亡其一」爲句。《莊子·徐無鬼篇》「天下馬有成材，若卹若失，若喪其一」，陸德明曰：「言喪其耦也。」《齊物論篇》「嗒焉似喪其耦」，司馬彪曰：「耦，身也，身與神爲耦。」此言「若亡其一」，亦謂精神不動，若亡其身也。高讀至「若亡」爲句，則「其一」二字上下無所屬矣。且「一」與「失」、「徹」爲韻，如高讀，則失其韻矣。

供儋纏　纏索

「臣有所以供儋纏采薪者」。《道藏》本如是。案：「以」猶「與」也。劉本改「以」爲「與」，而諸本及莊本皆從之，辯見前「誰知」一條下。高注曰：「纏，索也。」念孫案：「供」當爲「共」，此因「儋」字而誤加人旁也。《蜀志·郤正傳》注引此正作「共」。《列子·説符篇》同。「纏」字之義，諸書或訓爲「繞」，《説文》或訓爲「束」，《廣雅》無訓爲「索」者。「纏」當爲「纆」，字之誤也。《説文》作「纆」，云：「索也，字或作纆。」《坎》上六「係用徽纆」，馬融曰：「徽，纆索也。」劉表曰：「三股曰徽，兩股曰纆。」故高注云：「纆，索也。」若作「儋纒」，則義不可通矣。《列子》及《郃正傳》注、《白帖》九十六「纆」字亦誤作「纒」。蓋世人多見「纒」少見「纆」，故傳寫多誤耳。《管子·乘馬篇》「鎌纆得入焉」，今本「纆」字亦誤作「纒」，唯宋本不誤。《韓子·説疑篇》「或在囹圄縲紲纆索之中」，今本亦誤作「纒」。唯《道藏》本、《列子釋文》作「纆」，音「墨」，足正今本之誤。又《説林篇》：「黿紐之璽，賢者以爲佩；土壤布在田，能者以爲富；予溺者金玉，今本「溺」上有「拯」字，乃涉注文而衍。此謂與溺者金玉，不如與之繩索，使得援之以出水，非謂與拯溺者也。高注自謂金玉非拯溺之具，亦非謂與拯溺者金玉也。《太平御覽·珍寶部九》引此有「拯」字，亦後人依誤本加之。其《人事部三十七》引此無「拯」字。《文子·上德篇》亦無。今據刪。不若尋常之纒索。」案：「尋常之纒索」本作「尋常之纆」。其「索」字則後人所加也。高注同。此文以「佩」、「富」、「纆」爲韻，若作「纒索」，則失其韻矣。《文子》作「不如與之尺索」，亦改《淮南》而失其韻。《太平御覽·人事部三十七》《珍寶部九》引此竝作「尋常之纒」，雖「纆」誤爲「纒」，而「纒」下俱無「索」字。

求者

「眗矣子之所使求者」。念孫案：「求」下脱「馬」字。《郃正傳》注及《白帖》引此竝有「馬」字。《列子》同。

在内

「得其精而忘其粗，在内而忘其外」。念孫案：「在」下本有「其」字，後人以意删之也。《爾雅》曰：「在，察也。」「察其内」，即「得其精」也，「忘其外」，即「忘其粗」也。後人不知「在」之訓爲「察」，故删去「其」字耳。《郤正傳》注引此正作「在其内而忘其外」。《列子》同。《白帖》引作「見其内而忘其外」，雖改「在」爲「見」，而「其」字尚存。

屈宜若

「吴起爲楚令尹，適魏，問屈宜若」。注：「屈宜若，楚大夫，亡在魏者也。」念孫案：此許注也。「宜若」當爲「宜咎」，字之誤也。隸書「咎」字或作「咎」，與「若」相似。《史記·六國表》《韓世家》竝作「宜臼」，《集解》引《淮南》許注云「屈宜臼，楚大夫，亡在魏者也」，正與此注同。《説苑·指武篇》亦作「屈宜臼」，《權謀篇》作「屈宜咎」，是「臼」、「咎」古字通。「屈宜臼」之爲「宜咎」，亦猶「平王宜臼」之爲「宜咎」矣。《晉語》及《小雅·小弁》傳、《白華》箋竝作「宜咎」。

爲人

「王不知起之不肖，而以爲令尹，先生試觀起之爲人也」。念孫案：「爲人」本作「爲之」，此後人以意改之也。「爲之」，謂爲楚國之政也。下文「將衰楚國之爵而平其制禄」云云，正承此句言之。若作「爲人」，則與上下文全不相涉矣。《説苑・指武篇》正作「爲之」。

時争利

「砥礪甲兵，時争利於天下」。念孫案：「時」上當有「以」字，謂因時而動，與天下争利也。脱去「以」字，則文義不明。《説苑》有「以」字。

子韋

「是寡人之命固已盡矣，子韋無復言矣」。念孫案：「韋」字因上下文而衍。《吕氏春秋・制樂篇》《新序・雜事篇》《論衡・變虚篇》皆作「子無復言矣」，無「韋」字。

必有三賞君

「君有君人之言三，天必有三賞君」。念孫案：次句「有」字因下文「故有三賞」而衍。《吕氏春秋》《新序》《論衡》皆作「天必三賞君」，無「有」字。

七里

「星必三徙舍，舍行七里，三七二十一，故君移年二十一歲」。念孫案：「七里」當爲「七星」，字之誤也。古謂二十八宿爲二十八星。七星，七宿也。《吕氏春秋》《新序》《論衡》皆作「舍行七星」。又《新序》《論衡》「舍行七星」下皆有「星當一年」四字，於義爲長。舍行七星，三舍則行二十一星，星當一年，故延年二十一歲也。《吕氏春秋》亦云：「星一徙，當七年。」

故曰

「故曰聖人之處世，不逆有伎能之士」。念孫案：「故」下「曰」字因下文「故老子曰」而衍。此因述公孫龍納善呼者一事，而言聖人不棄伎能之士，非引古語爲證，不當有「曰」字。下文「故老子曰」云云，方引老子之言以證之耳。下文曰「故伎無細而能無薄，在人君用之耳」，今本「故」下有「曰」字，誤與此同。又曰「故人主之嗜欲見於外，則爲人臣之所制」，又曰「故周鼎著倕而使齕其指，先王以見大巧之不可爲也」，又曰「故大人之行不掩以繩，至所極而已矣」。其下皆引書爲證，與此文同一例，而「故」下皆無「曰」字。

是以

「吾爵益高，吾志益下；吾官益大，吾心益小；吾祿益厚，吾施益博；是以免三怨可乎」。念孫案：「是以」當依《列子·說符篇》作「以是」。

使之時　其度安至

「成王問政於尹佚曰：『吾何德之行而民親其上？』對曰：『使之時而敬順之。』王曰：『其度安至？』曰：『如臨深淵，如履薄冰。』」念孫案：「使之時而敬順之」，「順」與「慎」同。「時」上當有「以」字。《說苑·政理篇》《文子·上仁篇》竝作「使之以時」，是其證。「其度安至」，劉本改「至」爲「在」，而莊本從之。案：「其度安至」者，謂敬慎之度何所至，猶言當如何敬慎也。下文「如臨深淵，如履薄冰」，正言敬慎之度所至也。若云「其度安在」，則謬以千里矣。《太平御覽·皇王部九》引此正作「其度安至」，《説苑》同。

奚適其無道也

「跖之徒問跖曰：『盜亦有道乎？』跖曰：『奚適其無道也！夫意而中藏者，聖也；入先者，勇也；出後者，義也；分均者，仁也；知可否者，智也。』」念孫案：「奚適其無道也」本作「奚適其有道也」，「適」與「啻」同。《孟子·告子篇》「則口腹豈適爲尺寸之膚哉」，《秦策》「疑臣者不適三人」，「適」竝與「啻」同。《史記·甘茂傳》作「疑臣者非特三人」。言豈特有道而已哉，乃聖、勇、義、仁、智五者皆備也。後人不知「適」之讀爲「啻」，而誤以爲適齊適楚之「適」，故改有爲「無」耳。《莊子·胠篋篇》本作「何適其有道邪」，「適」亦與「啻」同。今本作「何適而無有道邪」，「而無」二字亦後人所改，唯「有」字尚存。《呂氏春秋·當務篇》正作「奚啻其有道也」。

偷也

「楚將子發好求伎道之士。楚有善爲偷者往見曰：『聞君求伎道之士，臣，偷也，願以伎齎一卒。』」念孫案：「臣，偷也」本作「臣，楚市偷也」。下文「市偷進請曰」即承此句言之。今本脱「楚市」二字。《太平御覽·人事部一百十六》《一百四十》引此竝作「臣，楚市偷也」。

何爲之禮

「左右諫曰：『偷者，天下之盜也，何爲之禮？』」念孫案：「之禮」當爲「禮之」。上文「出見而禮之」，即其證。《蜀志·郤正傳》注引此正作「何爲禮之」。

夜解齊將軍之幬帳

「偷則夜解齊將軍之幬帳而獻之」。念孫案：《郤正傳》注及《北堂書鈔·衣冠部一》《太平御覽·人事部一百十六》《一百四十》《服章部五》《服用部九》引此「夜」下俱有「出」字，於義爲長。

明又　明日又

「明又復往取其枕，子發又使人歸之；明日又復往取其簪，子發又使歸之」。念孫案：「明又」、「明日又」，兩「又」字皆當爲「夕」。「夕」、「又」字相近，又因下句「又」字而誤。若以「又復」二字連讀，則「明」字文不成義。後人不知「又」爲「夕」之誤，故又加「日」字耳。偷以夜往，故言夕。上文曰「偷則夜出」是也。舊本《北堂書鈔·衣冠部一》引此作「明夕取枕」、「明夕取簪」。陳禹謨依俗本於「取簪」上加「又」字，而「夕」字尚未改。《太平御覽》四引皆作「明夕復往取其枕」、「明夕復往取其簪」。

楚君　則還師

「將軍與軍吏謀曰：『今日不去，楚君恐取吾頭。』則還師而去」。念孫案：「楚君」當爲「楚軍」，聲之誤也。《郤正傳》注、《太平御覽》引此竝作「楚軍」。「則還師而去」，《道藏》本如是。「則」與「即」同。《郤正傳》注、《太平御覽》引此竝作「即還師」。「即」、「則」古多通用，不煩引證。劉績不曉「則」字之義，改「則」爲「乃」，而諸本從之，莊本同。斯爲謬矣。

故曰無細而能薄

「故曰『無細而能薄，在人君用之耳』」。念孫案：「故曰無細而能薄」本作「故伎無細而能無薄」，言人君能用人，則細伎薄能皆得效其用也。今本衍「曰」字，「曰」字因下文「故老子曰」而衍，說見前「故曰」下。又脫「伎」字及下「無」字，遂致文不成義。《太平御覽》兩引此文竝作「故伎無細能無薄」。

尊重

「齊王大説，遂尊重薛公」。念孫案：「遂尊重薛公」本作「遂重薛公」。「重」，即「尊」也。《秦策》「請重公於齊」，高注：「重，尊也。」又《西周策》、《齊策》注、《吕氏春秋・勸學》《節喪》二篇注、《禮記・祭統》注竝同。古書無以「尊重」二字連用者，《戰國策》《史記》《漢書》及諸子書皆但言「重」，無言「尊重」者。唯俗語有之。《羣書治要》引此無「尊」字，蓋後人所加也。

意欲

「故人主之意欲見於外，則爲人臣之所制」。念孫案：古書無以「意欲」二字連用者，此涉上文「欲中王之意」而誤也。「意欲」本作「嗜欲」。《主術篇》曰：「君人者，喜怒形於心，耆欲見於外，「耆」與「嗜」同。則守職者離正而阿上。」是其證。《羣書治要》引此正作「嗜欲」。

淚注

「深目而玄鬢，淚注而鳶肩」。今本高注云：「淚，水。」念孫案：「淚注」當爲「渠頸」，高注「淚，水」當爲「渠，大」，皆字之誤也。俗書「渠」字或作「湙」，「淚」字或作「淚」，二形相似，故「渠」誤爲「淚」。

《廣韻》「淭，强魚切」，引《方言》云：「杷，宋魏之閒謂之淭挐。」「淭」即「渠」字。《玉篇》云：「淭，俗淚字。」皆其證也。「頸」誤爲「注」者，「注」字右邊「主」爲「頸」字左邊「巠」之殘文，又因「淚」字而誤加水旁耳。若高注内「大」字今作「水」，則後人以「淚」字從「水」而妄改之。渠頸，大頸也。渠之言巨也。《史記・蔡澤傳》「先生曷鼻巨肩」，徐廣曰：「巨，一作渠。」彼言「渠肩」，猶此言「渠頸」矣。杜子春注《周官・鍾師》引吕叔玉云：「《肆夏》《樊遏》《渠》，皆周頌也。渠，大也，言以后稷配天，王道之大也。」《荀子・彊國篇》「是渠衝入穴而求利也」，楊倞曰：「渠，大也。渠衝，攻城之大車也。」《漢書・吴王濞傳》「膠西王、膠東王爲渠率」，顔師古亦云：「渠，大也。」是「渠」與「大」同義，故高注訓「渠」爲「大」也。《太平御覽・地部二》引作「淚注而鳶肩」，則所見本已誤；《蜀志・郤正傳》注引作「戾頸而鳶肩」，「戾」亦傳寫之誤；《論衡・道虚篇》作「鴈頸而鳶肩」，「鴈」字則後人以意改之，唯「頸」字皆不誤。《藝文類聚・靈異部上》引作「渠頸而鳶肩」，又引注云「渠，大也」，斯爲確據矣。

遯逃乎碑

「慢然下其臂，遯逃乎碑」。念孫案：「碑」下脱去「下」字。「碑」或作「崥」。《太玄・增》上九：「崔嵬不崩，賴彼岟崥」，《玉篇》：「岟，於兩切。」「崥，方爾切。」范望曰：「岟崥，山足也。」下者，後也，見《大雅·下武》箋、《周語》注。謂遯逃乎山足之後，故高注曰：「匿於碑陰也。」《太平御覽》引此已脱「下」字。《藝文類聚》引作「崥下」。《蜀志》注引作「碑下」。《論衡》同。

不渝

「敖幼而好遊，至長不渝」。念孫案：此本作「至長不渝解」。今本無「解」字者，後人不曉「渝解」二字之義而削之也。不知「渝」與「解」同義。《太玄·格》次三「裳格鞶鉤，渝」，范望曰：「渝，解也。」字亦作「愉」。《吕氏春秋·勿躬篇》「百官慎職而莫敢愉綎」，高注曰：「愉，解也。綎，緩也。」又《方言》「捝、擠，脱也。解、輸，脱也」，郭璞曰：「捝，猶脱耳。」《文選·七發》「揄弃恬怠，輸寫淟濁」，李善注引《方言》：「揄，脱也。」「脱」亦「解」也。「渝」、「愉」、「揄」、「輸」竝聲近而義同。《太平御覽》引作「至長不渝解」，《蜀志》注引作「長不喻解」，《論衡》作「至長不偷解」，字雖不同而皆有「解」字。

東開鴻濛之光　無眴

「若我南游乎罔㝗之野，舊本「罔」誤作「岡」，考《論衡》《蜀志》注、《太平御覽》及洪興祖《楚辭·遠遊》補注，竝作「罔㝗」，今據改。北息乎沈墨之鄉，西窮窅冥之黨，東開鴻濛之光，《道藏》本如是。各本「光」字皆誤作

「先」，而莊本從之。案：東方爲日所出，故曰「鴻濛之光」。《俶真篇》「以鴻濛爲景柱」，高注曰：「鴻濛，東方之野，日所出，故以爲景柱。」是也。且「光」與「鄉」爲韻，若作「先」，則失其韻矣。《論衡》《蜀志》注、《太平御覽》《楚辭補注》竝作「光」。

此其下無地而上無天，聽焉無聞，視焉無眴」。《道藏》本、劉本如是。各本皆作「視焉無矚」。

念孫案：「東開鴻濛之光」，「開」當爲「關」。「關」字俗書作「関」，唐顏元孫《干祿字書》曰：「開、関，上俗下正。」「開」字俗書作「閞」，二形相似，故「關」誤爲「開」。《莊子·秋水篇》「今吾無所開吾喙」，釋文：「開，本亦作關。」《楚策》「大關天下之匈」，今本「關」誤作「開」。《漢書·西南夷傳》「皆棄此國而關蜀故徼」，《史記》「關」誤作「開」。《説文》「管，十二月之音，物關地而牙，故謂之管」，今本亦誤作「開」。「關」與「貫」同。《雜記》「輪人以其杖關轂而輠輪」，「關轂」即「貫轂」。《漢書·王嘉傳》「大臣括髮關械」，「關械」即「貫械」。今人言「關通」，即「貫通」。《鄉射禮》「不貫不釋」，古文「貫」作「關」。《大戴禮·子張問入官篇》「察一而關於多」，《家語·入官篇》「關」作「貫」。《史記·儒林傳》「履雖新，必關於足」，《漢書》「關」作「貫」。「東貫鴻濛之光」，謂東貫日光也。見上注。司馬相如《大人賦》「貫列缺之倒景」，義與此「貫」字同。《太平御覽》《楚辭補注》引此作「東開鴻濛之光」，則所見本已誤。《論衡》作「東貫澒濛之光」，《蜀志》注引此作「東貫鴻濛之光」。「貫」、「關」古字通，則「開」爲「關」之誤明矣。「視焉無眴」本作「視焉則眴」。「眴」與「眩」同。司馬相如《大人賦》云「視眩泯而亡見」，楊雄《甘泉賦》云「目冥眴而亡見」，其義一也。《楚辭·遠遊》云「下崢嶸而無地兮，上寥廓而無天視，儵忽而無見兮，聽惝怳而無聞」，此云「下無地而上無天，聽焉無聞，視焉則眴」，義本《遠遊》也。《蜀志》注引此正作「視焉則眴」。《論衡》作「視焉則營」，「營」與「眴」古字通也。「眴」字從目，旬聲。《大雅・江漢篇》「來旬來宣」，鄭箋曰：「旬，當作營。」《史記・天官書》「旬始」，徐廣曰：「旬，一作營。」「旬」之通作「營」，猶「眴」之通作「營」矣。《道藏》本作「視焉無眴」者，涉上句「無」字而誤。《太平御覽》所引已與《道藏》同，後人不知「無眴」爲「則眴」之誤，遂改「眴」爲「矚」，而莊本從之。案：《廣韻》：「矚，視也。」是「矚」與「視」同義，視焉無視，斯爲不詞矣。且「眴」與「天」爲韻，若作「矚」，則失其韻矣。

九垓之外　久駐

「吾與汗漫期於九垓之外，吾不可以久駐」。高注曰：「九垓，九天之外。」念孫案：「九垓之外」本作「九垓之上」，高注本作「九垓，九天也」。《俶真篇》「徙倚於汗漫之宇」，高注引此文云：「吾與汗漫期於九垓之上。」《漢書・禮樂志〈郊祀歌〉》「專精厲意逝九閡」，如淳曰：「閡亦陔也。《淮南子》曰：『吾與汗漫期乎九陔之上。』陔，重也。謂九天之上也。」《司馬相如傳・封禪文》「上暘九垓」，如淳注所引亦與前同。又《論衡》及《蜀志》注、《太平御覽》《文選・郭璞〈遊仙詩〉》注、張協《七命》注竝引作「九垓之上」。李白《廬山謡》「先期汗漫九垓上，願接盧敖遊太清」，即用此篇之語，則李所見本亦作「九垓之上」。《御覽》又引高注云：「九垓，九天也。」此皆其明證矣。後人既改「九垓之上」爲「九垓之外」，復於注内加「之外」二字以曲爲附會，甚矣其妄也。又案：「吾不可以久駐」，「駐」字亦後人所加。《論衡》作「吾不可久」。《蜀志》注、《文選注》《太平御覽》竝引作「吾不可以久」，則「久」下原無「駐」字明矣。

止柸治

「乃止駕，止柸治，悖若有喪也」。念孫案：「止柸治」之「止」當爲「心」。隸書「心」字作「㞢」，「止」字或作「㞢」，二形相似，又涉上句「止」字而誤也。「乃止駕」爲句，「心柸治」爲句，「悖若有喪也」爲句。「柸」、「治」疊韻字，言其心柸治然也。高注：「楚人謂恨不得爲柸治也。」《論衡》作「乃止喜，「喜」當爲「嘉」。「嘉」、「駕」古字通。心不怠悵，若有喪」。「不怠」即「柸治」之借字，則「止」爲「心」字之誤明矣。莊本删去「止」字，非是。

朝菌

「故莊子曰：『朝菌不知晦朔，蟪蛄不知春秋。』」高注曰：「朝菌，朝生暮死之蟲也。生水上，狀若蠶蛾，一名孳母。」念孫案：「朝菌」本作「朝秀」。高注同。今作「朝菌」者，後人據《莊子・逍遥遊篇》改之也。《文選・辯命論》「朝秀晨終」，李善注引《淮南子》：「朝秀不知晦朔。」《太平御覽·蟲豸部》「茲母」下引《淮南子》「朝秀不知晦朔」，又引高注云：「朝秀，朝生暮死之蟲也。生水上，似蠶蛾，一名茲母。」《廣雅·釋蟲》「朝蟜，曹憲音「秀」。孳母也」，義本《淮南》注。是《淮南》自作「朝秀」，與《莊子》異文，不得據彼以改此也。

季子

「季子治亶父三年」。《羣書治要》引此「季子」作「宓音「伏」。子」，《呂氏春秋·具備篇》同。念孫案：諸書無謂宓子賤爲季子者，「季」當爲「孚」，字之誤也。「孚」與「宓」聲相近，「宓子」之爲「孚子」，猶「宓犧」之爲「庖犧」也。「伏犧」字，《漢書》皆作「宓」。「庖」字古讀若「浮」，故《呂氏春秋·本味篇》「庖人」作「烰人」。「浮」、「宓」聲相近，故「宓犧」或作「庖犧」。《齊俗篇》「賓有見人於宓子者」，《太平御覽·人事部四十六》引作「孚子」，《羣書治要》作「季子」，故知「宓」通作「孚」，「孚」誤作「季」也。

見夜魚釋之

「見夜魚釋之」。朱本改爲「見得魚釋之」。莊本同。《太平御覽·鱗介部七》引作「見夜魚者釋之」，《羣書治要》引作「見夜漁者，得魚則釋之」。念孫案：《羣書治要》所引是也。《呂氏春秋》作「見夜漁者，得則舍之」，《家語·屈節篇》作「見夜斂者，得魚輒舍之」，是其證。《泰族篇》亦云：「見夜漁者，得小即釋之。」

誠於此

「誠於此者刑於彼」。念孫案：各本及莊本「誠」字皆誤作「誠」，唯《道藏》本不誤。《羣書治要》引此正作「誠」。《吕氏春秋》《家語》竝同。

就視

「光燿不得問而就視其狀貌」。念孫案：「就視」當依《莊子·知北遊篇》作「孰視」，字之誤也。「孰」與「熟」同。

師望之謂之

「明日往朝，師望之謂之曰」。念孫案：「望之謂之」當作「望而謂之」。今本「而作之」因下「謂之」而誤。《太平御覽·工藝部三》引此正作「望而謂之」。《吕氏春秋·摶志篇》同。今本「摶」誤作「博」，辯見《吕氏春秋》。

瞑目教然攘臂拔劒

「於是欿非瞑目教然攘臂拔劒」。念孫案：「瞑目」二字與「攘臂拔劒」事不相類，「瞑目」當爲「瞋目」。隸書「眞」或作「真」，「冥」或作「寘」，二形相似而誤。《莊子・秋水篇》「瞋目而不見丘山」，釋文：「瞋，本或作瞑。」《管子・小問篇》「桓公瞋目而視祝鳧己疵」，《韓子・守道篇》「瞋目切齒傾耳」，今本「瞋」字竝誤作「瞑」。又案：「教然」二字當在「瞋目」之上。而以「教然瞋目攘臂拔劒」作一句讀。

失從心志

「失從心志，而有不能成衡之事」。《道藏》本、劉本皆如是。念孫案：「失從心志」當作「失從之志」。今本「之」作「心」者，因「志」字而誤。「有」與「又」同。此言魏王既不能合從，又不能連衡也。《吕氏春秋・離謂篇》作「失從之意，又失横之事」，是其證。《漢魏叢書》本改「有」爲「又」，而莊本從之，則昧於假借之義矣。

不可

「故周鼎著倕，而使齕其指，先王以見大巧之不可也」。念孫案：「不可」下脱「爲」字。《吕氏春秋》作「先王有以見大巧之不可爲也」，是其證。《本經篇》亦云：「故周鼎著倕，使銜其指，以明大巧之不可爲也。」

予之將軍之節

「墨者有田鳩者，欲見秦惠王，約車申轅，留於秦，周年不得見。客有言之楚王者，往見楚王。楚王甚説之，予以節，使於秦。至，因見予之將軍之節，惠王而説之」。陳氏觀樓曰：「《吕氏春秋·首時篇》云：『楚王説之，與將軍之節以如秦。至，因見惠王。』則此亦當云『至，因見惠王而説之。』其『予之將軍之節』六字，乃是上文『予以節』句注語，今誤入此句中，文義遂不可曉。」念孫案：陳説是也。莊本又加「見」字於「而説之」之上，非是。

此所謂筦子梟飛而維繩者

「故大人之行，不掩以繩，至所極而已矣。此所謂筦子『梟飛而維繩』者」。高注曰：「言爲士者，上下無常，進退無恒，不可繩也。以喻飛梟，從下繩維之，而欲翱翔，則不可也」。陳氏觀樓曰：「『此所謂筦子』當作『此筦子所謂』，『梟飛而維繩』當作『鳥飛而準繩』。」案：《管子·宙合篇》曰「鳥飛準繩，此言大人之義也」云云，大意謂鳥飛雖不必如繩之直，然意南而南，意北而北，總期於還山集谷而後止，則亦與準於繩者無異，所謂「苟大意得，不以小缺爲傷」也。故此云：「大人之行，不掩以繩，至所極而已矣。此《筦子》所謂『鳥飛而準繩』者。」今本「鳥」誤作「梟」，「準」誤作「維」，「準」字俗省作「准」，又因下「繩」字而誤從糸。則義不可通。注内「梟」字亦「鳥」字之誤。而云「從下繩維之」，則高所見本已誤作「維」矣。

金鐵鍼

「豐水之深千仞，而不受塵垢，投金鐵鍼焉，則形見於外」。念孫案：「金鐵」下不當有「鍼」字，「鍼」即「鐵」之誤也。「鐵」或省作「鐡」，形與「鍼」相近。今作「金鐵鍼」者，一本作「鐵」，一本作「鍼」，而後人誤合之耳。《文選·沈約〈貽京邑游好詩〉》注、《太平御覽·珍寶部十二》引此皆無「鍼」字。《文子·上禮篇》作「金鐵在中，形見於外」。《羣書治要》所引如是。今本《文子》「金鐵」作「金石」，乃後人所改。

陰蔽隱

「是故石上不生五穀，禿山不游麋鹿，無所陰蔽隱也」。「陰」與「蔭」同。念孫案：「隱」字蓋「蔽」字之注而誤入正文者。《廣雅》：「蔽，隱也。」《文子》無「隱」字，是其證。

房心

「昔吾見句星在房心之閒。地其動乎」。高注曰:「房,星。句句星守房心,則地動也。」劉本注文「房星」作「駟房」。朱本、《漢魏叢書》本竝同。念孫案:正文本作「句星在駟心之閒」,注本作「駟,句房星。句句星守房、心,則地動也」。《道藏》本注文「房星」上脱「駟」字,劉本「房」下脱「星」字。若正文之「駟心」作「房心」,則涉注文「守房心」而誤也。莊伯鴻不知正文「房」爲「駟」之誤,又改注文之「駟房」爲「房駟」以就之,斯爲謬矣。「駟」爲「房」之别名,故須訓釋。若「房」、「心」爲二十八宿之正名,則不須訓釋。《爾雅》:「天駟,房也。」以「房」釋「天駟」,不以「天駟」釋「房」。高注釋「駟」而不釋「心」,即其證也。《晏子春秋·外篇》作昔「吾見鉤星在四心之閒」,即《淮南》所本。「鉤」與「句」同,「四」與「駟」同。

揖而損之

「子貢在側曰:『請問持盈。』曰:『揖而損之。』」念孫案:「揖」與「挹」同。《集韻》:「挹,或作揖。」《荀子·議兵篇》「拱挹指麾」,《富國篇》作「拱揖」。《文選·爲幽州牧與彭寵書》注引《蒼頡篇》云:「挹,損也。」「挹」與「損」義相近,故曰「挹而損之」,作「揖」者,借字耳。劉績不達,而改「揖」爲

「益」，莊本從之，斯爲謬矣。《後漢書·杜篤傳》注引此正作「挹而損之」，《荀子·宥坐篇》《説苑·敬慎篇》竝同。《韓詩外傳》作「抑而損之」，「抑」與「挹」聲亦相近，故諸書或言「抑損」，或言「挹損」也。

儉陋

「多聞博辯，守之以儉；富貴廣大，守之以陋」。劉本改「儉」爲「陋」，「陋」爲「儉」，而莊本從之。念孫案：《説文》「儉，約也」，《廣雅》「儉，少也」，正與「多聞博辯」相對，不當改爲「陋」。《説文》「陋，陜也」，俗作「狹」。《楚辭·七諫》注曰「陋，小也」，亦與「富貴廣大」相對，不當改爲「儉」。《杜篤傳》注引此正作「多聞博辯，守之以儉；富貴廣大，守之以陋」，與《道藏》本同。《文子·九守篇》作「多聞博辯守以儉，富貴廣大守以狹」。「狹」亦「陋」也。

佚其情

「彼皆樂其業，供其情」。念孫案：「供」當爲「佚」。「佚」與「逸」同，安也。「逸」、「樂」義相近，若云「供其情」，則與上句不類矣。隸書「佚」或作「佚」，與「供」相似而誤。

載之木

「於是乃去其瞀而載之木，解其劒而帶之笏」。高注曰：「瞀，被髮也。木，鶩鳥冠也，知天文者冠鶩。」各本脱「天」字，今據《爾雅翼》所引補。引之曰：「載」與「戴」同。「木」當爲「朮」，字之誤也。「朮」即「鷸」字也。高注當作「朮，鷸鳥冠也，知天文者冠鷸」。今本「鷸」作「鶩」者，「鷸」、「鶩」字相近，又涉上文「瞀」字而誤也。《爾雅翼》引此已誤。《説文》：「鷸，知天將雨鳥也。」《禮記》曰：「知天文者冠鷸。」《莊子·天地篇》「皮弁鷸冠，搢笏紳脩」，釋文：「鷸，尹必反，徐音述。」《玉篇》及《爾雅釋文》《漢書·五行志》注「鷸」字竝「聿」、「述」二音。《匡謬正俗》曰：「案：鷸，水鳥，天將雨即鳴，古人以其知天時，乃爲冠象此鳥之形，使掌天文者冠之。『鷸』字音『聿』，亦有『術』音，故《禮》之《衣服圖》及蔡邕《獨斷》謂爲『術氏冠』，亦因『鷸』音轉爲『術』耳。」以上《匡謬正俗》。《莊子釋文》曰「鷸，又作⿺辶鳥」，《續漢書·輿服志》引《記》曰：「知天者冠述」，《説苑·脩文篇》作「冠鉥」。蓋「鷸」字本有「述」音，故其字或作「⿺辶鳥」，或作「述」，或作「鉥」，又通作「朮」耳。「朮」與「笏」爲韻，若作「木」，則失其韻矣。鷸即翠鳥，故古人以其羽飾冠。冠鷸帶笏，皆所以爲飾，故《莊子》亦言「鷸冠搢笏」。若鶩無文采，則不可以爲飾矣。且鷸知天雨，故使知天文者冠之，若「鷸」則義無所取矣。諸書皆言知天文者冠鷸，無言冠鷸者。

淮南內篇弟十三

氾論

不辱

「古者有鍪而綣領以王天下者矣。其德生而不辱，予而不奪」。念孫案：「不辱」本作「不殺」，故高注云：「刑措不用。」今作「辱」者，後人妄改之也。「殺」與「生」相對，「奪」與「予」相對，若改「殺」爲「辱」，則非其指矣。且「殺」與「奪」爲韻，若作「辱」，則失其韻矣。《太平御覽·皇王部二》引此已誤作「辱」。張載《魏都賦》注及舊本《北堂書鈔·衣冠部三》引此竝作「殺」。陳禹謨依俗本改爲「辱」。《文子·上禮篇》同。《晏子春秋·諫篇》「古者嘗有紩衣攣領而王天下者矣，其義好生而惡殺」，《荀子·哀公篇》「古之王者有務而拘領者矣，其政好生而惡殺」，此皆《淮南》所本。

作爲之　宮室

「聖人乃作，爲之築土構木以爲宮室」。高讀「聖人乃作」爲句，注云：「作，起也。」念孫案：高説非也。「作爲之」三字連讀。下文曰「而作爲之，揉輪建輿，駕馬服牛」，又曰「而作爲之，鑄金鍛鐵，以爲兵刃」，皆其證也。又案：「以爲宮室」本作「以爲室屋」，淺學人多聞「宮室」，寡聞「室屋」，故以意改之也。案：《月令》曰「毋發室屋」，《管子·八觀篇》曰「宮營大而室屋寡」，《荀子·禮論篇》曰「壙壠，其貌象室屋也」，《呂氏春秋·懷寵篇》曰「不焚室屋」，《史記·周本紀》曰「營築城郭室屋」，俗本亦有改爲「宮室」者。《天官書》曰「城郭室屋門户之潤澤」，則「室屋」固古人常語。且此二句以「木」、「屋」爲韻，下三句以「宇」、「雨」、「暑」爲韻，若作「宮室」，則失其韻矣。《太平御覽·居處部二》引此正作「室屋」。

緂麻

「伯余之初作衣也，緂麻索縷，手經指挂」。高注曰：「緂，鋭。索，功也。」念孫案：高訓「緂」爲「鋭」，則與「麻」字義不相屬。今案：緂者，續也，緝而續之也。《方言》「䌕，續也。《廣雅》同。秦、晉續折木謂之䌕」，郭璞音「剡」。《人閒篇》曰：「婦人不得剡麻考縷。」「䌕」、

「剡」竝與「錟」通。「索」如宵爾索綯之「索」，謂切撚之也。高云「索，功也」，「功」即「切」字之誤。顔師古注《急就篇》曰：「索謂切撚之令緊者也。」《廣雅》曰：「紉，索也。」「紉」與「切」通。

乃爲靻蹻而超千里肩負儋之勤也

「乃爲靻蹻而超千里，肩負儋之勤也，而作爲之揉輪建輿，駕馬服牛，民以致遠而不勞」。高注曰：「靻蹻，靻鞁也。」念孫案：「靻」皆當爲「靼」，字從旦，不從且。《説文》「靼，柔革也」。《玉篇》「多達、之列二切」。「屩，履也」。「鞁，小兒履也」。《釋名》云：「鞁，韋履深頭者之名也。」今正文言「靼蹻」，與「屩」同。注文言「靼鞁」，皆是韋履之名，則字當從旦。《廣韻》：「靻，則古切。靻，勒名。」字從且，兩字聲義判然。茅一桂不知「靻」爲「靼」之誤，輒加「音祖」二字，其失甚矣。下文「蘇秦靻蹻嬴蓋」，「靻」亦「靼」字之誤。又案：「爲靻蹻」之「爲」，音于僞反。「爲靻蹻而超千里，肩負儋之勤也」，乃起下之詞，非承上之詞，「爲」上不當有「乃」字。此因上文「乃爲窬木方版」而誤衍也。下文云「爲鷙禽猛獸之害傷人而無以禁御也，而作爲之鑄金鍛鐵，以爲兵刃」，「爲」上無「乃」字，是其證。「肩負儋之勤」，《道藏》本、劉本及諸本竝同，《漢魏叢書》本於「負儋」上加「荷」字，而莊本從之，斯爲謬矣。

所知

「人各以其所知，去其所害，就其所利」。念孫案：「人各以其所知」當作「人各以其知」。「知」與「智」同。言各用其智，以去害而就利也。今本「知」上有「所」字者，涉下兩「所」字而衍。《文子·上禮篇》正作「各以其智，去其所害，就其所利」。

音有本主於中

「故通於禮樂之情者能作句音有本主於中，而以知榘彠之所周者也」。念孫案：「音」當爲「言」。此承上句而釋其義也。今作「音」者，涉上文「中音」而誤。

詩書　聞得其言

「誦先王之《詩》《書》，不若聞得其言；聞得其言，不若得其所以言」。念孫案：「誦先王之《詩》《書》」，「詩」字因上文「《詩》《春秋》」而衍。「先王之書」，泛指六藝而言，非《詩》《書》之《書》也。「不若聞得其言」、「聞得其言」，兩「得」字皆因下句「得」字而衍。高注云「聞聖人之言，不如得其未言時之本意」，則「聞」下無「得」字明矣。《文子·上義篇》正作「誦先王之書，不若聞其言；聞其言，不若得其所以言」。

天子之籍　屬籍　圖籍　貌冠

「履天子之籍，聽天下之政」。高注曰：「籍，圖籍也。」念孫案：籍，猶位也，言周公履天子之位也。若圖籍則不可以言履矣。下文云「成王既壯，周公屬籍致政」，亦謂屬位於成王也。《荀子·儒效篇》曰：「周公履天子之籍，今本「天子」誤作「天下」，據宋本改。楊倞注以「籍」爲「圖籍」，誤與高注同。聽天下之斷。」又曰：「周公歸周，反籍於成王。」此皆《淮南》所本。《彊國篇》曰：「夫桀、紂，聖王之後子孫也，有天下者之世也，執籍之所存，天下之宗室也。」「執籍」，即「執位」，是「籍」與「位」同義也。《韓詩外傳》作「履天子之位，聽天下之政」，尤其明證矣。又下文「履天子之圖籍，造劉氏之貌冠」本作「履天子之籍，造劉氏之冠」。《史記·高祖紀》曰：「高祖爲亭長，以竹皮爲冠。及貴，常冠，所謂劉氏冠乃是也。」故曰「造劉氏之冠」。《漢書·高祖紀》：「詔曰：『爵非公乘以上，毋得冠劉氏冠。』」蔡邕《獨斷》：「高祖冠以竹皮爲之，謂之劉氏冠。」今本作「履天子之圖籍，造劉氏之貌冠」者，「貌」字涉高注「委貌冠」而衍，後人又誤以「籍」爲圖籍，遂於「籍」上加「圖」字，以與「貌冠」相對，而不知「貌」爲衍文，且圖籍不可以言履也。

供嗜欲

「人以其位，達其好憎；以其威勢，供嗜欲」。念孫案：「供嗜欲」當作「供其嗜欲」，與「達其好憎」相對。

治人之具

「故法制禮義者，治人之具也，而非所以爲治也」。念孫案：「人」字後人所加。高注云「言法制禮義可以爲治之基耳，非所以爲治」，則無「人」字明矣。《文子·上義篇》無「人」字。《泰族篇》曰「故法者，治之具也，而非所以爲治也」，亦無「人」字。

鏑銜橜

「是猶無鏑銜橜策錣而御馯馬也」。念孫案：「銜」下本無「橜」字。高注曰「鏑銜，口中央鐵」，言「鏑銜」而不言「橜」，則無「橜」字明矣。「鏑銜」下有「橜」字，則文不成義。此後人熟於「銜橜」之語而妄加之耳。

槽柔

「槽柔無擊，脩戟無刺」。莊依《漢魏叢書》本改「柔」爲「矛」。念孫案：各本皆作「柔」。《太平御覽・兵部二》引此亦作「柔」。《説苑・説叢篇》「言人之惡，痛於柔戟」，字亦如此。蓋「矛」、「柔」聲相近，故古書有借「柔」爲「矛」者，不宜輒改也。

獨聞之耳

「必有獨聞之耳，獨見之明」。念孫案：劉本「耳」作「聰」，是也。《文子・上義篇》正作「獨聞之聰」。

道而先稱古

「夫存危治亂，非智不能；道而先稱古，雖愚有餘」。念孫案：「道」字當在「而」字下。「道先稱古」與「存危治亂」相對。《羣書治要》引此正作「道先稱古」。

卷而伸

「夫繩之爲度也，可卷而伸也，引而伸之，可直而睎」。念孫案：「可卷而伸」，劉本作「可卷而懷」，是也。此言繩之爲物，可曲可直，故先言卷而懷，後言引而伸。且「懷」與「睎」爲韻，若作「伸」，則失其韻矣。《文子·上仁篇》正作「可卷而懷」。

大臣將相

「昔者，齊簡公釋其國家之柄而專任大臣，將相各本「任」下衍「其」字，莊本從之，非是。今從《道藏》本。攝威擅勢，私門成黨，而公道不行」。高讀「大臣」絶句，注曰「大臣，陳成子也」，而以「將相」屬下讀。引之曰：「大臣將相」四字當連讀，「將相」，即「大臣」也。「釋其國家之柄」、「專任大臣將相」，皆以六字爲句，「攝威擅勢」、「私門成黨」、「公道不行」，皆以四字爲句，若以「將相」屬下讀，則句法參差不齊矣。且「柄」、「相」、「黨」、「行」四字爲韻，「柄」古讀若「方」，「行」古讀若「杭」，竝見《唐韻正》。讀「大臣」絶句，則失其韻矣。

陳成田常　陳成子恒

「故使陳成田常、鴟夷子皮得成其難」。引之曰：「陳成田常」本作「陳成常」。「陳」，其氏也；「成」，其謚也；「常」，其字也；「恒」，其名也。《人閒篇》正作「陳成常」，《呂氏春秋·慎勢篇》同。《吴越春秋·夫差内傳》作「陳成恒」，《韓子·外儲説右篇》作「田成恒」，「田」與「陳」古字通，言「陳」則不言「田」矣。後人又加「田」字，謬甚。又《説山篇》「陳成子恒之劫子淵捷也」，「子」字亦後人所加。

矜爲剛毅　矜於爲柔懦

「今不知道者，見柔懦者侵，則矜爲剛毅；見剛毅者亡，則矜於爲柔懦」。念孫案：「矜」皆當爲「務」。「務」、「矜」二字，隸書往往譌溷。《管子·小稱篇》「務爲不久」，《韓子·難篇》作「矜僞不長」。《呂氏春秋·勿躬篇》「務服性命之情」，「務」誤作「矜」。言不知道者，中無定見，故見柔懦者侵，則務爲剛毅；見剛毅者亡，則務爲柔懦也。《主術篇》曰「爲智者務爲巧詐，《道藏》本、劉本、茅本竝同。朱本改「爲」作「於」，非。莊本同。爲勇者務於鬬争」，是其證也。又案：此文本作「見柔懦者侵，則務爲剛毅；見剛毅者亡，則務於柔懦」，「於」下本無「爲」字。「於」亦「爲」也，「爲」亦「於」也。

「務爲剛毅」，務於剛毅也。「務於柔懦」，務爲柔懦也。僖二十年《穀梁傳》曰：「謂之新宮，則近爲禰宮。」言近於禰宮也。《秦策》曰：「魏爲逢澤之遇，朝爲天子。」言朝於天子也。是「爲」與「於」同義。《郊特牲》曰：「郊之祭也，埽地而祭，於其質也。」言爲其質不爲其文也。又曰：「祭天，埽地而祭焉，於其質而已矣。」《大戴禮・曾子本孝篇》曰：「故孝子之於親也，生則有義以輔之，死則哀以莅焉，祭祀則莅之以敬，如此而成於孝子也。」言如此而後成爲孝子也。《晉語》曰：「祁奚辭於軍尉。」言辭爲軍尉也。文六年《穀梁傳》曰：「閏月者，附月之餘日也，積分而成於月者也。」言積分而成爲月也。是「於」與「爲」亦同義。「爲」、「於」同義，故二字可以互用。《晉語》曰「稱爲前世，韋注曰：「言見稱譽於前世。」義於諸侯」，《韓詩外傳》曰「民不親不愛，而求於己用，爲己死，不可得也」，皆以「爲」、「於」互用。此云「見柔懦者侵，則務爲剛毅；見剛毅者亡，則務於柔懦」，亦以「爲」、「於」互用。《主術篇》曰「爲智者務爲巧詐，爲勇者務於鬭争」，即其明證也。又《史記・孟嘗君傳》「君不如令弊邑深合於秦」，《西周策》於作「爲」。《張儀傳》「韓梁稱爲東藩之臣」，《趙策》爲作「於」。蓋「爲」、「於」聲近而義同，故字亦相通也。然則「務於柔懦」，即務爲柔懦。《道藏》本「於」下復有「爲」字者，後人不知「爲」、「於」之同義，故又加「爲」字耳。劉本、朱本同。茅本不刪「爲」字而刪「於」字，斯爲謬矣。莊本同。

本無主

「此本無主於中，而見聞舛馳於外者也」。陳氏觀樓曰：「『本無主於中』當作『無本主於中』。上文云『有本主於中，而以知榘矱之所周』，正與此『無本主於中』相對。下文亦云：『中有本主以定清濁。』」

不謳

「譬猶不知音者之歌也，濁之則鬱而無轉，清之則憔而不謳」。各本「憔」誤作「燋」，依注改。高注曰：「謳，和也。」陳氏觀樓曰：「『謳』當作『調』，故注訓爲『和』。今作『謳』者，因下句『謳』字而誤。」

無不霸王者　無不破亡者

「今謂彊者勝則度地計衆，富者利則量粟稱金，若此則千乘之君無不霸王者，而萬乘之國無不破亡者矣」。念孫案：「無不霸王」、「無不破亡」，兩「不」字皆後人所加。此言千乘小而萬乘大，若彊者必勝，富者必利，則是千乘之君必無霸王者，萬乘之國必無破亡者矣。

而不知國之興亡在得道與失道，不在大與小也。故下文曰：「存在得道而不在於大，亡在失道而不在於小。」後人不曉文義而妄加兩「不」字，其失甚矣。

處彊大勢位　何謀之敢當

「二君處彊大勢位，脩仁義之道，湯、武救罪之不給，何謀之敢當」。念孫案：「處彊大勢位」本作「處彊大之勢」，與「脩仁義之道」相對爲文。今本脱「之」字，衍「位」字，「位」字因上文「務高其位」而衍。則與下句不對。高注云「當其居彊大之勢，各本「居」誤作「君」，「君」下又衍「也」字，今改正。不能自知所行之非」，則「勢」下無「位」字明矣。《羣書治要》引此正作「處强大之勢」。又案：「何謀之敢當」，「當」字義不可通。《羣書治要》引作「何謀之敢慮」，是也。「慮」字隸書或作「慮」，因誤而爲「當」。

溺死

「直躬其父攘羊而子證之，尾生與婦人期而死之。直而證父，信而溺死，雖有直信，孰能貴之」。念孫案：「信而溺死」本作「信而死女」。言信而爲女死，則信不足貴也。今本「死女」作「溺死」者，涉上注「水至溺死」而誤。「直而證父」、「信而死女」相對爲文，且「女」與「父」

爲韻，若作「溺死」，則文既不對而韻又不諧矣。《文子·道德篇》正作「信而死女」。

局曲直

「是故聖人論事之局曲直，與之屈伸偃仰，無常儀表」。念孫案：此言「屈伸偃仰」，皆因乎事之曲直。「曲直」上不當有「局」字，蓋衍文也。《文子·道德篇》無「局」字。

卑弱柔　本矜

「時屈時伸，卑弱柔如蒲韋，非攝奪也；剛强猛毅，志厲青雲，非本矜也」。念孫案：「本」當爲「夸」。「夸矜」與「攝奪」相對爲文。「夸」字或書作「夲」，形與「本」相似，因誤爲「本」。《文選·甘泉賦》注引此正作「夸」。又案：蒲、韋皆柔弱之物，故曰「時屈時伸，弱柔如蒲韋」，「弱柔」上不當有「卑」字，此涉下文「屈膝卑拜」而誤衍也。《荀子·不苟篇》云：「言己之光美，擬於舜、禹，參於天地，非夸誕也；與時屈伸，柔從若蒲葦，非懾怯也；剛彊猛毅，靡所不信，非驕暴也。」語意略與此同。「柔從若蒲葦」之上亦無「卑」字。

車裂

「昔者萇弘，周室之執數者也，天地之氣，日月之行，風雨之變，律曆之數，無所不通，然而不能自知，車裂而死」。《太平御覽・刑法部十一》引此同。念孫案：《左傳》《國語》皆言周殺萇弘，而不言車裂，他書亦無車裂之事。案：《莊子・胠篋篇》「萇弘胣」，釋文：「崔云：『胣，裂也。』《淮南子》曰：『萇弘鈹裂而死。』」據此，則古本本作「鈹裂」，今作「車裂」者，涉下文「蘇秦車裂」而誤也。注内「車裂」同。

無問

「故人有厚德，無問其小節；而有大譽，無疵其小故」。念孫案：「問」當爲「閒」。《方言》曰：「閒，非也。」襄十五年《左傳》「且不敢閒」，《論語・先進篇》「人不閒於其父母昆弟之言」，《孟子・離婁篇》「政不足閒也」，趙岐、陳羣、孔穎達諸儒皆訓「閒」爲「非」。「疵」讀爲「訾」。《莊子・山木篇》「無譽無訾」，《吕氏春秋・必己篇》作「疵」。《荀子・不苟篇》：「正義直指，舉人之過，非毁疵也。」「無閒」與「無訾」同義，故《廣雅》曰：「閒，訾諀也。」「諀」與「毁」同。今本「閒」誤爲「問」，則非其指矣。《文子・上義篇》正作「無閒其小節」。

顔喙聚

「夫顔喙聚，梁父之大盜也，而爲齊忠臣」。念孫案：「喙」當爲「啄」，字之誤也。「顔啄聚」，《左傳·哀二十七年》《吕氏春秋·尊師篇》《韓子·十過篇》竝作「顔涿聚」，《韓詩外傳》作「顔斲聚」，《説苑·正諫篇》作「顔燭趨」，《漢書·古今人表》作「顔燭雛」，《晏子春秋·外篇》作「顔燭鄒」，竝字異而義同。「啄」與「涿」、「斲」、「燭」聲竝相近，「喙」則遠矣。「啄」、「喙」二字，書傳往往相亂。

季襄

「季襄、陳仲子立節抗行，不入洿君之朝，不食亂世之食，遂餓而死」。高注曰：「季襄，魯人，孔子弟子。」念孫案：孔子弟子無季襄，「襄」皆當爲「哀」，字之誤也。《史記·仲尼弟子傳》「公晳哀，字季次」，索隱引《家語》作「公晳克」，「克」亦「哀」之誤。此言「季哀」，即「季次」也。故高注云然。《弟子傳》載孔子之言曰：「天下無行多，爲家臣，仕於都，唯季次未嘗仕。」《游俠傳》曰：「季次、原憲，懷獨行君子之德，義不苟合當世，終身空室蓬户，褐衣疏食不厭。」此云「立節抗行，不入洿君之朝，不食亂世之食」，説與《史記》略同。

一人

「求於一人則任以人力，自脩則以道德」。念孫案：「求於一人」，劉本無「一」字，是也。《道藏》本有「一」字者，因上文「責備於一人」而誤。「求於人」與「自脩」相對爲文，「人」上不當有「一」字。下文「責人以人力，自脩以道德」，即其證。《文子·上義篇》作「於人以力，自脩以道」。

得其賢

「今志人之所短，而忘人之所脩，而求得其賢乎天下，則難矣」。念孫案：「得其賢乎天下」，衍「其」字。《藝文類聚·寶部上》引此無「其」字。

美之與惡　此皆相似

「使人之相去也，若玉之與石，美之與惡，則論人易矣。夫亂人者，若芎藭之與槀本也，各本脱「若」字，今據上文及《羣書治要》《史記索隱》《爾雅疏》《本草圖經》《埤雅》《續博物志》引補。蛇牀之與麋蕪也，此皆相似」。高注曰：「言其相類，但其芳臭不同，猶小人類君子，但其仁與不仁異也。」念孫案：「美之與惡」本作「葵之與莧」。葵與莧不相似，故易辨。此言物之不相似者，下言物之相似者，皆各舉二物以明之，若云「美之與惡」，則不知爲何物矣。蓋俗書「美」字作「羙」，「葵」字作「𦬣」，「𦬣」之上半與「羙」相似，因誤而爲「美」。後人不解其故，遂改爲「美之與惡」耳。《羣書治要》及《爾雅疏》《埤雅》《續博物志》引此竝作「葵之與莧」，是其證。又案：上既言「亂人」，則下不必更言「相似」，且正文既言「相似」，則注不必更言「其相類」矣。《爾雅疏》引許注云：「此四者，藥草臭味之相似。」然則「此皆相似」四字，蓋後人約記許注於正文之旁，而寫者因誤合之也。茅本又於「相似」下加「者」字，而莊本從之，謬矣。《史記·司馬相如傳》索隱、《爾雅疏》《本草圖經》《埤雅》《續博物志》所引皆無此四字。

天下爲忠之臣者　賞少而勸善者衆

「故賞一人，而天下爲忠之臣者莫不終忠於其君。終，盡也。言莫不盡忠於其君也。茅一桂不曉「終」字之義，遂改「終忠」爲「願忠」，而莊本從之，謬矣。《道藏》本、劉本、朱本竝作「終忠」。此賞少而勸善者衆也」。念孫案：「天下爲忠之臣者」當作「天下之爲臣者」。《吕氏春秋·義賞篇》引孔子曰「賞一人，而天下之爲人臣者莫敢失禮」，即《淮南》所本也。今本「之爲」二字誤倒，又衍一「忠」字。「此賞少而勸善者衆也」當作「此賞少而勸衆者也」。上文云「古之善賞者，費少而勸衆」，正與此句相應。下文曰「此刑省而姦禁者也」、「此用約而爲德者也」、「此入多而無怨者也」，句法竝與此同。今本「衆者」二字誤倒，又衍一「善」字。「善」字涉下文「勸善」而衍。

右服失馬　獲之

「秦穆公出遊而車敗，右服失馬」。高注曰：「服，中央馬。」《鄭風・叔于田》箋「兩服，中央夾轅者」，義與高注同。各本「央」作「失」，因正文而誤，今改正。念孫案：「右服失馬」，「馬」字因注文而衍。服爲中央馬，則不須更言馬矣。《吕氏春秋・愛士篇》正作「右服失」。「失」與「佚」同。又「梁由靡扣穆公之驂，獲之」，高注云：「將獲穆公。」則正文「獲」上有「將」字也。將獲未獲，故人得而救之。若已爲晉所獲，則不能救矣。

管金

「越城郭，踰險塞，姦符節，盜管金」。高注曰：「金，印封，所以爲信。」念孫案：如高注，則「金」字當爲「璽」字之誤。然「金」與「璽」字不相似，「璽」字無緣誤爲「金」。蓋俗書「璽」字或作「壐」，因誤爲「金」矣。《五音集韻》云：「璽，俗作壐。」

法令者

「夫法令者罔其姦邪，勒率隨其蹤跡，無愚夫惷婦，各本「惷」誤作「惷」，辯見《地形篇》「其人惷愚」下。皆知爲姦之無脱也，犯禁之不得免也」。念孫案：「法令」下衍「者」字。「法令罔其姦邪，勒率隨其蹤跡」，相對爲文。

然而立秋之後

「然而不材子不勝其欲，蒙死亡之罪，而被刑戮之羞。然而立秋之後，司寇之徒繼踵於門，而死市之人血流於路」。念孫案：下「然而」二字因上「然而」而衍。「立秋之後」五句，即承上「死亡之罪」、「刑戮之羞」言之，不當更有「然而」二字。

夫今　斬首拜爵

「夫今陳卒設兵，兩軍相當，將施令曰：『斬首拜爵，而屈撓者要斬。』」念孫案：「夫今」當爲「今夫」。「斬首」下脱「者」字。「斬首者拜爵」、「屈撓者要斬」，相對爲文。《羣書治要》引此有「者」字。

隊階

「然而，隊階之卒，皆不能前遂斬首之功，而後被要斬之罪」。念孫案：「隊階」二字義不可通，當從《羣書治要》所引作「隊伯」，字之誤也。左畔作「阝」因「隊」字而誤，右畔作「皆」則因下文「皆」字而誤。《逸周書·武順篇》曰：「五五二十五曰元卒，四卒成衛曰伯。」是百人爲伯也。《兵略篇》曰：「正行五，連什伯。」《史記·秦始皇紀》曰：「躡足行伍之閒，而倔起什伯之中。」《通典·兵一》引司馬穰苴曰：「五人爲伍，十伍爲隊。」是隊爲伯之半，故曰「隊伯之卒」。

波至而自投於水

「楚人有乘船而遇大風者，波至而自投於水」。念孫案：「波至而下」當有「恐」字。下文「惑於恐死而反忘生也」，即承此句言之。《羣書治要》《意林》《藝文類聚·舟車部》《白帖》六十三、《太平御覽·地部三十六》《舟部二》引此皆作「波至而恐」。

患弗過

「夫動静得，則患弗過也」。念孫案：「過」當從劉本、朱本作「遇」，字之誤也。

可傳於後世

「世俗言曰：『葬死人者裘不可以藏。裘不可以藏者，非能具綈緜曼帛温煖於身也。世以爲裘者，難得貴賈之物也，而可傳於後世，無益於死者，而足以養生，故因其資以讋之。』」念孫案：裘無益於死者，而足以養生，故曰「可傳於後世」。劉本作「不可傳於後世」，「不」字因上文「不可以藏」而衍。諸本與劉本同，莊本亦同。唯《道藏》本無「不」字。

不待户牖之行

「使鬼神能玄化，則不待户牖之行」。念孫案：「之」當作「而」。《太平御覽·居處部十二》引此正作「不待户牖而行」。

故馬免人於難者六句内脱文

「故馬免人於難者，其死也，葬之；牛其死也，葬以大車爲薦」。念孫案：《藝文類聚·獸部上》、《太平御覽·禮儀部三十四》《獸部八》引此竝作「故馬免人於難者，其死也，葬之以帷爲衾；牛有德於人者，其死也，葬之以大車之箱爲薦」。今本「葬」之下脱去「以帷爲衾」

四字，「牛」下脱去「有德於人者」五字，「葬」下脱去「之」字，「大車」下脱去「之箱」二字，當補入。

炎帝於火　禹勞天下　后稷作稼穡

「故炎帝於火，死而爲竈；各本「死而」皆誤作「而死」，惟《道藏》本作「死而」，與諸書所引合。莊刻仍從各本作「而死」，非是。禹勞天下，死而爲社；后稷作稼穡，死而爲稷」。念孫案：「炎帝於火」本作「炎帝作火」。「於」字或書作「扵」，形與「作」相似而誤。《太平御覽・火部二》引作「於」，亦後人依誤本改之。其《居處部十四》引此正作「作」。《史記・孝武紀》索隱、《藝文類聚・火部》《廣韻》「竈」字注引此竝作「作」。「禹勞天下」，「勞」下本有「力」字，故高注曰：「勞力天下，謂治水之功也。」《道藏》本、劉本皆如是，各本無「力」字者，據已脱之正文，删未脱之注文耳。莊刻從各本删「力」字，非是。高注《脩務篇》亦云：「禹勞力天下，不避風雨。」今本無「力」字者，後人誤以爲衍文而删之耳。古者謂「勤」爲「力」。《大雅・烝民》箋：「力，猶勤也。」「勞力天下」，猶言勤勞天下，《泰族篇》曰「夙興夜寐而勞力之」是也。倒言之則曰「力勞」，《主術篇》曰「民貧苦而忿争，事力勞而無功」是也。《藝文類聚・禮部中》引此無「力」字，亦後人依誤本删之。《太平御覽・禮儀部十一》引正文、注文竝作「勞力」。《論衡・祭意篇》「或曰『炎帝作火，死而爲竈；禹勞力天下，死而爲社』」，所引即《淮南》之文。「后稷作稼穡」，「后稷」本作「周棄」，此亦後人以意改之也。昭二十八年《左傳》曰「周棄亦爲稷，自商以來祀之」，《魯語》曰「夏之興也，周棄繼之，故祀以爲稷」，此皆《淮南》所本。《藝文類聚·禮部中》《太平御覽·禮儀部十一》引此竝作「周棄」。高注當云：「周棄，后稷也。」今本云「稷，周棄也」，此亦後人所改。

淮南内篇弟十四

詮言

及宗

「分而爲萬物，莫能及宗」。高注曰：「謂及己之性宗。」念孫案：「及」皆當爲「反」，字之誤也。宗者，本也。言莫能反其本也。下文云「能反其所生」，即「反宗」之謂，故高注曰：「反己之性宗」也。《説山篇》曰：「吾將反吾宗矣。」又曰：「牆之壞，愈其立也；冰之泮，愈其凝也。以其反宗。」高注竝云：「宗，本也。」是其證。「分而爲萬物」，《文選·演連珠》注引作「分爲萬殊」。案：上文既云「物以羣分」，此無庸復言分爲萬物，疑作「萬殊」者是也。今本「殊」作「物」，蓋涉下文「萬物」而誤。

亡乎萬物之中

「物物者，亡乎萬物之中」。高注曰：「物物者，造萬物者也。此不在萬物之中。」念孫案：莊本改「亡」爲「存」，正與此義相反。

動有章則詞

「星列於天而明，故人指之；義列於德而見，故人視之。人之所指，動則有章；人之所視，行則有迹。動有章則詞，行有迹則議」。引之曰：「詞」當爲「訶」。凡隷書「可」字之在旁者，或作「可」，漢《魯相史晨饗孔廟後碑》「雅歌吹笙」，「歌」作「歌」，《冀州從事郭君碑》「凋柯霜榮」，「柯」作「柯」。故「訶」字或作「詞」，形與「詞」相似，因誤爲「詞」。訶，謂相譏訶也。動有章則人訶之，行有迹則人議之也。《説林篇》曰：「有爲則議，多事固苛。」高注曰：「蘇秦爲多事之人，故見議見苛也。」「苛」與「訶」同。「議」字古讀若「俄」。《小雅·北山篇》「或出入風議」，與「爲」爲韻，「爲」讀若「譌」。《淮南·俶真篇》「立而不議」，與「和」爲韻。《史記·太史公自序》「王人是議」，與「禾」爲韻。故此及《説林篇》皆以「訶」、「議」爲韻，若作「詞」，則失其韻矣。

貴其所有

「人莫不貴其所有，而賤其所短」。念孫案：貴與賤相反，長與短相反，若「有」與「短」，則非相反之名。「有」當爲「脩」，字之誤也。隸書「脩」字或作「倄」，因殘缺而爲「有」字。脩，長也。言人皆貴其所長，而賤其所短也。淮南王避父諱，故不言「長」而言「脩」。

物莫不足滑其調　獨盡其調　五行異氣而皆適調六藝異科而皆同道　其美在調　日引邪欲而澆其身夫調

「故通性之情者，不務性之所無以爲；通命之情者，不憂命之所無奈何；通於道者，物莫不足滑其調」。念孫案：「物莫不足滑其調」當作「物莫足滑其和」。滑，亂也。見《原道》《俶真》《精神》三篇注及《周語》、《晉語》注。言通於道者，物莫能亂其天和也。今本「莫」下衍「不」字，因上文兩「不」字而衍。「和」字又誤作「調」。《原道篇》曰：「不以欲滑和。」《俶真篇》曰：「不足以滑其和。」《精神篇》曰：「何足以滑和。」《莊子・德充符篇》曰：「不足以滑和。」諸書皆言「滑和」，無言「滑調」者。且「和」與「爲」、「何」爲韻，「爲」古讀若「譌」，説見《唐韻正》。若作「調」，則失其韻矣。又《兵略篇》：「敵若反静，爲之出奇。彼不吾應，獨盡其調，若動而應，有見所爲。

彼持後節，與之推移。彼有所積，必有所虧。精若轉左，陷其右陂。敵潰而走，後必可移。」案：「獨盡其調」，「調」亦當爲「和」。注同。「和」與「奇」、「爲」、「移」、「虧」、「陂」爲韻，「奇」、「爲」、「移」、「虧」、「陂」古音皆在歌部，説見《唐韻正》。若作「調」，則失其韻矣。又《泰族篇》「五行異氣而皆適調，六藝異科而皆同道」本作「五行異氣而皆和，六藝異科而皆通」，因「和」誤爲「調」，「通」誤爲「道」，後人遂於「道」上加「同」字，又於「調」上加「適」字，以成對句，而不知其謬也。《太平御覽·學部二》引作「五行異氣而皆和，六藝異科而皆道」，「道」字雖誤，而「和」字不誤，且上句無「適」字，下句無「同」字。舊本《北堂書鈔·藝文部一》引此正作「五行異氣而皆和，六藝異科而皆通」。《泰族》又云：「聖人兼用而財制之，失本則亂，得本則治，其美在調，其失在權。水火金木〔一〕土穀異物而皆任，規矩權衡準繩異刑而皆施，丹青膠漆不同而皆用。各有所適，物各有宜。」案：「其美在調」，「調」亦當爲「和」。「之」、「治」爲韻，「和」、「權」、「施」、「宜」爲韻，「和」、「施」、「宜」古音在歌部，「權」在元部，歌、元二部古或相通，説見《泰族》「陰陽化一」條下。若作「調」，則失其韻矣。《文子·上禮篇》正作「其美在和，其失在權」。《泰族》又云：「今目悦五色，口嚼滋味，耳淫五聲，七竅交争以害其性，日引邪欲而澆

〔一〕木，原作「本」，據《淮南子·泰族篇》及《國學基本叢書》本改。

其身夫調。身弗能治，奈天下何？」」案：「日引邪欲而澆其身夫調」本作「日引邪欲而澆其天和」，即《原道》所云「以欲滑和」也。《文子·下德篇》作「日引邪欲竭其天和，身且不能治，奈天下何」，是其明證矣。今本「澆其」下衍「身」字，因下文而衍。「天」誤爲「夫」，「和」誤爲「調」，遂致文不成義。且「聲」、「争」、「性」爲韻，「和」、「何」爲韻，若作「調」，則失其韻矣。「和」、「調」二字，形、聲皆不相近，無因致誤。而以上五段，「和」字皆誤作「調」，殊不可解。

以欲用害性

「不貪無用，則不以欲用害性」。念孫案：劉本無下「用」字，是也。此因上「用」字而衍。

所無　所有

「聖人守其所以有，「以」與「已」同。不求其所未得。求其所無，則所有者亡矣，脩其所有，則所欲者至」。念孫案：「求其所無」本作「求其所未得」，「脩其所有」本作「脩其所已有」，此皆承上文而申言之，不當有異文。今本作「求其所無」、「脩其所有」，皆後人以意改之也。《羣書治要》引此正作「求其所未得」、「脩其所已有」。《文子·符言篇》同。下文亦云：「不知道者，釋其所已有，而求其所未得。」

勸而就利者

「故道不可以勸而就利者，而可以寧避害者」。念孫案：「勸」下「而」字因下句而衍。《文子·符言篇》無「而」字。

不爲善

「故不爲善，不避醜，遵天之道；不爲始，不專己，循天之理；不豫謀，不棄時，與天爲期；不求得，不辭福，從天之則」。念孫案：「善」當爲「好」。「不爲好，不避醜，遵天之道」，猶《洪範》言「無有作好，遵王之道」也。今作「不爲善」者，後人據《文子·符言篇》改之耳。「好」、「醜」、「道」爲韻，「始」、「己」、「理」爲韻，「謀」、「時」、「期」爲韻，「得」、「福」、「則」爲韻，若作「善」，則失其韻矣。

㝑禍　㝑福

「内無㝑禍，外無㝑福」。念孫案：「㝑」字義不可通。《文子·符言篇》作「奇禍」、「奇福」，是也。俗書「奇」字作「竒」，「㫄」字作「旁」，二形相似而誤。

生貴

「爲善則觀，爲不善則議。觀則生貴，議則生患」。引之曰：「貴」當爲「責」，字之誤也。此言爲善則觀之者多，觀之者多則責之者必備。下文曰「責多功鮮，無以塞之」，正謂此也。《文子・符言篇》作「爲善即勸，勸即生責」。

受名　唯能勝理而爲受名名興則道行

「名與道不兩明，人受名則道不用，道勝人則名息矣」。念孫案：「受」當爲「愛」，字之誤也。愛名則不愛道，故道不用也。《文子・符言篇》正作「愛」。又下文「喜德者必多怨，喜予者必善奪。唯滅迹於無爲而隨天地自然者，唯能勝理而爲受名。名興則道行，道行則人無位矣」。案：此當作「唯滅迹於無爲而隨天地自然者，爲能勝理而無愛名。名興則道不行，道行則人無位矣」，「人」如「人心道心」之「人」。上文高注云：「無位，無所立也。」即上文所謂「人愛名則道不用，道勝人則名息」也。今本「爲能」誤作「唯能」，「無愛名」誤作「爲受名」，「道不行」又脱「不」字，則上下文皆不可通矣。《韓詩外傳》云：「唯滅跡於人能與「而」同。隨天地自然，爲能勝理而無愛名。名興則道不用，道行則人無位矣。」是其證。「勝理」二字，説見後「勝心」一條下。

貨數

「欲尸名者必爲善，欲爲善者必生事，事生則釋公而就私，貨數而任己」。引之曰：「貨」當爲「背」，字之誤也。「背數而任己」，謂背自然之數而任一己之私，與上句「釋公而就私」同意。《文子·符言篇》作「倍道而任己」，「倍」與「背」同。下文又云：「君好智則倍時而任己，棄數而用慮。」

立名於爲質　忘爲質　不忘其容

「欲見譽於爲善，而立名於爲質，則治不循故，而事不順時」。今本「循」作「脩」，「順」作「須」，竝誤。説見《原道》「循誤爲脩」下。念孫案：「質」當爲「賢」。「賢」、「質」草書相似，故「賢」誤爲「質」。《逸周書·官人篇》「有隱於仁賢者」，《大戴禮》「賢」誤作「質」。「爲賢」與「爲善」，義正相承。《文子》作「見譽而爲善，立名而爲賢」，是其證。又下文「無須臾忘爲質者，必困於性；百步之中不忘其容者，必累其形」。案：此當作「無須臾忘其爲賢者，必困於性；百步之中不忘其爲容者，必累其形」。今本上二句内脱「其」字，下二句内脱「爲」字，「爲容」與「爲賢」相對。百步之中而必爲儀容，則形不勝勞，故曰「必累其形」。脱去「爲」字，則文義不明。「賢」字又誤爲「質」。此即承上「欲立名於爲賢，則治不循故，事不順時」言之，故高注曰：「常思爲賢，不循自然，則性困也。」今本高注「賢」字亦誤爲「質」。《文子》作「夫須臾無忘其爲賢者，必困其性；百步之中無忘其爲容者，必累其形」，是其證。

不足以弊身

「功之成也，不足以更責；高注：「更，償也。」事之敗也，不足以弊身」。念孫案：「不足以弊身」，「不」字涉上文而衍。此言功成則不足以償其責，事敗則適足以斃其身也。《文子・符言篇》作「事敗足以滅身」，是其證。

善説而亡國

「公孫龍粲於辭而貿名，鄧析巧辯而亂法，蘇秦善説而亡國」。念孫案：「亡國」當作「亡身」，故高注曰：「蘇秦死於齊也。」今本「身」作「國」者，涉下文「治國」而誤。又案：高注本在「蘇秦善説而亡身」之下，今本在「亡」字之下、「國」字之上，則是以「亡」字絶句，而以

「國」字下屬爲句，大謬。此句與上二句相對爲文，若讀「蘇秦善説而亡」爲句，則與上二句不對。下文「由其道則善無章，循其理則巧無名」，亦相對爲文，若讀「國由其道」爲句，則文不成義。

外釋交

「若誠外釋交之策，而慎脩其境内之事」。陳氏觀樓曰：「『外釋交之策』當爲『釋外交之策』。上文『外交而爲援』，是其證。」

不以位爲患

「智者不以位爲事，勇者不以位爲暴，仁者不以位爲患，可謂無爲矣」。劉本「患」作「惠」。念孫案：劉本是也。「不以位爲惠」，謂不假位以行其惠也。「爲惠」與「爲暴」相對。《主術篇》曰：「重爲惠，重爲暴，則治道通矣。」義與此同。

圍

「一人之力，以圍强敵」。念孫案：「圍」當爲「圉」，字之誤也。「圉」與「禦」同。劉績改「圍」爲「禦」，而莊本從之，義則是，而文則非矣。

勝心　勝欲　勝理

「聖人勝心，衆人勝欲」。念孫案：勝，任也。言聖人任心，衆人任欲也。耳目之官不思而蔽於物，心之官則思。聖人先立乎其大者，則其小者不能奪，故曰「聖人任心」也。若衆人則縱耳目之欲，而不以心制之，故曰「衆人任欲」也。下文曰：「食之不寧於體，聽之不合於道，視之不便於性，三關交争，高注：「三關，謂食、視、聽。」今本正文「三關」作「三官」，注作「三官，三關，食、視、聽」，皆後人以意改之也。《主術篇》曰：「目妄視則淫，耳妄聽則惑，口妄言則亂，夫三關者，不可不慎守也。」今據以訂正。以義爲制者，心也。」又曰：「耳目鼻口不知所取去，心爲之制，各得其所。」皆其證矣。《説苑・説叢篇》曰「聖人以心導耳目，小人以耳目導心」，即此所謂「聖人勝心，衆人勝欲」也。《説文》：「勝，任也。」「任」與「勝」聲相近，「任心」、「任欲」之爲「勝心」、「勝欲」，猶「戴任」之爲「戴勝」。《月令》「戴勝降于桑」，《吕氏春秋・季春篇》作「戴任」。高解「聖人勝心」曰：「心者，欲之所生也。聖人止欲，故勝其心。」則誤以「勝」爲「勝敗」之「勝」矣。如高説，則是心與耳目口無以異，下文何以言「三關交争，以義爲制者，心」乎？又解「衆人勝欲」曰：「心欲之而能勝止也。」心欲之而能勝止，則是賢人矣，安得謂之衆人乎？且下文言「欲不可勝」，則「勝」之訓爲「任」，明矣。《文子・符言篇》作「聖人不勝其心，衆人不勝其欲」，此亦未解

「勝」字之義而以意改之也。又下文「唯滅迹於無爲而隨天地自然者，爲能勝理而無愛名」。此句今本多誤字，辯見前「受名」下。勝亦任也，言任理而不愛名也。「隨天地自然」，即所謂任理也。《呂氏春秋·適音篇》「勝理以治身，則生全矣」，亦謂任理爲勝理也。高注曰：「理，事理情欲也。勝理去之。」以事理爲情欲，義不可通。皆由誤以「勝」爲「勝敗」之「勝」，故多抵牾矣。

從事於性

「故聖人損欲而從事於性」。念孫案：此本作「故聖人損欲而從性」。上文曰「欲與性相害，不可兩立」，故此言損欲而從性也。後人改「從性」爲「從事於性」，則似八股中語矣。《文子·符言篇》正作「損欲而從性」。《太平御覽·方術部一》引此作「損欲而存性」。雖「存」與「從」不同，而皆無「事於」二字。

因而不生

「凡治身養性，節寢處，適飲食，和喜怒，便動静，内在己者得，而邪氣因而不生，豈若憂瘕疵之興、「興」與「發」同義，各本「興」誤作「與」，今據《太平御覽》引改。痤疽之發，而豫備之哉」。念孫案：「邪氣因而不生」本作「邪氣自不生」。言治身養性，皆得其道，則邪氣自然不生，非常恐其生而豫備之也。今本作「邪氣因而不生」者，「自」誤爲「因」，隸書「因」或作「囙」，與「自」字相似而誤。後人又加「而」字耳。《太平御覽》引此正作「邪氣自不生」。

在智　在力

「故天下可得而不可取也，霸王可受而不可求也。在智則人與之訟，在力則人與之争」。念孫案：「在」皆當爲「任」，字之誤也。言當因時而動，不可任智任力也。上文曰：「失道而任智者必危。」又曰：「獨任其智，失必多矣。故好智，窮術也。」「好勇，危術也。」皆其證。

不滅　不没

「鼓不滅於聲，故能有聲；鏡不没於形，故能有形」。念孫案：「滅」當爲「臧」，「没」當爲「設」，皆字之誤也。「臧」字俗書作「摵」，形與「滅」相似。「設」與「没」草書亦相似。「臧」，古「藏」字。鼓本無聲，擊之而後有聲；鏡本無形，物來而後有形，故曰「鼓不藏於聲」、「鏡不設於形」。鼓作「滅」、作「没」，則義不可通矣。《文選·演連珠》注引此作「鏡不設形，故能有形」。《文子·上德篇》作「鼓不藏聲，故能有聲；鏡不設形，故能有形」，是其證。

弗吹弗聲

「金石有聲，弗叩弗鳴；管簫有音，弗吹弗聲」。劉本依《文子》改「弗聲」爲「無聲」，而諸本皆從之。莊本同。念孫案：劉改非也。《白虎通義》曰：「聲者，鳴也。」言管簫有音，弗吹弗鳴也。《兵略篇》曰：「彈琴瑟，聲鍾竽。」亦謂鳴鍾竽也。劉誤以「聲」爲「聲音」之「聲」，故依《文子》改之耳。「金石有聲」、「管簫有音」，「音」，亦「聲」也。此謂「聲音」之「聲」。「弗叩弗鳴」、「弗吹弗聲」，「聲」，亦「鳴」也。與「聲音」之「聲」異義。若云「弗吹無聲」，則與上文不類矣。

怨

「故譽生則毁隨之，善見則怨從之」。劉本依《文子·符言篇》改「怨」爲「惡」。念孫案：劉改是也。「譽」與「毁」對，「善」與「惡」對。《道藏》本作「怨」者，涉上文兩「怨」字而誤。

焉可以託天下

「能不以天下傷其國，而不以國害其身者，焉可以託天下也」。念孫案：「焉」，猶「則」也。《老子》「故貴以身爲天下，則可寄天下」，《道應篇》引作「焉可以託天下」，是其證。《荀子·

禮論篇》「三者偏亡，焉無安人」，《史記・禮書》作「則無安人」。是「焉」與「則」同義。詳見《老子》「信不足焉有不信焉」下。《道藏》本、劉本、朱本竝作「焉」。茅一桂不解「焉」字之義，而改「焉」作「爲」，莊本從之，謬矣。

持無所監

「持無所監，謂之狂生」。今本高注云：「持無所監，所監者非元德，故爲狂生。」李善注《文選・任昉〈哭范僕射詩〉》曰：「《淮南子》曰：『臺無所監，謂之狂生。』高誘曰：『臺，持也。所鑒者非元德，故爲狂生。臺，古「握」字也。』」念孫案：如李注所引，則今本正文及高注皆經後人删改明矣。又案：「臺」與「握」不同字，「臺」當爲「耋」，字之誤也。《説文》：「耋，古文握。」故高注云「耋，持也」，又云「耋，古握字也」。後人不知「臺」爲「耋」之誤，而改「臺」爲「持」，又改高注「臺，持也」爲「持無所監」，并删去「臺古握字也」五字以滅其跡。甚矣其妄也。

怨無所滅

「民已受誅，怨無所滅，謂之道」。念孫案：「怨無所滅」，《文子・道德篇》作「無所怨憾」，是也。道固當誅，故受誅者無所怨憾。今本「怨」字誤在「無所」上，「憾」字又誤作「滅」，則文不成義。

屈奇

「聖人無屈奇之服，無瑰異之行」，高注曰：「屈，短。奇，長也。」念孫案：「屈奇」猶「瑰異」耳。《周官·閽人》「奇服怪民不入宫」，鄭注曰：「奇服，衣非常。」「屈奇之服」，即「奇服」也。司馬相如《上林賦》「摧崣崛崎」，義與「屈奇」相近。「屈奇」雙聲字，似不當分爲兩義也。

捉得其齊

「善博者，平心定意，捉得其齊，行由其理」。高注曰：「齊，得其適也。」念孫案：「捉」當爲「投」。「投得其齊」，謂投箸也。《秦策》曰：「君獨不觀博者乎？或欲大投，或欲分功。」「行由其理」，謂行棊也。《楚辭·招魂》注曰：「投六箸，行六棊，故爲六博。」是也。隸書「投」字或作「**投**」，「捉」字或作「**捉**」，二形相似，故「投」誤爲「捉」。《太平御覽·工藝部十一》引此正作「投」。

駎

「駎者不貪最先，不恐獨後」。高注曰：「駎，競驅也。」劉曰：「駎，除救切。」莊曰：「駎，即騁字省文。孫編脩、程文學説皆如是。」孫氏頤谷《讀書脞録》曰：「《玉篇》：『駎，除救切。』《廣韻》在《四十九宥》。注皆訓爲『競馳』，與高注正合，非『騁』之省文也。」念孫案：劉注及孫頤谷説是也。《玉篇》《廣韻》「競馳」之訓，既本於高注，則讀「駎」爲「胄」，亦必本於高注。今本高注有義無音，寫者脱之耳。駎之言逐也。「逐」、「駎」古同聲。《大畜》九三「良馬逐」，釋文：「逐如字。鄭本作『逐逐』，云：『兩馬走也』。一音『胄』。」《海外北經》「夸父與日逐走」，郭注：「逐，音『胄』。」晉灼注《漢書・五行志》曰：「競走曰逐。」故高注言「競驅」。若是「騁」字，則但可訓爲「驅」，不可訓爲「競驅」矣。與人競驅，故云「不貪最先，不恐獨後」，若但曰「騁」，則無先後之可言矣。孫、程必以爲「騁」之省文者，徒以《説文》無「駎」字故耳。不知是書之字，固有《説文》所不收者。且馳謂之騁，競驅謂之駎，一從甹聲，一從由聲，「駎」從由聲，與「胄」、「宙」同。不得以甲代乙也。

不通

「有智而無術，雖鑽之不通；有百技而無一道，雖得之弗能守」。念孫案：「通」本作「達」，此後人以意改之也。「術」、「達」爲韻，「道」、「守」爲韻，改「達」爲「通」，則失其韻矣。據高注云「無術不能達」，則正文作「達」甚明。

殽臑

「周公殽臑不收於前，鍾鼓不解於縣」。高注曰：「臑，那到反。前肩之美也。」引之曰：《大雅·既醉》箋：「殽，牲體也。」牲體多矣，不應獨言臑。「臑」當爲「腝」。奴低反。凡隸書從耎、從需之字多相亂，故「腝」誤爲「臑」。《說文》：「腝，有骨醢也。或作䐑。」《爾雅》：「肉謂之醢，有骨者謂之䐑。」《周官·醢人》：「朝事之豆，其實有麋䐑、鹿䐑、麇䐑。」是也。殽，俎實也。腝，豆實也。殽腝，猶言俎豆耳。「殽腝」、「鍾鼓」各爲一物，文正相對。

弗能無害也

「俎豆之列次，黍稷之先後，雖知弗教也，弗能無害也」。念孫案：「弗能無害」，謂雖弗能，亦無害於事也。故下文云：「弗能祝者，不可以爲祝，無害於爲尸。」莊本「害」上脱「無」字，蓋爲劉本所誤。

大本

「故始於都者常大於鄙，始於樂者常大於悲，其作始簡者，其終本必調」。念孫案：兩「大」字、一「本」字皆義不可通，此文當作「故始於都者常卒於鄙，始於樂者常卒於悲，其作始簡者，其終卒必調」。《莊子·人間世篇》：「且以巧鬭力者，始乎陽常卒乎陰；以禮飲酒者，始乎治常卒乎亂。凡事亦然，始乎諒，常卒乎鄙，其作始也簡，其將畢也必巨。」即《淮南》所本也。上文曰：「故以巧鬭力者，始於陽常卒於陰；以慧治國者，始於治常卒於亂。」亦本《莊子》。今本上兩「卒」字作「大」、下一「卒」字作「本」者，隸書「卒」或作「卆」，「本」或作「夲」，二形相似，故「卒」誤爲「本」，《墨子·備高臨篇》「足以勞卒，不足以害城」，《漢書·游俠傳》「其陰賊著於心，卒發於睚眦」，今本「卒」字竝誤作「本」。上兩「本」字又脱其下半而爲「大」耳。

以相饗　反生鬭

「今有美酒嘉肴以相饗，卑體婉辭以接之，欲以合歡，争盈爵之閒，反生鬭，鬭而相傷，三族結怨」。念孫案：《文選·鮑照〈結客少年場行〉》注引此「以相饗」，「饗」上有「賓」字，「反生鬭」，「反」上有「乃」字，句法較爲完繕。

席之先萑簟四句

「席之先萑簟，樽之上玄酒，各本「酒」作「樽」，因上「樽」字而誤。今據《藝文類聚》《太平御覽》引改。俎之先生魚，豆之先泰羹」。念孫案：此本作「席之上先萑簟，樽之上先玄酒，俎之上先生魚，豆之上先泰羹」。「席之上」三字連讀，「先萑簟」三字連讀，下三句竝同。後人不曉文義，而以意删之，或删「上」字，或删「先」字，斯爲謬矣。《藝文類聚·服飾部上》《太平御覽·服用部十》竝引此「席之上先萑簟，樽之上先玄酒」，《初學記·器物部》引此「豆之上先太羹」，是其證。

衰其暑　大熱　質有之

「大寒地坼水凝，火弗爲衰其暑；大熱爍石流金，火弗爲益其烈。寒暑之變，無損益於己，質有之也」。引之曰：「火弗爲衰其暑」，「暑」當爲「熱」，「大熱爍石流金」，「熱」當爲「暑」，二字互誤。火可言熱，不可言暑。且「熱」與「烈」爲韻，若作「暑」，則失其韻矣。下文

「寒」、「暑」二字，正承「大寒」、「大暑」言之，若云「大寒」、「大熱」，則又與下文不合矣。《太平御覽·火部二》引此「熱」、「暑」二字互誤，已與今本同。《文選·演連珠》注引此正作「火弗爲衰其熱」。「質有之也」，「之」當爲「定」。言火有一定之質，故不爲寒暑損益也。「定」字俗書作「㝎」，因誤而爲「之」。《御覽》引此已誤。

爾

「自身以上至於荒芒句爾遠矣；自死而天地無窮句爾滔矣」。高注：「滔，曼長也。」念孫案：兩「爾」字義不可通，劉本「爾」作「亦」，是也。「亣」字俗書作「尒」，與「亦」相似，「亦」誤爲「尒」，後人因改爲「爾」矣。《漢書·司馬相如傳》「茲亦於舜」，《後漢書·張衡傳》「亦要思乎故居」，今本「亦」竝作「爾」，皆是「亦」誤爲「尒」，又改爲「爾」也。

累積其德

「故中心常恬漠，累積其德」。引之曰：「累積其德」當依《文子·符言篇》作「不累其德」。「累」讀如「負累」之「累」，言中心恬漠，外物不能累其德也。下二句云「狗吠而不驚，自信其情」，「自信其情」與「不累其德」文正相對。《吕氏春秋·有度篇曰》:「惡、欲、喜、怒、哀、樂六者,累德者也。」寫者脱去「不」字,校書者又誤讀「累」爲「積累」之「累」,因加「積」字耳。

淮南内篇弟十五

兵略

大論

「故至於攘天下，害百姓，肆一人之邪，而長海内之禍，此大論之所不取也」。念孫案：「大」當爲「天」，字之誤也。「論」與「倫」同。《王制》「凡制五刑，必即天論」，鄭注：「論，或爲倫。」釋文：「論，音倫，理也。」「倫」、「論」古多通用。莊本改「論」爲「倫」，未達假借之義。倫，道也。見《小雅·正月篇》毛傳、《論語·微子篇》包咸注。言爲天道之所不取也。《文子·上義篇》正作「天倫」。

其國

「乃發號施令曰：《道藏》本無「曰」字，莊依劉本增「曰」字，是也。《太平御覽》引此有「曰」字，《文子》同。其國之君，傲天侮鬼，決獄不辜，殺戮無罪」。念孫案：「其」當爲「某」，字之誤也。《太平御覽·

兵部二》引此正作「某國」。《司馬法・仁本篇》亦云：「某國爲不道，征之。」

故不可得而觀

「天圓而無端，故不可得而觀；地方而無垠，故莫能窺其門」。念孫案：「不可得而觀」本作「不得觀其形」。後人以「形」與「端」韻不相協，故改爲「不可得而觀」也。不知元、耕二部，古或相通。《説文》「睘」從袁聲，而《唐風・杕杜篇》「獨行睘睘」，與「菁」、「姓」爲韻。《齊風・還篇》「子之還兮」，與「閒」、「肩」、「儇」爲韻，而《漢書・地理志》引作「子之營兮」。《淮南・精神篇》曰：「以道爲紃，有待而然，抱其太清之本，而無所容與，而物無能營。」《齊俗篇》曰：「其歌樂而無轉，其哭哀而無聲。」《道應篇》曰：「爲三年之喪，令類不蕃，高辭卑讓，使民不争。」又《莊子・大宗師篇》曰：「夫道有情有信，無爲無形，可傳而不可受，可得而不可見。」《逸周書・時訓篇》曰：「螻蟈不鳴，水潦淫漫。蚯蚓不出，嬖奪后命。王瓜不生，困於百姓。」《漢書・貢禹傳》曰：「何以孝弟爲，財多而光榮；何以禮義爲，史書而仕宦；何以謹慎爲，勇猛而臨官。」《外戚傳・悼李夫人賦》曰：「超兮西征，屑兮不見。」《太玄・進》次二曰：「進以中刑，大人獨見。」《聚・測》曰：「鬼神無靈，形不見也。燕聚嘻嘻，樂淫衍也。宗其高年，鬼待敬也。」《易林・姤之臨》曰：「禹召諸侯，會稽南山，執玉萬國，天下康寧。」《升之震》曰：「當變立權，摘解患難，渙然冰釋，大國以寧。」皆以元、耕二部通用。「形」字正與「端」爲韻也。人能觀天，而不能知其形，故曰「不得觀其形」，非謂不可得而觀也。《文子・自然篇》正作「故不得觀其形」。

極之

「刑，兵之極也。至於無刑，可謂極之矣」。念孫案：「刑」竝與「形」同。「可謂極之矣」當作「可謂極之極矣」。形者，兵之極，至於無形，故曰「極之極」。《太平御覽》引此正作「可謂極之極矣」。鈔本如是，刻本作「可謂極矣」，乃後人妄刪。

同欲相助

「故同利相死，同情相成，同欲相助」。念孫案：「同欲相助」當作「同欲相趨，趨，七句反，向也。同惡相助」。今本上句脱「相趨」二字，下句脱「同惡」二字。「同欲」、「同惡」相對爲文，且「利」、「死」爲韻，「情」、「成」爲韻，「欲」、「趨」爲韻，「惡」、「助」爲韻，「欲」與「助」則非韻矣。古韻「欲」、「趨」屬候部，「惡」、「助」屬御部，故「欲」與「助」非韻。《史記·吴王濞傳》「同惡相助，同好相留，同情相成，同欲相趨，同利相死」，是其證。《文子·自然篇》作「同行者相助」，此以意改耳。《呂氏春秋·察微篇》亦云：「同惡固相助。」

兵交

「未至兵交接刃而敵人奔亡」。念孫案：「兵交」當爲「交兵」。《文子·上義篇》正作「交兵接刃」。下文亦云「不待交兵接刃」。

維枹綰

「維枹綰而鼓之」。高注曰：「綰，貫也。枹係於臂，以擊鼓也。」念孫案：「維枹綰而鼓之」，殊爲不詞。《一切經音義》二十引此作「綰枹而鼓之」，無「維」字，是也。「枹」字本在「綰」字下，故高注先釋「綰」，後釋「枹」。因「枹」字誤在「綰」字上，後人又以高注言「枹係於臂」，因加「維」字耳。不知「綰」字已兼維係之義，無庸更言「維」也。

脱句

「夫論除謹，動静時，吏卒辨，兵甲治，正行五，連什伯，明鼓旗，此尉之官也。前後，「前後」上脱一字。知險易，見敵知難易，發斥不忘遺，此候之官也。隧路亟，行輜治，賦丈均，處軍輯，井竈通，此司空之官也。收藏於後，遷舍不離，無淫輿，無遺輜，此輿之官也。凡此五官之於將也，猶身之有股肱手足也」。引之曰：下言「五官」而上衹有四官，寫者脱其一也。「兵甲治」下當有「此司馬之官也」一句。自「論除謹」至「兵甲治」，皆司馬之事，非尉之事，且句法亦與下不同。自「正行五」以下，乃是尉之事耳。司馬也、尉也、候也、司空也、輿也，所謂「五官」也。《左傳》成二年晉軍有司馬、司空、輿帥、候正、亞旅，襄十九年晉軍有軍尉、司馬、司空、輿、尉、候奄，官名與此略同，而其數皆五，足以相證矣。《漢書·百官公卿表》：「衛尉，秦官，諸屯衛候司馬皆屬焉。」《續漢書·百官志》：「大將軍營五部，部校尉一人，軍司馬一人，部下有曲，曲有軍候一人。」《通典·兵類》引一説曰：「凡立軍，二百人立候，四百人立司馬，八百人立尉。」

郯淮

「昔者楚人地，南卷沅、湘，北繞潁、泗，西包巴、蜀，東裹郯、淮」。高注曰：「巴、蜀、郯、淮，地名。」念孫案：「郯淮」本作「郯邳」，注同。此後人妄改之也。淮乃水名，非地名，與高注不合。《太平御覽·州郡部十二》引此正作「郯邳」。沅、湘、潁、泗，皆水名，巴、蜀、郯、邳，皆地名。漢郯縣故城在今邳州東北，下邳故城在今邳州東，二縣相連，故竝言之。《史記·楚世家》亦云：「鄒、費、郯、邳。」

山高尋雲谿肆無景

「山高尋雲，谿肆無景」。念孫案：《太平御覽》引作「山高尋雲霓，谿深肆無景」，是也。「谿深」二字連讀，今本脱「深」字，則與上句不對。「肆無景」三字連讀，故高注云：「肆，極也。極谿之深，不見景也。」若以「谿肆」連讀，則文不成義矣。《晉書·羊祜傳》「高山尋雲霓，深谷肆無景」，即用《淮南》語。

錐矢

「疾如錐矢，合如雷電，解如風雨」。高注曰：「錐，金鏃箭羽之矢也。」引之曰：「錐」當爲「鍭」，注内「箭羽」當爲「翦羽」，皆字之誤也。《爾雅》：「金鏃翦羽謂之鍭。」《説文》同。《方言》曰：「箭，江淮之閒謂之鍭。」《大雅·行葦篇》曰：「四鍭既鈞。」《周官·司弓矢》曰：「殺矢、鍭矢，用諸近射田獵。」《考工記·矢人》曰：「鍭矢參分，一在前，二在後。」隱元年《穀梁傳》曰「聘弓鍭矢不出竟場」，「鍭」字亦作「翭」。《士喪禮·記》曰：「翭矢一乘，骨鏃短衛。」是其明證矣。下文云「疾如鏃矢」，「鏃」亦「鍭」之誤。「侯」字隸書作「矦」，「隹」字隸書作「隹」，二形相似，「族」字隸書或作「㫨」，形與「侯」亦相似，故「鍭矢」之字，非誤爲「錐」，即誤爲「鏃」。《齊策》「疾如錐矢，戰如雷電，解如風雨」，文與此同，則「錐矢」亦是「鍭矢」之誤。高注以「錐矢」爲「小矢」，非也。《史記·蘇秦傳》又誤作「鋒矢」,《索隱》引《吕氏春秋·貴卒篇》「所爲貴錐矢者,爲其應聲而至」,今本《吕氏春秋》誤作「鏃矢」。《莊子·天下篇》「鏃矢之疾」,「鏃」亦「鍭」之誤,郭象音「族」,非也。《鶡冠子·世兵篇》「發如鏃矢」,「鏃」本或作「鍭」,亦當以作「鍭」者爲是。

大地

「楚國之强,大地計衆,中分天下」。念孫案:「大」當爲「支」,字之誤也。《氾論篇》云:「度地計衆。」度與支,皆計也。《大戴禮·保傅篇》「燕支地計衆,不與齊均」,盧辯曰:「支,猶計也。」《賈子·胎教篇》作「度地計衆」。

棘棗

「伐棘棗而爲矜」。高注曰:「棘棗,酸棗也。矜,矛柄。」念孫案:「棘棗」本作「樲棗」,注同。此亦後人妄改之也。《魏風·園有桃》傳云:「棘,棗也。」《説文》:「棘,小棗叢生者。」皆不訓爲「酸棗」。改「樲」爲「棘」,則與高注不合矣。《史記·司馬相如傳》「枇杷樲柿」,索隱:「徐廣曰:『樲,棗也,而善反。』《説文》曰:『樲,酸小棗也。』《淮南子》云:『伐樲棗以爲矜。』」《索隱》引作「樲棗」,而「酸小棗」之訓又與高注合,則正文、注文皆作「樲棗」明矣。

下句注云「撚矜以内鑽鑿」，「撚」即「橪」字之誤。

所以加　所勝

「故文之所以加者淺，則勢之所勝者小，德之所施者博，則威之所制者廣」。念孫案：上二句當作「故文之所加者淺，則勢之所服者小」，今本「加」上衍「以」字，「服」字又誤作「勝」。「服」、「勝」左畔相似，又因上下文多「勝」字而誤。下言「威之所制者廣」，「威之所制」，猶言「勢之所服」耳。「服」與「制」義相近，若作「勝」，則非其指矣。《漢書・刑法志》作「文之所加者深，則武之所服者大」，《文子・下德篇》作「文之所加者深，則權之所服者大」，皆其證。

者侔

「德均則衆者勝寡，力敵則智者勝愚，者侔則有數者禽無數」。劉本改「者侔」爲「勢侔」，而莊本從之。念孫案：劉改非也。「者」當爲「智」，字之誤也。「者」、「智」下半相似，又因上下文「者」字而誤。「力敵」二字承「衆者勝寡」而言，言衆寡相等則智者勝愚也。「智侔」二字又承「智者勝愚」而言，言智相等則有數者禽無數也。劉改爲「勢侔」，則義與上句不相承，且與「力敵」相複矣。數，謂兵法也。《詮言篇》曰：「慮不勝數，事不勝道。」故曰「智侔則有數者禽無數也」。《文子·上禮篇》正作「智同則有數者禽無數」。

玄逐

「神出而鬼行，星燿而玄逐，進退詘伸，不見朕埜」。《玉篇》：「埜，古文『垠』字。」念孫案：「逐」當爲「運」。玄運，天運也。《後漢書·張衡傳》注引桓譚《新論》曰：「玄者，天也。」《釋名》曰：「天謂之玄。」言如星之燿，如天之運也。《覽冥篇》曰：「日行而月動，星燿而玄運，電奔而鬼騰，進退屈伸，不見朕垠。」是其明證也。「運」字古讀若「云」，《吕氏春秋·諭大篇》引《夏書》「天子之德廣運」，與「文」爲韻。《管子·形勢篇》「受辭者，名之運也」，與「尊」爲韻。《越語》「廣運百里」，韋注曰：「東西爲廣，南北爲運。」《西山經》「廣員百里」，「廣員」即「廣運」。《墨子·非命上篇》「譬猶運鈞之上而立朝夕者也」，《中篇》「運」作「員」。《莊子·天運篇》釋文曰：「『天運』，司馬作『天員』。」《管子·戒篇》「四時云下而萬物化」，「云」即「運」字。《説文》「鴆，一名運日」，劉達《吴都賦》注作「雲日」。與「埜」爲韻，若作「逐」，則失其韻矣。

發如秋風疾如駭龍當以生擊死

「發如秋風，疾如駭龍。當以生擊死，以盛乘衰，以疾掩遲，以飽制飢」。念孫案：此本作「發如猋風，疾如駭電。以生擊死，以盛乘衰，以疾掩遲，以飽制飢」。今本「猋風」作「秋風」，字之誤也。俗書「猋」字作「焱」，形與「秋」相近。舊本《北堂書鈔·武功部六》引此作「炎風」，「炎」亦「猋」之誤。陳禹謨依俗本改爲「秋風」。「發如猋風」，言其疾也。《漢書·韓長孺傳》「匈奴，輕疾悍亟之兵也，至如猋風，去如收電」，顔師古曰：「猋，疾風也。」故《月令》「猋風暴雨總至」，《吕氏春秋·孟春篇》作「疾風」。若作「秋風」，則非其指矣。「疾如駭電」，今本作「駭龍」。「龍」字涉上文「龍騰」而衍。「龍」下「當」字即「電」字之誤。後人誤以「當」字下屬爲句，「以生擊死」四句之上加一「當」字，則義不可通。故於「駭龍」之下妄加注釋耳。今本注云：「龍，魚也，飛之疾者也。」案：《海外西經》之「龍魚」不得謂之「駭龍」，且與上句「猋風」不類，明是後人妄加此注，以附會「駭龍」二字之義，非高氏原文也。《楚辭·九歎》「淩駕靁以軼駭電兮」，「駭電」與「猋風」事正相類，故以比用兵之神速。《管子·兵法篇》云：「追亡逐遁若飄風，「飄」與「猋」同。《月令》「猋風」，《淮南·時則篇》作「飄風」。《爾雅》「迴風爲飄」，《月令》注作「回風爲猋」。《漢書·蒯通傳》「飄至風起」，顔注：「飄，讀曰猋。」擊刺若雷電。」《吕氏春秋·決勝篇》云「若雷電飄風暴雨」，《漢書》云「至如猋風，去如收電」，義竝與此同。舊本《北堂書鈔》引此正作「疾如駭電」，無「龍當」二字。陳禹謨依俗本改爲「駭龍」，又加「當」字。

不用達

「若以水滅火，若以湯沃雪，何往而不遂，何之而不用達」。劉績曰：「衍『用』字。」

親刃

「故將以民爲體，而民以將爲心。心誠則支體親刃，心疑則支體撓北」。念孫案：「親刃」二字義不可通，劉本作「親力」，義亦不可通。「刃」當爲「刹」，寫者脱其半耳。《説文》：「刹，黏也。」引隱元年《左傳》「不義不刹」。或作「刹」。今《左傳》作「暱」，親刹即親暱也。「支體親暱」，謂從心也。「支體撓北」，謂不從心也。「親暱」之「暱」，古音在職部，故與「北」爲韻。《小雅·菀柳篇》「無自暱焉」，與「息」、「極」爲韻，是其證。

誠必

「心不專一，則體不節勁；將不誠必，則卒不勇敢」。念孫案：「誠必」與「專一」相對爲文，「勇敢」與「誠必」相因爲義。《管子·九守篇》曰：「用賞者貴誠，用刑者貴必。」《荀子·致士篇》曰：「人主之患，不在乎不言用賢，而在乎不誠必用賢。」《吕氏春秋·論威篇》曰：

「又況乎萬乘之國而有所誠必乎，則何敵之有矣！」《賈子・道術篇》曰：「伏義誠必謂之節。」枚乘《七發》曰：「誠必不悔，決絶以諾。」是古書多以「誠必」連文。劉本「誠必」作「誠心」，因上文「心誠」而誤。諸本與劉本同，唯《道藏》本作「誠必」。莊不從《藏》本而從諸本，謬矣。

卻笠　發笱

「硤路津關，大山名塞，龍蛇蟠，卻笠居，羊腸道，發笱門」。念孫案：「卻笠居」，《後漢書・杜篤傳》注引作「簦笠居」，是也。「簦笠」與「龍蛇」相對爲文，謂山形偃覆如簦笠，故高注有「偃覆」之語。今本作「卻笠居」，注云：「卻，偃覆也。笠，登。」《太平御覽》引同。案：「卻笠」二字文不成義，訓「卻」爲「偃覆」，亦義不可通，疑傳寫錯誤也。注内「登」字即「簦」字之誤，疑當作「偃覆如簦笠」。「發笱」二字，於義無取，「發笱」當作「魚笱」。「羊腸」、「魚笱」相對爲文。高注「發笱，竹笱，所以捕魚，其門可入而不得出」，「發笱」二字亦因正文而衍。《太平御覽・兵部二》及《後漢書注》引此竝作「魚笱門」。《御覽》引注文亦無「發笱」二字。

搯搯

「因其勞倦怠亂，飢渴凍暍，推其搯搯，擠其揭揭」。高注曰：「搯搯，欲卧也。揭揭，欲拔也。」念孫案：《説文》《玉篇》《廣韻》《集韻》皆無「搯」字，「搯」當爲「搖」，字之誤也。注同。「搖」，古「摇」字也。《考工記·矢人》「夾而摇之」，釋文：「摇，本又作搖。」《漢書·天文志》：「元光中，天星盡搖。」注内「欲卧」當爲「欲仆」，亦　之誤也。「摇摇」者，動而欲仆也。因其欲仆而推之，故曰「推其摇摇」。武王《户銘》曰：「若風將至，必先摇摇。」意與此相近也。《太平御覽·兵部二》引此正作「推其摇摇」。隸書「搖」字或作「搖」，《漢書·司馬相如傳》：「消搖乎襄羊。」因誤而爲「搯」。《管子·白心篇》「夫不能自摇者，夫或搖之」，「搖」亦「搖」字之誤。蓋世人少見「搖」、「搖」二字，故傳寫多差。而楊慎《古音餘》乃於《侵韻》收入「搯」字，引《淮南子》「推其搯搯，擠其揭揭」，不知其字而以意爲之，斯爲謬矣。

設蔚施伏　敵人之兵

「善用閒諜，審錯規慮，設蔚施伏，隱匿其形，出於不意，敵人之兵，無所適備，此謂知權」。念孫案：「設蔚施伏」當作「設施蔚伏」。高注：「草木盛曰蔚。」伏兵於其中，故曰「蔚伏」。

可言「設蔚伏」，不可言「設蔚」也。且「審錯規慮」、「設施蔚伏」相對爲文，若作「設蔚施伏」，則與上句不對。《太平御覽》引此已誤。下文云「設規慮，施蔚伏」，是其明證矣。「敵人之兵，無所適備」，《太平御覽》引此「敵人」上有「使」字，於義爲長。

得失

「計定謀決，明於死生，舉錯得失，莫不振驚」。念孫案：「失」當爲「時」，聲之誤也。《太平御覽》引此正作「舉錯得時」。

必勝之攻

「故攻不待衝隆雲梯而城拔，戰不至交兵接刃而敵破，明於必勝之攻也」。念孫案：「攻」當爲「數」，此涉上下文「攻」字而誤也。數，術也。《太平御覽》引此正作「必勝之數」。

持亂

「静以合躁，治以持亂」。念孫案：「持」當爲「待」，字之誤也。隸書「待」、「持」二字相似。《公食大夫禮》「左人待載」，古文「待」爲「持」。《大戴禮·禮三本篇》「待年而食」，《荀子·禮論篇》作「持手而食」。待，猶禦也。

言以治禦亂也，「待」與「禦」同義，説見《經義述聞・左傳》「待諸乎」下。作「持」則非其指矣。《孫子・軍争篇》「以治待亂，以静待譁」，即《淮南》所本。《文選・五等論》「以治待亂」，李善注引此文云「静以合躁，治以待亂」，尤其明證矣。

步鋗　趍曰何趍馳

「人不及步鋗，車不及轉轂」。引之曰：「鋗」字義不可通，「鋗」當作「趨」。隸書「趨」字作「趍」，見漢《武都太守李翕西狹頌》。與「鋗」相似而誤。《淮南》書中「趨」字多有作「趍」者，諸本多改作「趨」，唯《藏》本未改。故知「鋗」爲「趍」之誤。人不及步趨者，用兵神速，敵人不及走避也。「趨」字入聲，則音促，正與上下文之「木」、「遬」、「轂」、「木」、「角」、「格」爲韻。

《説林篇》：「蘇秦步，曰：『何故？』趍，曰：『何趍馳？』」案：「馳」字非原文所有，蓋後人見字書、韻書「趍趙」之「趍」音「馳」，故旁記「馳」字，而寫者遂誤入正文也。不知此「趍」字七俱反。乃「趨」之變體，與音「馳」之「趍」相似，而實非也。步爲徐行，趨爲疾行，故先言步，後言趨。高注「步，徐行也」，正以別於下句之「趨」也。「步，曰：『何故？』」，「步」與「故」爲韻。「趨，曰：『何趨？』」，「趨」與「趨」爲韻。或曰當作「趍，曰：『何馳？』」，今知不然者，馳乃馬疾行之名，人行不得言馳也。

開閉

「風雨可障蔽，而寒暑不可開閉」。念孫案：「開」當爲「闗」。寒暑無所不入，故不可闗閉，作「開」則義不可通矣。俗書「闗」字作「関」，「開」字作「閞」，二形相似而誤。詳見《道應篇》「東開鴻濛之光」下。

腐荷之矰　獨射

「夫栝淇衛箘簵，載以銀錫，雖有薄縞之幨、腐荷之矰，然猶不能獨射也」，今本注曰：「矰，猶矢也。」念孫案：「腐荷之矰」，「矰」本作「櫓」。「不能獨射」，「射」本作「穿」。高注本作「櫓，大楯也」。《說文》及《儒行》注、襄十年《左傳》注竝同。「楯」本作「盾」。此言栝淇衛箘簵而載之以銀錫，則雖薄縞之幨、腐荷之盾，亦不能穿。下文曰「若假之筋角之力、各本脱「若」字，今據舊本《北堂書鈔》及《藝文類聚》《太平御覽》引補。弓弩之勢，則貫兕甲而徑於革盾矣」，正與此相反也。《氾論篇》曰：「隆衝以攻，渠幨以守。」高彼注曰：「幨，幰也，所以禦矢也。」韋昭注《吴語》曰：「渠，楯也。」「幨」與「盾」皆所以禦五兵，故彼言「渠幨以守」，此言「薄縞之幨、腐荷之櫓，猶不能穿」。《齊策》云：「攻城之費，百姓理襜蔽，舉衝櫓。」「襜」與「幨」同。若「矰」，則非其類矣。且「腐荷之櫓不能穿」，謂矢不能穿櫓也。今本作「腐荷之矰」，矰即是矢，則其義不可通矣。後人不知「矰」爲「櫓」之誤，乃改「不能獨穿」爲「不能獨射」以牽合「矰」字，又改高注之「櫓，大楯也」爲「矰，猶矢也」以牽合正文，甚矣其謬也。舊本《北堂書鈔・武功部十三》引此正作「腐荷之櫓」，陳禹謨依俗本改「櫓」爲「矰」，下「不能獨穿」同。《太平御覽・兵部八十八》「楯」下引此同，又引高注云：「櫓，大楯也。」又今本「不能獨射」，舊本《北堂書鈔》及《藝文類聚・軍器部》、《太平御覽・兵部七十八》《八十八》《珍寶部十一》竝引作「不能獨穿」，今據以訂正。

不外其爪　噬不見齒

「夫飛鳥之摯也俛其首，猛獸之攫也匿其爪，虎豹不外其爪而噬不見齒」。念孫案：「虎豹不外其爪」，與上句「匿其爪」相複，「爪」當作「牙」，此即涉上句「爪」字而誤。「噬不見齒」，若仍指虎豹言之，則又與「不外其牙」相複，當作「噬犬不見其齒」，與上句相對爲文。今本脫去「犬」字、「其」字。舊本《北堂書鈔・武功部四》引此正作「虎豹不外其牙，噬犬不見其齒」，陳禹謨依俗本改爲「虎豹不外其爪而噬不見齒」。《太平御覽・兵部二》同。

民

「兵之所以强者，民也」。念孫案：《文子·上義篇》作「兵之所以强者，必死也」，於義爲長。下句「民之所以必死者，義也」，即承此句言之。上文曰：「百人之必死，賢於萬人之必北。」是兵之所以强者，必死也。今本作「兵之所以强者，民也」，「民」字疑涉下句而誤。

上親下

「上視下如子，則必王四海；下視上如父，則必正天下。上親下如弟，則不難爲之死；下視上如兄，則不難爲之亡」。念孫案：「上親下如弟」，「親」亦當爲「視」，字之誤也。上文正作「上視下如弟」。

矢射　以共安危

「合戰必立矢射之所及，以共安危也」。念孫案：「矢射」當爲「矢石」，聲之誤也。《太平御覽·兵部十三》引此已誤。《意林》引此正作「矢石」，劉晝《新論·兵術篇》同。上文云「所以程寒暑」、「所以齊勞佚」、「所以同飢渴」，則此「以其安危」上亦當有「所」字。

二積

「主之所求於民者二：求民爲之勞也，欲民爲之死也。民之所望於主者三：飢者能食之，勞者能息之，有功者能德之。民以與「已」同。償其二積，而上失其三望，國雖大，人雖衆，兵猶且弱也」。念孫案：「二積」當爲「二責」，此因上文諸「積」字而誤。「二責」，謂爲主勞、爲主死，故曰「主之所求於民者二」。求，猶責也。《太平御覽·兵部十二》引此正作「責」。

敦六博

「彈琴瑟，聲鍾竽，敦六博，投高壺」。高注曰：「敦者，致也。」念孫案：古無訓「敦」爲「致」者。「六博」言「致」，亦於義無取。今案：「敦六博，投高壺」，「敦」亦「投」也。「敦」音都回反。《邶風·北門篇》「王事敦我」，鄭箋曰：「敦，猶投擲也。」是「敦」與「投」同義。「投」，謂投箸也。《楚辭·招魂》注曰「投六箸，行六棊，故爲六博」是也。

負兵

「便國不負兵，爲主不顧身，見難不畏死，決疑不辟罪」。高注曰：「負，程。」念孫案：「負」與

「程」義不相近，「負」當爲「員」，草書之誤也。《太平御覽・兵部四》引此已誤。《説山篇》云：「春至旦，不中員程。」《漢書・尹翁歸傳》云：「責以員程。」是「員」與「程」同義。「員」爲「程式」之「程」，又爲「程量」之「程」。《儒行》曰：「鷙蟲攫搏不程勇者，引重鼎不程其力。」鄭注曰：「程，猶量也。搏猛引重，不量勇力堪之與否也。」此言「便國不員兵」，亦謂不程量其兵之衆寡，故高注訓「員」爲「程」也。

至於

「是謂至於，窈窈冥冥，孰知其情」。念孫案：「於」當爲「旍」。古書「旌」字或作「旍」，形與「於」相近，因誤爲「於」。《續漢書・天文志》「會稽海賊曾旍等千餘人」，今本「旍」誤作「於」。「旌」、「冥」、「情」三字爲韻。「旌」與「精」同。《主術篇》曰：「故至精之像，窈窈冥冥，不知爲之者誰而功自成。」《老子》曰：「窈兮冥兮，其中有精。」《莊子・在宥篇》曰：「至道之精，窈窈冥冥。」皆其證也。《列子・説符篇》「東方有人焉，曰爰旌目」，《後漢書・張衡傳》注引作「爰精目」。漢《濟陰太守孟郁脩堯廟碑》「師工旌密」，即「精密」。是「精」與「旌」古字通。

奇正賌

「明於奇正賌、陰陽、刑德、五行、望氣、候星、龜策、禨祥」。陳氏觀樓曰：「『正』字後人所加。『奇賌』以下，皆二字連讀。上文云『明於刑德奇賌之數』，高注『奇賌，陰陽奇祕之要』是其證。《説文》作『奇侅』，《史記·倉公傳》作『奇咳』，《漢書·藝文志》作『奇胲』，竝字異而義同。」

社稷之命在將軍即今國有難願請子將而應之

「凡國有難，君自宫召將，詔之曰：『社稷之命在將軍，即今國有難，願請子將而應之。』」念孫案：「即」當爲「身」。「在將軍身」爲句，「今國有難」爲句。隸書「身」字或作「㠯」，與「即」字左半相似，因誤而爲「即」。「願請子將而應之」，「請」字涉下文「還請」而衍。《藝文類聚·武部》、《太平御覽·兵部五》《七十一》《儀式部一》引此竝作「社稷之命在將軍身，今國有難，願子將而應之」，是其證。

亦以

「臣既以受制於前矣，「以」與「已」同。鼓旗斧鉞之威，臣無還請，願君亦以垂一言之命於臣也」。念孫案：「亦以垂一言之命」，「以」當爲「無」。今作「以」者，涉上文「既以」而誤。「軍不可從中御」，故曰「臣無還請，君亦無垂一言之命於臣」。兩「無」字相因爲義，今本下「無」字作「以」，則義不可通。《太平御覽·兵部五》引此正作「無」。

國之實

「進不求名，退不避罪，唯民是保，利合於主，國之實也，上將之道也」。念孫案：「實」當爲「寶」，字之誤也。《孫子·地形篇》：「故進不求名，退不避罪，唯民是保，而利合於主，國之寶也。」此即《淮南》所本。今作「國之實」，則義不可通矣。且「寶」與「保」、「道」爲韻，若作「實」，則失其韻矣。上下文皆用韻。

淮南内篇弟十六

説山

魄曰無有何得而聞也　吾聞得之矣

「魄問於魂曰：『道何以爲體？』曰：『以無有爲體。』魄曰：『無有有形乎？』魂曰：『無有，何得而聞也。』魂曰：『吾直有所遇之耳。』」念孫案：「何得而聞也」上本有「魄曰無有」四字。魄問魂曰：「無有，何得而聞也？」故魂荅曰：「吾直有所遇之耳。」今本脱此四字，則義不可通。此因兩「魄曰」無有相亂而脱其一。《藝文類聚·靈異部下》《太平御覽·妖異部一》所引竝有此四字。又下文「魄曰『吾聞得之矣』」，「聞」字涉上文而衍。

小學

「人不小學，不大迷；不小慧，不大愚」。念孫案：「學」當爲「覺」，字之誤也。「小覺」與「大迷」相對，「小慧」與「大愚」相對，今作「小學」，則非其指矣。《文子·上德篇》正作「不小覺，不大迷」。又案：高注本作「小覺，不能通道，故大迷也」。今本作「小學不博，不能通道」者，「覺」誤爲「學」，後人因加「不博」二字也。下注云「小慧不能通物，故大愚也」，與此相對爲文，則此注原無「不博」二字明矣。

千歲之鯉不能避　引輴者爲之止也

「詹公之釣，千歲之鯉不能避；曾子攀柩車，引輴者爲之止也；老母行歌而動申喜，精之至也」。念孫案：「千歲之鯉不能避」本作「得千歲之鯉」，高注「故得千歲之鯉也」，是其證。今本作「千歲之鯉不能避」者，句首脱去「得」字，則文不成義，後人不解其故，遂於句末加「不能避」三字耳。《初學記·鱗介部》、《太平御覽·資産部十四》《鱗介部八》引此竝作「詹公之釣，千歲之鯉」，則所見本已脱「得」字，但尚無「不能避」三字。《埤雅》云「詹何之釣，千歲之鯉不能避」，則所見本已有此三字矣。下文「引輴者爲之止」下又衍「也」字。因下文「精之至也」而衍。此文以「鯉」、「止」、「喜」三字爲韻，如今本，則失其韻矣。

聽雷者聾

「視日者眩，聽雷者聾」。念孫案：人視日則眩，聽雷則未必聾也。《玉篇》：「𦗸，女江切。《淮南子》曰：『聽雷者𦗸。』注云：『耳中𦗸𦗸然。』《埤蒼》云：『耳中聲也。』」《廣韻》與《埤蒼》同。據此則古本作「聽雷者𦗸」，今本「𦗸」作「聾」，而無「耳中𦗸𦗸」之注，則後人以意删改之耳。

不能有

「爲者，不能有也；不能無爲者，不能有爲也」。念孫案：「不能有也」本作「不能無爲也」。下文「不能無爲者」，即承此句而申言之。高注云「好憎情欲，不能恬淡静漠，故曰『不能無爲也』」，是其明證矣。今本作「不能有」者，涉下文「不能有爲」而誤。《文子·精誠篇》正作「爲者，不能無爲也」。

有言者　載無　之神者

「人無言而神，有言者則傷。無言而神者載無，有言則傷其神句之神者，今本此下有高注云：「道賤有言，而多反有言，故曰『傷其神』。」鼻之所以息，耳之所以聽，終以其無用者爲用矣」。念孫案：「無言而神」、「有言則傷」相對爲文，「有言」下不當有「者」字，此因上下文「者」字而誤衍也。下文「有言則傷其神」，「有言」下亦無「者」字。「無言而神者載無」，「無」下當有「也」字。上文云「人無爲則治，有爲則傷。無爲而治者載無也」，皆與此文同一例。陳氏觀樓曰：「『有言則傷其神』絶句。高注「故曰『傷其神』」，是以「神」字絶句。『之神者』三字，乃起下之詞，不連上句讀。之，此也，言此神者，鼻之所以息，耳之所以聽也。高注『道賤有言』云云，本在『有言則傷其神』之下，後人誤以『則傷其神之神者』作一句讀，而移高注於『之神者』之下，則上下文皆不可讀矣。」念孫案：《文子》作「有言則傷其神之神者」，今本「有」字誤在「傷」字下，又脱「其」字。已誤讀《淮南》之文。後人移高注於「之神者」之下，即爲《文子》所惑也。

不可使長

「鸚鵡能言，而不可使長。長，竹丈反。高注：「長，主也。」是何則？得其所言，而不得其所以言」。念孫案：「不可使長」，「長」下當有「言」字。高注曰「不知所以長言」，下注又曰「不能自爲長主之言」，則有「言」字明矣。脱去「言」字，則文不成義。《藝文類聚·鳥部中》《太平御覽·羽族部十一》引此皆有「言」字。

一淵不兩蛟下脱文

「故末不可以强於本，指不可以大於臂，下輕上重，其覆必易。一淵不兩蛟」。念孫案：「一淵不兩蛟」，即承上文言之，以明物不兩大之意，而語勢未了，其下必有脱文。《太平御覽・鱗介部二》引此「一淵不兩蛟」下有「一棲不兩雄，《韓子・揚榷篇》曰：「毋弛而弓，一棲兩雄。」一則定，兩則争」，凡十一字。又引高注云：「以日月不得竝明，一國不可兩君也。」上文「一淵不兩蛟」下引「鮫，魚之長，其皮有珠」云云，與今本高注同，則此所引亦是高注。今本皆脱，當據補。《文子・上德篇》亦云：「一淵不兩蛟，一雌不二雄，一即定，兩即争。」

子見子夏　見之

「子見子夏曰『何肥也』」，魏文侯見之反被裘而負芻也」。念孫案：「子見子夏」當作「曾子見子夏」，事見《韓子・喻老篇》。「魏文侯見之反被裘而負芻也」當作「魏文侯之見反被裘而負芻也」。自「陳成子恒之劫子淵捷也」以下，皆與此文同一例。魏文侯事見《新序・雜事篇》。

死市

「拘囹圄者以日爲脩，當死市者以日爲短」。念孫案：「死市」本作「市死」。《初學記・政理部》《太平御覽・刑法部八》引此竝作「市死」。《釋名》亦云：「市死曰棄市。」

不用鉤

「夫至巧不用劒」。高注曰：「巧在心手，故不用劒。」引之曰：「至巧不用劒」本作「至巧不用鉤繩」。高注同。《原道篇》曰：「規矩不能方員，鉤繩不能曲直。」《莊子・駢拇篇》曰：「待鉤繩規矩而正者，是削其性也。」又見下。《齊俗篇》曰「規矩鉤繩者，此巧之具也，而非所以爲巧也」，即此所云「至巧不用鉤繩」也。《太平御覽・工藝部九》引《齊俗篇》注云「巧存於心也」，今《齊俗篇》脱此注。即此注所云「巧在心手，故不用鉤繩」也。然則今本正文及注内兩「劒」字皆「鉤」字之誤，而「鉤」下又脱「繩」字明矣。又案：《御覽》引此亦作「至巧不用劒」，而引高注則云「巧在心手，故不用劒繩」。然則《御覽》所引本作「鉤繩」，而今本作「劒」者，又後人據誤本《淮南》改之也。

誕者

「申徒狄負石自沈於淵，而溺者不可以爲抗；弦高誕而存鄭，誕者不可以爲常」。念孫案：「誕」下不當有「者」字，此涉上文「溺者」而誤。高注曰「誕非正也，故曰『不可以爲常』」，則無「者」字明矣。《泰族篇》「弦高誕而存鄭，誕不可以爲常」，亦無「者」字。

千年之松

「千年之松，下有伏苓，今本「伏」作「茯」，乃後人所改。《吕氏春秋·精通篇》注引此正作「伏」。《説林篇》「伏苓抇，兔絲死」，字亦作「伏」。今據改。上有兔絲；上有叢蓍，下有伏龜」。念孫案：「千年之松」四字，後人所加也。此言聖人從外知内，以見知隱，故上有兔絲，則知下有伏苓；以下二句例之，則此當云「上有兔絲，下有伏苓」，今云「下有伏苓，上有兔絲」者，變文協韻耳。上有叢蓍，則知下有伏龜。兔絲在伏苓之上，故曰「上有兔絲」，非謂在松之上也。伏苓在兔絲之下，故曰「下有伏苓」，亦非謂在松之下也。若云「千年之松，下有伏苓，上有兔絲」，則是以「上」、「下」爲松之上下矣。然則「上有叢蓍，下有伏龜」，又作何解乎？高注云：「伏苓，千歲松脂也，兔絲生其上而無根。」此謂松脂入地，千年爲伏苓，《博物志》引《神仙傳》曰：「松脂入地千年，化爲伏苓。」非謂千年之松下有伏苓也。且注云「兔絲生其上」，「其」字指「伏苓」而言，不指「松」言，則正文内本無「千年之松」四字明矣。《吕氏春秋·精通篇》注、《太平御覽·藥部六》《嘉祐本草補注》《埤雅》引此皆無「千年之松」四字。《史記·續龜策傳》引《傳》曰：「下有伏靈，上有兔絲」，亦無「千年松」之語。

周之所存　身所以亡

「大夫種知所以强越，而不知所以存身；萇弘知周之所存，而不知身所以亡」。念孫案：下二句「存」上脱「以」字，「身」下脱「之」字。

脩其歲

「升之不能大於石也，升在石之中；夜之不能脩其歲也，夜在歲之中；仁義之不能大於道德也，仁義在道德之包」。念孫案：「脩其歲」亦當作「脩於歲」。

故國有賢君折衝萬里

「水濁而魚噞，形勞則神亂。故國有賢君，折衝萬里」。念孫案：「故國有賢君」二句，與上意絶不相屬，蓋錯簡也。案：上文云「山有猛獸，林木爲之不斬；園有螫蟲，藜藿爲之不采」，此云「故國有賢君，折衝萬里」，「故」字正承彼文而言。「賢君」當作「賢臣」，謂國有賢臣，則敵國不敢加兵，亦猶山之有猛獸，園之有螫蟲也。《鹽鐵論・崇禮篇》：「故《春秋傳》曰：『山有虎豹，葵藿爲之不採；國有賢士，邊境爲之不割。』」《漢書・蓋寬饒傳》：「臣聞山有猛獸，藜藿爲之不采；國有忠臣，姦邪爲之不起。」義竝與此同。且「采」與「里」爲韻，今本下二句誤在此處，則既失其義，而又失其韻矣。且「賢臣」作「賢君」，亦與上文取譬之義不合。高注有「賢君德不可伐」之語，恐是後人依已誤之正文改之也。觀注内引魏文侯禮下段干木而秦不敢伐之事，則本作「賢臣」明矣。《晏子春秋・雜篇》曰：「夫不出於尊俎之閒，而知衝千里之外，其晏子之謂也。」「知」與「折」同。後人不曉「知」字之義而删去「衝」字，又於「晏子之謂也」下增「可謂折衝矣」五字，大謬。辯見《晏子》。《吕氏春秋・召類篇》曰：「夫脩之於廟堂之上，而折衝乎千里之外者，其司城子罕之謂乎？」是凡曰「折衝千里」者，多指賢臣言之。且「國有賢臣」與「山有猛獸」云云同意，故《鹽鐵論》以「虎豹」喻「賢士」，而《漢書》亦以「猛獸」喻「忠臣」也。《文子・上德篇》「山有猛獸，林木爲之不斬；園有螫蟲，葵藿爲之不采；國有賢臣，折衝千里」，皆用《淮南》之文，則此二句本在上文「山有猛獸」云云之下，而「賢君」本作「賢臣」明矣。又案：「萬里」亦當依《文子》作「千里」。敵國之遠，可言千里，不可言萬里也。據高注云「折衝車於千里之外」，則正文本作「千里」明矣。

鉤

「人不愛江、漢之珠，而愛己之鉤」，高注曰：「鉤，釣也。」念孫案：正文「鉤」字本作「釣」，注本作「釣，鉤也」。「釣」爲「釣魚」之「釣」，又爲「鉤」之別名，故必須訓釋。若「鉤」字則不須訓釋矣。古多謂「鉤」爲「釣」，故《廣雅》亦云：「釣，鉤也。」下文云「操釣上山，揭斧入淵」，《説林篇》云「一目之羅，不可以得鳥；無餌之釣，不可以得魚」，以上兩「釣」字，高氏皆無注者，注已見於此也。然則此注本作「釣，鉤也」明矣。《鬼谷子·摩篇》云「如操釣而臨深淵」，東方朔《七諫》云「以直鍼而爲釣兮，又何魚之能得」，皆其明證矣。《道藏》本作「愛己之鉤」，注作「鉤，釣也」，此因正文「釣」誤爲「鉤」，後人遂顛倒注文以就之耳。劉績不得其解，又改高注爲「鉤，釣鉤也」，以曲爲附會，而舊本之蹤跡遂不可尋矣。諸本及莊本同。淺學人但知「釣」爲「釣魚」之「釣」，而不知其又爲「鉤」之別名，故書傳中「釣」字多改爲「鉤」，詳見《莊子》「鉤餌」下。

擁柱

「使養由其射之，始調弓矯矢，未發而蝯擁柱號矣」。念孫案：「擁柱」當爲「擁樹」，聲之誤也。《文選·幽通賦》注引此作「抱樹」。《太平御覽·兵部八十一》引作「擁樹」。

食草

「故食草之獸不疾易藪，水居之蟲不疾易水」。念孫案：「食草」本作「草食」。「草食」與「水居」相對爲文，寫者誤倒耳。《太平御覽·蟲豸部一》引此正作「草食」。《莊子·田子方篇》同。

禮而失禮

「信有非禮而失禮」。念孫案：當作「信有非而禮有失」。下文「此信之非」、「此禮之失」皆承此句言之。今本「而禮」二字誤倒，又脱一「有」字，衍一「禮」字，遂致文不成義。

不可慮

「事或不可前規，物或不可慮」。念孫案：「物或不可慮」，文義未明，且與上句不對。《文子·上德篇》「事或不可前規，物或不可豫慮」，賈誼《鵩鳥賦》：「天不可豫慮兮，道不可豫謀。」即用《淮南》之文。今本蓋脱「豫」字。

既⿰扌科以⿰牛脩

「髡屯犂牛，既⿰扌科以⿰牛脩，決鼻而羈，生子而犧，尸祝齊戒，以沈諸河」。高注曰：「⿰扌科，無角。⿰牛脩，無尾。」念孫案：《説文》《玉篇》《廣韻》《集韻》皆無「⿰扌科」、「⿰牛脩」二字。「⿰扌科」、「⿰牛脩」當爲「科」、「橢」，橢，他果反。後人從牛作「犐」、「⿰牛隋」，傳寫者又誤爲「⿰扌科」、「⿰牛脩」耳。隸書「隋」字或作「陏」，又作「陏」，形與「脩」相似，故「橢」從隋聲而誤爲「⿰牛脩」。漢《司隸校尉楊涣石門頌》「更隨圍谷」，「隨」字作「⿰阝迶」，《武都太守李翕析里橋郙閣頌》「人物俱隋」，「隋」字作「陏」，皆其證也。又《淮南·地形篇》「其人隋形兑上」，今本「隋」譌作「脩」。《史記·趙世家》「脩下而馮」，徐廣曰：「脩，或作隋。」《李斯傳》「隨俗雅化」，徐廣曰：「隨俗，一作脩使。」皆以隸書「隋」、「脩」相亂，遂致傳寫異文。科與橢，皆禿貌也，「禿」、「橢」一聲之轉。《脩務篇》云：「甕瓴盆盂，其方員鋭橢不同。」「橢」與「鋭」相對，是「橢」爲禿也。《墨子·脩身篇》「華髮墮顛而猶弗舍」，「墮」與「橢」同，「墮顛」，謂禿頂也。

故高注云「科無角，橢無尾」，其實無角亦可謂之「橢」。《吕氏春秋·至忠篇》「荆莊哀王獵於雲夢，射隨兕」，「隨」與「橢」同。《齊俗篇》「窺面於盤水則員，於杯則隨」，「隨」即「橢」字。《説苑·立節篇》作「射科雉」，「雉」與「兕」同。《集韻》：「兕，或作雉。」《史記·齊世家》「蒼兕蒼兕」，徐廣曰：「本或作蒼雉。」《管蔡世家》曹惠伯兕，《十二諸侯年表》「兕」作「雉」。隨兕、科雉，皆謂兕之無角者也。《太玄·窮》次四「土不和，木科橢」，范望曰：「科橢，枝葉不布。」《集韻》引宋惟榦説云：「科橢，木首杌也。」義與此「科」、「橢」相近。「橢」字《集韻》又音徒禾切，故《太玄》與「和」爲韻，此與「羈」、「犧」、「河」爲韻。「羈」古讀若「歌」。下文「遺人馬而解其羈」，與「轙」、「多」爲韻。「轙」讀若「俄」。「犧」古讀若「訶」。《魯頌·閟宫篇》「享以騂犧」，與「宜」、「多」爲韻，「宜」亦讀若「俄」。今誤作「橢」，則失其韻矣。

寒顫

「故寒顫，懼者亦顫，此同名而異實」。念孫案：「寒」下亦當有「者」字。上文「狂者東走，逐者亦東走」，與此文同一例。

必先始於

「欲學歌謳者，必先徵羽樂風；欲美和者，必先始於《陽阿》《采菱》」。念孫案：下「必先」

二字因上「必先」而衍。「始於」與「必先」相對爲文，不當更有「必先」二字。《北堂書鈔・樂部一》《藝文類聚・樂部一》《太平御覽・樂部三》引此竝作「始於《陽阿》《采菱》」，無「必先」二字。

甑瓾

「弊箄[一]甑瓾，各本「箄」誤作「箪」，辯見《齊俗》「弊箪」下。在旃茵之上，各本「旃」誤作「袝」，《太平御覽》引作「旃」，今據改。「旃」與「氈」同，茵褥也。《原道篇》曰「席旃茵，傅旄象」，是也。雖貪者不搏」。高注曰：「瓾，甑帶。瓾，讀『鼃黽』之『黽』也。」念孫案：《說文》《玉篇》《廣韻》《集韻》《類篇》皆無「瓾」字。「瓾」當作「⿰圭瓦」，字之誤也。《說文》：「窐，甑空也。」「空」與「孔」通。《玉篇》：「⿰鼃瓦，或作『⿰圭瓦』，亦作『窐』，胡圭、古畦二切，甑下空也。」《楚辭・哀時命》「璋珪雜於甑窐兮」，璋珪與甑窐美惡相縣，故以爲喻。此云「弊箄甑⿰圭瓦，在旃茵之上，雖貪者不搏」，亦爲其惡也。見下文。「⿰圭瓦」字不得音「黽」，注當作「⿰圭瓦，讀『鼃黽』之『鼃』」。「⿰圭瓦」、「鼃」皆從圭聲，故讀「⿰圭瓦」如「鼃」。《太平御覽・器物部二》引此已誤作「瓾」。洪興祖《楚辭補注》所引與《御覽》同，唯

[一] 箄，原作「箪」，據上下文改。

注内音「鼃」尚不誤。楊慎《古音餘》於《梗韻》收入「瓾」字，引高注「瓾，讀『鼃黽』之『黽』」，則爲俗本所惑也。

縱之其所而已

「爲魚德者，非挈而入淵；爲蝯賜者，非負而緣木，縱之其所而已」。念孫案：「縱之其所而已」，「所」下當有「利」字。淵者魚之所利，木者蝯之所利，故曰「縱之其所利而已」。高注「故曰縱之其利而已也」，「利」上當有「所」字。各本正文脱「利」字，《困學紀聞》引此已誤。而注文「利」字尚存。莊本又改「利」字爲「所」字，則并注文亦無「利」字矣。《文子·上德篇》作「縱之所利而已」，與高注「利」字合，則正文原有「利」字明矣。

予車轂

「郢人有買屋棟者，求大三圍之木，而人予車轂」。念孫案：《意林》及《太平御覽·居處部十五》引此「予」下竝有「之」字，於義爲長。

「視方寸於牛，不知其大於羊，總視其體，乃知其大相去之遠」。念孫案：「乃知其大」，「大」字因上文而衍。「乃知其相去之遠」，文義甚明，句中不當有「大」字。

謾他

「媒但者，非學謾他，但成而生不信；立慬者，非學鬭争，慬立而生不讓」。念孫案：「但」與「誕」同，故高注曰：「但，猶詐也。」「他」與「訑」同。謾訑，詐欺也。《説文》：「謾，欺也。」又曰：「沇州謂欺曰訑。」《玉篇》：「湯何、達可二切。」《急就篇》「謾訑首匿愁勿聊」，顔師古曰：「謾訑，巧黠不實也。」或謂之訑謾。《楚辭·九章》：「或訑謾而不疑。」「訑」、「訑」、「他」，字異而義同。《燕策》：「燕王謂蘇代曰：『寡人甚不喜訑者言也。』蘇代對曰：『周地賤媒，爲其兩譽也，之男家曰女美，之女家曰男富。』」故曰「媒但者非學謾他，但成而生不信」也。「謾他」與「鬭争」相對爲文。各本「謾他」竝誤作「謾也」，或又於「鬭争」下加「也」字以與「謾也」相對，其謬滋甚。惟《道藏》本不誤，莊刻仍依各本作「謾也」，又於「鬭争」下加「也」字，故特辯之。

一人

「三人比肩，不能外出户；一人相隨，可以通天下」。念孫案：一人不得言相隨，「一人」當作「二人」。二人不竝行，則可以通天下，故高注云：「言不竝也。」

棄荏席後黴黑

「文公棄荏席後黴黑，咎犯辭歸」。高注曰：「晉文公棄其卧席之下黴黑者，咎犯感其捐舊物，因辭歸」。引之曰：高讀「棄荏席後黴黑」爲一句，非也。「棄荏席」爲句，「後黴黑」爲句，謂於衽席則棄之，於人之黴黑者則後之也。《韓子·外儲説左篇》云：「文公反國，至河，令籩豆捐之，席蓐捐之，手足胼胝面目黧黑者後之。咎犯聞之，再拜而辭。」是其證。《説苑·復恩篇》同。

桑葉

「故桑葉落而長年悲也」。念孫案：「桑葉」當爲「木葉」。長年見木落而悲，不當專指桑葉言之。庾信《枯樹賦》引此正作「木葉」。《文選·蜀都賦》注、《文賦》注、《太平御覽·人事部一百二十九》所引竝與《枯樹賦》同。

鼎錯

「鼎錯日用而不足貴，周鼎不爨而不可賤」。高注曰：「錯，小鼎。」引之曰：古無謂小鼎爲「錯」者，「錯」當爲「鏏」，「鏏」字本在「鼎」字上。鏏鼎，小鼎也。言小鼎雖日用而不足貴，周鼎雖不爨而不可賤也。《説文》曰：「鏏，鼎也，《廣雅》同。讀若『彗』。」《説林篇》「水火相憎，鏏在其閒，五味以和」，彼注云「鏏，小鼎」，正與此注相同，則「錯」爲「鏏」之誤明矣。鏏，小貌也。小鼎謂之「鏏」，小棺謂之「槥」，小星貌謂之「嘒」，其義一也。

知其且赦　所利害

「或曰知其且赦也而多殺人，或曰知其且赦也而多活人，其望赦同，所利害異」。念孫案：兩「知其且赦也」，「其」皆當爲「天」。「天」字或作「兲」，「其」字或作「亓」，二形相似而誤。知天且赦而多殺人，若漢桓帝時河内張成善説風角，推占當赦，遂教子殺人是也。《意林》引此作「或知天將赦而多殺人，或知天將赦而多活人」，《太平御覽·刑法部十八》引作「或曰知天且赦也而殺人，或曰知天且赦也而活人」，是其證。「其望赦同，所利害異」，「所」上亦當有「其」字。《御覽》引此正作「其所利害異」。

徑天高

「朱儒問徑天高於脩人」。念孫案：「天高」上不當有「徑」字，蓋衍文也。《意林》及《太平御覽·人事部十八》引此皆無「徑」字。

淮南内篇第十七

說林

舟桅

「遽契其舟桅」。高注曰：「桅，船弦板。「弦」與「舷」同。桅，讀如《左傳》襄王出居鄭地氾之『氾』也。」念孫案：「桅」與「氾」聲不相近，偏考書傳，亦無謂船舷板爲桅者。「桅」當爲「⿰木氾」。「⿰木氾」與「氾」同聲，故讀從之。「⿰木氾」字本作「舥」。《廣雅》曰：「舥謂之舷。」謂船兩邊也。《集韻》《類篇》竝云：「舥，或作『⿰木氾』。」「⿰木氾」字草書作「⿰木氾」，因譌爲「桅」矣。楊慎《古音餘》於《陷韻》收入「桅」字，引《淮南子》「遽契其舟桅」，音「氾」，則爲俗本所惑也。

足以蹷

「足以蹷者淺矣，然待所不蹷而後行；智所知者褊矣，然待所不知而後明」。念孫案：「足以𡳐」，「以」亦當爲「所」。《文子・上德篇》作「足所踐」，是其證。

鵻禮

「月照天下，而蝕於詹諸；騰蛇游霧，而殆於蝍蛆；烏力勝日，而服於鵻禮」。引之曰：「禮」當爲「札」。「札」譌爲「礼」，後人因改爲「禮」耳。《廣雅》「札，甲也」，今本「札」譌作「禮」。《莊子・人閒世篇》「名也者，相札也」，崔譔曰：「札，或作禮。」《埤雅》引此作「鵻禮」，則所見本已誤。《廣雅》曰：「車搞，焦札也。」鈔本《太平御覽》引《廣雅》作「鵻礼」，刻本作「鵻禮」，亦是鈔本譌「札」爲「礼」，刻本又改爲「禮」也。今本《廣雅》作「鵻杔」，「杔」亦「札」之譌。「鵻」、「鵻」二字往往相亂。《説文》曰：「鵻，祝鳩也。」昭十七年《左傳》注則云：「祝鳩，鵻鳩也。」然則《淮南》之「鵻札」即《廣雅》之「鵻札」也。此六句以「諸」、「蛆」爲韻，「日」、「札」爲韻，成十六年《左傳》「七札」之「札」，徐邈音側乙反，正與「日」字相協。若作「禮」，則失其韻矣。

内爲之掘

「是故所重者在外，則内爲之掘」。高注曰：「掘，律氣不安祥。」陳氏觀樓曰：「『掘』即『拙』字也。《莊子・達生篇》作『凡外重者内拙』，是其證。《史記・貨殖傳》『田農掘業』，徐廣曰：『古「拙」字亦作「掘」。』」

戴致之

「均之縞也，一端以爲冠，一端以爲絑，冠則戴致之，絑則履之」。念孫案：「戴致」二字義不相屬，「致」當爲「跂」，字之誤也。「致」字俗書或作「致」，與「跂」相似而誤。《時則篇》注「格，跂也」，劉本誤作「致」。《廣韻》：「跂，跂戴物也。」「跂」亦「戴」也。「屣」亦「履」也。跂之言跂閣也。《廣雅》曰：「跂、閣，載也。」又曰：「載、閣，跂也。」「載」與「戴」古字通。《文子·上德篇》作「冠則戴枝之」。《爾雅》曰：「支，載也。」「支」、「枝」與「跂」亦聲近而義同。《太平御覽·布帛部六》引此無「致」、「屣」二字，此以意删，不可從。

泛杭

「設鼠者機動，釣魚者泛杭」。高注曰：「泛，釣浮。杭，動。動則得魚。」《太平御覽·獸部二十三》引此「杭」作「抗」。念孫案：「杭」、「抗」二字，義與「動」皆不相近，字當爲「扤」。「扤」誤爲「抗」，又誤爲「杭」耳。《説文》：「扤，動也。」《小雅·正月篇》「天之扤我」，毛傳曰：「扤，動也。」《考工記·輪人》「則是以大扤」，鄭注曰：「扤，摇動貌。」司馬相如《上林賦》

曰：「楊翠葉，扤紫莖。」「扤」字亦作「抈」。《晉語》「故不可抈也」，韋注曰：「抈，動也。」「設鼠者機動，釣魚者泛扤」，扤，亦動也。機動則得鼠，泛動則得魚，故高注云「扤，動。動則得魚」也。

蘭芝　芝若

「蘭芝以芳，未嘗見霜」。念孫案：「芝」當爲「芷」，字本作「茝」，即今之白芷也。隸書「止」與「之」相亂，因誤而爲「芝」。古人言香草者必稱蘭芷，芝非香草，不當與蘭竝稱。古人所謂芝者，祇是木上所生。《内則》人君燕食有芝栭，盧植曰：「芝，木芝也。」庾蔚曰：「無華葉而生者曰芝栭。」與《神農經》所稱五色神芝者不同。然《神農經》亦但稱五色神芝爲聖王休祥，而不以爲香草也。凡諸書中言「蘭芷」、言「芷蘭」者，皆是「芷」字之誤。《廣雅·釋天》「天子祭以鬯，諸侯以薰，大夫以茝蘭」，《周官·鬱人》疏引《王度記》作「芷蘭」。《荀子·宥坐篇》「芷蘭生於深林，非以無人而不芳」，《説苑·雜言篇》作「芝蘭」。《説苑·雜言篇》「如入蘭芷之室，久而不聞其香」，《家語·六本篇》作「芝蘭」。皆字形相近而誤，其他可以類推。《太平御覽·天部十四》引此已誤作「蘭芝」。《文子·上德篇》正作「蘭芷」。又下文「蘭芝欲脩而秋風敗之」，「芝」亦「芷」之誤。又《脩務篇》「佩玉環，揄步，「步」上脱一字，説見《脩務》。雜芝若」，高注曰：「雜佩芝若香草。」案：「芝」亦「芷」之誤。司馬相如《子虛賦》「衡蘭芷若」，張揖曰：「芷，白芷也。」

若，杜若也。」故注云「雜佩芷若香草」，若「芝」則非其類矣。《賈子·勸學篇》正作「雜芷若」。《列子·周穆王篇》同。

但氏

「使但吹竽，使氏厭竅，雖中節而不可聽」。高注曰：「但，古不知吹人。但，讀燕言『鉏』同也。」念孫案：高讀與燕言「鉏」同，則其字當從「且」，不當從「旦」。《説文》：「伹，拙也。從人且聲。」《玉篇》「七閭、祥閭二切」，引《廣雅》云：「伹，鈍也。」今本《廣雅》「伹」誤作「但」，辯見《廣雅疏證》。《廣韻》「伹，拙人也」，意與高注「不知吹人」相近。又高注讀燕言「鉏」同，與《説文》「從人且聲」及《玉篇》「七閭」、「祥閭」二音竝相近，若然則「但」爲「伹」之誤也。「使氏厭竅」，「氏」當爲「工」。隸書「工」字或作「[illegible]」，「氏」字或作「[illegible]」，二形相似，故「工」誤爲「氏」。《大戴禮·帝繫篇》「青陽降居江水」，今本「江」誤作「泜」，是其例也。「厭」與「擪」同。《説文》：「擪，一指按也。」《玉篇》「烏協切」。《泰族篇》曰：「所以貴扁鵲者，貴其擪息脈血，知病之所從生也。」《韓子·外儲説右篇》曰：「田連、成竅，天下善鼓瑟者也，然而田連鼓上，成竅擫下，而不能成曲，其故也。」《楚辭·九辯》「自壓按而學誦」，「壓」一作「厭」。「擪」、「擫」、「壓」、「厭」，竝字異而義同。 言使不善吹者吹竽，而使樂工爲之按竅，音雖中節，而不可聽也。《文子·上德篇》作「使工捻竅」，「捻」與「厭」同義。《文選・笙賦》「厭焉乃揚」，李善曰：「厭，猶捻也。」則「氏」爲「工」之誤明矣。

自藜藿

「爲客治飯，而自藜藿，名尊於實」。念孫案：「自藜藿」本作「自食藜藿」，今本脱「食」字，則文義不明。舊本《北堂書鈔・酒食部三》出「爲客治飯，自食藜藿」八字，注云：「《淮南子》云：『爲客治飯，而自食藜藿，名尊於實也。』」陳禹謨本「食」字誤在「藜藿」下。《太平御覽・飲食部八》引同。

蔏苗

「蔏苗類絮而不可以爲絮，各本脱「以」字，今據下文及《太平御覽》引補。黂不類布而可以爲布」。今本注曰：「蔏苗，荻秀。楚人謂之『蔏』。『蔏』讀敵戰之『敵』。幽冀謂之『荻苕』也。」念孫案：「蔏」本作「藡」。注同。故注讀如敵戰之「敵」。注内「荻秀」本作「萑秀」，「楚人謂之蔏」本作「楚人謂之藡苗」。「藡」與「荻」同。《玉篇》：「藡，徒歷切，萑也。或作荻」。藡苗者，荻之穗也。苗，音他六、徒歷二反，字從由，不從田。荻華如絮而不温，故曰「類絮而不可以爲絮」。荻或謂之萑。《廣雅》曰：「藡，萑也。」《齊民要術》引陸機《毛詩疏》曰：「薍，或謂之荻，至秋堅成，即謂之萑。」是萑、薍一物也。其穗則謂之薍苗，故注云：「薍苗，萑秀。楚人謂之薍苗。」《玉篇》「苗」音他六、徒歷二切。「苗」與「苕」一聲之轉，故幽冀謂之「荻苕」也。《豳風・鴟鴞》傳曰：「荼，萑苕也。」正義曰：「謂薍之秀穗也。」「萑苕」即「荻苕」，「荻苕」猶「薍苗」耳。《太平御覽・布帛部六》《百卉部七》引此竝作「薍苗類絮而不可以爲絮」，又引高注「薍苗，萑秀也」。今本「薍」字皆誤作「蔏」，《説文》「蔏，艸也。從艸、商聲」，《玉篇》舒羊切，引字書『蔏陸，蓫薚也』」，音義與此迥異。《太平御覽》引此已誤。注内「楚人謂之薍」下又脱「苗」字，注言楚人謂「萑秀」爲「薍苗」，脱去「苗」字，則義不可通。「萑秀」又改爲「荻秀」，而不知「荻」即「薍」字也。莊本改「蔏」爲「蔐」，而又不知《説文》《玉篇》《廣韻》《集韻》之皆無「蔐」字也。

醯酸不慕蚋蚋慕於醯酸

「羊肉不慕螘，螘慕於羊肉，羊肉，羶也。醯酸不慕蚋，蚋慕於醯酸」。念孫案：下三句當作「醯不慕蚋，蚋慕於醯，句醯酸也」，與上三句[一]相對爲文。今本「醯不慕蚋」句内衍一「酸」字，「醯酸也」句内又脱「醯」字、「也」字，則文不成義。《太平御覽・蟲豸部二》引此已

[一] 上三句，原作「下三句」，據《國學基本叢書》本改。

誤，唯「也」字未脱。

可以灌四頃

「十頃之陂，可以灌四十頃，而一頃之陂，可以灌四頃，大小之衰然」。念孫案：「可以灌四頃」當作「不可以灌四頃」。此言以十頃之陂可以灌四十頃例之，則一頃之陂亦可以灌四頃。然而不可以灌四頃者，十頃大而一頃小，大則所灌者多，小則所灌者少，故曰「大小之衰然」也。下文云「百梅足以爲百人酸，一梅不足以爲一人和」，意與此同。今本脱去「不」字，則失其義矣。

遠望尋常之外

「明月之光，可以遠望，而不可以細書；甚霧之朝，可以細書，而不可以遠望尋常之外」。莊云：「《太平御覽》《天部十五》作『不可以望尋常之外』，無『遠』字爲是。」念孫案：莊説是也。「遠」字即因上文「遠望」而衍。舊本《北堂書鈔·天部二》引此亦無「遠」字。

來乍

「虎豹之文來射，蝯狖之捷來乍」。高注曰：「乍，暫疾。以其操捷，來使人疾擊而取之。」「操」當爲「躁」，各本脱「人」字，今據上句注補。念孫案：《繆稱篇》作「猨狖之捷來措」，高注：「措，刺也。」「措」與「乍」古同聲而通用，當以彼注爲是。

戰兵死

「戰兵死之鬼憎神巫」。念孫案：「戰」字後人所加。古人所謂兵者，多指五兵而言。兵死，謂死於兵也。《曲禮》曰：「死寇曰兵。」《釋名》曰：「戰死曰兵，言死爲兵所傷也。」《周官·冢人》曰：「凡死於兵者不入兆域。」皆是也。後人謂戰士爲兵，故妄加「戰」字耳。「兵死之鬼憎神巫」、「盜賊之輩醜吠狗」二句相對爲文，加一「戰」字，則文不成義，且與下句不對。據高注云「兵死之鬼，善行病人」，則無「戰」字明矣。《説文》：「兵死及牛馬之血爲粦。」《論衡·偶會篇》：「軍功之侯，必斬兵死之頭。」

目不可以瞥　耳不可以察

「聾無耳而目不可以瞥，精於明也；瞽無目而耳不可以察，精於聰也」。高注曰：「不可以瞥，瞥之則見也。不可以察，察之則聞也。」引之曰：正文、注文皆義不可通。正文當作「聾無耳而目不可以弊，精於明也；瞽無目而耳不可以塞，精於聰也」。注當作「不可以弊，視之則見也；不可以塞，聽之則聞也」。「弊」與「蔽」通。《主術篇》「聰明光而不弊，耳目達而不闇」、《秦策》「南陽之弊幽」，高注：「弊，隱也。」《齊語》「使海於有蔽」，《管子·小匡篇》作「弊」。是「蔽」、「弊」古字通。今作「瞥」者，涉上文「目」字而誤。《太平御覽·鱗介部三》引此已誤。塞，猶蔽也。鄭注《郊特牲》曰：「管氏樹塞門，塞猶蔽也。」作「察」者，亦字之誤。後人不知其誤，故妄改注文以從之耳。《文子·上德篇》正作「聾無耳而目不可以蔽，精於明也。瞽無目而耳不可以蔽，精於聰也」。

未嘗適亡適

「當凍而不死者，不失其適；當暑而不暍者，不亡其適，高注：「亡，亦失也。」未嘗適，亡適」。引之曰：「未嘗適，亡適」當作「未嘗不適，亡適」。上言「不亡其適」，乃亡失之「亡」，此言「亡適」，乃「遺忘」之「忘」。「忘」字古通作「亡」。《要略》曰：「齊景公獵射亡歸。」《韓子·難二》曰：「晉文公慕於齊女而亡歸。」《齊策》曰：「老婦已亡矣。」《趙策》曰：「秦之欲伐韓、梁，東闚於周室，甚，惟寐亡之。」竝與「忘」同。《荀子・勸學篇》「怠慢忘身，禍災乃作」，《大戴禮》「忘」作「亡」。《呂氏春秋・權勳篇》「是忘荆國之社稷而不恤吾衆也」，《淮南・人閒篇》「忘」作「亡」。言人心有所謂適，則有所謂不適。當凍而不死，當暑而不暍者，能不失其適矣，而猶未忘乎其爲適也。若隨所往而未嘗不適者，則忘乎其爲適矣。《莊子・達生篇》曰：「忘足，屨之適也。忘要，帶之適也。知忘是非，心之適也。不內變，不外從，事會之適也。始乎適而未嘗不適者，忘適之適也。」郭象注：「識適者，猶未適也。」此即《淮南》所本。高解「未嘗不適，亡適」云「亡，無。言不凍不暍，何適之有」，未達正文之意。然據此則正文本作「未嘗不適」，而今本脱「不」字明矣。

二十二日

「蠶食而不飲，二十二日而化」。念孫案：「二十二」當爲「三十二」。《爾雅翼》引此已誤。盧辯注《大戴禮・易本命篇》及《太平御覽・資産部五》《蟲豸部一》竝引作「三十二日」。

弗掘無泉

「槁竹有火，弗鑽不爇；與「然」同。土中有水，弗掘無泉」。念孫案：「弗掘無泉」本作「弗掘不出」。謂不掘則泉不出，非謂無泉也。後人改「不出」爲「無泉」者，取其與「難」字爲韻耳。不知此四句以「火」與「水」隔句爲韻，「火」古讀若「毁」，説見《唐韻正》。而「鑽」與「難」，「掘」與「出」則於句中各自爲韻，若云「弗掘無泉」，則反失其韻矣。《太平御覽·火部二》引此已誤。且泉即水也，既云「土中有水」，則不得又言「無泉」矣。《文子·上德篇》正作「土中有水，不掘不出」。

以飯死

「有以飯死者，而禁天下之食，則悖矣」。念孫案：《太平御覽·疾病部四》「噎」下引此「飯」作「噎」，是也。「噎」通作「饐」，因誤而爲「飯」。《吕氏春秋·蕩兵篇》「夫有以饐死者，欲禁天下之食，悖」，即《淮南》所本也。今俗語猶云「因噎廢食」。若云「以飯死」，則文不成義。

罛者　罾者

「釣者静之，罛者扣舟，罩者抑之，罾者舉之」。高注曰：「罛者，以柴積水中以取魚。扣，擊也。魚聞擊舟聲，藏柴下，壅而取之。罛，讀沙糝。今兖州人積柴水中捕魚爲罛，幽州人名之爲涔也。」念孫案：《説文》《玉篇》《廣韻》《集韻》皆無「罛」字。「罛」當爲「罧」，字之誤也。注同。《説文》：「罧，積柴水中以養魚，從网、林聲。」《字林》「山沁反」。見《毛詩》、《爾雅》釋文。故高注云「罧，讀沙糝」也。《太平御覽·飲食部八》引《通俗文》曰：「沙入飯曰糝。」《周頌·潛篇》「潛有多魚」，毛傳曰：「潛，糝也。」《爾雅》「糝謂之涔」，孫炎曰：「積柴養魚曰糝。」「糝」與「罧」同。兖州謂之罧，幽州謂之涔，方俗語有輕重耳。罜非取魚之具，《意林》《埤雅》及《初學記·武部》《太平御覽·資産部十四》引此竝作「罾者舉之」，是也。罩者下罩而得魚，故言「抑」；罾者舉罩而得魚，故言「舉」。

或謂簦下脱文

「或謂冢，或謂隴，或謂笠，或謂簦。頭虱與空木之瑟，名同實異也」。念孫案：「或謂簦」下當有「名異實同也」五字，言冢與隴，笠與簦，名異而實同。「隴」本作「壟」。《方言》：「冢，秦晉之閒或謂之壟。」《廣雅》：「簦謂之笠。」若「頭虱與空木之瑟」，則名同而實異也。

爲其不出户而堁之也

「蒙塵而眯，固其理也；爲其不出户而堁之也」。高注曰：「爲不出户而塵堁眯之，非其道。」引之曰：如高注，則正文「爲其不出户而堁之」下當有「非其道」三字，而寫者脱之也。「道」亦「理」也。「固其理也」、「非其道也」相對爲文。爲，猶謂也。「爲」字古與「謂」同義，説見《釋詞》。蓋出户而後蒙塵，蒙塵而後眯，若謂不出户而堁之，則無是理也。今本無「非其道」三字，則文不成義，且與上文不對矣。又「道」與「理」爲韻，《恒・彖傳》「久於其道也」，與「已」、「始」爲韻。《月令》「毋變天之道」，與「理」、「紀」爲韻。《管子・心術篇》「心處其道」，與「理」爲韻。《正篇》「臣德咸道」，與「紀」、「理」、「止」、「子」爲韻。若無此三字，則失其韻矣。下文「雖欲養之，非其道」，亦與「酒」爲韻。

羹藿　爲車者　陶者　狹盧

「屠者羹藿，爲車者步行，陶者用缺盆，匠人處狹盧」。念孫案：「羹藿」本作「藿羹」。「藿羹」與「步行」相對爲文。諸書多言「藿羹」，無言「羹藿」者，此寫者誤倒也。「爲車者步行」本作「車者步行」。古者百工各以其事爲名，故《考工記》曰：「攻木之工：輪、輿、弓、廬、匠、車、梓。」此言「車」者，猶《考工記》言「車人」也。後人誤以「車」爲車馬之「車」，故又加「爲」字耳。「陶者」本作「陶人」，與「匠人」相對爲文，今本「人」作「者」，因上二句而誤。「盧」與「廬」同。《荀子・富國篇》「若盧屋妾」，即廬屋。《孟子》「屋廬子」，《廣韻》作「屋盧子」。《道藏》本、劉本竝作「盧」，莊改「盧」爲「廬」，未達假借之義。《太平御覽·器物部三》引此正作「屠者藿羹，車者步行，陶人用缺盆，匠人處狹廬」。《意林》引作「屠者食藿羹，爲車者多步行，陶人用缺盆，匠人處狹廬」，「食」字、「爲」字、「多」字，皆馬總以〔一〕意加之，餘與《御覽》同。

提提者射

「旳旳者獲，提提者射。故大白若辱，大德若不足」。高注曰：「旳旳，明。爲衆所見，故獲。提提，安。言譬若鳥不飛、獸不走，提提安時，故爲人所射。」念孫案：注訓「提提」爲「安」，雖本《爾雅》，然非此所謂「提提」也。「旳旳」、「提提」，皆「明」也，語之轉耳。「提」與「題」同。《說文》：「題，音「提」。顯也。」「顯」亦「明」也。《莊子·養生主篇》曰：「爲善無近名，爲惡無近刑。」《管子·白心篇》曰：「爲善乎毋提提，爲不善乎將陷於刑。」是「提提」爲「明」也。「旳旳者獲，提提者射」，即《莊子》《山木篇》所謂「飾知以驚愚，脩身以明汙，昭昭乎如揭日月而行，故不免」者也。故下文即云：「大白若辱，大德若不足。」若訓「提提」爲「安」，則既與上句不類，又與下文不屬矣。

〔一〕以，原闕，據《國學基本叢書》本補。

至陵

「褰衣涉水，至陵而不知下，未可以應變」。念孫案：「陵」當爲「陸」，字之誤也。「陸」與「水」相對，作「陵」則非其指矣。《意林》引此正作「陸」。

絲衣帛

「人性便絲衣帛，或射之則被鎧甲，爲其所不便，以得所便」。陳氏觀樓曰：「『便絲衣帛』當作『便衣絲帛』。『衣絲帛』與『被鎧甲』相對。《文子·上德篇》作『衣緜帛』。」

或惡爲故

「布之新不如紵，紵之弊不如布，或善爲新，或惡爲故」。念孫案：「或惡爲故」本作「或善爲故」。言紵善爲新，布善爲故也。今本作「或惡爲故」者，後人不曉文義而妄改之耳。《太平御覽·布帛部七》引此正作「或善爲故」。

譏

「靨䩉在頰則好，在顙則醜。繡以爲裳則宜，以爲冠則譏」。高注曰：「譏，人譏非之也。」念孫案：「譏」本作「議」，高注本作「議，人議非之也」。今本「議」皆作「譏」者，後人以「議」與「宜」韻不相協而改之，因并改高注耳。不知「宜」字古讀若「俄」，說見《唐韻正》。與「譏」字不相協。而「議」字古亦讀若「俄」，《小雅・北山篇》「或出入風議」，與「爲」爲韻，「爲」古讀若「譌」。《淮南・俶真篇》「立而不議」，與「和」爲韻。《詮言篇》「行有迹則議」，與「訶」爲韻。《史記・太史公自序》「王人是議」，與「禾」爲韻。與「宜」字正相協也。《太平御覽・布帛部二》引此正作「以爲冠則議」。《詮言篇》云「行有迹則議」，又其一證也。

少自其質

「石生而堅，蘭生而芳，少自其質，長而愈明」。念孫案：「少自其質」，「自」當依劉本作「有」，字之誤也。《文子・上德篇》作「少而有之，長而逾明」。

大早

「再生者不穫，華大早者不胥時而落」。陳氏觀樓曰：「『大』與『太』同。『早』當爲『早』，字之誤也。再生者不穫，以其不及時也。華太早者先落，以其先時也。《文子·上德篇》作『華太早者不須霜而落』。」

自然之勢

「疾雷破石，陰陽相薄」。今本注曰：「自然之勢。」念孫案：「自然之勢」四字乃是正文，非注文。言疾雷破石，此陰陽相薄，自然之勢也。《太平御覽·火部二》引此四字在正文内，是其證。

吟於巷　精相往來也

「行者思於道，而居者夢於牀。慈母吟於巷，適子懷於荆」。今本注曰：「精相往來也。」念孫案：「巷」當爲「燕」，字之誤也。「道」與「牀」相對，「燕」與「荆」相對。今本「燕」作「巷」，則非其指矣。「精相往來也」五字乃是正文，非注文。《吕氏春秋·精通篇》「身在乎秦，所親愛在於齊，死而志氣不安，精或往來也」，高彼注曰：「《淮南》記曰：『慈母在於燕，適子念於荆，言精相往來也。』」《太平御覽·人事部十九》：「《淮南子》曰：『適子懷於燕，慈母吟於荆，情相往來也。』」詞雖小異，而字皆作「燕」，且「精相往來」句皆與上二句連引。

聖人行於水衆人行於霜

「聖人行於水，衆人行於霜」。念孫案：此本作「聖人行於水，無迹也；衆人行於霜，有迹也」。今本脱「無迹也」、「有迹也」六字，則文義不明。《文選·洛神賦》注引此作「聖足行於水，無跡也；衆生行於霜，有跡也」，《太平御覽·天部十四》引此作「聖人行於水，無跡；衆人行於霜，有跡」，是其證。據高注云「水有形而不可毁，故聖人行之無迹」，則正文本有「無迹也」三字明矣。下注當云「霜雪有形而可毁，故衆人行之有迹」。今本云「霜雪履有迹，故衆人行之也」，則後人依已誤之正文改之耳。

批伔

「故解捽者不在於捌格，在於批伔」。高注曰：「批，擊。伔，推。」劉本「伔」作「伉」。諸本及莊本同。引之曰：「伔」與「伉」，皆「抌」字之誤也。隸書「冘」字或作「冗」，「亢」字或作「冗」，二形相似，故「抌」

字右邊或誤爲「冗」，或誤爲「亢」，其左邊手旁又誤爲人旁，故《藏》本作「伉」，劉本作「伉」也。《列子》「攩拯挨抌」，釋文：「抌，一本作抗。」此「冘」誤爲「亢」之證也。俗書「沈」字作「沉」，此「冘」誤爲「冗」之證也。注内「推」字當爲「椎」。《方言》曰：「拯、抌，椎也。南楚凡相椎搏曰拯，或曰攩。」郭璞曰：「抌，都感反，亦音甚。」今本《方言》「椎」字亦誤作「推」。《一切經音義》卷四、卷八所引竝作「椎」，今據改。《列子·黄帝篇》曰：「攩拯挨抌。」《説文》：「椎，擊也。」「撓，反手擊也。」「抌，深擊也。」「撓」與「批」同，故高注云「批，擊。抌，椎」矣。或謂《史記·孫子傳》「夫解雜亂紛糾者不控捲，救鬭者不搏撠，批亢擣虚，形格勢禁，則自爲解耳」，語意略與此同，此言「批伉」，即《史記》之「批亢」。今知不然者，《史記》「批亢擣虚」，是謂批其亢、擣其虚，《日知録》曰：「『亢』與《劉敬傳》『搤其肮』之『肮』同，謂喉嚨也。」此文「捌格」、「批抌」，皆兩字平列，則與《史記》異義。且高注訓「抌」爲「椎」，則非「伉」字明矣。

志遠

「蹠巨者志遠，體大者節疏」。念孫案：蹠者，足也。足大與志遠義不相通。「志」當爲「走」，言足大者舉步必遠也。《氾論篇》曰「體大者節疏，蹠距者舉遠」，是其證。隸書「走」、「志」相似，故「走」誤爲「志」。

賊心㠯

「狂者傷人，莫之怨也；嬰兒詈老，莫之疾也，賊心㠯」，高注曰：「賊，害。」陳氏觀樓曰：「『㠯』字當爲『亡也』二字之譌。亡，無也。言狂者與嬰兒皆無賊害之心，故人莫之怨也。《意林》引此作『無心也』，蓋脱『賊』字。」

淮南内篇弟十八

人閒

智　曉自然以爲智知存亡之樞機禍福之門户

「居智所謂，謂，猶爲也。下文曰：「國危不能安，患結不能解，何謂貴智？」僖五年《左傳》曰：「一之謂甚，其可再乎？」《大戴禮・少閒篇》曰：「何謂其不同也？」《韓詩外傳》曰：「王欲用女，何謂辭之？」《列女傳・仁智傳》曰：「知此謂誰？」《新序・雜事篇》曰：「何謂至於此也？」《漢書・文帝紀》曰：「是謂本末〔一〕者，無以異也。」以上諸「謂」字竝與「爲」同義。又《莊子・讓王篇》「其何窮之爲」，《吕氏春秋・慎人篇》「爲」作「謂」。《吕氏春秋・精諭篇》「胡爲不可」，《淮南・道應篇》「爲」作「謂」。《漢書・高帝紀》「酈食其爲里監門」，《史記》「爲」作「謂」。皆語之轉耳。劉本依《文子》改「謂」作「爲」，而諸本從之，蓋未通古義也。行智所之，事智所秉，動智所由」。念孫案：四「智」字竝讀爲「知」。「智」字古有二音二義，一爲智慧之「智」，一爲知識之「知」，説見《管子・法法篇》「不智」下。劉本依

〔一〕末，原作「未」，據《國學基本叢書》本改。

《文子・微明篇》改「智」爲「知」，而諸本多從之，莊本同。蓋未達假借之義也。又下文：「曉自然以爲智，知存亡之樞機，禍福之門户，舉而用之，陷溺於難者，不可勝計也。」案：「然」字當在「曉」字下，「智」即「知」字也，不當更有「知」字。「曉然自以爲智存亡之樞機禍福之門户」十六字連讀，後人不識古字，而讀「曉然自以爲智」絶句，故又加「知」字以聯屬下文耳。今本「然」字又誤在「自」字下，則更不可讀矣。

病疽將死

「孫叔敖病疽將死，謂其子曰」。念孫案：此事又見《列子・説符篇》《吕氏春秋・異寶篇》，皆不言孫叔敖病疽死。「病疽將死」當作「病且死」。《史記・滑稽傳》「孫叔敖病且死，屬其子曰」，《賈子・胎教篇》「史鰌病且死，謂其子曰」，文義竝與此同。《列子》《吕氏春秋》作「孫叔敖疾將死」，「將」亦「且」也。今作「病疽將死」者，「且」字因與「病」字相連而誤爲「疽」，後人以下文「謂其子曰」云云，乃未死以前之事，故於「死」上加「將」字，而不知「疽」爲「且」之誤也。

吾則死矣

「吾則死矣，王必封女」。念孫案：「吾則死」下本無「矣」字，此後人不曉「則」字之義而妄加之也。則，猶若也。言吾若死，王必封女也。《列子》《吕氏春秋》竝作「爲我死」，爲，亦若也。「爲」字古與「若」同義。《管子·戒篇》：「管仲寢疾，桓公往問之，管仲曰：『夫江、黄之國，近於楚，爲臣死乎，君必歸之楚而寄之。』」是也。「若我死」猶言「吾若死」，「吾若死」猶言「吾則死」也。古者「則」與「若」同義。《三年問》曰：「今是大鳥獸則失喪其羣匹，越月踰時焉則必反巡。」言若失喪其羣匹也。《荀子·議兵篇》曰：「大寇則至，使之持危城則必畔，遇敵處戰則必北。」言大寇若至也。《趙策》曰：「彼則肆然而爲帝，過而遂正於天下，則連有赴東海而死矣。」言彼若爲帝而正於天下也。《史記·魯仲連傳》「彼則」作「彼即」，即亦若也。説見下。《燕策》：「太子丹謂荆軻曰：『誠得劫秦王，使悉反諸侯之侵地，則大善矣。則不可，因而刺殺之。』」言若不可也。《韓詩外傳》曰：「臣之里，有夫死三日而嫁者，有終身不嫁者，則自爲娶，將何娶焉？」言若自爲娶也。《史記·項羽紀》項王謂曹咎等曰：「謹守成皋，則漢欲挑戰，慎勿與戰。」《漢書·項籍傳》作「即漢欲挑戰」。「則」與「即」古字通，而同訓爲「若」，《漢書·西南夷傳》注：「即，猶若也。」故《史記·高祖紀》作「若漢挑戰」也。襄二十七年《公羊傳》甯殖病將死，謂喜曰：「我即死，女能固内公平？」《賈子·胎教篇》史鰌病且死，謂其子曰：「我即死，治喪於北堂。」《史記·孔子世家》季桓子病，顧謂其嗣康子曰：「我即死，若必相魯。」彼言「我即死」，此言「吾則死」，皆謂吾若死也。「吾若死」之下加一「矣」字，則文不成義矣。

而受沙石　之閒有寑丘者　确石

「女必讓肥饒之地，而受沙石，此下有脱文。之閒有寑丘者，其地确石而名醜。荆人鬼，越人機，人莫之利也」。引之曰：「受沙石」下有脱文，此當作「女必讓肥饒之地，而受沙石之地，楚、越之閒有有寑之丘者，其地确而名醜」云云。今本「沙石」下脱「之地」二字，「之閒」上又脱「楚越」二字，「有有寑之丘者」又脱一「有」字及「之」字，「确」下又衍「石」字。下文云「孫叔敖請沙石之地」，則此當作「受沙石之地」明矣。《列子》云「楚越之閒有寢丘者」，《吕氏春秋》云「楚越之閒有有寢之丘者」，則此亦當作「楚越之閒」，故下文云「荆人鬼，越人機」也。「有有寑之丘者」，今本作「有寑丘者」，涉注文而誤也。注但言「寑丘」者，詳言之則曰「有寑之丘」，略言之則曰「寑丘」，故《列子》作「寢丘」，而《吕氏春秋》作「有寢之丘」。今本亦脱「有」字，唯「之」字未脱。下文云「其子請有寑之丘」，又云「孫叔敖請有寑之丘」，則此亦當作「有寑之丘」明矣。「地确」謂瘠薄之地，《墨子·親士篇》曰「墝埆者，其地不育」是也，

「墝埆」與「磽确」同。不專指石而言。且「地确」、「名醜」相對爲文，「确」下尤不當有「石」字。此因上文「沙石」而誤衍耳。

楚國之俗功臣二世而爵禄

「楚國之俗，功臣二世而爵禄，唯孫叔敖獨存」。引之曰：「俗」當爲「法」。隸書「去」、「谷」二字相似，隸書「去」字或作「厺」，形與「谷」相似，故從「去」之字，或誤爲「谷」。《廣雅》「渡，去也」，「去」誤爲「谷」；「祛，開也」，「祛」誤爲「裕」，皆其類也。《列子·説符篇》「白公遂死於浴室」，《吕氏春秋·精諭篇》作「法室」，亦以相似而誤。「法」誤爲「浴」，後人因改爲「俗」耳。此謂楚國之法如是，非謂其俗也。「功臣二世而爵禄」，文不成義，當有脱誤。《韓子·喻老篇》作「楚邦之法，禄臣再世而收地，唯孫叔敖獨在」。

兵横行天下

「兵横行天下而無所綫，威服四方而無所絀」。念孫案：「兵行天下」、「威服四方」相對爲文，「横」字蓋後人所加。

憤然

「孔子讀《易》至《損》《益》，未嘗不憤然而歎」。念孫案：「憤然」非歎貌，「憤」當爲「嘳」。「嘳」與「喟」同，「嘳」誤爲「噴」，隷書「賁」字或作「𧶠」，形與「貴」相近，故從貴、從賁之字或相亂。《莊子・天運篇》「乃憤吾心」，「憤」本又作「憒」。《潛夫論・浮侈篇》「懷憂憒憒」，《後漢書・王符傳》作「憤憤」。是其例也。後人又改爲「憤」耳。《太平御覽・學部三》引此作「喟然而歎」。《說苑・敬慎篇》《家語・六本篇》竝云「孔子讀《易》至於《損》《益》，喟然而歎」，是其明證矣。《說文》「喟，太息也」。或作「嘳」，徐鍇曰：「《韓詩外傳》『嘳然太息』作此字。」《文選・舞賦》「嘳息激昂」，李善亦引《外傳》云：「魯哀公嘳然太息。」今《外傳》「嘳」作「喟」，後人改之也。又《晏子・襍篇》「晏子嘳然而歎」，亦作此「嘳」字。

欲以利之　門户

「事或欲以利之，適足以害之；或欲害之，乃反以利之。利害之反，禍福之門户，不可不察也」。念孫案：「或欲利之」、「或欲害之」相對爲文，「利之」上不當有「以」字，此因下句「以」字而誤衍也。《太平御覽・學部三》引此無「以」字。「禍福之門户」，「户」字亦因上文「禍福之門户」而衍。「利害之反」、「禍福之門」相對爲文，則「户」字可省。《覽冥篇》「利害之路，禍福之門」，即其證。《太平御覽》引此無「户」字。《文子·微明篇》同。

天下探之不窮

「陽虎爲亂於魯，魯君令人閉城門而捕之，得者有重賞，失者有重罪。圍三币而陽虎將舉劍而伯頤，門者止之曰：『天下探之不窮，高注：「不窮，言深遠。」我將出子。』」念孫案：「門者止之曰」下不當有「天下探之不窮」六字，蓋錯簡也。高注同。《太平御覽·兵部八十二》引此作「門者止之曰『我將出子』」，無「天下探之不窮」六字。

與子反

「出之者怨之曰：『我非故與子反也，爲之蒙死被罪，而乃反傷我。』」念孫案：「我非故與子反也」，「反」當爲「友」。言素與陽虎無交，而爲之蒙死被罪也。今作「反」者，涉上下文「反」字而誤。

以爲下脱文

「魯君聞陽虎失，大怒，問所出之門，使有司拘之，以爲傷者受大賞，而不傷者被重罪」。念孫案：「以爲」二字與下文義不相屬。《太平御覽》引此作「以爲傷者戰鬭者也，不傷者爲縱之者，傷者受厚賞，不傷者受重罪」，是也。今本無「傷者戰鬭」以下十三字，此因兩「傷者」相亂，故寫者誤脱之耳。

反利　反取

「此所謂害之而反利者也」。念孫案：「利」下脱「之」字。《太平御覽》引此有「之」字。上文云「或欲害之，乃反以利之」，是其證。又下文「此所謂與之而反取者也」，「取」下亦脱「之」字。上文云「或與之，而反取之」，是其證。

心痛

「恭王欲復戰，使人召司馬子反。子反辭以心痛」。《道藏》本、劉本如是。各本脱去下「子反」，而莊本從之，非是。念孫案：「心痛」本作「心疾」，此後人以意改之也。《後漢書·文苑傳》注引此作

「辭以疾」，蓋脱「心」字。《吕氏春秋・權勳篇》《韓子・十過》《飾邪》二篇、《説苑・敬慎篇》竝作「辭以心疾」。

不率吾衆

「是亡楚國之社稷，而不率吾衆也」。念孫案：「亡」與「忘」同。「率」當爲「恤」，聲之誤也。《吕氏春秋》《韓子》《説苑》竝作「不恤吾衆」。

爲僇

「斬司馬子反爲僇」。念孫案：《後漢書》注引此「爲僇」上有「以」字，是也。今本脱「以」字，則詞意不完。《吕氏春秋》《韓子》《説苑》皆有「以」字。

病温而强之食

「夫病温而强之食，病暍而飲之寒，此衆人之所以爲養也，而良醫之所以爲病也」。念孫案：劉本「温」誤作「濕」，莊本又改爲「溼」，皆非也。病温者，不可以食，若作「病溼」，則非其指矣。《文子・微明篇》作「病温而强餐之熱，病暍而强飲之寒」。《説林篇》云：「病熱而强之餐，救暍而飲之寒。」「熱」亦「温」也。又案：「强之食」，「食」當依《説林篇》作「餐」，字之誤也。「餐」、「寒」爲韻，「養」、「病」爲韻，「病」古音蒲浪反，説見《唐韻正》。若作「食」，則失其韻矣。

有論者　能論之

「悦於目、悦於心，愚者之所利也，然而有論者之所辟也」。念孫案：劉本依《文子》改「有論」爲「有道」，而莊本從之，非也。「有論」，謂有知也，對上文「愚者」而言，言悦目悦心，愚者之所欲，而有知者不以此傷性，若作「有道」，則非其指矣。古或謂「知」爲「論」。《説山篇》「以小明大，以近論遠」，《吕氏春秋·直諫篇》「凡國之存也，主之安也，必有以也。不知所以，雖存必亡，雖安必危，所以不可不論也」，高注竝云：「論，知也。」《大戴禮·保傅〔一〕篇》「天子不論先聖王之德，不知君國畜民之道」，「論」亦「知」也。《荀子·解蔽篇》「坐於室而見四海，處於今而論久遠」，謂知久遠也。又《脩務篇》「故夫孿子之相似者，唯其母能知之；玉石之相類者，唯良工能識之；書傳之微者，唯聖人能論之」，「論」與「知」、「識」同

〔一〕傅，原作「傳」，據《國學基本叢書》本改。

義，彼注訓「論」爲「敘」，失之。

輪

「夫虞之與虢，若車之有輪，輪依於車，車亦依輪」。念孫案：「輪」本作「輔」，此後人妄改之也。《韓子·十過篇》云：「夫虞之有虢也，如車之有輔，輔依車，車亦依輔。」《吕氏春秋·權勳篇》同。此皆《淮南》所本。僖五年《左傳》亦云：「輔車相依。」

雲起

「山致其高而雲起焉，水致其深而蛟龍生焉」。念孫案：「雲」下脱「雨」字。「雲雨」、「蛟龍」相對爲文。《太平御覽·鱗介部二》引此正作「雲雨起焉」。《説苑·貴德篇》《文子·上德篇》及《論衡·龍虚篇》引《傳》竝同。《荀子·勸學篇》「積土成山，風雨興焉；積水成淵，蛟龍生焉」，亦以「風雨」、「蛟龍」相對。

陰行

「夫有陰德者必有陽報，有陰行者必有昭明」。念孫案：「陰行」本作「隱行」，此涉上文「陰德」而誤也。「陰」與「陽」相對,「隱」與「昭」相對,今本「隱」作「陰」,則非其指矣。《説苑》《文子》竝作「隱行」。下文「有陰德也」、「有隱行也」,即承此文言之。

好善者

「昔者宋人好善者」。念孫案:「好善」上脱「有」字。《列子·説符篇》作「宋人有好行仁義者」,《論衡·福虚篇》作「宋人有好善行者」,皆有「有」字。

近塞

「近塞上之人有善術者」。念孫案:「近塞」本作「北塞」,此後人以意改之也。「北塞」,謂北方之塞,若改爲「近塞」,則不知爲何方之塞矣。《漢書·敘傳》「北叟頗識其倚伏」,顔師古注引此正作「北塞上之人」。《後漢書·蔡邕傳》「得北叟之後福」,李賢注云:「北叟,塞上叟也。」《藝文類聚·禮部下》《獸部上》、《太平御覽·禮儀部四十》《獸部八》引此竝作「北塞上之人」。下文「近塞之人,死者十九」,亦本作「塞上之人」。《漢書》、《後漢書》注及《藝文類聚》《太平御覽》《文選·幽通賦》注竝引作「塞上之人」。

何遽不爲福

「此何遽不爲福乎」。念孫案：「何遽不爲福」本作「何遽不能爲福」。「能」與「乃」同，「乃」、「能」古字通，説見《漢書・谷永傳》「能或滅之」下。言何遽不乃爲福也。下文曰「此何遽不能爲禍乎」，即其證。此及下文兩「何遽不爲福」，《藝文類聚・禮部》《太平御覽・禮儀部》竝引作「何遽不乃爲福」。又「何遽不能爲禍」，亦引作「何遽不乃爲禍」。

良馬

「家富良馬，其子好騎，墮而折其髀」。念孫案：「良馬」本作「馬良」，與「家富」相對爲文。《漢書》《後漢書》注、《藝文類聚》《太平御覽》引此竝作「家富馬良」。

引弦

「丁壯者引弦而戰」。念孫案：「引」本作「控」，此亦後人以意改之也。《文選・幽通賦》注、《太平御覽・禮儀部》引此竝作「控弦而戰」。《漢書》注及《藝文類聚・禮部》《獸部》、《太平御覽・獸部》竝引作「皆控弦而戰」。《藝文類聚》又引注云「控，張也」，則本作「控」

明矣。

不害於事　不可用　不同於時

「或直於辭而不害於事者，或虧於耳以忤於心而合於實者」。劉本刪去「不」字。念孫案：「不害」當爲「不周」。隸書「害」作「[illegible]」，與「周」相似而誤。《道應篇》「周鼎著倕而使齕其指」，《文子・精誠篇》「周」誤作「害」。宣六年《公羊傳》「靈公有周狗，謂之獒」，《爾雅・釋畜》注誤作「害」。《楚辭・離騷》「雖不周於今之人兮」，王注曰：「周，合也。」《氾論篇》曰「苟周於事，不必循舊」，謂合於事也。此言「不周於事」，亦謂不合於事也。此言「直於辭而不周於事」，下言「虧於耳忤於心而合於實」，「合」亦「周」也。下文高陽魋命匠人爲室之言，所謂「直於辭」也。室成而終敗，所謂「不周於事」也。若云「不害於事」，則與此意相反矣。劉績不知「害」爲「周」之誤，故刪去「不」字耳。又下文「此所謂直於辭而不可用者也」，「不可用」亦當作「不周於事」。凡言「此所謂」者，皆復舉上文之詞，不當有異。此因「周」誤作「用」，後人遂改爲「不可用」，而不知其與上文不合也。又下文「仁者百姓之所慕也，義者衆庶之所高也，然世或用之而身死國亡者，不同於時也」，「同」亦當爲「周」，不周於時，不合於時也。《齊俗篇》曰：「事周於世則功成，務合於時則名立。」是也。《文子・微明篇》正作「不周於時」。隸書

「害」、「用」、「同」三字竝與「周」相似，故傳寫多誤。

而不

「國危而不安，患結而不解，何謂貴智」。念孫案：「謂」與「爲」同。「爲」、「謂」古字通，說見《秦策》「蘇代僞爲齊王曰」下。「國危而不安，患結而不解」本作「國危不而安，患結不而解」。不而者，不能也。「能」、「而」古聲相近，故「能」或作「而」。《原道篇》「而以少正多」，高注：「而，能也。能以寡統衆。」又注《呂氏春秋・去私》《不屈》《士容》三篇竝云：「而，能也。」《逸周書・皇門篇》曰：「譬若衆畋，常扶予險，乃而予于濟。」《墨子・尚同篇》曰：「故古者聖王唯而審以尚同，以爲正長，是故上下情通。」又曰：「天下之所以治者，何也？唯而以尚同一義爲政故也。」《非命篇》曰：「不而矯其耳目之欲。」《莊子・逍遥遊篇》曰：「知效一官，行比一鄉，德合一君，而徵一國。」《荀子・哀公篇》曰：「君以此思哀，則哀將焉而不至矣。」《楚辭・九章》曰：「不逢湯、武與桓、繆兮，世孰云而知之。」《齊策》管燕謂其左右曰：「子孰而與我赴諸侯乎？」又秦始皇使遺君王后玉連環曰：「齊多知，而解此環不？」「而」字竝與「能」同。故鄭注《屯卦》讀「而」爲「能」。《堯典》「柔遠能邇」，漢《督郵班碑》作「渘遠而邇」。《皋陶謨》「能哲而惠」，《衛尉衡方碑》作「能悊能惠」，《史記・夏本紀》作「能知能惠」。《論語・憲問篇》「愛之能勿勞乎」，《鹽鐵論・授時篇》「能」作「而」。《呂氏春秋・不侵篇》「能治可爲管商之師」，《齊策》「能」作「而」。又《禮運》正義曰：「劉向《說苑》『能』字皆作『而』。」今《說苑》中「能」字無作「而」者，皆後人改之也。唯《論衡》之《感虛》《福虛》《亂龍》《講瑞》《指瑞》《感類》《定賢》諸篇，「能」字多作「而」，其作「能」者，亦是後人所改。後人不曉「而」字之義，故改「不而」爲「而不」耳。此言「所貴乎智」者，國危能安，患結能解也。若國危不能安，患結不能解，則何爲貴智乎？下文張孟談對趙襄子曰「亡不能存，危弗能安，無爲貴智」，語意正與此同。《吴語》：「危事不可以爲安，死事不可以爲生，則無爲貴智矣。」「不可」，猶「不能」也。後人改爲「國危而不安，患結而不解」，非也。若謂國不安，患不解，則與「何爲貴智」四字義不相屬。若謂國危而不安之，患結而不解之，則是不仁，而非不智矣。

臣聞之有裂壤土以安社稷者

「臣聞之，有裂壤土以安社稷者，聞殺身破家以存其國者，不聞出其君以爲封疆者」。念孫案：首句本作「臣聞裂壤土以安社稷者」，與下二句文同一例。因「臣聞」下衍「之」字，後人遂於「之」下加「有」字，而句法參差不協矣。

天下之所賞

「故義者，天下之所賞也」。念孫案：「賞」當爲「貴」。此承上句「其言有貴者也」言之。《文子·微明篇》作「仁義者，天下之尊爵也」，是其證。今本「貴」作「賞」者，涉上文「雍季先賞」而誤。

先一時之權而後萬世之利

「吾豈可以先一時之權，而後萬世之利也哉」。念孫案：此本作「吾豈可以一時之權，而先萬世之利也哉」。「先」音悉薦反，後人誤讀爲悉前反，遂改爲「先一時之權，而後萬世之利」，失之矣。《太平御覽·兵部四十四》引此正作「吾豈可以一時之權，而先萬世之利哉」，《吕氏春秋·義賞篇》作「焉有以一時之務，先百世之利者乎」，皆其證。

城下

「智伯率韓、魏二國伐趙，圍晉陽，決晉水而灌之。城下緣木而處，縣釜而炊」。念孫案：《太平御覽·兵部五十二》引此「城下」作「城中」，是也。《趙策》及《韓子·十過篇》《史記·趙世家》竝作「城中」。

糧食匱乏大夫病

「城中力已盡，糧食匱乏，大夫病」。念孫案：「糧食匱乏」，《太平御覽》引此無「乏」字，是也。今本「乏」字，蓋高注之誤入正文者耳。高注《主術》《要略》二篇竝云：「匱，乏也。」此處脱去注文，

「乏」字又誤入正文耳。力盡、糧匱、士大夫病，「盡」、「匱」、「病」相對爲文，則「匱」下不當有「乏」字。《韓子》《趙策》皆無「乏」字，是其證。「大夫病」，《御覽》引作「武夫病」。案：此本作「武大夫病」。《淮南》一書通謂「士」爲「武」。《韓子》作「士大夫羸」，《趙策》作「士大夫病」，此作「武大夫病」，一也。下文中行穆伯攻鼓，餽聞倫曰「請無罷武大夫，而鼓可得也」，是其明證矣。《御覽》作「武夫病」者，不解「武大夫」之語而刪去「大」字也。今本作「大夫病」者，亦不解「武大夫」之語而刪去「武」字也。士、大夫皆病，而但言大夫，則偏而不舉矣。

智伯

「亡不能存，危弗能安，無爲貴智伯」。《道藏》本如是。念孫案：「伯」字因上下文而衍。劉本依《趙策》改「智伯」爲「智士」，非也。此謂亡不能存，危不能安，則無爲貴智，非謂無爲貴智士。上文牛子謂無害子曰：「國危不能安，患結不能解，何謂貴智。」「智」下亦無「士」字。《吴語》亦云：「危事不可以爲安，死事不可以爲生，則無爲貴智矣。」《趙策》誤衍「士」字，而劉據之以改本書，謬矣。莊本同。《太平御覽》引此作「無爲貴智」，《韓子》作「則無爲貴智矣」，皆無「士」字。

君爲之次　出君之口

「今智伯率二君而伐趙，趙將亡矣。趙亡，則君爲之次矣」。念孫案：「君爲之次」，「君」上脱「二」字。《太平御覽》引此已誤。上下文皆作「二君」，《韓子》《趙策》亦云「趙亡，則二君爲之次」。又下文「言出君之口，入臣之耳」，「君」上亦脱「二」字。《太平御覽》引此正作「言出二君之口」。《韓子》《趙策》作「謀出二君之口」。

陰謀

「二君乃與張孟談陰謀與之期」。念孫案：《太平御覽》引此作「二君乃與張孟談謀，句陰與之期」，是也。「陰與之期」，謂陰約舉事之期也。《趙策》作「陰約三軍，與之期日夜」，是其證。今本「陰」字誤入上句「謀」字上，則非其指矣。

灌智伯

「趙氏殺其守隄之吏，決水灌智伯」。念孫案：「智伯」下當有「軍」字。下句「智伯軍救水而亂」，即承此句言之。《太平御覽》引此已脱「軍」字。《韓子》《趙策》皆作「灌智伯軍」。

故君子曰

「故君子曰：『美言可以市尊，美行可以加人。』」念孫案：「君子」本作「老子」，此淺學人改之也。今《老子》作「美言可以市，尊行可以加人」，無下「美」字，而以「市」字絶句，「尊」字下屬爲句。《道應篇》引《老子》亦有下「美」字，則所見本異也。

能道

「子能道則可，不能，將加誅於子」。念孫案：「子能道」，《太平御覽・治道部八》引作「子能變道」，是也。「變道」，謂易其道也。《晏子春秋・雜篇》：「崔杼謂晏子曰：『子變子言，則齊國吾與子共之。子不變子言，戟既在脰，劍既在心，唯子圖之。』」語意與此相似。今本脱去「變」字，則文不成義。

今王

「今王，欲爲霸王者也」。念孫案：「今王」當爲「今君」，此涉上下文「王」字而誤也。魏自惠王始稱王，此對文侯言之，不當稱「王」。下文云「君以爲不然」，則本作「君」明矣。《太平御覽》引此正作「君」。

負輂粟

「負輂粟而至」。念孫案：《太平御覽》引此作「服揵載粟而至」，是也。據高注云「服，駕牛也」，則「負」本作「服」。今作「負」者，聲之誤耳。《一切經音義》十一引此作「揵載粟米而至」，與《御覽》所引小異，而皆有「載」字，則今本脱「載」字明矣。「揵」與「輂」同，謂人挽車也。「服輂載粟而至」者，或服或輂，載粟而至也。《管子·海王篇》曰：「行服連軺輂者，必有一斤一鋸一椎一鑿，若其事立。」「連」亦與「輂」同。《周禮·鄉師》注「故書輂作連」，鄭司農云：「連，讀爲輂。」《巾車》「連車組輓」，釋文：「連，本亦作輂。」服、輂皆車名，故《管子》《淮南》皆竝稱服輂，許、高注皆訓「輂」爲「檐」，於義少疏矣。許注見《一切經音義》。

暑以强耘　以伐林而積之

「民春以力耕，暑以强耘，秋以收斂，冬閒無事，以伐林而積之，負軶而浮之河，是用民不得休息也」。念孫案：「暑以强耘」當從《齊民要術》所引作「夏以强耘」。「夏」與「春」、「秋」「冬」相對，變「夏」言「暑」，則與上下文不類矣。「以伐林而積之」當從《太平御覽》所引作

「又伐林而積之」。「又」字承上春耕、夏耘、秋收而言，今本「又」作「以」，則義不可通矣。此因上文三「以」字而誤。

反還

「莊王以討有罪，「以」與「已」同。遣卒戍陳，大夫畢賀。申叔時使於齊，反還而不賀」。念孫案：諸書有言「還反」者，無言「反還」者。「反」當爲「及」。謂大夫畢賀之時，申叔時尚未還，及其還，而獨不賀也。《太平御覽·兵部三十六》引此正作「及還而不賀」。

牽牛蹊人之田

「申叔時曰：『牽牛蹊人之田，田主殺其人而奪之牛。』」念孫案：「牽牛蹊人之田」，《太平御覽》引作「人有牽牛而徑於人之田中」，是也。今作「牽牛蹊人之田」者，後人據《左傳》改之耳。案：宣十一年《左傳》申叔時曰「夏徵舒弒其君，其罪大矣，討而戮之，君之義也。抑人亦有言曰：牽牛以蹊人之田，而奪之牛」云云。《史記·陳杞世家》作「鄙語有之，牽牛徑人田，田主奪之牛」。此文無「夏徵舒」以下四句，又無「人亦有言」之語，而即云「牽牛以蹊人之田」，則語無倫次，故必詳言之曰「人有牽牛而徑於人之田中」。後人不察文義，遂據彼以改此，而不自知其謬也。

興兵而攻因以誅罪人

「今君王以陳爲無道，興兵而攻，因以誅罪人，遣人戍陳」。念孫案：「興兵而攻」本作「興兵而政之」。「政」與「征」同。古字多以「政」爲「征」，不煩引證。今本「政」誤作「攻」，又脱「之」字。夏徵舒弑其君，故曰「興兵而征之」，若言「攻」，則非其指矣。《太平御覽》引此正作「舉兵而征之」。「因以誅罪人」本作「以誅罪人」。「以」與「已」同。言莊王已誅罪人，而遣人戍陳也。下文云「諸侯聞之，以王爲非誅罪人也，貪陳國也」，則此本作「以誅罪人，遣人戍陳」明矣。上文云「莊王以討有罪，遣卒戍陳」，尤其明證也。後人不知「以」與「已」同，故加「因」字耳。莊王之伐陳，本以誅罪人，不得言「因以誅罪人」也。《太平御覽》引此已誤。

無故有顯名者勿處也

「非其事者勿仞也，非其名者勿就也，無故有顯名者勿處也，無功而富貴者勿居也」。引之曰：「無故有顯名者勿處也」，義與上句無别，當即是上句之注，而今本誤入正文也。下文云「夫就人之名者廢，仞人之事者敗，無功而大利者後將爲害」，皆承上文言之，而此句獨不在内，則非正文明矣。

積力

「是故忠臣之事君也，今本脱「之」字，據《初學記》《白帖》《太平御覽》引補。計功而受賞，不爲苟得，積力而受官，不貪爵禄」。念孫案：「積力」本作「量力」，此後人以意改之也。下文云「辭所不能而受所能」，正所謂量力而受官也，若改「量力」爲「積力」，則非其指矣。《初學記・政理部》《白帖》四十九、《太平御覽・治道部十四》引此皆作「量力」。

楚王

「楚王若欲從諸侯，不若大城城父，而令太子建守焉，以來北方」。念孫案：「王」上不當有「楚」字，此因下文「楚王悦之」而衍。

黍粢

「食芻豢，飯黍粢，服輕煖，乘牢良」。念孫案：「粢」當爲「粱」，此涉上文「糲粢」而誤。上文云「糲粢之飯，藜藿之羹」，是粢爲食之粗者。賈逵注《晉語》云：「粱，食之精者。」見《文選・陸機〈君子有所思行〉》注。此與「芻豢」對文，則當言「黍粱」，不當言「黍粢」。上文云「養以芻豢黍粱五味之膳」，是其明證也。且「粱」與「良」爲韻，若作「粢」，則失其韻矣。

今反乃以人之所爲遲者反爲疾

「夫走者，人之所以爲疾也；步者，人之所以爲遲也。今反乃以人之所爲遲者反爲疾」。念孫案：此當作「今乃反以人之所以爲遲者爲疾」。上文曰「此衆人所以爲死也，而乃反以得活」，即其證。今本「乃反」二字誤倒，又脱一「以」字，衍一「反」字。

離朱掇

「故黄帝亡其玄珠，使離朱、掇索之」。高注曰：「離朱明目物捷疾，掇搏善拾於物，二人皆黄帝臣也。」念孫案：「掇」與「掇」通。「掇」上當有「攫」字。《脩務篇》曰：「離朱之明，攫掇之捷。」高彼注曰：「離朱，黄帝時人，明目，能見百步之外，秋毫之末。攫掇，亦黄帝時捷疾者。」是也。此注當作「離朱明目，見物捷疾。攫掇善於搏拾物。高注《脩務篇》曰：「攫，搏也。」注《要略》曰：「掇，拾也。」二人皆黄帝臣也」。今本正文脱「攫」字，注文尤多脱誤。劉績不能釐正，乃於「掇」上增「捷」字，諸本及莊本同。與《脩務篇》不合，非也。

雞定

「故禍之所從生者，始於雞定；及其大也，至於亡社稷」。念孫案：「雞定」當依劉本作「雞足」，字之誤也。上文云季氏與郈氏鬭雞，爲之金距，故曰禍「始於雞足」。且「足」與「稷」爲韻，《泰族篇》「獄訟止而衣食足」，亦與「息」、「德」爲韻。《老子》「禍莫大於不知足」，與「得」爲韻。若作「定」，則失其韻矣。莊伯鴻以「定」爲「麟之定」之「定」，大誤。

大侵楚

「故蔡女蕩舟，齊師大侵楚」。念孫案：「侵」上不當有「大」字，此因上文「及其大也」而衍。

非常

「鼇負羈止之曰：『公子非常也。』」念孫案：「非常」下脱「人」字。《韓子·十過篇》作「晉公子非常人也」。

見之窋

「夫牆之壞也於隙，劒之折必有齧，聖人見之窋，故萬物莫能傷也」。陳氏觀樓曰：「『窋』當爲『蚤』，字之誤也。上文『禍生而不蚤滅』，即其證。」

投卮漿

「令尹子國啜羹而熱，投卮漿而沃之」。念孫案：下既言「沃之」，則上不當更言「投」。舊本《北堂書鈔·酒食部三》引此「投」作「援」，是也。陳禹謨依俗本改「援」爲「投」。援，引也。謂引卮漿而沃之也。作「投」者，字之誤耳。《太平御覽·飲食部十九》所引與《書鈔》同，唐余知古《渚宮舊事》亦同。

夫仕者先避之見終始微矣

「夫仕者，先避此下有脱文。之見終始微矣」。念孫案：「夫仕者先避」，當作「夫上仕者，先避患而後就利，先遠辱而後求名」。「仕」與「士」同。《曲禮》「前有士師」，鄭注：「士，或爲仕。」《爾雅》：「士，察也。」《小雅·節南山篇》「弗問弗仕」，鄭箋：「仕，察也。」《豳風·東山篇》「勿士行枚」，《大雅·文王有聲篇》「武王豈不仕」，毛傳竝云：「事也。」漢《郎中馬江碑》「士喪儀宗」，《成陽靈臺碑》「故有靈臺嗇夫魚師衞士」，「士」皆作「仕」。「避患」、「遠辱」，謂上文太宰子朱辭官之事。今本「仕」上脫「上」字，「先避」下脫「患而後就利，先遠辱而後求名」，凡十二字。《文子·微明篇》作「故上士先避患而後就利，先遠辱而後求名」，是其證。「之見終始微矣」上當有「太宰子朱」四字。此亦承上文而言，子朱見令尹之輕行簡禮，而知其必將辱人，即辭官而去，可謂見其始而知其終，故曰「太宰子朱之見終始微矣」。

無以

「使監禄無以轉餉，又以卒鑿渠而通糧道」。高注：「監禄，秦將。」念孫案：「無以」二字後人所加。此言使監禄轉餉，又使用卒鑿渠而通糧道也。《史記·主父傳》「使監禄鑿渠運糧，深入越」，是其證。「使監禄」下加「無以」二字，則文不成義矣。《困學紀聞》引此無「無以」二字。

鵲

「夫鵲先識歲之多風也，去高木而巢扶枝」。念孫案：「鵲」上脫「烏」字。下文「烏鵲之智」

即其證。《初學記・天部上》《太平御覽・天部九》《白帖》二引此皆有「烏」字。

行遊

「孔子行遊，馬失，與「佚」同。食農夫之稼」。念孫案：「孔子行遊」四字文不成義，此本作「孔子行於東野」。下文「野人」二字即承此句言之。今本「於」誤作「遊」，又脱「東野」二字。《太平御覽・地部二十》「野」下引此正作「孔子行於東野」。《呂氏春秋・必己篇》同。今本作「孔子行道而息」，乃後人所改，辯見《呂氏春秋》。

子貢往説之 卑辭

「子貢往説之，卑辭而不能見也」。念孫案：「子貢」上脱「使」字。《太平御覽》引此有「使」字。「卑」當爲「畢」，字之誤也。俗書「卑」字作「甲」，「畢」字作「罪」，二形相似。「畢辭」，謂竟其辭也。《太平御覽》引此作「畢辭而弗能得」，《呂氏春秋》作「畢辭野人不聽」，皆其證。

不若此延路陽局

「夫歌《采菱》，發《陽阿》，鄙人聽之，不若此《延路》《陽局》。」高注曰：「《延路》《陽局》，鄙歌曲也。」念孫案：「不若此」，「此」字因上文「若此其無方」而衍。「路」本作「露」，脱去上半耳。「陽局」本作「以和」，因上文「發《陽阿》」而誤。「爲陽阿」，「阿」又誤爲「局」也。左畔「阝」字誤爲「户」，右畔「可」字誤爲「可」，劉本改「局」爲「局」，而莊本從之，謬矣。「不若延露以和」者，言《采菱》《陽阿》，曲之至美者也，而鄙人聽之，曾不若歌《延露》以相唱和，《説山篇》：「欲美和者，始於《陽阿》《采菱》。」所謂曲高和寡也。李善注《吴都賦》《月賦》《舞賦》《長笛賦》《七啟》引此竝作「不若延露以和」，是其明證。注中「陽局」二字，亦隨正文而衍。《吴都賦》注引高誘曰：「《延露》，鄙歌曲也。」無此二字。

不同

「故善鄙不同，誹譽在俗，趨舍不同，逆順在君」。念孫案：兩「不」字後人所加。此言善鄙同，而或誹或譽者，俗使然也，趨舍同而或逆或順者，君使然也。故下文云：「狂譎不受禄而誅，段干木辭相而顯，所行同也，而利害異者，時使然也。」後人於「同」上加「不」字，則義不可通矣。《文子·微明篇》作「善否同，非譽在俗，趨行等，逆順在時」，是其證。《齊俗篇》云：「趨舍同，誹譽在俗；意行鈞，窮達在時。」語意正與此同。

任於世

「知人之所爲，知人之所行，則有以任於世矣」。念孫案：「任於世」三字義不相屬，「任」當爲「徑」。徑，行也。見《本經篇》注及僖二十五年《左傳》注。言知天知人，則有以行於世也。下文云：「知天而不知人，則無以與俗交；知人而不知天，則無以與道遊。」皆謂其不可行於世也。「徑」字或作「徑」，因誤而爲「任」。《詮言篇》「下之徑衢，不可勝理」，《文子·道德篇》「徑衢」誤作「任懼」。《文子·微明篇》作「即有以經於世矣」。「經」、「徑」古字通。「經」，亦「行」也。《莊子·外物篇》曰：「不可與經於世。」

河中

「荆佽非犯河中之難，不失其守，而天下稱勇焉」。念孫案：「河」當爲「江」，字之誤也。犯江中之難，事見《道應篇》及《吕氏春秋·知分篇》。

九夷歸之　天下懷其德　戰武士必其死

「湯教祝網者而四十國朝；文王葬死人之骸而九夷歸之；武王蔭暍人於樾下，左擁而右扇之，而天下懷其德；越王句踐一決獄不辜，援龍淵而切其股，血流至足，以自罰也，而戰武士必其死」。《太平御覽·疾病部四》引此「九夷歸之」作「九夷順」，無「之」字，「天下懷」下無「其德」二字。又《疾病部四》《刑法部五》引此「戰武士必其死」竝作「戰士畢死」，下有「感於恩也」四字。《初學記·帝王部》引此云：「武王蔭暍人於樾下而天下懷之，感於恩也。」念孫案：「九夷歸」、「天下懷」與「四十國朝」相對爲文，則「歸」下本無「之」字，「懷」下亦無「其德」二字，「戰武士必其死」下當有「感於恩也」四字。此四字乃總承上文言之，不專指越王，故《初學記》引武王事下亦有此四字也。陳氏觀樓曰：「『戰武士必其死』，『士』字、『其』字皆後人所加。《淮南》一書皆謂『士』爲『武』，戰武即戰士也。故《御覽》引作『戰士畢死』。『畢』、『必』古字通。」

吴王 孰

「今衛君朝於吴王，吴王囚之，而欲流之於海，孰衛君之仁義而遭此難也」。念孫案：「朝於吴王」，「王」字涉下句「吴王」而衍。上下文四言「朝於吴」，「吴」下皆無「王」字，是其證。孰，何也。言何衛君之仁義而遭此難也。《晉語》「孰是人斯而有是臭也」，《越語》「孰是君也而可無死乎」，昭二十五年《公羊傳》「孰君而無稱」，「孰」字竝與「何」同義。朱東光不曉「孰」字之義，而於「孰」下加

「意」字，斯爲謬矣。莊本同。

不若然而然　不然而若然

「或若然而不然者，或不若然而然者」。引之曰：「不若然而然」當作「若不然而然」。「若不然而然」者，謂越王句踐之事吴。請身爲臣，妻爲妾，若不叛吴，而實欲滅吴也。見下文。「若不然而然」與「若然而不然」文正相對，《道藏》本作「不若然而然」，則義不可通矣。劉本删「若」字，尤非。下文「何謂不然而若然者」亦當作「何謂若不然而然者」。

立務

「游俠相與言曰：『虞氏富樂之日久矣，而常有輕易人之志。吾不敢侵犯，而乃辱我以腐鼠。此如不報，「如」與「而」同。《列子·説符篇》作「此而不報」。舊本「此」字誤在「如」字下，今乙正。無以立務於天下。』」高注曰：「務，勢也。」引之曰：「務」與「勢」義不相近，「務」當爲「矜」，字之誤也。「矜」、「務」二字隸書往往譌溷。《管子·小稱篇》「務爲不久」，《韓子·難篇》作「矜僞不長」。又《管子·法法篇》「矜物之人無大士焉」，《韓詩·外傳》「矜而自功」，今本「矜」字竝誤作「務」。《列子·説符篇》「立矜」作「立懻」。「懻」與「矜」古同聲而通用，猶「穫」之爲「矜」也。張湛注《列子》云：「懻，勇也。」此注云：「矜，勢也。」「勢」與「勇」亦同義。《説山篇》云：「立慬者非學鬭争，慬立而生不讓。」《氾論篇》云：「立氣矜，奮勇力。」《韓詩外傳》云：「外立節矜，而敵不侵擾。」是「立矜」即「立慬」也。《趙策》云：「勇哉氣矜之隆。」《史記・王翦傳》云：「李將軍果勢壯勇。」是「矜」與「勢」、「勇」竝同義。

滅其家下脱文

「請與公僇力一志，悉率徒屬，而必以滅其家」。念孫案：此處敘事未畢，當有脱文。《太平御覽》引此「滅其家」下有「其夜乃攻虞氏，大滅其家」十字，是也。上文云：「鳶墮腐鼠而虞氏以亡。」此處必有此十字，方與上文相應。因兩「滅其家」相亂，故寫者誤脱之耳。《列子》作「至期日之夜，聚衆積兵，以攻虞氏，大滅其家」，是其證。

令尹

「子發爲上蔡令，民有罪當刑，獄斷論定，決於令尹前」。念孫案：「尹」字後人所加。「決於令前」，謂決於上蔡令之前，非謂令尹也。《太平御覽・刑法部二》引此無「尹」字。

視決吾罪

「子發視決吾罪而被吾刑」。念孫案：「視」當爲「親」，字之誤也。「親決吾罪」，即上文所云「決於令前」也。《韓子・外儲説左篇》載子皋出走之事，與此相似，云：「子皋問跀危曰：『吾不能虧主之法令而親跀子之足。』」彼言「親跀子足」，此言「親決吾罪」，其義一也。

隱居爲蔽

「委社稷，效民力，隱居爲蔽，而戰爲鋒行」。念孫案：「隱居爲蔽」當作「居爲隱蔽」，言越之事吴，居則爲隱蔽，而戰則爲前行也。今本「隱」字誤在「居爲」之上，則文不成義。《韓策》云「韓之於秦也，居爲隱蔽，出爲鴈行」，語意正與此同。「鴈行」、「鋒行」皆謂前行也。《燕策》云：「使弱燕爲鴈行，而强秦制其後。」

捕雉　彌耳

「夫狐之捕雉也，必先卑體彌耳，以待其來也」。念孫案：「捕」當爲「搏」，字之誤也。「彌耳」當爲「弭毛」，「毛」字因「弭」字而誤爲「耳」，後人又改「弭」爲「彌」耳。《楚辭・離騷》注曰：「弭，按也。」言卑其體，按其毛，以待雉之來也。《太平御覽・人事部一百三十五》《獸部二十一》竝引此云：「夫狐之搏雉也，必卑體弭毛，以待其來也。」高注《呂氏春秋・決勝篇》云「若狐之搏雉，俯體弭毛」，即用《淮南》之文。《吳越春秋・句踐歸國外傳》亦云：「猛獸將擊，必弭毛帖伏。」

淮南内篇第十九

脩務

疾病

「時多疾病毒傷之害」。念孫案：「疾病」本作「疹病」。後人誤讀「疹」爲瘡疹之「疹」，以「疹」、「病」二字爲不類，故改爲「疾病」，而不知此「疹」字即疢疾之「疢」，非瘡疹之「疹」也。《小雅·小弁篇》及《左傳·成六年》、《哀五年》釋文竝云：「疢，或作疹。」《廣雅音》云：「疢，今疹字也。」襄二十三年《左傳》「季孫之愛我，疾疢也」，《吕氏春秋·長見篇》注引此「疢」作「疹」。《文選·思玄賦》「思百憂以自疹」，《後漢書·張衡傳》作「疢」。《小雅·小宛》釋文引《韓詩》云：「疹，苦也。」《越語》云：「疾疹貧病。」是「疹」與「疢」同也。《史記·貨殖傳》正義、《太平御覽·皇王部三》《資産部三》《鱗介部十三》引此竝作「疹病」，是其證。又《泰族篇》「以調陰陽之氣，以合四時之節，以辟疾病之菑」，亦是本作「疾疹」，而後人改爲「疾病」也。《太平御覽・治道部五》引此已誤。《文子・上禮篇》作「疾疢之灾」，是其證。

土地宜

「相土地宜燥濕肥墝高下」。念孫案：「宜」上脱「之」字。《太平御覽・皇王部三》引此有「之」字。

遇七十毒

「當此之時，一日而遇七十毒」。念孫案：「遇」字後人所加。《太平御覽・皇王部三》《資産部三》《百卉部一》及寇宗奭《本草衍義序例》引此竝作「一日而七十毒」，無「遇」字。《路史・禪通紀》同。

沐浴霪雨

「禹沐浴霪雨，櫛扶風」。念孫案：「沐」下本無「浴」字，此涉高注「沐浴」而誤衍也。「沐霪雨」、「櫛扶風」相對爲文，多一「浴」字，則句法參差矣。劉本又於「櫛」上加「梳」字以對「沐浴」，尤非。《藝文類聚・帝王部一》《太平御覽・皇王部七》《文選・謝朓〈和王著作八公山詩〉》注引此皆無「浴」字。《莊子・天下篇》「禹沐甚雨，櫛疾風」，此即《淮南》所本。

海内之事

「又況贏天下之憂而海内之事者乎」。念孫案：「海内」上脱「任」字。《藝文類聚・人部四》《雜器物部》、《太平御覽・人事部一百一十》《器物部六》引此皆有「任」字。

禹之爲水　湯旱　桑山之林

「是故禹之爲水，以身解於陽眄之河，莊本改「眄」爲「盱」。案：「盱」本作「盱」，因誤而爲「眄」，説見《覽冥》「眄眄」下。湯旱，以身禱於桑山之林」。念孫案：「禹之爲水」，《蜀志・郤正傳》注、《齊民要術序》《文選・應璩〈與岑文瑜書〉》注、《太平御覽・皇王部七》《禮儀部八》引此竝無「之」字。「湯旱」，《蜀志》注、《齊民要術序》《文選注》竝引作「湯苦旱」，《太平御覽》引作「湯爲旱」。案：爲者，治也。水可言「爲」，旱不可言「爲」，作「苦旱」者是也。「禹爲水」、「湯苦旱」相對爲文。今本禹下衍「之」字，湯下又脱「苦」字耳。劉本作「湯之旱」，亦非。「桑山之林」，《蜀志注》《齊民要術序》《文選注》引作「桑林之際」，《太平御覽》引作「桑林之下」。案：《主術篇》曰「湯以身禱於桑林之際」，則作「際」者是也。今本作「桑山之林」者，涉注文而誤。高注「桑山之林」是解「桑林」二字，非正文本作「桑山之林」也。《吕氏春秋・順民篇》「湯乃以身禱於桑林」，高注亦云：「桑林，桑山之林。」

事起天下利

「是以聖人不高山，不廣河，蒙恥辱以干世主，《藝文類聚》《太平御覽》引此「主」下竝有「者」字。非以貪禄慕位，欲事起天下利，而除萬民之害」。念孫案：「事起天下利」本作「事天下之利」，故高注云：「事，治也。」今本「利」上脱「之」字。其「事」下「起」字，則後人依《文子》加之也。「事天下之利」、「除萬民之害」相對爲文，「事」下不當有「起」字。《藝文類聚・人部四》、《太平御覽・人事部四十二》《七十二》引此竝作「欲事天下之利，除萬民之害也」，是其證。

因資而立權自然之勢

「若吾所謂無爲者，循理而舉事，因資而立，權自然之勢，而曲故不得容者」。念孫案：「因資而立」下脱一字，當依《文子・自然篇》作「因資而立功」。「立功」與「舉事」相對爲文。《氾論篇》曰「聖人隨時而動静，因資而立功」，《説林篇》曰「聖人者隨時而舉事，因資而立功」，皆其證也。「事」、「功」二字承上文「必事」、「必加功」言之，下文「事成」、「功立」又承此文言之。今本脱「功」字，則既與上句不對，又與上下文不相應矣。「權自然之勢」當依《文子》作「推自然之勢」，字之誤也。《原道篇》曰：「天下之事不可爲也，因其自然而推之。」《主術篇》曰：「推不可爲之勢，而不循道理之數。」高注：「推，行也。」今本「推」作「權」，則非其指矣。

政事

「政事而身弗伐，功立而名弗有」。念孫案：「事」下脱「成」字，劉依《文子》補入，是也。「政」當爲「故」，字之誤也。「故事成而身弗伐，功立而名弗有」，乃結上之詞。劉不審文義，而删去「政」字，誤矣。莊本同。

攻

「感而不應，攻而不動」。引之曰：「攻」當爲「敀」。「敀」，今「迫」字也。故《文子》作「迫而不動」。《原道篇》云「感則能應，迫則能動」，舊本「感」、「迫」二字互誤，辯見《原道》。《精神篇》云「感而應，迫而動」，《莊子·刻意篇》云「感而後應，迫而後動」，皆其證也。《説文》「敀，迮也」，徐鍇曰：「迮，猶切近也。」《玉篇》曰：「敀，附也。」是古「迫」、「迮」字本作「敀」。今諸書皆作「迫」，未必非後人所改也。此「攷」字若不誤爲「攻」，則後人亦必改爲「迫」矣。

因高爲田

「因高爲田，因下爲池」。念孫案：「田」當爲「山」，字之誤也。「因高爲山」，所謂「爲高必因丘陵」也。若「田」則有高原下濕之分，不得但言「因高」矣。《文子·自然篇》正作「因高爲山」。

趨而　裂衣裳

「昔者楚欲攻宋，墨子聞而悼之，自魯趨而，十日十夜，足重繭而不休息，裂衣裳裹足，至於郢」。念孫案：「趨而」下脱「往」字。《北堂書鈔·衣冠部三》、《太平御覽·服章部十三》《工藝部九》引此皆有「往」字。《呂氏春秋·愛類篇》作「自魯往」。皆其證。「裂衣裳裹足」，衍「衣」字。《太平御覽·工藝部》引此有「衣」字，亦後人依俗本加之。舊本《北堂書鈔·衣冠部》「裳」下、陳禹謨依俗本加「衣」字。《太平御覽·服章部》「裳」下引此皆作「裂裳裹足」。《呂氏春秋·愛類篇》同。《文選·廣絶交論》「裂裳裹足」，李善注引《墨子·公輸篇》亦同。《後漢書·郅惲傳》注引《史記》亦云：「申包胥足腫蹠盭，裂裳裹足。」今見《吳越春秋》。若云「裂衣裳裹足」，則累於詞矣。

剉

「頓兵剉鋭」。高注曰：「剉，辱折。」念孫案：《漢魏叢書》本改「剉」爲「挫」，而莊本從之，非也。《道藏》本、劉本竝作「剉」，《太平御覽·工藝部》引此亦作「剉」，則舊本皆作「剉」明矣。《説文》：「剉，折傷也。」《莊子·山木篇》《吕氏春秋·必己篇》竝云：「廉則剉。」今本《莊子》作「挫」，釋文作「剉」，云：「本亦作挫。」高注《吕氏春秋》云：「剉，缺傷也。」經傳或作「挫」者，借字耳。後人多見「挫」，少見「剉」，遂改「剉」爲「挫」，謬矣。高注本訓「剉」爲「折」，今本「折」上有「辱」字，亦後人所加。此「剉」字訓爲「折」，不訓爲「辱」，後人熟於「挫辱」之語，故妄加「辱」字耳。

跌蹏

「夫墨子跌蹏而趨千里，以存楚、宋」。高注曰：「跌，疾行也。蹏，趨走也。」引之曰：書傳無訓「跌」爲「疾行」者，「跌」當作「趹」，音決。注當作「趹蹏，疾行也。趨，走也」。見《説文》。今本「趹」字皆誤作「跌」，注内「蹏」字又誤在「趨，走也」之上。《廣雅》：「駃，奔也。」「赽，疾也。」「駃」、「赽」竝與「趹」通。《玉篇》：「趹，疾也。」下文「欶蹻趹步」，高彼注云：「趹，趣也。」「趣」與「趨」通。是疾行爲趹也。《説文》：「趹，踶也。」《漢書・武帝紀》「馬或奔踶而致千里」，「踶」亦「奔」也。顔師古誤訓「踶」爲「蹋」，辯見《廣雅疏證》。「踶」、「蹏」古字通，《集韻》：「蹏，或作踶。」是疾行又爲蹏也。合言之則曰趹蹏。古馬之善走者謂之駃騠，駃騠之言趹蹏也。疾行謂之趹蹏，故曰「趹踶而趨千里」。

歷險塹

「及至圉人擾之，良御教之，掩以衡軶，連以轡銜，則雖歷險塹弗敢辭」。念孫案：「險」與「塹」不同義，諸書亦無以「險塹」連文者。《太平御覽・工藝部三》《獸部八》引此竝作「歷險超塹」，是也。超，越也。

帽憑

「發憤而成「成」下脱一字，劉本補「仁」字，而諸本從之，未知是否。帽憑而爲義」。高注曰：「帽憑，盈滿積思之貌。」念孫案：「帽」當爲「愲」，字之誤也。《廣雅》曰：「愲恲，忼慨也。」「愲」音「謂」。「恲」，普耕反。「愲恲」與「帽憑」聲近而義同。愲憑而爲義猶言忼慨而爲義耳。《楚辭・離騷》注云：「楚人名滿曰憑。」故高注云：「愲憑，盈滿積思之貌。」又《離騷》「喟憑心而歷茲」，王注云：「喟然，舒憒懣之心。」「喟憑」與「憒憑」義亦相近。

下不及

「夫上不及堯舜，下不及商均」。念孫案：「下不及」當爲「下不若」。言不似商均之不肖也。比上則言不及，比下則言不若。下文「美不及西施，惡不若嫫母」，即其證。今作「下不及」者，因上句「及」字而誤。《文選·辯命論》注引此正作「下不若商均」。

一飽

「今以爲學者之有過而非學者，則是以一飽之故絶穀不食，以一蹪之難輟足不行，惑也」。念孫案：「以一飽之故絶穀」，義不可通，「飽」當爲「餲」，字之誤也。注同。「餲」與「噎」同。《説文》：「噎，飯窒也。」字又作「饐」。《漢書·賈山傳》「祝餲在前，祝鯁在後」，顔師古曰：「餲，古饐字。」一饐而不食與一蹪而不行，高注：「蹪，躓也。」事正相類。《説苑·説叢篇》「一噎之故，絶穀不食；一蹶之故，卻足不行」，語即本於《淮南》。今俗語猶云「因噎廢食」。

橘柚

「夫橘柚冬生，而人曰冬死，死者衆；薺麥夏死，而人曰夏生，生者衆」。念孫案：「橘柚」本作「亭歷」。《吕氏春秋·孟夏篇》注及鄭注《月令》引舊説竝同。《時則篇》「孟夏之月，靡草死」，高注曰：「靡草，薺、亭歷之屬也。」《吕氏春秋·任地篇》「孟夏之昔，殺三葉而穫大麥」，高注曰：「三葉，薺、亭歷、菥蓂也。是月之季枯死。」本書《天文篇》曰：「五月爲小刑，薺麥、亭歷枯，冬生草木必死。」案：亭歷、薺麥皆冬生夏死，此言「亭歷冬生」、「薺麥夏死」者，互文耳。後人改「亭歷」爲「橘柚」，斯爲不倫矣。《太平御覽·藥部十》「亭歷」下引此正作「亭歷冬生」。

禹生於石　五聖　四俊

「若夫堯眉八彩，九竅通洞，而公正無私，一言而萬民齊。舜二瞳子，是謂重明，作事成法，出言成章。禹耳參漏，是謂大通，興利除害，疏河決江。文王四乳，是謂大仁，天下所歸，百姓所親。皋陶馬喙，是謂至信，決獄明白，察於人情。契生於卵。禹生於石。舊本「禹生於石」在「契生於卵」之上。案：此段以「私」、「齊」爲韻，「明」、「章」爲韻，「通」、「江」爲韻，「仁」、「親」、「信」、「情」爲韻，

「石」、「射」爲韻，若「禹生於石」句在前，「契生於卵」句在後，則失其韻矣。今改正。史皇産而能書。羿左臂脩而善射。若此九賢者，千歲而一出，猶繼踵而生。今無五聖之天奉，四俊之才難，欲棄學而循性，是謂猶釋船而欲蹙木也」。高説「禹生於石」云：「禹母脩己，感石而生禹，坼胸而出。」又説「五聖」云：「堯、舜、禹、湯、周文王也。」説「四俊」云：「謂皋陶、稷、契、史皇。」引之曰：案《太平御覽・皇親部一》引《河圖著命》曰：「脩己見流星，意感生禹。」又引《禮含文嘉》曰：「夏姒氏祖以薏苡生。」又引《孝經鉤命決》曰：「命星貫昴，脩紀夢接生禹。」是禹之生，或以爲感流星，或以爲吞薏苡，無言生於石者。《史記・六國表》「禹興於西羌」，集解引皇甫謐曰：「孟子稱禹生石紐，西夷人也。」《蜀志・秦宓傳》曰「禹生石紐，今之汶山郡是也」，注引譙周《蜀本紀》曰：「禹本汶山廣柔縣人也，生於石紐，其地名刳兒坪。」《水經・沫水注》曰：「廣柔縣有石紐鄉，禹所生也。」是「石紐」乃地名，「禹生石紐」，猶言舜生於諸馮，文王生於岐周，非謂感石而生也。徧考諸書，無禹生於石之説。「禹」當爲「啟」。郭璞注《中山經》「泰室之山」云：「啟母化爲石而生啟，在此山，見《淮南子》。」是《淮南》古本有作「啟生於石」者。及考《漢書・武帝紀》詔曰：「朕至於中嶽，見夏后啟母石。」應劭曰：「啟生而母化爲石。」師古曰：「禹治鴻水，通轘轅山，化爲熊，謂塗山氏曰：『欲餉，聞鼓聲乃來。』禹跳石誤中鼓。塗山氏往，見禹方作熊，慙而去，至嵩高山下，化爲石，方生啟。禹曰：『歸我子。』石破北方而啟生。事見《淮南子》。」又《御覽·地部十六》引《淮南》與師古注略同。又《北堂書鈔·后妃部一》亦引《淮南》「石破生啟」，蓋許慎本作「啟生於石」，《書鈔》《御覽》及師古注所引即許慎之注。郭璞所云「啟母化爲石而生啟，見《淮南子》」者，亦用許慎注也。且此段以堯、舜、禹、文王、皋陶、契、啟、史皇、羿九人言之，故謂之「九賢」，又謂之「五聖」、「四俊」。若既言「禹耳參漏」，又言「禹生於石」，則僅八人，不得稱九矣。高據誤本「禹生於石」爲説，則九賢内少一賢，而五聖四俊亦不能如數，不得已乃據上文所稱五聖神農、堯、舜、禹、湯而取湯入五聖，又據上文言「后稷之智」而以稷入四俊，不知彼此各不相蒙也。且彼處五聖内有神農，何以舍之而取湯？此段九賢内有羿，又何以不得與列？若此者皆不可解矣。以文義求之，五聖蓋即堯、舜、禹、文王、皋陶，四俊蓋即契、啟、史皇、羿也。

純鈞

「夫純鈞魚腸之始下型，擊則不能斷，刺則不能入」。高注曰：「純鈞，利劍名。」念孫案：「鈞」皆當爲「鈞」，字之誤也。《覽冥篇》曰「區冶生而淳鈞之劍成」，《齊俗篇》曰「淳均之劍不可愛也，而區冶之巧可貴也」，皆其證。《道藏》本、劉本皆誤作「鈞」，朱本改「鈞」爲

「鈞」，是也。茅本又改爲「鉤」，而莊本從之，且并《覽冥篇》亦改爲「鉤」，斯爲謬矣。舊本《北堂書鈔・武功部》「劍」下三引此文，皆作「純鈞」。陳禹謨改其一爲「純鉤」，而删其二。《越絶外傳・記寶劍篇》曰「一曰湛盧，二曰純鈞」，《廣雅》曰「醇鈞，劍也」，其字亦皆作「鈞」。且《齊俗篇》作「淳均」，若是「鉤」字，不得與「均」通矣。左思《吴都賦》「吴鉤越棘，純鈞湛盧」，上句言「吴鉤」，下句言「純鈞」，若作「純鉤」，則「鉤」字重出矣。

粉以玄錫

「明鏡之始下型，矇然未見形容，及其粉以玄錫，摩以白旃，則鬢眉微毛可得而察」。舊本脱「則」字，今以上文例之，當有「則」字。又《初學記》《太平御覽》引此竝有「則」字，今據補。高注曰：「於，摩。」《道藏》本如是。各本皆作「摩，磨」。念孫案：「粉以玄錫」本作「扢以玄錫」。扢者，摩也。高注云「於，摩」，「於」即「扢」字之誤，隸書「於」字或作「扵」，形與「扢」相似，故「扢」誤爲「於」。《廣雅》曰：「扢，磨也。」「磨」與「摩」通。《玉篇》：「扢，柯礙、何代二切，摩也。」《淮南・要略》「濡不給扢」，高注曰：「扢，拭也。」《漢書・禮樂志〈郊祀歌〉》「扢嘉壇」，孟康曰：「扢，摩也。」此云「扢以玄錫，摩以白旃」，是「扢」與「摩」同義。故高注云：「扢，摩。」《道藏》本正文「扢」字誤作「粉」，注内「扢」字又誤作「於」。後人不得其解，遂改高注「於，摩」爲「摩，磨」，莊本又改爲「旃，摩」，斯爲謬矣。《初學記·器物部九》引此竝作「粉以玄錫」，亦後人依誤本《淮南》改之。《太平御覽·學部一》《服用部十九》《珍寶部十一》竝引作「扢以玄錫」。又高注《吕氏春秋·達鬱篇》云「鏡明見人之醜，而人扢以玄錫，摩以白旃」即用此篇之語，是其明證矣。

有餘

「知者之所短，不若愚者之所脩；賢者之所不足，不若衆人之有餘。」念孫案：「有餘」上亦當有「所」字。

順風

「夫鴈順風，以愛氣力，銜蘆而翔，以備矰弋」。念孫案：「順風」下本有「而飛」二字，與「銜蘆而翔」相對爲文。今本脱此二字，則與下文不對。《藝文類聚·鳥部中》《白帖》九十四、《太平御覽·羽族部四》引此竝作「從風而飛，以愛氣力」，《説苑·説叢篇》作「順風而飛，以助氣力」，皆其證。

景以蔽日

「堀虚連比，以像宫室，陰以防雨，景以蔽日」。引之曰：景即日之光，不得言「景以蔽日」。「景」當爲「晏」，字之誤也。《繆稱篇》「暉日知晏，陰諧知雨」，高注曰：「晏，無雲也。」《文選・羽獵賦》注引許注同。《説文》：「晏，天清也。」又曰：「䨩，星無雲也。」「䨩」與「晏」通，字亦作「曣」。《小雅・角弓篇》「見晛曰消」，《韓詩》作「曣晛聿消」，云：「曣晛，日出也。」《荀子・非相篇》作「晏然聿消」。《史記・封禪書》「至中山，曣温」，《漢書・郊祀志》「曣」作「晏」，如淳曰：「三輔謂日出清濟爲晏。」《韓子・外儲説左篇》曰：「雨霽日出，視之晏陰之間。」「晏」與「陰」正相對，故曰「陰以防雨，晏以蔽日」。言穴居之獸，陰則有以防雨，晴則有以蔽日也。

不出門

「今使人生於辟陋之國，長於窮櫩漏室之下，長無兄弟，少無父母，目未嘗見禮節，耳未嘗聞先古，獨守專室，而不出門，使其性雖不愚，然其知者必寡矣」。念孫案：「門」下當有「户」字。「不出門户」與「獨守專室」相對爲文。且「户」與「下」、「母」、「古」、「寡」爲韻，「下」

讀若「户」，「寡」讀若「古」，「母」合韻音莫補反，竝見《唐韻正》。若無「户」字，則失其韻矣。

知其六賢之道

「周室以後，無六子之賢，而皆脩其業；當世之人，無一人之才，而知其六賢之道者何」。念孫案：「知其六賢之道」，「其」字涉上文「脩其業」而衍。

分白黑利害

「閒居静思，鼓琴讀書，追觀上古，及賢士大夫，學問講辯，日以自娱，蘇援世事，分白黑利害，籌策得失，以觀禍福，設儀立度，可以爲法則」。念孫案：「分白黑利害」本作「分别白黑」。高注内「分别白黑」四字，即本於正文。「白黑」下本無「利害」二字，今作「分白黑利害」者，「分」下脱去「别」字，遂不成句，後人以高注云「知利害之所」，在因加「利害」二字以足句耳。案：高注云「分别白黑，知利害之所在」，此是因正文而申言之，謂分别白黑則可以知利害之所在，非正文内本有「利害」二字也。有白黑斯有得失，有得失斯有禍福，故云「分别白黑，籌策得失，以觀禍福」。「禍福」即高注所謂「利害」也。若此句先言「利害」，則下文不必更言「禍福」矣。「蘇援世事」、「分别白黑」、「籌策得失」，皆相對爲句。若云「分白黑利害」，則句法參差矣。且此段以「書」、「夫」、「娱」爲韻，「黑」、「福」、「則」爲韻，若云「分白黑利害」，則失其韻矣。

欶蹻趹　重跰

「昔者，南榮疇恥聖道之獨亡於己，身淬霜露，欶蹻趹，跋涉山川，冒蒙荆棘，百舍重跰，不敢休息」。高注曰：「欶，猶著。蹻，履。趹，趣。跰，足生胝也。」各本「生胝」二字誤倒，今乙正。念孫案：「欶蹻趹」，「趹」下本有「步」字。趹步，疾行也。《說文》：「趹，馬行皃。」又云：「赽，踶也。」《廣雅》云：「駃，奔也。」《史記·張儀傳》「探前趹後，蹄閒三尋」，索隱曰：「言馬之走勢疾也。」《莊子·齊物論篇》「麋鹿見之決驟」，崔譔曰：「疾走不顧爲決。」「趹」、「赽」、「駃」、「決」竝字異而義同。故注訓「趹」爲「趨」。《莊子·庚桑楚》釋文引此正作「欶蹻趹步」。今本脱去「步」字，則文不成義。且自「身淬霜露」以下，皆以四字爲句，又以「露」、「步」爲韻，「棘」、「息」爲韻，脱去「步」字，則句既不協，而韻又不諧矣。「重跰」當爲「重趼」，字之誤也。高注同。「趼」讀若「繭」。《莊子·天道篇》「百舍重趼而不敢息」，釋文：「趼，古顯反。司馬云：『胝也。』許慎云：『足指約中斷傷爲趼。』」所引許注即此篇「重趼」之注也。司馬訓「趼」爲「胝」，與高注「足生胝」同義。劉晝《新論·惜時篇》云「南榮之訪道，重趼而不休」，即用此篇之文，則「跰」爲「趼」之誤明矣。「趼」字亦作

「藺」。《賈子・勸學篇》云「南榮跦百舍，重藺而不敢久息」是也。《宋策》「墨子百舍重藺」，高彼注云：「重藺，累胝也。」亦與此注同義。

欣然七日不食如饗太牢

「南見老聃，受教一言，精神曉泠，鈍閔條達，案：「閔」與「惛」聲相近，故高注云：「鈍閔，猶鈍惛。」《方言》曰：「頓愍，惛也。江湘之閒謂之頓愍。」《文子・精誠篇》作「屯閔條達」，竝與「鈍閔」同。舊本「閔」誤作「聞」，今改正。欣然七日不食如饗太牢。」引之曰：「七日不食」上當有「若」字。「如」讀爲「而」，言聞老聃之言，若七日不食而饗太牢也。《賈子》云「南榮跦，既遇老聃，見教一言，若飢十日而得大牢」，是其證。《文子・精誠篇》襲用此文而改之曰「勤苦七日不食，如享太牢」，失其指矣。

葉語

「稱譽葉語，至今不休」。高注曰：「葉，世。言榮嚋見稱譽，世傳相語，至今不止。」念孫案：「葉」當爲「華」。俗書「華」字作「華」，與「葉」相似而誤。《東周策》「謀之於葉庭之中」，姚宏曰：「《春秋後語》作『章華之庭』。」《秦策》「華陽君」，《趙策》作「葉陽君」。《史記・范睢傳》「華陽君」，徐廣曰：「華，一作葉。」華，榮也。「稱譽華語，至今不休」，言榮名常在人口也。高所見本已誤作「葉」，故訓「葉」

爲「世」。《文子》正作「稱譽華語」。

蹷沙石

「申包胥贏糧跣走，跋涉谷行，獵蒙蘢，蹷沙石，蹠達膝，此下缺一字。《楚策》作「蹠穿膝暴」。曾繭重胝」。高注曰：「蹷，僵。蹠，足。達，穿也。」念孫案：「蹷」訓爲「僵」，雖本《説文》，而此「蹷」字則非其義。蹷者，蹋也，謂足蹋沙石也。「蹷」或作「蹶」。《説文》作「趣」，云：「蹠也。」《主術篇》注曰：「蹠，蹈也。」《楚辭·九章》注曰：「蹠，踐也。」《文選·舞賦》注引許慎《淮南注》曰：「蹠，蹋也。」《吕氏春秋·知化篇》「子胥兩袪高蹶而出於廷」，高注曰：「蹶，蹈也。」司馬相如《上林賦》「蹷石闕」，郭璞曰：「蹷，蹋也。」《漢書·申屠嘉傳》「材官蹶張」，如淳曰：「材官之多力，能腳蹋彊弩張之，故曰蹶張。」是足蹋謂之蹷也。申包胥跋涉谷行，故足蹋沙石而蹠爲之穿，若訓「蹷」爲「僵」，則與上下文不相貫注矣。

權説

「謝子山東辯士，固權説以取少主」。引之曰：「權」本作「奮」。「奮」字上半與「權」字右半相似，又涉注内「權」字而誤也。高注曰：「常發其巧説，以取少主之權。」「發」字正釋「奮」

字。《史記·樂書》集解引孫炎《樂記》注曰：「奮，發也。」「以取少主之權」，乃加「之權」二字以申明其義，非正文有「權」字也。《吕氏春秋·去宥篇》正作「將奮於説，以取少主」。

以爲狗羹　盡寫其食

「楚人有烹猴而召其鄰人，以爲狗羹也而甘之。後聞其猴也，據地而吐之，盡寫其食」。念孫案：「鄰人」下當更有「鄰人」二字，今本脱去，則文義不明。《北堂書鈔·酒食部三》《初學記·器物部》、《太平御覽·飲食部十九》《獸部二十二》引此竝疊「鄰人」二字。「盡寫其食」，亦當依《初學記》《太平御覽》引作「盡寫其所食」。

鋋

「苗山之鋋，羊頭之銷」。念孫案：「鋋」當爲「鋌」，字之誤也。「鋌」音「挺」。《説文》：「鋌，銅鐵樸也。」《文選·七命》注引此篇「苗山之鋌，《七發》注同。羊頭之銷」，又引許慎注曰：「鋌，銅鐵樸也。高注「苗山，楚山，利金所出」，義與許同。銷，生鐵也。」是其證。

濫脇號鍾

「鼓琴者期於鳴廉脩營，而不期於濫脇號鍾」。高注曰：「濫脇，音不和。號鍾，高聲，非耳所及也。」劉績曰：「『濫脇』、『號鍾』，皆古琴名。梁元帝《纂要》以爲齊桓公琴，是也。作『藍脅』。」念孫案：劉說是也。「濫」與「藍」古字通。《廣雅》：「藍脅、號鍾，琴名也。」《楚辭·九歎》「破伯牙之號鍾兮」，王注云：「號鍾，琴名。」馬融《長笛賦》亦云：「若絙瑟促柱，號鍾高調。」《宋書·樂志》云：「齊桓曰號鍾，楚莊曰繞梁，事出傅玄《琴賦》。」

以爲知者也

「曉然意有所通於物，故作書以喻意，以爲知者也」。高注曰：「喻，明也。作書者以明古今傳代之事，以爲知者施也。」念孫案：如高注，則「喻意」當作「喻事」，「知者」下當有「施」字。施，設也。言作書以明事，爲後之知己者設也。又下文「故師曠之欲善調鍾也，以爲後之知音者也」，「以爲後之知音者」與「以爲知者施」同意。各本「知音」上有「有」字，因上文「若有知音者」而衍。《呂氏春秋·長見篇》作「以爲後世之知音者也」，無「有」字。注曰：「喻上句作書爲知者施也。」各本「知者」作「知音」，因正文「知音」而誤。今據上注改。則正文有施「字」明矣。今本「喻事」作「喻意」，涉上句

「意」字而誤。「知者」下脱「施」字，則文義不明。

揄步　籠蒙目視

「佩玉環，揄步，雜芷若，今本「芷」誤作「芝」，辯見《説林》「蘭芝」下。籠蒙目視，冶由笑，目流眺，口曾撓，奇牙出，䤆酺搖」。念孫案：《説文》：「揄，引也。」「揄」、「步」之閒脱去一字。自「佩玉環」以下，皆三字爲句，此獨兩字，則與上下不協。《新書·勸學篇》作「揄鋏陂」，今本「揄」誤作「榆」，辯見《賈子》。亦三字爲句也。「籠蒙目視」四字，文不成義，且與上下句不協。劉績曰：「衍目字。」念孫案：此當衍「視」字。高注：「目，視也。」則正文作「籠蒙目」明矣。今本「目」下有「視」字，即涉注文而誤。《廣雅》亦云：「目，視也。」《史記·項羽紀》曰「范增數目項王」是也。「籠蒙目」，即籠蒙視，與「冶由笑」相對爲文。《賈子》作「風𧊒視」，今本「風𧊒」誤作「𧊒蝱」。「風𧊒」、「籠蒙」，語之轉耳。

憚悇

「無不憚悇癢心而悦其色矣」。高注曰：「憚悇，貪欲也。」錢氏獻之曰：「『憚』，注讀『探』。必非『憚』字，據《楚辭》及馮衍賦，應作『憛悇』爲是，形之譌耳。」念孫案：錢謂「憚」當作

「憛」，是也。然《楚辭・七諫》「心悇憛而煩冤兮」，王注云：「悇憛，憂愁貌。」《後漢書・馮衍傳》「終悇憛而洞疑」，李賢注引《廣蒼》云：「悇憛，禍福未定也。」皆與高注「貪欲」之義不同，唯《賈子・勸學篇》「孰能無悇憛養心」，義與此同。《廣韻》「悇，抽據切。憛悇，愛也」，義蓋本於《淮南》。

扶於　便媦　若鶩

「今鼓舞者，繞身若環，曾撓摩地，扶於猗那，動容轉曲，便媦擬神，身若秋葯被風，髮若結旌，騁馳若鶩」。高注曰：「扶轉周旋更曲意更爲之。」念孫案：高注傳寫脱誤，當作「扶於，周旋也。轉，更也。曲竟更爲之」。今本脱去「於」字、兩「也」字，「轉」字誤在「周旋」上，「竟」字又誤作「意」，遂致文不成義。正文内「扶於」二字，各本多誤作「扶旋」，「旋」字即涉注文而誤。唯《道藏》本、茅本不誤。「扶於」、「猗那」，皆疊韻也，若作「扶旋」，則失其讀矣。《史記・司馬相如傳》「扶輿猗靡」，集解引郭璞曰：「《淮南》所謂『曾折摩地，扶輿猗委』也。」「扶輿」即「扶於」。《相如傳》又云：「垂條扶於。」《太平御覽・樂部十二》引此正作「扶於」，又引高注曰：「轉，更也。曲竟更爲也。」是其證。《楚辭・九懷》「登羊角兮扶輿」，洪興祖《補注》引此亦作「扶於」，而莊刻乃從諸本作「扶旋」，謬矣。「便媦擬神」，「媦」當爲「娟」。

「媢」字俗書作「媚」，與「娟」相似而誤。《楚辭・大招》「豐肉微骨，體便娟只」，王注云：「便娟，好貌也。」「便媢」亦疊韻，若作「便媚」，則失其讀矣。《後漢書・文苑傳》注及《太平御覽》引此竝作「便娟」。「騁馳若鶩」，「鶩」當爲「騖」。高注「言其疾也」，正釋「若騖」二字。今本「言其疾」上有「騁馳」二字，此涉正文而衍。[一] 張衡《西京賦》說舞曰「紛縱體而迅赴，若騖鶴之羣罷」是也。「騖」、「鶩」字相近，因誤爲「鶩」。《莊子・知北遊篇》注「理未動而志已騖」，釋文：「騖，本亦作鶩。」「騖」與「騁馳」同義，若云「騁馳若騖」，則是騁馳若騁馳矣。且「地」、「那」爲韻，「地」古讀若「沱」，說見《唐韻正》。「神」、「旌」騖爲韻，此以「真」、「耕」、「通」爲一韻，《周易》《楚辭》及《老》《莊》諸子多如此。若作「鶩」，則失其韻矣。《太平御覽》引此正作「騁馳若騖」。

且夫

「且夫觀者莫不爲之損心酸足」。念孫案：「且」當爲「則」，字之誤也。「則夫」二字，承上「今鼓舞者」以下二十一句而言。上文云：「則布衣韋帶之人，莫不左右睥睨而掩鼻。」又云：「則雖王公大人，有嚴志頡頏之行者，無不憛悇癢心而悅其色矣。」語意竝與此同。

[一] 衍，原作「行」，據《國學基本叢書》本改。

眇勁　淹浸漬

「夫鼓舞者非柔縱，而木熙者非眇勁，淹浸漬漸靡使然也」。高注曰：「眇，絶也。言其非能自有絶妙之强力也。淹，久。浸，漬。」念孫案：高訓「眇」爲「絶」，而以「眇勁」爲絶妙之强力，於義未安。今案：「眇勁」與「柔縱」相對爲文。「眇」讀爲「訬」。訬勁，猶輕勁也。上文曰「越人有重遲者，而人謂之訬」，高彼注曰：「訬，輕利急疾。舊本脱「疾」字，據《文選注》補。『訬』，讀燕人言躁操善趍者謂之『訬』同也。」《後漢書·馬融傳》「或輕訬趬悍」，李賢曰：「訬，輕捷也。」《文選·吴都賦》「輕訬之客」，李善曰：「高誘《淮南子》注曰：『訬，輕利急疾也。訬，音眇。』」是「訬」、「眇」同聲而通用也。「淹浸漬漸靡」，「漬」字涉注文而衍。「淹浸」、「漸靡」皆兩字連讀，不當有「漬」字。且注訓「淹」爲「久」，「浸」爲「漬」，則正文無「漬」字明矣。

藜藋

「藜藋之生，蠉蠉然日加數寸，不可以爲櫨棟」。念孫案：「藜藋」當爲「藜藿」，徒弔反。字之誤也。藋即今所謂灰藋也。《爾雅》「拜，蔏藋」，郭注曰：「蔏藋似藜。」昭十六年《左傳》曰

「斬其蓬蒿藜藋」，《莊子·徐無鬼篇》曰「藜藋柱乎鼪鼬之逕」是也。藜藋皆生於不治之地，其高過人，故曰「蟆蟆然日加數寸」。若「藿」爲豆葉，豆之高不及三尺，斯不得言「日加數寸」矣。藜藋皆一莖直上，形似樹而質不堅，故曰「不可以爲櫨棟」，若「藿」則非其類矣。《太平御覽·木部六》引此作「藜藋」，亦傳寫之誤。其《百卉部》「藋」下引此正作「藜藋」。後人多聞「藜藿」，寡聞「藜藋」，故諸書中「藜藋」，字多誤爲「藜藿」。説見《史記·仲尼弟子傳》。

淮南内篇弟廿

泰族

雨露所以濡生萬物瑤碧玉珠翡翠瑇瑁

「天地所包，陰陽所嘔，雨露所以濡生萬物，《道藏》本如是。瑤碧玉珠，翡翠瑇瑁，「瑇」，各本作「玳」，俗字也。今據《太平御覽》引改。依《漢書》當作「毒冒」。文彩明朗，潤澤若濡，摩而不玩，久而不渝」。念孫案：「雨露所以濡生萬物」本作「雨露所濡以生萬殊」。「瑤碧玉珠」本在「翡翠瑇瑁」之下。《道藏》本「濡以」二字誤倒，「萬殊」誤作「萬物」，「翡翠瑇瑁」又誤在「瑤碧玉珠」之下。案：「雨露所濡」爲句，「以生萬殊」爲句，如《藏》本，則失其句矣。且此段以「嘔」、「濡」、「殊」、「珠」、「濡」、「渝」爲韻，如《藏》本，則失其韻矣。劉本作「雨露所濡生萬物」，又脱去「以」字。《漢魏叢書》本乃於「生萬物」上妄加「化」字，而莊本從之，斯爲謬矣。《太平御覽·工藝部九》引此正作「雨露所濡，以生萬殊，翡翠瑇瑁，瑤碧玉珠」。

日月合明鬼神合靈

「故大人者，與天地合德，日月合明，鬼神合靈，與四時合信」。念孫案：此用《乾·文言》語也。「日月」、「鬼神」上竝脱「與」字。《文子·精誠篇》正作「與日月合明，與鬼神合靈」。

衍四海

「故聖人懷天氣，抱天心，執中含和，不下廟堂而衍四海」。念孫案：《文選·東都賦》注引此作「不下廟堂而行於四海」，於義爲長。《文子·精誠篇》亦作「不下堂而行四海」。

陰陽化列星朗非有道而物自然

「天致其高，地致其厚，月照其夜，日照其晝，陰陽化，列星朗，非有道而物自然」。念孫案：下三句本作「列星朗，陰陽化，非有爲焉，正其道而物自然」。自「天致其高」至「列星朗」，是説天、地、日、月、星，而「陰陽化」一句則總承上文言之，今本「列星朗」句在後，則失其次矣。且「厚」、「晝」爲韻，「化」、「焉」、「然」爲韻，「化」字古音在歌部，「焉」、「然」二字在元部，歌、元二部古或相通。《陳風·東門之枌篇》以「差」、「原」、「麻」、「娑」爲韻。《小雅·桑扈篇》以「翰」、「憲」、「難」、「那」爲韻。

《隰桑篇》以「阿」、「難」、「何」爲韻。《逸周書・時訓篇》「鴟鳥猶鳴，國有訛言，虎不始交，將帥不和，茘挺不生，卿士專權」，《莊子・天運篇》「孰隆施是，孰居無事淫樂而勸是」，《淮南・銓言篇》「爲善則觀，爲不善則議，觀則生責，議則生患」，《説林篇》「百梅足以爲百人酸，一梅不足以爲一人和」，《泰族篇》「其美在和，其失在權，水、火、金、木、土、穀，異物而皆任；規、矩、權、衡、準、繩，異形而皆施；丹、青、膠、漆，不同而皆用各有所適，物各有宜」，皆其證也。「差」、「施」、「議」、「宜」四字，古在歌部，説見《唐韻正》。若「列星朗」句在後，則失其韻矣。「非有爲焉，正其道而物自然」者，然，成也。《廣雅》：「然，成也。」《大戴禮・武王踐阼篇》「毋曰胡殘，其禍將然」，謂其禍將成也。《莊子・繕性篇》「莫之爲而常自然」，謂常自成也。《楚辭・遠遊》「無滑而魂兮，彼將自然」，謂彼將自成也。又見下。言天地陰陽非有所爲，但正其道而萬物自成也。《原道篇》云「萬物固以自然，「以」與「已」同。聖人又何事焉」，語意正與此同。下文云「故陰陽四時，非生萬物也；雨露時降，非養草木也；神明接，陰陽和，而萬物生矣」，即此所謂「非有爲焉，正其道而物自然」也。《道藏》本「非有」下脱「爲焉正其」四字，則文不成義。劉本作「正其道而物自然」，無「非有爲焉」四字，亦非。若本無「非有爲焉」四字，則《藏》本不得有「非有」二字矣。《主術篇》曰：「是故繩正於上，木直於下，非有事焉，所緣以脩者然也。」語意正與此同。莊本作「非其道而物自然」，則其謬益甚。《文子・精誠篇》作「列星朗，陰陽和，非有爲焉，正其道而物自然」，是其明證矣。「和」字亦與「焉」、「然」爲韻。

流源　淵深

「流源千里，淵深百仞，非爲蛟龍也」。念孫案：《太平御覽·鱗介部二》引此「流源」作「源流」，「淵深」作「深淵」，是也。「源流」者，有源之流。《原道篇》云「源流泉滂，沖而徐盈」是也。今作「流源」，則文不成義。「深淵」與「源流」相對爲文，猶上文言「高山深林」、「大木茂枝」也。今作「淵深」，則與上文不類矣。

滎水

「故丘阜不能生雲雨，滎水不能生魚鼈者，小也」。念孫案：滎水，小水也。《説文》：「滎，絶小水也。」《韓詩外傳》曰：「滎澤之水，無吞舟之魚。」《漢書·楊雄傳》「梁弱水之濎濙兮」，服虔曰：「昆侖之東有弱水，度之若濎濙耳。」師古曰：「濎濙，小水之皃。」「濙」與「滎」同。《道藏》本、劉本皆作「滎」，《太平御覽·鱗介部四》引此同。朱本改「滎」爲「洿」，而莊本從之，斯爲謬矣。朱不知滎爲小水，而誤以爲《禹貢》「熒波既豬」之「熒」，故妄改之。

卵割

「夫蛟龍伏寢於淵，而卵割於陵」。念孫案：「割」當爲「剖」，字之誤也。《漢書・高惠高后文功臣表》「剖符世爵」，今本「剖」誤作「割」。剖，謂破卵而出也。《原道篇》「羽者嫗伏」，高注曰：「嫗伏，以氣剖卵也。」《文選・海賦》「剖卵成禽」，李善曰：「剖猶破也。」《初學記・鱗介部》《白帖》九十五、《太平御覽・鱗介部二》引此竝作「卵剖」。《開元占經・龍魚蟲蛇占》引作「卵孚」，又引許愼注曰：「孚，謂卵自孚也。」「孚」、「剖」聲相近，故高注曰：「蛟龍乳於陵而伏於淵，其卵自孚也。」今本「自孚」作「自孕」，此後人妄改之也。《説文》：「孕，裹子也。」「孚，卵孚也。」其義迥殊。《一切經音義》二引《通俗文》曰：「卵化曰孚。」《淮南・人閒篇》曰：「夫鴻鵠之未孚於卵也，一指蔑之則靡而無形矣。」

訟繆

「静漠恬淡，訟繆胸中」。「繆」與「穆」通。顏師古注《漢書・東方朔傳》曰：「穆，静思貌。」故高注曰：「繆，静也。」各本「繆」作「謬」，左畔「言」字因上「訟」字而誤。今改正。高注曰：「訟，容也。繆，静也。」引之曰：高所見本作「訟」，故訓爲「容」，「訟」、「容」古同聲也。其實「訟」乃「説」字之誤。「説」，古「悦」字。「繆」與「穆」同。穆，亦和悦也。《大雅・烝民》箋曰：「穆，和也。」《管子・君臣篇》「穆君之色」，尹知章曰：「穆，猶悦也。」「説繆胸中」者，所謂不改其樂也。《文子·精誠篇》正作「悦穆胷中」。

所責

「秦穆公爲野人食駿馬肉之傷也，飲之美酒，韓之戰，以其死力報，非券之所責也」。念孫案：「責」上脱「能」字。上文云「非令之所能召也」，下文云「非刑之所能禁也」、「非法之所能致也」，是其證。

市買不豫賈

「孔子爲魯司寇，道不拾遺，市買不豫賈」。念孫案：「買」字即「賈」字之誤而衍者也。「市不豫賈」，謂市之鬻物者不高其價以相誑豫，「誑豫」，見《周官·司市》注。非謂買者也。《荀子·儒效篇》作「魯之粥牛馬者不豫賈」。《淮南·覽冥篇》及《史記·循吏傳》竝云「市不豫賈」。多一「買」字，則文不成義，且與上句不對矣。

正心

「夫矢之所以射遠貫牢者，弩力也；其所以中的剖微者，正心也」。念孫案：「正心」本作「人心」，與「弩力」相對爲文。今作「正心」者，後人妄改之耳。《羣書治要》及《太平御覽·工藝部二》引此竝作「人心」。

化則細

「聖人之治天下，非易民性也，拊循其所有而滌蕩之，「滌蕩」與「條暢」同。《文子》作「條暢」。故因則大，化則細矣」。念孫案：「化」字義不可通，「化」當爲「作」，字之誤也。「作」字本爲「作」，與「化」相似而誤。聖人順民性而條暢之，所謂因也。反是，則爲作矣。《原道篇》曰：「任一人之能，不足以治三畝之宅也。循道理之數，因天地之自然，則六合不足均也。」故曰：「因則大，作則細矣。」高注本作「能循則必大也，欲作則小矣」，今本「欲作」上有「化而」二字，則後人依已誤之正文加之耳。《文子·道原篇》作「因即大，作即細」，《自然篇》作「因即大，作即小」，皆其證。《吕氏春秋·君守篇》曰：「作者擾，因者平。」《任數篇》曰：「爲則擾矣，因則静矣。」語意略與此同。

饗飲

「饗飲習射，以明長幼」。念孫案：「饗」當爲「鄉」，字之誤也。《經解》《射義》竝云「鄉飲酒之禮，所以明長幼之序」，是其證。《羣書治要》引此正作「鄉飲」。

故立父子之親　清濁五音

「乃澄列金木水火土之性，故立父子之親而成家；別清濁五音六律相生之數，以立君臣之義而成國；察四時季孟之序，以立長幼之禮而成官」。念孫案：「故立父子之親」亦當爲「以立父子之親」，與下文相對。《文子·上禮篇》正作「以立」。「清濁五音」亦當依《文子》作「五音清濁」。

以歸神及其淫也反其天心

「神農之初作琴也，以歸神，及其淫也，反其天心」。念孫案：此文本作「神農之初作琴也，以歸神杜淫，反其天心。《白虎通義》曰：「琴者，禁也。所以禁止淫邪，正人心也。」《琴操》曰：「昔伏羲氏作琴，所以禦邪僻，防心淫，以脩身理性，反其天真也。」及其衰也，流而不反，淫而好色，至於亡國」。「流而不反」正對「反其天心」言之，「淫而好色」正對「杜淫」言之。下文曰：「夔之初作樂也，皆合六律，而調五音以通八風。及其衰也，以沈湎淫康，不顧政治，至於滅亡。」句法皆與此相對。此以「淫」、「心」爲韻，「色」、「國」爲韻，下文以「音」、「風」爲韻，（「風」字古音在侵部，說見《唐韻正》。）「康」、「亡」爲韻。《文子·上禮篇》作「聖人之初作樂也，以歸神杜淫，反其天心。至其衰也，流而不反，淫而好色，（今本此下有「不顧正法，流及後世」八字，蓋後人所加。《羣書治要》引《文子》無此八字。）至於亡國」，是其明證矣。《文選·長笛賦》注引上三句云：「神農之初作瑟，（「瑟」字與今本不合，所引蓋許慎本。）以歸神反望，及其天心。」「杜淫」作「反望」，「反其」作「及其」，皆傳寫之誤，（「反望」之「反」蓋涉下「反其天心」而誤，「淫」、「望」、「反」、「及」，皆以形近而誤。）而句法正與《文子》同，若今本，則錯脱不成文理，且失其韻矣。

志遠

「蒼頡之初作書，以辯治百官，領理萬事，愚者得以不忘，智者得以志遠」。念孫案：「志遠」本作「志事」。以書記事，無分於遠近，不當獨言「志遠」。後人以兩「事」字重出，故改「志事」爲「志遠」耳。不知古人之文不嫌於複，且兩「事」字自爲韻，（上下文皆用韻。）若作「志遠」，則失其韻矣。《文子》正作「智者以記事」。

罷民之力

「馳騁獵射，以奪民時，罷民之力」。念孫案：「罷民之力」當作「以罷民力」，與上句相對爲文。上文「以解有罪，以殺不辜」，與此文同一例。《文子》正作「以罷民力」。

推舉

「朋黨比周，各推其與，廢公趨私，内外相推舉，姦人在朝，而賢者隱處」。念孫案：「内外相推舉」，句法與上下文不協，且「推」字與上文「各推其與」相複，蓋衍文也。《文子》無「推」字。

故易之失也卦六句

「故《易》之失也卦，《書》之失也敷，《樂》之失也淫，《詩》之失也辟，《禮》之失也責，《春秋》之失也刺」。念孫案：此六句非《淮南》原文，乃後人取《詮言篇》文附入，而加以增改者也。《詮言篇》曰：「《詩》之失辟，《樂》之失刺，《禮》之失責。」此文「《詩》之失也辟，《禮》之失也責」，全用《詮言篇》文，而改「《樂》之失刺」爲「《春秋》之失也刺」，又加「《易》之失也卦，《書》之失也敷」二句，以合六藝之數。下文云「故《易》

之失鬼，《樂》之失淫，《詩》之失愚，《書》之失拘，《禮》之失忮，《春秋》之失訾」，與此六句相距不過數行，而或前後重出，或彼此參差，其不可信一也。下文「《易》之失鬼」六句，高氏皆有注，而此獨無注，若原文有此六句，不應注於後，而不注於前，其不可信二也。《太平御覽·學部二》所引有下「《易》之失鬼」六句，而無此六句，其不可信三也。

乖居

「《關雎》興於鳥而君子美之，爲其雌雄之不乖居也」。念孫案：「乖」當爲「乘」，字之誤也。羅願《爾雅翼》引此已誤。乘者，匹也。言雌雄有別，不匹居也。《廣雅》曰：「雙、耦、匹、乘，二也。」《月令》「乃合累牛騰馬」，鄭注曰：「累、騰，皆乘匹之名。」《家語·好生篇》曰：「《關雎》興于鳥而君子美之，取其雌雄之有別。」《毛詩傳》亦云：「雎鳩摯而有別。」鄭箋曰：「摯之言至也，謂王雎之鳥，雌雄情意至，然而有別。」戴先生《毛鄭詩考正》曰：「案：古字『鷙』通用『摯』。《夏小正》『鷹始摯』，《曲禮》『前有摯獸』，是其證。《春秋傳》郯子言少皞以鳥名官。雎鳩氏，司馬也。説曰：『鷙而有別，故爲司馬，主法制。』義本《毛詩》，不得如箋所云明矣。」念孫謹案：《淮南·説林篇》「神龍不匹，猛獸不羣，鷙鳥不雙」，義與《毛詩》同。有別，即此所云「不乘居」也。漢張超《誚青衣賦》亦曰：「感彼《關雎》，性不雙侶。」《列女傳·仁智傳》曰：「夫雎鳩之鳥，猶未嘗見其乘居而匹處也。」張華《鷦鷯賦》云：「繁滋族類，乘居匹游。」此尤其明證矣。

可謂忠臣也而未可謂弟也

「周公誅管叔、蔡叔以平國弭亂，可謂忠臣也，而未可謂弟也」。念孫案：此當作「可謂忠臣矣，而未可謂弟也」。上文云「可謂養性矣，而未可謂孝子也」，是其證。

必簡

「小見不達，必簡」。念孫案：「必簡」上當更有「達」字。此言見大者達，達則必簡，猶《樂記》言「大樂必易，大禮必簡」也。《文子・上仁篇》作「道小必不通，通則必簡」，是其證。

陰陽無爲故能和

「河以逶蛇故能遠，山以陵遲故能高，陰陽無爲故能和，道以優游故能化」。念孫案：「陰陽無爲故能和」，後人所加也。此以河之逶蛇、山之陵遲，喻道之優游，若加入「陰陽無爲」二句，則與「逶蛇」、「陵遲」、「優游」之義咸不相比附矣。且「陰陽無爲」與「河以逶蛇」三句，句法亦屬參差。《太平御覽・地部二十六》引《淮南》無此二句。《説苑・説叢篇》《文子・

上仁篇》竝同。

而猶

「故法者，治之具也，而非所以爲治也，而猶弓矢中之具，而非所以中也」。念孫案：「而猶」當爲「亦猶」。隸書「而」、「亦」下半相似，故「亦」誤爲「而」。《趙策》「趙雖不能守，亦不至失六城」，舊本「亦」誤作「而」。

治之上

「此治之上也」。念孫案：「治之上」當爲「治之本」，對下文「治之末」而言。上文「養性之本」、「養性之末」，即其證。今作「治之上」者，涉上文「治國，太上養化」而誤。《文子·下德篇》正作「治之本」。

萬一

「夫欲治之主不世出，而可與興治之臣不萬一，以萬一求不世出，此所以千歲不一會也」。念孫案：「以萬一求不世出」當作「以不萬一求不世出」。「不萬一」三字，即承上句言之。

《文子·下德篇》作「以不世出求不萬一」，《吕氏春秋·觀世篇》注引《淮南》作「以不萬一待不世出」，皆其證。

乘衰

「掘其所流而深之，茨其所決而高之，使得循勢而行，乘衰而流」。高注曰：「衰，下也。」引之曰：「衰」與「下」義不相近，「衰」當爲「衺」，字之誤也。《説文》：「窊，污衺下也。」字通作「邪」。《史記·滑稽傳》「污邪滿車」，集解引司馬彪曰：「污邪下，地田也。」故高注訓「衺」爲「下」。

繩之法法

「若不脩其風俗，而縱之淫辟，乃隨之以刑，繩之法法，雖殘賊天下，弗能禁也」。念孫案：「繩之法法」，文不成義，當依劉本作「繩之以法」。茅本作「繩之以法，法雖殘賊天下」，以次「法」字屬下讀，亦非。莊本同。《文子·下德篇》作「棄之以法，隨之以刑，雖殘賊天下，不能禁其姦矣」，則劉本是也。

抱寶牽馬而去

「荀息伐之，兵不血刃，抱寶牽馬而去」。念孫案：「去」當爲「至」，此涉上文「越疆而去」而誤。僖二年《公羊傳》正作「虞公抱寶牽馬而至」。

越爲之

「夫刻肌膚，鑱皮革，被創流血，至難也，然越爲之，以求榮也」。念孫案：「越」下脱「人」字。高注「越人以箴刺皮」，即其證。《羣書治要》引此正作「越人」。

義理

「上唱而民和，上動而下隨，四海之内，一心同歸，背貪鄙而向義理，其於化民也，若風之摇草木，無之而不靡」。念孫案：「義理」本作「仁義」，此後人妄改之也。貪則不義，鄙則不仁，「貪鄙」與「仁義」正相反，《本經篇》曰：「毁譽仁鄙不立。」《齊俗篇》曰：「仁鄙在時不在行。」《漢書·董仲舒傳》曰：「或夭或壽，或仁或鄙。」故曰「背貪鄙而向仁義」，若作「義理」，則失其指矣。且「義」與「和」、「隨」、「靡」爲韻，「義」、「隨」、「靡」三字，古音皆在歌部，説見《唐韻正》。若作「義理」，則失其韻矣。《文子·上禮篇》正作「背貪鄙嚮仁義」。

直大道

「將欲以直大道，成大功」。念孫案：《羣書治要》引此「直」作「興」，是也。「興大道，成大功」，文義正相比附。今作「直大道」者，涉下文「不得直道」而誤。

自爲辟

「醜必託善以自爲解，邪必蒙正以自爲辟」。念孫案：「辟」字義不可通，當是「辭」字之誤。「辭」或作「辤」，與「辟」相似。「自爲辭」，猶「自爲解」耳。

踳馳

「趣行踳馳」。念孫案：「踳」與「舛」同。《説文》云楊雄作「舛」字如此。《莊子·天下篇》「其道舛駁」，《文選·魏都賦》注引作「踳駁」，又引司馬彪注曰：「踳與舛同。」「踳馳」，謂相背而馳也。《俶真篇》曰「二者代謝舛馳」，《説山篇》曰「分流舛馳」，《玉篇》引作「僢馳」。《氾論篇》曰：「見聞舛馳於外。」《法言敘》曰：「諸子各以其知舛馳。」「舛」、「踳」、「僢」，字異而義同。《道藏》本作「蹐」，各本皆誤爲「跼蹐」之「蹐」，而莊本從之，斯爲謬矣。又下文「知能蹐馳」，各本亦誤作「蹐」。

知者不妄發

「夫知者不妄發，擇善而爲之，計義而行之，故事成而功足賴也，身死而名足稱也」。念孫案：「夫知者不妄發」，《羣書治要》引作「夫知者不妄爲，勇者不妄發」，是也。下文「擇善而爲之」及「事成而功足賴」，皆承「知者不妄爲」而言，「計義而行之」及「身死而名足稱」，皆承勇者不妄發而言。今本脱「爲」字及「勇者不妄」四字，此因兩「不妄」相亂，故寫者誤脱之。則與下文不合。《説苑・説叢篇》亦云：「夫智者不妄爲，勇者不妄發。」今本「發」誤作「殺」。

欲成霸王之業

「欲成霸王之業者，必得勝者也。能得勝者，必强者也。能强者，必用人力者也。能用人力者，必得人心者也。能得人心者，必自得者也」。念孫案：「欲成霸王之業」，「欲」亦當爲「能」，言必得勝而後能成霸王之業也。下文四「能」字皆與此文同一例。若云「欲成霸王之業」，則與下句不合，且與下文不類矣。《詮言篇》「能成霸王者，必得勝者也」以下八句，竝與此同，是其證。

節用

「故爲治之本，務在寧民；寧民之本，在於足用；足用之本，在於勿奪時；勿奪時之本，在於省事；省事之本，在於節用；節用之本，在於反性。未有能搖其本而静其末，濁其源而清其流者也」。念孫案：「節用」皆當爲「節欲」，此因上文「足用」而誤也。《文子·下德篇》作「節用」，亦後人以誤本《淮南》改之。《齊俗篇》云「治欲者不以欲，以性」，又云「欲節事寡」，故曰：「省事之本在於節欲，節欲之本在於反性。」今本「節欲」作「節用」，則非其指矣。《詮言篇》云「省事之本，在於節欲；節欲之本，在於反性」，以上八句，皆與此同。《齊民要術》引此亦作「節欲」，又引注云：「節，止。欲，貪。」此皆其明證矣。或謂《齊民要術》所引爲《詮言篇》文，非也。案：《詮言篇》「節欲之本，在於反性」下有「反性之本，在於去載」二句，而無「未有能搖其本而静其末」二句。今《要術》引「節欲之本，在於反性」下，即繼以「未有能搖其本」云云，是所引乃《泰族篇》文，非《詮言篇》文也。

一人之德

「紂有南面之名，而無一人之德，此失天下也」。念孫案：「德」本作「譽」。「無一人之譽」，謂無一人稱譽之也。此言紂失人心，故雖有南面之名，而實無一人之譽。「譽」與「名」相對爲文，後人改爲「無一人之德」，則文不成義矣。《太平御覽·皇王部八》引此正作「無一人之譽」。《文子·下德篇》同。《御覽·皇王部七》又引譙周《法訓》云：「桀、紂雖有天子之位，而無一人之譽。」

周處酆鎬之地方不過百里

「周處酆鎬之地方不過百里」。念孫案：「酆鎬」下衍「之」字。此以「周處酆鎬」爲句，「地方不過百里」爲句，兩句中不當有「之」字。《吕氏春秋·疑似篇》亦以「周宅酆鎬」爲句。

挺肳

「乃折枹毁鼓，偃五兵，縱牛馬，挺肳而朝天下」。《道藏》本、劉本如是。各本「挺肳」皆作「搢笏」。念孫案：「肳」當爲「曶」。「曶」，古「笏」字也。《皋陶謨》「在治忽」，鄭本作「曶」，注云：「曶者，笏也。臣見君所秉，書思對命者也。君亦有焉。」見《史記·夏本紀》集解。《穆天子傳》曰：「天子搢曶。」今作「肳」者，「曶」變爲「吻」，又誤爲「肳」耳，無煩改爲「笏」也。「挺」當爲「捷」。隸書「捷」字或作「揵」，凡從疌、從建之字多相亂，說見《漢書》「捷之江」下。形與「挺」相似，因誤爲

「挺」。《説苑・説叢篇》：「猨得木而捷，魚得水而騖。」《續史記・孝武紀》「薦紳之屬」，索隱：「薦，音『搢』。搢，捷也。」今本「捷」字竝誤作「挺」。「捷」與「插」同，言插笏而朝天下也。《小雅・鴛鴦篇》「戢其左翼」，《韓詩》曰：「戢，捷也。捷其噣於左也。」《士冠禮》注「扱柶於醴中」，《鄉射禮》注「搢，插也」，《大射儀》注「搢，扱也」，《内則》注「搢，猶扱也」，釋文「插」、「扱」二字竝作「捷」。《管子・小匡篇》「管仲詘纓捷衽」，字竝與「插」同。「捷曶」，猶搢笏也。後人不知「挺」爲「捷」之誤，而改「挺」爲「搢」，義則是，而文則非矣。

相率而爲致勇之寇　方面

「昭王奔隨，百姓父兄攜幼扶老而隨之，乃相率而爲致勇之寇，皆方面奮臂而爲之鬬」。念孫案：此當作「乃相率致勇而爲之寇」，與下句相對爲文。各本「而爲」二字誤在「致勇」之上，則文不成義。「方面」與「奮臂」亦相對爲文。《道藏》本、劉本皆作「方面」，《漢魏叢書》本「面」誤爲「命而」，莊本從之，斯爲謬矣。

將卒

「當此之時，無將卒以行列之，各致其死」。念孫案：「卒」當爲「率」。「率」與「帥」同。將帥所以統三軍，故無將帥則無行列，若卒則即在行列之中，不得言無將卒以行列之也。隸書「卒」或作「卒」，見漢《韓勑造孔廟禮器碑》。形與「卒」相似，故書傳中「卒」字多誤爲「卒」。說見《史記・建元以來侯者年表》「將卒」下。

快然而嘆之

「穿隙穴，見雨零，則快然而嘆之」。念孫案：「嘆」與「快然」義不相屬，「快然而嘆之」當作「快然而笑」，衍「之」字。下文「肆然而喜」、「曠然而樂」，與此文同一例。俗書「笑」字作「咲」，「嘆」字作「嘆」，二形相似而誤。《文選・求自試表》注、《太平御覽・人事部百二十》竝引《吕氏春秋・愛士篇》「繆公笑曰」，今本「笑」誤作「歎」。

又況

「又況登太山，履石封，以望八荒，視天都若蓋，江、河若帶，又況萬物在其閒者乎」。念孫案：下「又況」因上「又況」而衍。「萬物在其閒」即承上文言之，非有二義。

射快

「人欲知高下而不能，教之用管準則説；欲知輕重而無以，予之以權衡則喜；欲知遠近而不能，教之以金目則射快」。高注：「金目，深目，所以望遠近射準也。」陳氏觀樓曰：「『則快』二字與『則説』、『則喜』相對爲文，『快』上不當有『射』字，蓋因高注『射準』而衍。下文『豈直一説之快哉』，正與此句相應。莊本依劉本作『快射』，亦非。」

害人

「人莫不知學之有益於己也，然而不能者，嬉戲害人也」。念孫案：「害人」本作「害之」，此涉上下文「人」字而誤。《羣書治要》及《太平御覽·學部一》引此竝作「嬉戲害之也」。

一性也

「本末，一體也，其兩愛之，一性也」。念孫案：下「一」字因上「一」字而衍。此言本末兼愛，人性皆然。「性也」二字與《孟子》「食色，性也」同義，「性」上不當有「一」字。劉依《文子·上義篇》删去「一」字，是也。

所在

「君子與小人之性非異也，所在先後而已矣」。念孫案：「所在」當爲「在所」。

天地之性也天地之生物也

「天地之性也。天地之生物也有本末」。念孫案：此本作「天地之性物也有本末」。「性」即「生」字也，《淮南》書中「生」字多作「性」。後人不識古字，乃於「天地之性」下加「也」字，又加「天地之生」四字，斯爲謬矣。上文「食其口而百節肥」二句，皆指人事言之，與天地之生物無涉，不得於「天地之性」下加「也」字以承上文也。

棄義

「且法之生也，以輔仁義，今重法而棄義，是貴其冠履，而忘其頭足也」。念孫案：「義」上脱「仁」字。《太平御覽・治道部五》引此已誤。上下文皆言「仁義」，無但言「義」者。

故亡其國語曰

「趙政不增其德而累其高，故滅；知伯不行仁義而務廣地，故亡其國。語曰：『不大其棟，不能任重；重莫若國，棟莫若德。』」念孫案：「亡」下本無「其」字。「故亡」爲句，「《國語》曰」爲句。後人誤以「故亡國」爲句，「語曰」爲句，因妄加「其」字耳。「不大其棟」四句，《魯語》文也。

本固

「國主之有民也，猶城之有基、木之有根，根深即本固，基美則上寧」。念孫案：「本」當爲「木」。上文「木之有根」，即其證。

山水

「趙王遷流於房陵，思故鄉，作爲山水之嘔」。念孫案：「山水」當爲「山木」，字之誤也。高注同。《史記·趙世家》集解、正義及《文選·恨賦》注引此竝作「山木」。

吠聲

「故無聲者，正其可聽者也；其無味者，正其足味者也。吠聲清於耳，兼味快於口，非其貴也」。念孫案：「吠聲清於耳」，義不可通，「吠」當爲「吠」，字之誤也。「吠」與「咬」同。張衡《東京賦》「咸池不齊，度於𦈡咬」，薛綜曰：「𦈡咬，淫聲也。」《玉篇》：「吠，於交切，婬聲。」《廣韻》：「咬，於交切，淫聲。」是「吠」與「咬」同，故曰「吠聲清於耳，非其貴也」。

琴不鳴

「琴不鳴而二十五弦各以其聲應」。念孫案：劉本「琴」作「瑟」，與下文「二十五弦」合。《文子・微明篇》亦作「瑟」。

然後成曲

「弦有緩急小大，然後成曲；車有勞軼動静，而後能致遠」。案：《史記》《漢書》多以「軼」爲「逸」。《道藏》本、劉本皆作「軼」，《漢魏叢書》本改「軼」爲「逸」，而莊本從之，未達假借之義。念孫案：「成曲」上亦當有「能」字。《文子・微明篇》正作「然後能成曲」。

下不相賊　民無匿情

「至治寬裕，故下不相賊；至中復素，「中」與「忠」同。劉本依《文子》改「中」爲「忠」，而莊本從之，亦未達假借之義。故民無匿情」。念孫案：「下不相賊」，「相」字後人所加。賊，害也。政寬則不爲民害，故曰「至治寬裕，則下不賊」，若云「下不相賊」，則非其指矣。《文子·微明篇》作「至治優游，故下不賊」，是其證。「民無匿情」，「情」字亦後人所加。「匿」與「慝」同。《齊俗篇》曰「禮儀飾則生僞匿之士」，《逸周書·大戒篇》曰「克禁淫謀，衆匿乃雍」，《管子·七法篇》曰「百匿傷上威」，《韓子·主道篇》曰「處其主之側，爲姦匿」，《荀子·樂論篇》曰「亂世之文章匿而采」，字竝與「慝」同。又《管子·明法篇》「比周以相爲匿」，《明法解》「匿」作「慝」。《韓詩外傳》「仁義之匿，車馬之飾」，《新序·節士篇》「匿」作「慝」。《史記·酷吏傳》「上下相爲匿」，《漢書》「匿」作「慝」。《後漢書·班固傳〈典引〉》「慝亡迴而不泯」，《文選》「慝」作「匿」。言至忠復素，則民無姦慝也。後人誤以「匿」爲藏匿之「匿」，而於「匿」下加「情」字，則非其指矣。且「匿」與「賊」爲韻，若作「匿情」，則失其韻矣。《羣書治要》引此作「至德樸素，則民無慝」，是其證。

減爵禄之令

「商鞅爲秦立相坐之法，而百姓怨矣；吴起爲楚減爵禄之令，而功臣畔矣」。引之曰：「減爵禄之令」本作「張減爵之令」。張，施也，施減爵之令也。《秦策》云「吴起爲楚悼損不急之官」，即此所謂「減爵」也。高注云「減爵者，收減羣臣之爵禄」，則正文本作「減爵」明矣。《道應篇》載吴起之言曰：「將衰楚國之爵而平其制禄。」蓋減爵則禄亦因之而減，故注言「收減羣臣之爵禄」，非正文内本有「禄」字也。「張減爵之令」與「立相坐之法」相對爲文，今本作「減爵禄之令」，則文不成義。此因高注而誤衍「禄」字，又脱去「張」字也。《文子·微明篇》曰「相坐之法立，則百姓怨；減爵之令張，則功臣叛」，語皆本於《淮南》，則此文本作「立相坐之法，張減爵之令」明矣。

禍福

「聖人見禍福於重閉之内，而慮患於九拂之外者也」。念孫案：「禍」字因上文兩「禍」字而衍。「見福於重閉之内」、此承上文鮑叔輔小白、咎犯輔重耳及句踐脩政於會稽言之。「慮患於九拂之外」此承上文史蘇歎晉獻、子胥憂吴王及襄子再勝而有憂色言之。相對爲文，則「福」上不當有「禍」字。《文子·微明篇》無「禍」字。

再收

「原蠶一歲再收，非不利也，然而王法禁之者，爲其殘桑也」。念孫案：「收」本作「登」，此後人以意改之也。《爾雅》曰：「登，成也。」《天文篇》曰「蠶登」、「蠶不登」是也。《爾雅翼》引此作「收」，則所見本已誤。《齊民要術》《本草圖經》及《太平御覽·資産部五》《木部四》引此竝作「登」。《太平御覽·木部》又引注云「登，成也」，是其證。

初絻

「聘納而取婦，初絻而親迎」。「絻」與「冕」同。引之曰：「初」字義不可通，「初」當作「冠」。字書「冠」字左畔作「完」，與「衣」相似，「寸」與「刀」相似，故「冠」誤爲「初」。冠，謂弁也。《齊風·甫田》傳曰：「弁，冠也。」《士昏禮》「主人爵弁」，鄭注曰：「爵弁，玄冕之次，大夫以上親迎冕服。」是也。「冠絻而親迎」，兼貴賤言之。劉本改作「紱絻」，諸本及莊本同。則但有大夫以上，於義爲不備矣。且「紱」與「初」字不相似，若是「紱」字，無緣誤爲「初」也。

然而傷和睦之心而構仇讐之怨

「使民居處相司，有罪相覺，於以舉姦，非不掇也。然而傷和睦之心，而構仇讐之怨」。念孫案：末二句當從《羣書治要》所引作「然而不可行者，爲其傷和睦之心，而構仇讐之怨也」。今本「然而」下脱去「不可行者爲其」六字及「也」字，則語意不完，且與上五條不對矣。

弗庠

「昌羊去蚤虱而人弗庠者，爲其來蚙窮也」。念孫案：「庠」當爲「席」，字之誤也。昌羊，昌蒲也。蚙窮，蚰蜒也。竝見《説林》注。言昌蒲能致蚰蜒，故人不以爲席也。《太平御覽·蟲豸部八》引此正作「席」。

此三代之所昌

「上無煩亂之治，下無怨望之心，則百殘除而中和作矣，此三代之所昌」。念孫案：「此三代之所昌」當從《羣書治要》所引作「此三代之所以昌也」。今本脱去「以」字、「也」字，則文義不明。

淮南内篇弟廿一

要略

瀸濇

「執其大指，以内洽五藏，瀸濇肌膚」。念孫案：《説文》：「濇，不滑也。」「瀸濇」二字義不相屬，「濇」當爲「漬」。隸書「嗇」字或作「啬」，形與「責」相近，故「漬」誤爲「濇」。「瀸漬」與「漸漬」同，言内則浹洽於五藏，外則漸漬於肌膚也。《説文》曰：「瀸，漬也。」《廣雅》同。莊十七年《公羊傳》「瀸者何？瀸積也」，釋文：「積，本又作漬。」

通迴

「使人知遺物反己，審仁義之閒，通同異之理，觀至德之統，知變化之紀，説符玄妙之中，通迴造化之母也」。念孫案：「通迴」二字義不相屬，「迴」當爲「迵」，音「洞」。字之誤也。「迵」

亦「通」也。「通迵造化之母」，謂通乎造化之原也。《吕氏春秋·貴同篇》「禹通三江五湖，決伊闕，迵溝陸」，《上德篇》「德迵乎天地」，高注竝云：「迵，通也。」今本「迵」字皆誤作「迴」，辯見《吕氏春秋》。《史記·倉公傳》「臣意診其脈，曰迵風」，《集解》曰：「迵，音『洞』」，言洞徹入四肢也。」「迵」、「洞」同音，故「迵」或作「洞」。《俶真篇》「通洞條達」，即「通迵」也。世人多見「迴」，少見「迵」，故「迵」誤爲「迴」。下文「使人通迵周備」，其字正作「迵」。《道藏》本、劉本如是。他本皆誤作「迴」，而莊本從之，謬矣。

竝明

「《精神》者，所以原本人之所由生，而曉寤其形骸九竅，取象於天句合同其血氣句與雷霆風雨句比類其喜怒句與晝宵寒暑句竝明」。念孫案：「竝明」二字後人所加也。與者，如也。《廣雅》：「與，如也。」司馬相如《子虛賦》「楚王之獵，孰與寡人乎」，郭璞曰：「與，猶如也。」《漢書·高帝紀》「今某之業，所就孰與仲多」，顏師古曰：「與，如也。」案：古書多謂「如」曰「與」，詳見《釋詞》。言血氣之相從，如雷霆風雨，喜怒之相反，如晝宵寒暑也。後人不知「與」之訓爲「如」，而讀「與雷霆風雨比類」爲一句，故又於「晝宵寒暑」下加「竝明」二字以成對文耳，不知「合同其血氣」、「比類其喜怒」相對爲文。今以「比類」二字上屬爲句，而「其喜怒」三字自爲一句，則句法參差矣。「與雷霆風雨」、「與晝宵寒暑」亦相對爲文，今加「竝明」二字，則句法又參差矣。且此文以「生」、「天」爲韻，「雨」、「怒」、「暑」爲韻，今加「竝明」二字，則失其韻矣。又案：「取象於天」爲句，「合同其血氣」爲句，《漢魏叢書》本改「於天」爲「與天」，莊本同。以與下兩「與」字相對，則又誤以「於天合同」爲句矣。皆由不知兩「與」字之訓爲「如」，故紛紛妄改耳。

因作任

「《主術》者，君人之事也，所以因作任督責，使羣臣各盡其能也」。念孫案：「因作任督責」當作「因任督責」，謂因任其臣而督責其功也。今本「作」字即「任」字之誤而衍者耳。《主術篇》曰「因循而任下，責成而不勞」，《韓子·揚搉篇》曰「因而任之，使自事之」，《吕氏春秋·知度篇》曰「因而不爲，責而不詔」，竝與此「因任督責」同義。《莊子·天道篇》：「形名已明，而因任次之。」

風氣

「《齊俗》者，所以一羣生之短脩，同九夷之風氣，通古今之論，貫萬物之理，財制禮義之宜，擘畫人事之終始者也」。念孫案：「風氣」本作「風采」。《文選·魏都賦》「壹八方而混同，極風采之異觀」，李善曰：「《淮南子》曰：『同九夷之風采。』高誘曰：『風，俗也。采，事也。』」是其證。後人既改「風采」爲「風氣」，復删去高注以滅其迹，甚矣其妄也。且「采」與「理」、「始」爲韻，若作「氣」，則失其韻矣。

擊危

「誠明其意，進退左右，無所擊危，句乘勢以爲資，清静以爲常」。念孫案：「無所擊危」者，「危」與「詭」同。《説林篇》「尺寸雖齊，必有詭」，《文子・上德篇》「詭」作「危」。《漢書・天文志》「司詭星」，《史記・天官書》作「司危星」。「擊詭」，猶今人言違礙也，謂進退左右，無所違礙也。《睽》釋文曰：「詭，戾也。」《文選・長笛賦》「窊隆詭戾」，李善注：「詭戾，乖違貌。」《主術篇》曰：「舉動廢置，曲得其宜，無所擊戾。」又曰：「木擊折轊，水戾破舟。」彼言「無所擊戾」，此言「無所擊詭」，其義一也。作「危」者，借字耳。劉績不解「無所擊危」之義，乃於「無所」下加「失」字，諸本及莊本同。讀「無所失」絶句，而以「擊危」二字下屬爲句，其失甚矣。

結細　説捍　明事埒事

「解墮結細，説捍摶囷，而以明事埒事者也」。念孫案：「墮」亦「解」也。《廣雅》：「墮，脱也。」《論衡・道虚篇》曰：「龜之解甲，蛇之脱皮，鹿之墮角。」是「墮」與「解」、「脱」同義。《易林・噬嗑之小畜》曰「關柝開啓，衿帶解墮」是也。「細」當爲「紐」，字之誤也。「紐」，亦「結」也。《楚辭・九歎》王注曰：「紐，結束也。」《管子・樞言篇》曰「先生不約束，不結紐」是也。「説」與「脱」同。「捍」當爲「擇」，字之誤也。隸書「擇」字或作「擇」，與「捍」相似，見漢《成陽靈臺碑》。「擇」與「釋」同。《墨子・節葬篇》曰「爲而不已，操而不擇」，《易林・恒之蒙》曰「郊耕擇耜，有所疑止」，《韓子・五蠹篇》「布帛尋常，庸人不釋」，《論衡・非韓篇》引《韓子》「釋」作「擇」，皆是也。脱、釋，皆解也。摶困者，卷束之名。《考工記・鮑人》「卷而摶之」，注：「鄭司農云：『摶』讀爲『縳一如填』之『縳』，謂卷縳韋革也。」《説文》：「稛，絭束也。」「稛」與「困」聲近而義同。「解墮結紐」、「説擇摶困」，其義一也。「明事埒事」，下「事」字因上「事」字而衍。「明事埒」者，明百事之形埒以示人也。高注《繆稱篇》曰：「形埒，兆朕也。」故此注亦曰：「埒，兆朕也。」

與塞而無爲也同

「故通而無爲也，與塞而無爲也同。其無爲則同，其所以無爲則異」。念孫案：「與塞而無爲也」下不當有「同」字，此因下文「同」字而衍。

酒白

「夫江河之腐胔不可勝數，然祭者汲焉，大也；一盃酒白，蠅漬其中，匹夫弗嘗者，小也」。念孫案：「一盃酒白」，「白」字義不可通。《藝文類聚·雜器物部》引此「白」作「甘」，是也。言酒雖甘而蠅漬其中，則人弗飲也。隸書「甘」字或作「㠯」，〔一〕與「白」相似而誤。漢《西嶽華山亭碑》「甘澍弗布」，「甘」字作「㠯」，見《漢隸字原》。

不悦

「墨子學儒者之業，受孔子之術，以爲其禮煩擾而不悦」。高注曰：「悦，易也。」念孫案：如注義，則「悦」當爲「侻」。他活反。《本經篇》「其行侻而順情」，彼注云：「侻，簡易也。」義與此注同。莊本改「悦」爲「説」，未達高氏之旨。

〔一〕㠯，原作「自」，據《漢隸字原》改。下「㠯」同。

服傷生而害事

「厚葬靡財而貧民，服傷生而害事」。念孫案：「服傷生而害事」，文義未明，「服」上當有「久」字。「厚葬」、「久服」相對爲文。《墨子・節葬篇》多言「厚葬久喪」，《晏子春秋・外篇》「厚葬破民貧國，久喪遁哀費日」，皆《淮南》所本也。

虆垂

「禹之時，天下大水，禹身執虆垂，以爲民先」。莊云：「《太平御覽》《皇王部七》《禮儀部三十四》《器物部九》《部十》皆引此。『虆垂』作『畚插』爲是，此誤也。」念孫案：「垂」字誤而「虆」字不誤。虆，謂盛土籠也。「垂」當爲「臿」。臿，今之鍬也。《大雅・緜》傳云：「捄，虆也。」箋云：「築牆者，捊聚壤土，盛之以虆，而投諸版中。」「虆」字或作「蔂」。《說山篇》「蔂成城」，高注云：「蔂，土籠也。」《韓子・五蠹篇》「禹之王天下也，身執耒臿，以爲民先」，此即《淮南》所本。「耒」與「虆」聲相近，「耒臿」，即「虆臿」也。《孟子・滕文公篇》「蓋歸反虆梩而掩之」，趙注云：「虆梩，籠臿之屬，可以取土者也。」彼言「虆梩」，亦即此所謂「虆臿」也。《廣雅》：「梩，臿也。」《管子・山國軌篇》「梩籠纍箕」，「纍」亦與「虆」同。《大平御覽》引此「虆」作「畚」，所見本異耳，不得據彼以改此也。「垂」者，「臿」之誤，非「插」之誤。俗書「臿」字或作「𦥯」，見《廣韻》。「垂」字或作「𡍮」，見漢《富春丞張君碑》。二形相似，故「臿」誤爲「垂」矣。

閒服

「當此之時，死陵者葬陵，死澤者葬澤，故節財薄葬，閒服生焉」。念孫案：「閒」與「簡」同。《莊子·天運篇》「食於苟簡之田」，釋文：「簡，司馬本作閒。」簡服，謂三月之服也。《宋書·禮志》引《尸子》曰「禹治爲喪法，使死於陵者葬於陵，死於澤者葬於澤，桐棺三寸，制喪三月」是也。《道藏》本、劉本作「閒服」，他本「閒」字皆誤作「閑」，而莊本從之，謬矣。《文選·夏侯常侍誄》注及《路史·後紀》引此竝作「簡服」。

恃連與國

「恃連與國，約重致，剖信符，結遠援，以守其國家，持其社稷」。念孫案：「連與」二字連讀，高注：「恃怙連與之國。」《漢書·武五子傳》「羣臣連與成朋」是也。「恃連與，約重致，剖信符，結遠援」，皆三字爲句，則「連與」下不當有「國」[一]字，蓋涉注文而衍。

[一] 國，原作「邦」，據上文及《國學基本叢書》本改。

淮南内篇弟廿二

《淮南内篇》，舊有許氏、高氏注。其存於今者，則高注，非許注也。前有高氏《敘》一篇。《天文篇》注又云「鍾律上下相生，誘不敏也」，則其爲高注無疑。其自唐以前諸書所引許注，有與今本同者，乃後人取許注附入，非高氏原文也。凡注内稱「一曰」云云者，多係許注，則其爲後人附入可知。宋人書中所引《淮南注》，略與今本同，而謂之許注，則考之未審也。《道藏》本題「許慎記上」，蓋沿宋本之誤。是書自北宋已有譌脱，故《爾雅疏》《埤雅》《集韻》《太平御覽》諸書所引，已多與今本同誤者，而南宋以後無論已。余未得見宋本，所見諸本中，唯《道藏》本爲優，明劉績本次之，其餘各本皆出二本之下。兹以《藏》本爲主，參以羣書所引，凡所訂正共九百餘條。推其致誤之由，則傳寫譌脱者半，馮意妄改者亦半也。

有因字不習見而誤者。若《原道篇》：「先者踰下，則後者蹍之。」蹍，女展反，故高注云「蹍，履也，音『展』，非『展』也。」而各本乃誤爲「蹷」矣。凡據諸書以正今本者，具見於本條下，後皆放此。《兵略篇》：「涉血蹍腸，輿死扶傷。」「蹍」亦「履」也，而各本又誤爲「屬」矣。《齊俗篇》：「穿窬拊楗、抇墓踰備之姦。」抇，户骨反，掘也，各本「抇」誤爲「抽」，「墓」誤爲「箕」。高注

「抇，掘也」，「掘」字又誤爲「握」，則義不可通。《兵略篇》「毋抇墳墓」，《藏》本「抇」字又誤爲「扣」矣。《説山篇》：「鏏鼎日用而不足貴，周鼎不爨而不可賤。」「鏏」讀若「彗」。高注曰：「小鼎也。」各本「鏏」誤爲「錯」，又誤在「鼎」字下矣。《説林篇》：「設鼠者機動，釣魚者泛杌。」泛，釣浮也。杌讀若「兀」，動也。機動則得鼠，泛動則得魚，故高注云：「杌，動，動則得魚也。」而各本「杌」字乃誤爲「杭」矣。「使伹吹竽，使工厭竅，雖中節而不可聽」。伹，拙人也，讀若癰疽之「疽」，字從且，不從旦，故高注云：「『伹』，讀燕言『鉏』同也。」而各本乃誤爲「但」矣。「使伹吹竽，使工厭竅」者，厭，於葉反，與「擪」同，一指按也。言使伹吹竽，而使樂工爲之按竅也。隸書「工」字或作「𢀚」，「氏」字或作「𠂣」，二形相似，而各本「工」字遂誤爲「氏」矣。《脩務篇》：「墨子趹蹏而趨千里。」「趹」讀若「決」。高注：「趹蹏，疾行也。趨，走也。」各本「趹」誤作「跌」，高注又誤作「跌，疾行也。蹏趨，走也」，則義不可通矣。「以一餇之故絶穀不食」。「餇」即「噎」字也，而各本乃誤爲「飽」矣。「藜藋之生，蝡蝡然日加數寸」。藋，徒弔反，即今所謂灰藋也。藜藋之高過人，故云「日加數寸」。世人多聞「藜藿」，寡聞「藜藋」，而各本「藋」字遂誤爲「藿」矣。《泰族篇》：「𠯗聲清於耳，兼味快於口。」餇，於交反，與「咬」同，淫聲也，字從夭，而各本乃誤作「吠」矣。

有因假借之字而誤者。《覽冥篇》：「蚖䲡著泥百仞之中。」「蚖䲡」與「黿鼉」同。各本

「蚢鱓」誤爲「蛇鱓」，則與下文「蛇鱓」相亂矣。《道應篇》：「孚子治亶父三年。」「孚子」，即宓子賤也。「宓」、「孚」聲相近，故字相通，而各本乃誤爲「季子」矣。

有因古字而誤者。《時則篇》：「孟秋之月，其兵戉。」「戉」，古「鉞」字也，而各本乃誤爲「戈」矣。《齊俗篇》：「煎敖燎炙，齊咊萬方。」「齊」讀爲「劑」，「咊」，即甘受和之「和」，「咊」與「味」字相似，而各本遂誤爲「味」矣。《脩務篇》：「感而不應，攺而不動。」「攺」，古「迫」字也，而各本乃誤爲「攻」矣。

有因隸書而誤者。《時則篇》「具栚曲筥筐」，高注：「栚，持也。三輔謂之栚。」案：「栚」讀若「朕」，架蠶薄之木也。隸書「栚」字或作「栿」，而各本遂誤爲「撲」矣。《覽冥篇》：「井植生栙，溝植生條。」《本經篇》：「山無峻榦，林無柘栙。」「栙」，古「櫱」字，伐木之更生者也。隸書「栙」字或作「梓」，而各本遂誤爲「梓」矣。《精神篇》：「樣桷不斲，素題不枅。」「樣」即今「橡栗」字也。隸書「樣」字或作「様」，而各本遂誤爲「樸」矣。《本經篇》：「芰野莽，長苗秀。」高注：「莽，草也。」隸書「莽」字或作「莾」，而各本遂誤爲「莢」矣。《道應篇》：「於是佽非敦然瞋目，攘臂拔劒。」隸書「眞」字或作「真」，與「冥」相似，而各本「瞋目」遂誤爲「瞑目」，且誤在「敦然」之上矣。《氾論篇》「剛强猛毅，志厲青雲，非夸矜也。」隸書「夸」字或作「夲」，而各本遂誤爲「本」矣。《兵略篇》「疾如鏃矢」，高注：「鏃金鏃翦羽之矢也。」隸書「侯」字作「矦」，「隹」字作「隹」，二形相似，而各本「鍭」字遂誤爲「錐」。下文「疾如鍭矢，何可勝偶」，「鍭」字又誤爲「鏃」矣。《説林篇》：「故解捽者不在於捌格，在於批抌。」抌，竹甚反，深擊也，字從冘。「冘」讀若「淫」，故高注云：「批，擊。抌，椎。」隸書「冘」字或作「冗」，「亢」字或作「宂」，二形相似，而《藏》本「抌」字遂誤爲「伉」，劉本又誤爲「伉」矣。

有因草書而誤者。《齊俗篇》「柱不可以摘齒，筳不可以持屋」，高注：「筳，小簪也。」案：「筳」讀若「廷」。言小簪可以摘齒，而不可以持屋也。「筳」與「筐」草書相似，而各本遂誤爲「筐」矣。

有因俗書而誤者。《原道篇》：「欲宍之心亡於中，則飢虎可尾。」「宍」，俗「肉」字也。《藏》本「宍」誤作「寅」，而各本又誤作「害」矣。《齊俗篇》：「夫水積則生相食之魚，土積則生自宍之獸。」「宍」亦「肉」字也，而各本又誤作「穴」矣。《天文篇》：「日行九州七舍，有五億萬七千三百九里，離以爲朝晝昬夜。」離者，分也。俗書「離」字作「𩀨」，各本則脱其右半而爲「禹」矣。《氾論篇》：「姦符節，盜管璽。」高注：「璽，印封。」俗書「璽」字作「奎」，而各本遂誤爲「金」矣。《詮言篇》：「寒暑之變，無損益於己，質有定也。」俗書「定」字作「𡧍」，而各本遂誤爲「之」矣。《説林篇》：「若被蓑而救火，鑿竇而止水。」俗書「鑿」字作「鑒」，各本則脱其下半而爲「毁」矣。

有兩字誤爲一字者。《説林篇》：「狂者傷人，莫之怨也；嬰兒詈老，莫之疾也，賊心亡也。」賊，害也。亡，無也。言狂者與嬰兒，皆無害人之心也。各本「亡也」之「也」誤爲「山」，又與「亡」字合而爲「⿱亡山」矣。

有誤字與本字竝存者。《主術篇》：「鴟夜撮蚤，察分秋豪。」「蚤」或誤作「蚉」，又轉寫而爲「蚊」，而各本遂誤作「撮蚤蚊」矣。《道應篇》：「豐水之深千仞而不受塵垢，投金鐵焉，則形見於外。」「鐵」字或省作「鐡」，因誤而爲「鍼」，而各本遂誤爲「金鐵鍼」矣。

有校書者旁記之字而闌入正文者。《兵略篇》：「明於奇賌、陰陽，刑德、五行，望氣、候星，龜策、禨祥。」「賌」讀若「該」。「奇賌」者，奇祕之要非常之術也。校書者不曉「奇賌」之義，而欲改爲「奇正」，故記「正」字於「賌」字之旁，而各本遂誤爲「奇正賌」矣。《説林篇》：「蘇秦步，曰：『何故？』趨，曰：『何趨？』」「步」與「故」爲韻，「趨」與「趨」爲韻。隸書「趨」或作「趍」，故《淮南》書中「趨」字多作「趍」。校書者以《説文》「趍趙」之「趍」音「馳」，故旁記「馳」字，而各本遂誤作「趍曰何趍馳」矣。

有衍至數字者。《俶真篇》：「孟門終隆之山，不能禁也；湍瀨旋淵之深，不能留也；太行石澗飛狐句注之險，不能難也。」各本「不能禁也」下衍「唯體道能不敗」六字，則上下文皆隔絶矣。

有脱數字至十數字者。《原道篇》「此俗世庸民之所公見也，而賢知者弗能避，有所屏蔽也」，高注云：「以諭利欲，故曰有所屏蔽也。」各本正文脱「有所屏蔽」四字，則注文不可通矣。《道應篇》「令尹子佩請飲莊王，莊王許諾。子佩具於强臺，莊王不往。明日子佩跣揖北面，立於殿下」云云，各本脱「子佩具於强臺」至「明日」十二字，則上下文不可通矣。《氾論篇》：「故馬免人於難者，其死也葬之，以帷爲衾；牛有德於人者，其死也葬之，以大車之箱爲薦。」各本「葬之」下脱「以帷爲衾」四字，「牛」下脱「有德於人者」五字，「葬」下脱「之」字，「大車」下脱「之箱」二字，則文不成義矣。《説山篇》：「魄問於魂曰：『道何以爲體？』曰：『以無有爲體。』魄曰：『無有有形乎？』魂曰：『無有。』魄曰：『無有何得而聞也。』」各本「何得而聞」上脱「魄曰無有」四字，則上下文不可通矣。「一淵不兩蛟，一棲不兩雄，一則定，兩則争」，高注云：「以日、月不得竝明，一國不可兩君也。」各本脱「一棲不兩雄」以下十一字，又脱去注文，則「一淵不兩蛟」句孤立無耦矣。《説林篇》：「或謂冢，或謂隴；或謂笠，或謂簦，名異實同也。頭蝨與空木之瑟，名同實異也。」各本脱「名異實同也」五字，則義不可通矣。《人閒篇》：「魯君聞陽虎失，大怒，問所出之門，使有司拘之。以爲傷者戰鬭者也，不傷者爲縱之者。傷者受大賞，而不傷者被重罪。」各本脱「傷者戰鬭」至「縱之者」十三字，則上下文不可通矣。「夫上仕者，先避患而後就利，先遠辱而後求名。太宰子朱之見終始微矣」。「仕」與「士」同。各本「仕」上脱「上」字，「先避」下又脱「患而後就利」至「太宰子朱」十六字，則上下文不可通矣。「請與公僇力一志，悉率徒屬，而必以滅其家。其夜，乃攻虞氏，大滅其家」。各本脱「其夜」以下十字，則敘事未畢，且與上文「虞氏以亡」句不相應矣。

有誤而兼脱者。《原道篇》「輕車良馬，勁策利錣」，高注：「策，箠也。錣，箠末之箴也。『錣』讀『焫燭』之『焫』。」錣，竹劣反。焫，如劣反。《藏》本「錣」誤作「鍛」，注文誤作「策，箠也。末之感也。『鍛』讀『炳燭』之『炳』」，則義不可通矣。

有正文誤入注者。《主術篇》：「故善建者不拔，言建之無形也。」此引《老子》而釋其義也。各本「言建之無形也」六字皆誤作注文矣。《説林篇》：「疾雷破石，陰陽相薄，自然之勢。」各本「自然之勢」四字誤入注，則上二句爲不了語矣。「行者思於道，而居者夢於牀，慈母吟於燕，適子懷於荆，精相往來也」。各本「精相往來也」五字亦誤入注矣。

有注文誤入正文者。《道應篇》：「田鳩往見楚王，楚王甚説之，予以節，使於秦。至，因見惠王而説之。」高解「予以節」云：「予之將軍之節。」各本此六字誤入正文「因見」之下、「惠王」之上，則文不成義矣。《人閒篇》：「非其事者勿仞也，非其名者勿就也，無功而富貴者勿居也。」高解「非其名者勿就」云：「無故有顯名者勿處也。」而各本此九字皆誤入正文矣。

有錯簡者。《天文篇》：「陽氣勝，則日脩而夜短；陰氣勝，則日短而夜脩。其加丣酉，則陰陽分，日夜平矣。」各本「其加丣酉」三句錯簡在下文「帝張四維，運之以斗」一節之下，則既與上文隔絶，又與下文不相比附矣。

有因誤而致誤者。《俶真篇》：「昧昧楙楙，皆欲離其童蒙之心，而覺視於天地之閒。」「楙」讀若「懋」。高注云：「楙楙，欲所知之貌也。」「昧昧」、「楙楙」，一聲之轉。各本「楙楙」誤作「晽晽」，字書所無也，而楊氏《古音餘》乃於《侵韻》收入「晽」字，引《淮南子》「昧昧晽晽」矣。《主術篇》：「夫寸生於𥝩，𥝩生於日。」「𥝩」與「秒」同。秒，禾芒也。各本「𥝩」誤爲「𥡴」，字書所無也，而吴氏《字彙補》乃於《禾部》收入「𥡴」字，音「粟」，引《淮南子》「寸生於𥡴」矣。《齊俗篇》「夫蝦蟇爲鶉，水蠆爲蟌」，高注：「蟌，蜻蛉也。」隸書「蟌」字或作「𧍯」，因誤而爲「蟋」，字書所無也。「蟌」讀若「蔥」。「蔥」字俗書作「葱」，校書者記「葱」字於「蟌」字之旁，因誤而爲「苾」，傳寫者又以「苾」字誤入正文，故「水蠆爲蟌」，各本皆誤作「水蠆爲蟋苾」。後人又爲之音，曰「音矛」、「音務」，皆不知何據。而《字彙補》遂於《虫部》收入「蟋」字，音「矛」；又於《艸部》「苾」字下注云「音務」，引《淮南子》「水蠆爲蟋苾」矣。「譬若水之下流，熛之上尋也」。熛，讀若「熛」，火飛也。「熛之上尋」，猶言火之上尋。各本「熛」誤作「煙」，而《藝文類聚》引此亦作「煙」，且在《火部》「煙」下，則唐初本已誤矣。《兵略篇》「推其摿摿，擠其揭揭」，高注：「摿摿，欲仆也。揭揭，欲拔也。」「摿」，古「搖」字。因其欲仆而推之，故曰「推其搖搖」。隸書「摿」字或作「搖」，各本遂誤作「搶」，字書所無也，而《古音餘》乃於《侵韻》收入「搶」字，引《淮南子》「推其搶搶」矣。《說山篇》「弊箄甑瓾」，高注：「瓾，甑帶。『瓾』讀鼃黽之『鼃』也。」「鼃」皆從「圭」聲，故讀「瓾」如「鼃」。各本「瓾」誤作「⿰埶瓦」，字書所無也。高注「鼃黽之鼃」又誤作「鼃黽之黽」，而《古音餘》遂於《梗韻》收入「⿰埶瓦」字，引高注「『⿰埶瓦』讀『鼃黽』之『黽』」矣。《說林篇》「遽契其舟⿰木范」，高注：「⿰木范，船弦板。『⿰木范』讀如《左傳》襄王出居鄭地氾之『氾』也。」「范」與「危」草書相似，故各本「⿰木范」字皆作「桅」，而《古音餘》遂於《陷韻》收入「桅」字，引《淮南子》「遽契其舟桅」，音「氾」矣。

有不審文義而妄改者。《原道篇》：「乘雷車，六雲蜺。」謂以雲蜺爲六馬也。後人不曉「六」字之義，遂改「六雲蜺」爲「入雲蜺」矣。《主術篇》：「夫華騮、綠耳，一日而至千里，然其使之搏兔，不如狼契。」契，公八反。狼、契，皆犬名也。後人不知「狼契」爲何物，而改爲「豺狼」，其失甚矣。《齊俗篇》：「故六騏驥、四駃騠，以濟江、河，不若窾木便者，處勢然也。」窾木謂舟也。古者謂所居之地曰處勢。言乘良馬濟江河，不若乘舟之便者，處勢使然也。後人不識古義，而改「處勢」爲「處世」，其失甚矣。《道應篇》：「故莊子曰：『朝秀不知晦朔。』」高注：「朝秀，朝生暮死之蟲也。」後人依今本《莊子》改爲「朝菌」，不知《淮南》自作「朝秀」，不得據彼以改此也。《脩務篇》：「夫亭歷冬生而人曰冬死，死者衆；薺麥夏死而人曰夏生，生者衆。」亭歷、薺麥皆冬生夏死，故互言之。後人不知「亭歷」爲何物，而改爲「橘柚」，其失甚矣。

有因字不習見而妄改者。《齊俗篇》：「故伊尹之興土功也，脩脛者使之跖钁。」钁，讀若「華」，臿也。跖，蹋也。故高注云：「長脛以蹋插者，使入深也。」後人不識「钁」字，而改「钁」爲「钁」，不知钁爲大鉏，鉏以手揮，不以足蹋也。《説山篇》：「視日者眩，聽雷者聵。」聵，女江反，耳中聲也。後人不識「聵」字，而改「聵」爲「聾」，其失甚矣。

有不識假借之字而妄改者。《道應篇》：「跖之徒問跖曰：『盜亦有道乎？』跖曰：『奚適其有道也。』」「適」讀曰「啻」。言奚啻有道而已哉，乃聖、勇、義、仁、智五者皆備也。後人不知「適」與「啻」同，而誤讀爲適齊適楚之「適」，遂改「有道」爲「無道」矣。

有不審文義而妄加者。《覽冥篇》：「夫燧取火於日，方諸取露於月。」夫燧，陽燧也。故高注曰：「『夫』讀大夫之『夫』。」後人乃誤以「夫」爲語詞，而於「燧」上加「陽」字矣。《氾論篇》：「故使陳成常、鴟夷子皮得成其難。」後人於「陳成」下加「田」字，而不知「田」即「陳」

也。「今不知道者，見柔懦者侵，則務爲剛毅，見剛毅者亡，則務於柔懦」。「於」亦「爲」也。而後人又於「於」下加「爲」字矣。《人閒篇》：「曉然自以爲智存亡之樞機，禍福之門户。」「智」即「知」字也。「曉然」以下十六字連讀。後人不識古字，而讀「曉然自以爲智」絶句，又於「智」下加「知」字以聯屬下文。各本「然」字又誤在「自」字下，則更不可讀矣。「故善鄙同，誹譽在俗；趨舍同，逆順在君」。此言善鄙同，而或誹或譽者，俗使然也；趨舍同，而或逆或順者，君使然也。後人不達，乃於兩「同」字上加兩「不」字，則意相反矣。「越王句踐一決獄不辜，援龍淵而切其股，血流至足，以自罰也，而戰武必死」。戰武，戰士也。「必」與「畢」同。言戰士皆致死也。《淮南》一書通謂「士」爲「武」。後人不達，又於「武」下加「士」字，「必」下加「其」字矣。

有不識假借之字而妄加者。《本經篇》：「異貴賤，差賢不，經誹譽，行賞罰。」「賢不」，即賢否也。後人不知「不」爲「否」之借字，遂於「不」下加「肖」字矣。《泰族篇》：「天地之性物也有本末。」「性物」，即生物也。後人不知「性」爲「生」之借字，乃於「天地之性」下加「也」字，又於「物也」上加「天地之生」四字，其失甚矣。

有妄加字而失其句讀者。《泰族篇》「趙政不增其德而累其高，故滅；知伯不行仁義而務廣地，故亡。句《國語》曰」云云。後人誤以「故亡國」絶句，遂於「國」上加「其」字矣。

《要略》曰：「進退左右，無所擊危。」「危」與「詭」同。詭，戾也。《主術篇》曰「舉動廢置，無所擊戾」，意與此同。劉績不解「無所擊危」之義，而於「無所」下加「失」字，讀「無所失」絶句，而以「擊危」下屬爲句，其失甚矣。

有妄加數字至二十餘字者。《天文篇》：「天有九野、五星、八風、五官、五府。」此先舉其綱，而下文乃陳其目。後人於「八風」下加「二十八宿」四字，又於注内列入二十八宿之名，而不知皆下文所無也。又下文「星分度」一節，乃紀二十八宿分度之多寡，非紀二十八宿之名。後人不察，又於其末加「凡二十八宿也」六字，斯爲謬矣。「太陰在寅，朱鳥在卯，句陳在子，元武在戌，白虎在酉」。後人於此下加「蒼龍在辰」四字，而不知「蒼龍」即「太陰」也。《泰族篇》：「天地之道極則反，盈則損。」後人於「天地之道」上加「故《易》之失也卦，《書》之失也敷，《樂》之失也淫，《詩》之失也辟，《禮》之失也責，《春秋》之失也刺」六句，此取《詮言篇》文而增改之也，不知下文自有「《易》之失鬼，《樂》之失淫，《詩》之失愚，《書》之失拘，《禮》之失忮，《春秋》之失訾」六句，若先加此六句，則文既重出而義復參差矣。「河以逶蛇，故能遠；山以陵遲，故能高；道以優游，故能化」。此以河之逶蛇、山之陵遲，諭道之優游也。後人於「道以優游」句上加入「陰陽無爲故能和」七字，則與「逶蛇」、「陵遲」、「優游」之義，咸不相比附矣。

有不審文義而妄刪者。《道應篇》：「敖幼而好游，至長不渝解。」「渝解」，猶懈怠也。後人不知其義，遂以「至長不渝」絶句，而刪去「解」字矣。《人閒篇》：「城中力已盡，糧食匱，武大夫病。」武大夫，士大夫也。《淮南》書謂「士」爲「武」，後人不達，遂刪去「武」字矣。

有不識假借之字而妄刪者。《人閒篇》：「此何遽不能爲福乎！」「能」讀曰「乃」。言何遽不乃爲福也。後人不知「能」與「乃」同，遂刪去「能」字矣。

有不識假借之字而顛倒其文者。《人閒篇》「國危不而安，患結不而解，何謂貴智？」「而」讀曰「能」。言危不能安，患不能解，則無爲貴智也。後人不知「而」與「能」同，遂改爲「國危而不安，患結而不解」矣。

有失其句讀而妄移注文者。《説山篇》：「無言而神者，載無也。有言則傷其神句之神者，鼻之所以息，耳之所以聽。」高解「有言則傷其神」，云：「道賤有言而多反有言，故曰『傷其神』。」據此，則當以「則傷其神」絶句，其「之神者」三字，乃起下之詞。之，此也。言此神者鼻之所以息，耳之所以聽也。後人誤以「則傷其神之神者」爲句，而移注文於「之神者」下，則上下文皆不可讀矣。

有既誤而又妄改者。《氾論篇》：「使人之相去也，若玉之與石，葵之與莧，則論人易矣。」玉與石、葵與莧，皆不相似，故易辨也。俗書「葵」字作「葵」，「美」字作「羙」，「葵」之上半與「美」相似，因誤而爲「美」。後人又改爲「美之與惡」，則不知爲何物矣。《人閒篇》：「嘳然而歎。」「嘳然」，即喟然。隸書「賁」字或作「責」，形與「貴」相似，故「嘳」誤爲「噴」，而後人遂改爲「憤」矣。《脩務篇》：『明鏡之始下型，矇然未見形容。及其扢以玄錫，摩以白旃，則鬢眉微毛，可得而察。』「扢」讀若「槩」。高注云：「扢，摩。」《藏》本正文「扢」字誤作「粉」，注文「扢」字又誤作「於」，劉本又改「於摩」爲「摩磨」，則誤之又誤矣。《泰族篇》：「搢昒而朝天下。」「搢」與「插」同。「昒」與「曶」同，古「笏」字也。插笏，搢笏也。隸書「搢」字或作「搢」，形與「挺」相似，故《藏》本「搢」字誤爲「挺」，「昒」字又誤爲「肭」。朱東光本改「挺肭」爲「搢笏」，義則是而文則非矣。「聘納而取婦，冠絻而親迎」。俗書「冠」字作「𠖌」，與「初」字相似，故《藏》本「冠絻」誤爲「初絻」，而劉本又改爲「紱絻」矣。

有因誤字而誤改者。《道應篇》：「孔子亦可謂知化矣。」「知化」，謂知事理之變化也。「化」誤爲「礼」，而後人遂改爲「禮」矣。《詮言篇》：「自身以上至於荒芒，亦遠矣；自死而天地無窮，亦滔矣。」兩「亦」字皆誤爲「尒」，而後人遂改爲「爾」矣。

有既誤而又妄加者。《俶真篇》：「雲臺之高，墮者折脊碎腦，而蟁蝱適足以翾。」翾，許緣反，小飛也。「翾」誤爲「翺」，後人遂於「翺」下加「翔」字，不知蟁蝱之飛可謂之翾，不可謂之翺翔也。《覽冥篇》「治日月之行，律陰陽之氣」，高注：「律，度也。」此三字傳寫誤在

「律」字之下、「陰陽」之上，以致隔絶上下文義。後人遂以「律」字上屬爲句，而於「陰陽」上加「治」字矣。《主術篇》：「不智而辯慧懁給，則乘驥而或。」「懁」與「儇」同。「或」與「惑」同。高注云：「不智之人，辯慧懁給，不知所裁之，猶乘驥而或，不知所詣也。」懁，佞也。傳寫以「懁」誤爲「懷」，「乘」誤爲「棄」，「或」誤爲「式」，後人又於「式」上加「不」字，則文不成義矣。《人閒篇》：「孫叔敖病且死。」「且」字因與「病」字相連而誤爲「疽」，後人以下文「謂其子曰」云云，乃未死以前之事，故又於「死」上加「將」字，而不知「疽」爲「且」之誤。且，即將也。

有既誤而又妄删者。《主術篇》：「堯、舜、禹、湯、文、武，皆坦然南面而王天下焉。」《藏》本作「王皆坦然天下而南面焉」，顛倒不成文理。劉本又删去「王」字，則誤之又誤矣。《人閒篇》：「或直於辭而不周於事者，或虧於耳以忤於心而合於實者。」「周」亦「合」也，謂不合於事也。隸書「周」與「害」相似，故《藏》本「周」誤爲「害」，而劉績不達，遂於「害」上删「不」字矣。下文曰「此所謂直於辭而不周於事者也」，即承此文言之。傳寫誤爲「不用於事」，而後人又改爲「不可用」矣。

有既脱而又妄加者。《主術篇》：「是故十圍之木，持千鈞之屋；五寸之鍵，而制開闔。」《藏》本脱「而」字，劉績不能補正，又於「制開闔」下加「之門」二字矣。《詮言篇》：「故中心常恬漠，不累其德。」「累」讀「負累」之「累」。傳寫脱去「不」字，後人又誤以「累」爲「累積」之「累」，遂於「累」下加「積」字矣。

有既脱而又妄删者。《天文篇》：「天地之偏氣，怒者爲風；天地之合氣，和者爲雨。」《藏》本上句脱「地」字，劉本又删去下句「天」字，則是以風屬天、雨屬地，其失甚矣。

有既衍而又妄加者。《氾論篇》：「履天子之籍，造劉氏之冠。」「冠」上誤衍「貌」字，後人遂於「籍」上加「圖」字，以與「貌冠」相對，而不知「圖籍」不可以言履也。

有既衍而又妄删者。《主術篇》：「主道員者，運轉而無端，化育如神，虚無因循，常後而不先也。臣道方者，論是而處當，爲事先倡，守職分明，以立成功也。」《藏》本「臣道方者」作「臣道員者運轉而無方者」。以上十字，《藏》本原文。其「員者運轉而無」六字，乃涉上文而衍。劉績又讀「臣道員者」爲句，「運轉而無方」爲句，而於「方」下删「者」字，則誤之又誤矣。

有既誤而又改注文者。《原道篇》「夫蘋樹根於水」，高注：「蘋，大萍也。」正文「蘋」字誤作「萍」，後人遂改注文之「蘋大萍」爲「萍大蘋」，以從已誤之正文矣。

有既誤而又增注文者。《俶真篇》「辯解連環，辭潤玉石」，高注：「潤，澤也。」正文「辭」字涉注文而誤爲「澤」，後人又於注文「潤，澤也」上加一「澤」字，以從已誤之正文矣。《精神篇》：「故覺而若眯，生而若死。」「眯」讀若「米」。高注：「眯，厭也。楚人謂厭爲眯。」「厭」，即今「魘」字。傳寫以「眯」誤作「昧」，後人遂誤讀爲暗昧之「昧」，而於注内加「暗也」二字矣。《説山篇》「人不小覺，不大迷」，高注：「小覺不能通道，故大迷也。」兩「小覺」竝誤爲「小學」，後人又於注文「小學」下加「不博」二字，以牽合正文矣。《泰族篇》「故因則大，作則細矣」，高注：「能循則必大也，欲作則小矣。」古「作」字爲「㑅」，形與「化」相似，因誤爲「化」，後人又於注文「欲作」上加「化而」二字矣。

有既誤而又移注文者。《地形篇》曰：「天地之閒，九州八柱。」下文曰：「八紘之外，乃有八極。」高注：「八極，八方之極也。」正文「八柱」誤爲「八極」，而後人遂移「八極」之注於前，以從已誤之正文矣。《道應篇》「輪扁斲輪於堂下」，高注：「輪扁，人名。」正文「輪扁」誤爲「輪人」，而後人遂移注文於下文「輪扁曰」云云之下矣。《詮言篇》「蘇秦善説而亡身」，高注：「蘇秦死於齊也。」正文「亡身」誤爲「亡國」，後人又移注文於「亡」字之下、「國」字之上，則是以「亡」字絶句，而以已誤之「國」字下屬爲句，其失甚矣。

有既改而又改注文者。《原道篇》「干越生葛絺」，高注：「干，吴也。」劉本改「干越」爲「于越」，并改高注，而不知「于」之不可訓爲「吴」也。「九疑之南，民人劗髮文身，以像鱗蟲」。「劗」讀若「鑽」，又讀若「攢」。高注：「劗，翦也。」後人不識「劗」字，遂改「劗髮」爲「被髮」，并改高注，而不知「被」之不可訓爲「翦」也。「聖人處之，不爲愁悴怨慰」。「怨」讀爲「苑」。苑、慰，皆病也。故高注云：「慰，病也。」後人改「怨慰」爲「怨懟」，并改高注，而不知「懟」之不可訓爲「病」也。《地形篇》「夸父耴耳」，高注：「『耴』讀『褶衣』之『褶』。」後人改「耴耳」爲「耽耳」，并改高注，而不知「耽」之不可讀爲「褶」也。《氾論篇》「周棄作稼穡」，高注：「周棄，后稷也。」後人改正文「周棄」爲「后稷」，又改注文爲「稷，周棄也」。斯爲謬矣。《兵略篇》「西包巴蜀，東裹郯邳」，高注：「巴、蜀、郯、邳，地名。」後人改「邳」爲「淮」，并改高注，而不知「淮」乃水名，非地名也。「伐橪棗而爲矜」。橪，而善反。高注：「橪棗，酸棗也。」後人不識「橪」字，遂改「橪」爲「棘」，并改高注，而不知「棘」非「酸棗」也。

有既改而復增注文者。《道應篇》「吾與汗漫期於九垓之上」，高注：「九垓，九天也。」後人改「之上」爲「之外」，又於注文「九天」下加「之外」二字矣。《詮言篇》「三關交争，以義爲制者，心也」，高注：「三關，謂食、視、聽。」後人改「三關」爲「三官」，又於注文「三關」上加「三官」二字，其失甚矣。

有既改而復删注文者。《時則篇》「迎歲於西郊」，高注：「迎歲，迎秋也。」後人依《月令》改「迎歲」爲「迎秋」，又删去注文矣。《繆稱篇》「甯戚擊牛角而歌，桓公舉以爲大田」，高注：「大田，田官也。」後人改「大田」爲「大政」，又删去注文矣。《詮言篇》「奎無所監，謂之狂生」，高注：「𡒤，持也。所監者非元德，故爲狂生。『𡒤』，古『握』字也。」後人改「𡒤」爲「持」，又改注文之「𡒤，持也」爲「持無所監」，并删去「『𡒤』，古『握』字也」五字矣。《泰[一]族篇》「故張瑟者，小弦絙，而大弦緩」，高注：「絙，急也。」後人依《文子》改「絙」爲「急」，又删去注文矣。

有既脱且誤而又妄增者。《人閒篇》：「故黄帝亡其玄珠，使離朱攫剟索之。」攫，搏也。「剟」與「掇」同，拾也。故高注云：「攫剟善於搏拾物。」《藏》本正文脱「攫」字，注文作「剟搏善拾於物」，脱誤不成文理。劉績不達，乃於正文「剟」上加「捷」字，斯爲謬矣。

有既誤且改而又改注文者。《俶真篇》「蓶扈炫煌」，高注：「『蓶』讀曰『唯』。『扈』讀曰『户』。」《藏》本「蓶」誤作「藿」，「扈」誤作「蔰」，注文誤作「『蔰』讀曰『扈』」。劉績不能釐正，又改「藿」爲「萑」，并改高注，而不知「萑」之不可讀爲「唯」也。「譬若周雲之蘢蓯遼巢，彭薄而爲雨」，高注：「彭薄，蕰積貌也。」《藏》本「彭薄」誤爲「彭湋」，劉績又改爲「彭濞」，并改高注，而不知「彭濞」乃水聲，非雲氣蕰積之貌也。《兵略篇》「夫栝淇衞箘簵，載以銀錫，雖有薄高之幨、腐荷之櫓，然猶不能獨穿也」，高注：「櫓，大盾也。」案：腐荷之櫓不能穿，謂

[一] 泰，原作「秦」，據《國學基本叢書》本改。

矢不能穿盾也。傳寫以「櫓」誤爲「矰」，矰，即矢也，則義不可通。後人不知「矰」爲「櫓」之誤，乃改「不能獨穿」爲「不能獨射」，以牽合「矰」字，又改注文之「櫓，大盾也」爲「矰，猶矢也」，以牽合正文，甚矣其謬也。

有既誤且衍而又妄加注釋者。《兵略篇》：「發如猋風，疾如駭電。」「駭」下衍「龍」字，「電」字又誤作「當」。後人遂讀「疾如駭龍」爲句，而以「當」字屬下讀，且於「駭龍」下妄加注釋矣。

若夫入韻之字，或有譌脱，或經妄改，則其韻遂亡，故有因字誤而失其韻者。《原道篇》：「中能得之，則外能牧之。」「牧」與「得」爲韻。高注：「牧，養也。」各本「牧」誤作「收」，注文又誤作「不養也」，則既失其義，而又失其韻矣。《俶真篇》：「茫茫沆沆，是謂大治。」沆，胡朗反。高注：「『茫』讀王莽之『莽』。『沆』讀『水出沆沆白』之『沆』。」「茫茫」、「沆沆」，疊韻也。各本作「茫茫沈沈」，則非疊韻矣。《兵略篇》：「天化育而無形象，地生長而無計量。渾渾沆沆，孰知其藏。」「渾渾」、「沆沆」，雙聲也。且「沆」與「象」、「量」、「藏」爲韻，各本作「渾渾沉沉」，則既非雙聲，而又失其韻矣。《天文篇》：「秋分雷臧，蟄蟲北鄉。」「臧」，古「藏」字，與「鄉」爲韻。各本「臧」誤作「戒」，則既失其義，而又失其韻矣。《覽冥篇》：「卧倨倨，興盱盱。」「盱」，即「盱」字。高注：「盱盱然視無智巧貌也。」「盱盱」與「倨倨」爲韻，各本「盱盱」作「眄眄」，則既失其義，而又失其韻矣。《齊俗篇》：「夫明鏡便於照形，其於以承食，不如竹箅。」「承」讀爲「烝」，謂烝飯也。箅，博計反。竹箅，所以蔽甑底也。「箅」與「蜧」爲韻，各本「承」誤作「函」，「箅」誤作「簞」，又脱「竹」字，則既失其義，而又失其韻矣。《道應篇》：「西窮窅冥之黨，東關鴻濛之光。」「關」讀曰「貫」。「鴻濛之光」，謂日光也。東方爲日所出，故曰「東貫鴻濛之光」。「光」與「鄉」爲韻，《藏》本「關」誤作「開」，各本「光」字又誤作「先」，則既失其義，而又失其韻矣。「於是乃去其瞀而載之朮，解其劒而帶之笏。」高注：「朮，鷸鳥冠也。知天文者冠鷸。」「朮」即「鷸」之借字，與「笏」爲韻，各本「朮」誤作「木」，注文「鷸」字又誤作「鶩」，則既失其義，而又失其韻矣。《詮言篇》：「動有章則訶，行有迹則議。」「訶」，謂相譏訶也。「訶」與「議」爲韻。隸書「訶」字或作「訶」，因誤而爲「詞」，則既失其義，而又失其韻矣。「大寒地坼水凝，火弗爲衰其熱，大暑爍石流金，火弗爲益其烈」。「熱」與「烈」爲韻。各本「熱」、「暑」二字互誤，則既失其義，而又失其韻矣。《兵略篇》：「是謂至旍，窈窈冥冥，孰知其情？」「旍」即「旌旗」之「旌」。「旌」與「精」古字通。至旌者，至精也。「旌」與「冥」、「情」爲韻。各本「旍」誤爲「於」，則既失其義，而又失其韻矣。《説山篇》：「髡屯犂牛，既科以橢。」橢，他果反，與「羈」、「犧」、「河」爲韻。高注云：「科無角，橢無尾。」俗從牛作「犐[illegible]」，又誤而爲「犐[illegible]」，則失其韻矣。

有因字脱而失其韻者。《原道篇》：「故矢不若繳，繳不若網，網不若無形之像。」「網」與「像」爲韻。各本「繳不若」下脱去四字，則既失其義，而又失其韻矣。《兵略篇》：「同欲相趨，同惡相助。」「同欲」、「同惡」，相對爲文。「欲」、「趨」爲韻，「惡」、「助」爲韻。各本「同欲」下脱「相趨」二字，「相助」上脱「同惡」二字，則既失其義，而又失其韻矣。

有因字倒而失其韻者。《原道篇》：「游微霧，鶩忽怳。」「怳」與「往」、「景」、「上」爲韻。各本作「怳忽」，則失其韻矣。「蟠委錯紾，與萬物終始」。「始」與「右」爲韻。各本作「始終」，則失其韻矣。《俶真篇》：「馳於外方，休乎内宇。」「宇」與「野」、「圄」、「雨」、「父」、「女」爲韻。各本作「宇内」，則失其韻矣。《天文篇》：「閉關梁，決罰刑。」「刑」與「城」爲韻。各本作「刑罰」，則失其韻矣。《精神篇》：「視珍寶珠玉猶礫石也。」「石」與「客」、「魄」爲韻。各本作「石礫」，則失其韻矣。《兵略篇》：「不可制迫也，不可量度也。」「度」與「迫」爲韻。各本作「度量」，則失其韻矣。《人間篇》：「蠹啄剖柱梁，蟁䖟走牛羊。」「梁」與「羊」爲韻。各本作「梁柱」，則失其韻矣。

有因句倒而失其韻者。《脩務篇》：「契生於卵，啟生於石。」「石」與「射」爲韻。各本「啟生於石」在「契生於卵」之上，則失其韻矣。

有句倒而又移注文者。《本經篇》：「直道夷險，接徑歷遠。」「遠」與「垣」、「連」、「山」、

「患」爲韻。高注云：「道之陀者，正直之。夷，平也。接，疾也。徑，行也。」傳寫者以「直道」二句上下互易，則失其韻，而後人又互易注文以從之。《文選·謝惠連〈秋懷詩〉》注引《淮南》亦如此，則唐時本已誤矣。

有錯簡而失其韻者。《説山篇》：「山有猛獸，林木爲之不斬；園有螫蟲，藜藿爲之不采。故國有賢臣，折衝千里。」此言國有賢臣，則敵國不敢加兵，亦如山之有猛獸、園之有螫蟲也。各本「故國有賢臣」二句錯簡在下文「形勞則神亂」之下，與此相隔甚遠，而脈絡遂不可尋。且「里」與「采」爲韻，錯簡在後，則失其韻矣。

有改字而失其韻者。《原道篇》「四時爲馬，陰陽爲騶」，高注：「騶，御也。」「騶」與「俱」、「區」、「驟」爲韻。後人依《文子》改「騶」爲「御」，則失其韻矣。《天文篇》：「正月指寅，十一月指子，一歲而帀，終而復始。」「指寅」者，《顓頊曆》所起也，至丑而一帀。指子者，《殷曆》所起也，至亥而一帀。故指寅、指子皆一歲而帀，且「子」與「始」爲韻。後人改「十一月指子」爲「十二月指丑」，則既失其義，而又失其韻矣。《精神篇》：「静則與陰合德，動則與陽同波。」「波」與「化」爲韻。後人依《原道篇》改爲「静則與陰俱閉，動則與陽俱開」，則失其韻矣。《氾論篇》：「其德生而不殺，予而不奪。」「殺」與「奪」爲韻。後人改「殺」爲「辱」，則既失其義，而又失其韻矣。「聖人乃作爲之築土構木，以爲室屋」。此二句以

「木」、「屋」爲韻，下三句以「宇」、「雨」、「暑」爲韻。後人多聞「宫室」，寡聞「室屋」，而改「室屋」爲「宫室」，則失其韻矣。《詮言篇》：「故不爲好，不避醜，遵天之道；不爲始，不專己，循天之理。」「好」、「醜」、「道」爲韻，「始」、「己」、「理」爲韻。後人依《文子》改「好」爲「善」，則失其韻矣。《泰族篇》：「四海之内，一心同歸，背貪鄙而向仁義。」「義」與「和」、「隨」、「靡」爲韻。後人改「仁義」爲「義理」，則失其韻矣。

有改字以合韻而實非韻者。《道應篇》：「攝女知，正女度，神將來舍，德將爲若美，而道將爲女居。惷乎若新生之犢，而無求其故。」此以「度」、「舍」、「居」、「故」爲韻。後人不知「舍」字之入韻，而改「德將爲」三字爲「德將來附」，以與「度」爲韻，則下文「若美」二字，文不成義矣。且古音「度」在御部，「附」在候部，「附」與「度」非韻也。

有改字以合韻而反失其韻者。《説林篇》：「無鄉之社，易爲肉黍；無國之稷，易爲求福。」「社」、「黍」爲韻，「稷」、「福」爲韻。後人不識古音，乃改「肉黍」爲「黍肉」，以與「福」爲韻，而不知「福」字古讀若「偪」，不與「肉」爲韻也。「槁竹有火，弗鑽不爇；土中有水，弗掘不出」。「爇」與「然」同。此以「水」與「火」隔句爲韻，而「鑽」與「爇」、「掘」與「出」則於句中各自爲韻。後人不達，而改「弗掘不出」爲「弗掘無泉」，以與「爇」爲韻，則反失其韻矣。

有改字而失其韻，又改注文者。《精神篇》「五味亂口，使口厲爽」，高注：「厲爽，病傷滋味也。」此是訓「厲」爲「病」，訓「爽」爲「傷」。「爽」字古讀若「霜」，與「明」、「聰」、「揚」爲韻。後人不知，而改「厲爽」爲「爽傷」，又改注文之「厲爽」爲「爽病」，甚矣其謬也。《說林篇》「繡以爲裳則宜，以爲冠則議」，高注：「議，人譏非之也。」「宜」、「議」二字，古音皆在歌部。後人不知，遂改「議」爲「譏」，以與「宜」爲韻，并改高注，而不知「宜」字古讀若「俄」，不與「譏」爲韻也。

有改字而失其韻，又删注文者。《要略》曰：「一羣生之短脩，同九夷之風采。」高注：「風，俗也。采，事也。」「采」與「理」、「始」爲韻。後人改「風采」爲「風氣」，并删去注文，則既失其義，而又失其韻矣。

有加字而失其韻者。《泰族篇》：「至治寬裕，故下不賊；至中復素，故民無匿。」賊，害也。言政寬則不爲民害也。「匿」讀爲「慝」，謂民無姦慝也。「匿」與「賊」爲韻。後人於「賊」上加「相」字，「匿」下加「情」字，則既失其義，而又失其韻矣。

有句讀誤而又加字以失其韻者。《要略》曰：「《精神》者，所以原本人之所由生，而曉寤其形骸九竅。取象於天，句合同其血氣，句與雷霆風雨，句比類其喜怒，句與晝宵寒暑。句」與者，如也。言血氣之相從，如雷霆風雨；喜怒之相反，如晝宵寒暑也。「暑」與「雨」、「怒」爲韻。後人不知「與」之訓爲「如」，而讀「與雷霆風雨比類」爲句，遂於「與晝宵寒暑」

下加「竝明」二字以對之，則既失其句，而又失其韻矣。

有既誤且脱而失其韻者。《泰族篇》：「神農之初作琴也，以歸神杜淫，反其天心。及其衰也，流而不反，淫而好色，至於亡國。」「淫」、「心」爲韻，「色」、「國」爲韻。各本作「神農之初作琴也以歸神，及其淫也，反其天心」，錯謬不成文理，又脱去「及其衰也」以下十六字，則既失其義，而又失其韻矣。

有既誤且倒而失其韻者。《泰族篇》：「天地所包，陰陽所嘔，雨露所濡，以生萬殊。翡翠瑇瑁，瑤碧玉珠，文彩明朗，潤澤若濡。摩而不玩，久而不渝。」「嘔」、「濡」、「殊」、「珠」、「濡」、「渝」爲韻。《藏》本「雨露所濡，以生萬殊」誤作「雨露所以濡生萬物」，「瑤碧玉珠」又誤在「翡翠瑇瑁」之上，則既失其句，而又失其韻矣。

有既誤且改而失其韻者。《覽冥篇》：「田無立禾，路無莎薠，金積折廉，璧襲無嬴。」「嬴」，璧文也，與「禾」、「莎」爲韻。「薠莎」誤爲「莎薠」，後人又改「嬴」爲「理」，則失其韻矣。《道應篇》：「此其下無地而上無天，聽焉無聞，視焉則眴。」「眴」讀曰「眩」，與「天」爲韻。《藏》本「則眴」誤作「無眴」，朱本又改「眴」爲「矚」，則既失其義，而又失其韻矣。

有既誤而又加字以失其韻者。《説林篇》：「予溺者金玉，不若尋常之纆。」纆，讀若「墨」，索也。「纆」與「佩」、「富」爲韻。「纆」誤爲「纏」，後人又於「纏」下加「索」字，則既失其義，而又失其韻矣。

有既脱而又加字以失其韻者。《説山篇》：「詹公之釣，得千歲之鯉。」「鯉」與「止」、「喜」爲韻。「千歲之鯉」上脱「得」字，則文不成義。後人不解其故，而於「千歲之鯉」下加「不能避」三字，則失其韻矣。《脩務篇》：「蘇援世事，分別白黑。」「黑」與「福」、「則」爲韻。「分」下脱「别」字，遂不成句。後人又於「黑」下加「利害」二字，而以「分白黑利害」爲句，則既失其句，而又失其韻矣。

以上六十四事，略舉其端以見例。其餘，則遽數之不能終也。其有譌謬太甚，必須詳説者，具見於本條下，兹不更録，以省緐文。若人所易曉者，則略而不論。嗟乎！學者讀古人書，而不能正其傳寫之誤，又取不誤之文而妄改之，豈非古書之大不幸乎！

至近日武進莊氏所刊《藏》本，實非其舊。其《藏》本是而各本非者，多改從各本。其《藏》本與各本同誤者，一槩不能釐正。更有未曉文義而輒行删改及妄生異説者。竝見各條下。竊恐學者誤以爲《藏》本而從之，則新刻行而舊本愈微，故不得不辯。

高注囊括六蓺，旁通百家，訓詁既詳，音讀尤審，急氣緩氣、閉口籠口諸法，實足補前人所未備。然瑜不揜瑕，亦時有千慮之一失。若《原道篇》：「精通於靈府，與造化者爲人。」人者，偶也。説見本條下。後皆放此。言與造化者爲偶也。高注訓「爲」爲「治」，則誤以

「人」爲人民之「人」矣。《俶真篇》:「人莫鑑於沫雨，而鑑於止水者，以其静也。」「沫雨」乃「流雨」之誤。「流雨」與「止水」相對爲文。而高注乃以「沫雨」爲「雨潦上覆甌」矣。「孔、墨之弟子，皆以仁義之術教導於世。然而不免於傴。句身猶不能行也，又況所教乎」。傴，疲也。謂躬行仁義，而不免於疲也。高以「傴身」二字連讀，而釋之云「傴身，身不見用傴傴然也」，則下文「猶不能行也」五字，文不成義矣。《時則篇》:「夏行冬令格。」「格」讀曰「落」，謂草木零落也。而高注乃讀爲庋閣之「閣」，謂恩澤不下流矣。《覽冥篇》:「夫瞽師庶女，位賤尚葈。」尚，主也。「葈」即麻枲之「枲」。「尚枲」即《周官》之「典枲」。言典枲爲賤官，而瞽師庶女又賤於典枲也。而高注乃以「葈」爲「枲耳」矣。「故東風至而酒湛溢」。「湛」讀曰「淫」，酒淫溢者，東風至而酒爲之加長也。而高乃以「酒湛」二字連讀，而訓爲「清酒」矣。「大衝車，高重壘」。衝車所以攻，重壘所以守也。而高注乃以「重壘」爲「京觀」矣。「廝徒馬圉，軵車奉饟，道路遼遠，霜雪亟集，短褐不完，人羸車弊，泥塗至膝，相攜於道，奮首於路，身枕格而死」。格，胡客反，輓車之横木也。謂困極而仆，身枕輓車之木而死也。高注以「格」爲「搒牀」，則與上文全不相屬矣。《本經篇》:「德交歸焉而莫之充忍也。」「充忍」即「充牣」。牣，滿也。德交歸焉而莫之充滿，所謂大盈若虚也。高乃以「忍也」二字别爲句，而訓「忍」爲「不忍」矣。「木巧之飾，盤紆刻儼，嬴鏤雕琢，詭文回波，淌游瀷減，菱杼紾抱」。菱、杼，皆水草也。「杼」讀曰「芧」，謂三棱也。畫爲菱芧在水波之中，故曰「淌游瀷減，菱杼紾抱」。高注以「杼」爲「采實」。采實即橡栗，斯與菱不類矣。《繆稱篇》：「故唱而不和，意而不戴，中心必有不合者也。」「戴」讀曰「載」。載，行也。言上有其意而不行於下者，誠不足以動之也。故下文曰：「上意而民載，誠中者也。」高訓「意」爲「恚聲」，「戴」爲「嗟」，則與下文不合矣。《道應篇》：「相天下之馬者，若滅若失，句若亡其一。句若此馬者，絶塵弭徹。」高以「若亡」絶句，則「其一」二字，上下無所屬矣。「此《筦子》所謂『鳥飛而準繩』者」。各本誤作「此所謂《筦子》『梟飛而維繩』者」。「準」字俗書作「准」，因誤而爲「維」。高注云「從下繩維之」，則所見本已誤爲「維」矣。《氾論篇》：「昔者齊簡公釋其國家之柄，而專任大臣將相，句攝威擅勢，私門成黨，而公道不行。」「相」與「柄」、「黨」、「行」爲韻。高讀「大臣」絶句，而以「將相」屬下讀，則句法參差，而又失其韻矣。《詮言篇》：「周公殽腝不收於前，鍾鼓不解於縣。」腝，奴低反，有骨醢也。殽，俎實也。腝，豆實也。「殽」、「腝」、「鍾」、「鼓」皆各爲一物。隸書從耎、從需之字多相亂，故「腝」誤爲「臑」，而高注遂以「臑」爲「前肩」矣。《説山篇》：「文公棄荏席，句後黴黑。」黴黑，謂面黑之人也。「棄荏席」一事，「後黴黑」又一事。高乃以六字連讀，而釋之云「棄其卧席之下黴黑者」矣。《脩務篇》説堯、舜、禹、文王、皋陶、契、啟、史皇、羿九人，而總謂之「九賢」，又謂堯、舜、禹、文王、皋陶爲「五聖」，契、啟、史皇、羿爲「四俊」，文義本自明了。祇因「啟生於石」高本誤作「禹生於石」，遂爲之注云「禹母脩己感石而生禹」。而徧考諸書，皆無禹生於石之事，且「九賢」之内無「啟」，則祇有八賢，而「四俊」祇有三俊矣。乃又據上文之「神農」、「堯」、「舜」、「禹」、「湯」，而以「湯」入「五聖」，又據上文「后稷之智」，而以「稷」入「四俊」，不知彼此各不相蒙也。

凡若此者，皆三復本書而申明其義，不敢爲苟同，亦庶幾土壤之增喬嶽，細流之益洪河云爾。

嘉慶廿年，歲在乙亥，季冬之廿日，高郵王念孫書。 旹年七十有二。

顧校《淮南子》各條

歲在庚辰，元和顧澗薲文學，寓書於顧南雅學士，索家大人《讀書雜志》。乃先詒以《淮南雜志》一種，而求其詳識宋本與《道藏》本不同之字，及平日校訂是書之譌，爲家刻所無者，補刻以遺後學。數月書來，果録宋本佳處以示，又示以所訂諸條。其心之細、識之精，實爲近今所罕有。非孰於古書之體例而能以類推者，不能平允如是。家大人既以數年之力，校成《淮南雜志》，而又得文學所校以補而綴之，蓋至是搜剔靡遺矣。今年將補刻所校，爰揚搉之，以爲讀書者法。道光元年二月既望，高郵王引之敘。

原道

「馳要褭」。注：「駟，駕。」宋本注首有此二字，《道藏》本同。新刻本删去，非。顧曰：「馳」疑當作「駟」，故注如此也。《齊俗篇》「駟駃騠」，亦可證。

俶真

「涅，非緇也。青，非藍也」。顧曰：「涅」、「緇」二字，疑當互易，承上文「以涅染緇」，與下句承上文「以藍染青」一例。

「美者，不能濫也」。注：「濫，覦也，或作『監』。不能使之過濫。」顧曰：正文「濫」疑當作「監」。注疑當作「監，覦也，或作『濫』」云云。監，即闞也。《左傳》「闞止」，《韓策》作「監止」。《説文》：「闞，望也。」《華嚴經音義》上引《珠叢》曰：「覦，謂有所冀望也。」「闞」與「覦」同義，而字通作「監」，故曰：「監，覦也。」注兩解，前「監」後「濫」，誤以後解之字爲正文，而又互改其注也。又按：《覽冥篇》「手微忽怳」，注兩解，前「微」後「徵」，而正文作「徵」。又「席羅圖」，注兩解，前「羅」後「蘿」，而正文作「蘿」。《本經篇》「徼大風於青丘之澤」，注兩解，前「徼」後「繳」，而正文作「繳」。皆以後解之字爲正文，其誤與此同也。

天文

「是故火曰外景」。顧曰：「曰」疑當作「日」。

「是故水曰内景」。顧曰：「水曰」疑當作「金水」。《大戴禮·曾子天圓篇》云「故火日外景，而金水内景」，即《淮南子》所本，可證也。高注《精神篇》云「金内景」，蓋又據此而言之。

時則

「毋燒灰」。注：「是月草木未成，不夭物也。」顧曰：「灰」疑當作「炭」。《吕氏春秋》作「炭」，其注與此略同。季秋，草木黄落，乃伐薪爲炭。高意蓋據之而言也。是其證也。「灰」字蓋依《月令》改耳。

「執弓操矢以獵」。注：「以取禽也。」顧曰：「獵」疑當作「射」。注「取」，亦疑當作「射」。《吕氏春秋》作「射」，注作「以射禽也」，是其證也。《月令》作「獵」，鄭注云：「今《月令》獵爲射。」考《淮南子》及《吕氏春秋》，每有與今《月令》同者，然則改「射」爲「獵」，誤。

「是月命太祝禱祀神位，占龜策」。顧曰：「神位占」三字疑衍。《吕氏春秋》「祝」作「卜」，「祀」作「祠」，無「神位占」三字。注云：「故命太卜禱祠龜策。」《月令》作「命太史釁龜策」，鄭注云：「今《月令》曰『釁祠』，『祠』，衍字。」皆可證無此三字。

精神

「子求行年五十有四」。顧曰：「求」疑當作「永」。《莊子·大宗師》釋文載崔譔引此作「子永」，是其證矣。《抱朴子外篇·博喻》云「子永歎天倫之偉」，亦作「永」字。

「而萬物不繁兆萌牙卵胎而不成者」。顧曰：上「不」字疑當作「之」，與下文「草木之句萌銜華戴實而死者」一例。

主術

「必參五行之陰考以觀其歸」。顧曰：「行之」二字疑衍。「參五陰考」四字連讀，與下句「竝用周聽」四字對文也。《要略》「《主術》者」云云，「考之參伍」，即此。「五」、「伍」同字。是其明證。

「匡牀蒻席」。注：「匡，安也。蒻，細也。」顧曰：「蒻」疑當作「弱」，故注如此也。注「蒻」疑亦「弱」之誤。《詮言篇》云「筐牀袵席」，注云「袵，柔弱也」，可證此「弱」字之不從艸，蓋後人因他書多言「蒻席」而改之。彼「匡」作「筐」，高不更解，疑當同此作「匡」。又「袵」字高解爲「柔弱」，疑當作「荏」，亦後人因他書多言「袵席」而改之。

「堯、舜、禹、湯、武」。宋本如此，各本「武」上有「文」字，非。顧曰：「禹」疑當作「與」。上文但有「堯」、「舜」、「湯」、「武」，而無「禹」也。引之按：「禹」，衍字。後人習聞「堯、舜、禹、湯」而誤增之也。《吕氏春秋·自知篇》作「堯、舜、湯、武」，是其證。

繆稱

「非以偕情也」。顧曰：「偕」，疑當作「偝」。「偝」、「背」同字。

氾論

「故魏兩用樓翟、吴起而亡西河」。注：「魏文侯任樓翟、吴起，不用他賢。秦伐，喪其西河之地。」顧曰：正文「吴起」二字疑衍。《韓非子·難一》云「魏兩用樓、翟而亡西河，楚兩用昭、景而亡鄢郢」，《淮南》此文所本也。「樓、翟」二人與「昭、景」二人對文，所謂「兩用」也，不得更有「吴起」甚明。樓、翟二人者，以《戰國策》考之，樓爲樓庳，翟爲翟强。《魏策》云：「魏王之所用者，樓庳、翟强也。」又云：「翟强欲合齊、秦外楚以輕樓庳，樓庳欲合秦、楚外齊以輕翟强。」又云：「鼻之與强，「鼻」、「庳」同字。猶晉人之與楚人也。」故《韓非子》謂之「争事而外市」，《韓非子》舊注云：「樓緩、翟璜也。」臆説甚誤。正「兩用而亡西河」之證矣。其事蓋在襄王時。注「魏文侯」云云，疑皆非高誘元文也。解「魏」爲「魏文侯」，其誤一；解「樓翟」爲一人姓名，其誤二；解「兩用」爲「不用他賢」，其誤三，皆不可通。蓋後來妄改，而高注云何，已不可復知矣。唯《吕氏春秋·長見》《觀表》二篇皆載吴起守西河之外，王錯譖之於魏武侯，吴起果去魏入楚。有閒，西河畢入秦。然仍於「兩用樓、翟，争事外市」全不相當，非《韓非子》及此之證也。

詮言

「不知利害嗜慾也」。顧曰：「嗜」疑當作「者」。「不知利害者」，與下文「以義爲制者」一例。「慾也」二字另爲句，承「衆人勝欲」，「欲」、「慾」同字。與下文「心也」承「聖人勝心」一例。

兵略

「與飄飄往，與忽忽來，莫知其所之；與條出，與閒入，莫知其所集」。顧曰：「飄飄」、「忽忽」，疑皆不當重，「條」疑當作「倏」，「閒」疑當作「闇」。「飄」「忽」、「倏」「闇」，皆同義。《荀子·議兵篇》「善用兵者感忽悠闇，莫知其所從出」，《新序》作「奄忽」。「倏」即「悠」也，「闇」即「奄」也。楊倞注「感忽、悠闇，皆謂倏忽之閒也」是矣，又云「悠闇，遠視不分辨之貌」則非。「飄往」、「忽來」與「倏出」、「闇入」對文。

說山

「小馬非大馬之類也，小知非大知之類也」。注：「小馬不可以進道致千里，故得與大馬同類。」宋本注如此，《道藏》本同。各本「得」上有「不」字，非。顧曰：上「非」字疑衍。注「不」字疑當作「亦」。此言小馬爲大馬之類，而小知則非大知之類也。《呂氏春秋・別類篇》「小方，大方之類也；小馬，大馬之類也。小智，非大智之類也」，是其證。

人閒

「西屬流沙，北擊遼水，東結朝鮮」。顧曰：「擊」疑當作「繫」。《史記》所謂「屬之遼東」也。「屬」、「繫」、「結」，皆同義。楊子《法言・淵騫篇》「起臨洮，擊遼水」，誤與此同。

「夫徐偃王爲義而滅，燕子噲行仁而亡」。顧曰：「義」、「仁」二字，疑當互易。下文「仁、義、儒、墨」，即依此爲次。

「而四君獨以仁、義、儒、墨而亡者」。顧曰：此承上文「滅亡」、「削殘」言之，不須又言「亡」矣。「而亡」二字，疑出後人所加。

「非仁義儒墨不行」。顧曰：「不」下疑當有「可」字。

泰族

「師延爲平公鼓朝歌北鄙之音」。顧曰：「延」疑當依注作「涓」。《韓非子・十過篇》《史記・樂書》《論衡・紀妖篇》竝作「涓」。《原道篇》注兩見：一「延」、「涓」互易，一誤「涓」爲「延」，與此正文同，皆非。

要略

「原道之心，合三王之風」。顧曰：「道」下疑當有「德」字，與下句對文也。《精神篇》「深原道德之意」，亦可證。

《淮南子》宋本未誤者各條

弟一卷

「欲宊之心亡於中」。宋本「宊」未誤「寅」。

弟三卷

「積陰之寒氣者爲水」。宋本「者」字未脱。

「十二月指子」。宋本「子」未誤「丑」。

弟四卷

「決眦」。宋本「眦」未誤「朏」。

「寒冰之所積也」。宋本「冰」未誤「水」。

「牡土之氣」。宋本「牡」未誤「壯」。

弟五卷

「以索姦人」。宋本「索」未誤「塞」。

弟七卷

「則是合而生時于心也」。宋本「于」未誤「干」。

「輕舉獨往」。宋本「往」未誤「住」。

弟八卷

「太清之治也」。宋本「治」未誤「始」。

弟九卷

「采椽不斲」。宋本「斲」未誤「斷」。

「夫據榦而窺井底」。宋本「榦」未誤「除」。

「而不足者逮於用」。宋本「逮」未誤「建」。

「知饒饉有餘不足之數」。宋本「饒」未誤「饑」。

弟十卷

「故君子懼失義」。宋本「義」上未衍「仁」字。

弟十一卷

「故不爲三年之喪」。注：「三年之喪始於武王。」宋本「始」字未誤入正文。

「而刀如新剖硎」。宋本「硎」字未脱。《道藏》本亦未脱，但分爲「刑石」二字而誤入注中。

「處勢然也」。宋本「勢」未誤「世」。

「是由發其原」。宋本「是由」未誤倒。

弟十三卷

「石乞入曰」。注：「石乞，白公之黨也。」宋本「乞」皆未誤「乙」。

「在其内而忘其外」。宋本上「其」字未脱。

「楚軍恐取吾頭」。宋本「軍」未誤「君」。

「於是欿非瞋目敎然」。宋本「瞋」未誤「瞑」。

第十六卷

「夜之不能脩於歲也」。宋本「於」未誤「其」。

「故寒者顫」。宋本「者」字未脱。

第十七卷

「罶者舉之」。宋本「罶」未誤「罜」。

「不若尋常之纆索」。注：「故曰『不如尋常之纆索』。」宋本「纆」皆未誤「纏」。

「或善爲故」。宋本「善」未誤「惡」。

「賊心亡止」。宋本「亡止」二字未誤合而爲「㠯」字。

第十八卷

「無爲貴智」。宋本「智」下未衍「伯」字。

「今君欲爲霸王者也」。宋本「君」未誤「王」。

「聖人見之蚤」。宋本「蚤」未誤「密」。

「居隱爲蔽」。宋本「居」字未誤在「隱」下。

弟十九卷

「欣若七日不食」。宋本「若」未誤「然」。

「无不憛悇癢心」。宋本「憛」未誤「憚」。

弟廿卷

「雨露所濡以生萬物」。宋本「濡以」未誤倒。

「與鬼神合靈」。宋本「與」字未脱。

「而卵剖於陵」。宋本「剖」未誤「割」。

「挺誯而朝天下」。宋本「誯」未誤「朒」。

弟廿一卷

「禹身執虆臿」。宋本「臿」未誤「垂」。

《淮南子》宋本之異者各條

第一卷

「而大與宇宙之總。」《道藏》本無「與」字。

「大道坦坦」至「往而復反」。注：「近謂身也。」此一節在「能存之此」上。今本在「迫則能應」上。《道藏》本無此四句及注。引之按：「能存之此，其德不虧」，上承「沕穆無窮」以下八句，所謂「穆忞隱閔，純德獨存」也，中間不得有此四句。「迫則能應，感則能動」，上承「湫漻寂寞，爲天下梟，所謂寂然不動，感而遂通也」，中間亦不得有此四句。且《文子·道原篇》「大道坦坦，去身不遠，求之遠者，往而復反」，《自然篇》「夫道，可親不可疎，可近不可遠，求之遠者，往而復反」，蓋言道不在遠，往求於遠，必將無所得而復反也。今乃云「求之近者，往而復反」，則義不可通矣。正文及注皆後人妄加，當以《藏》本爲是。

第四卷

「西方有刑殘之尸」。《道藏》本「刑」作「形」。

第七卷

「千枝萬葉，莫得不隨也」。《道藏》本無「得」字。引之按：《繆稱篇》「辟若伐樹而引其本，千枝萬葉則莫得弗從也」，與此同義，當有「得」字。

「吾安知夫刺灸而欲生者之非或也」，又第九卷「智者不可或也」，又第十三卷「論事如此，豈不或哉」，又第十八卷「虞公或於璧与馬」。《道藏》本「或」竝作「惑」。引之按：此淺人不知「或」爲「惑」之假借而改之也。惟《氾論篇》「故劒工或劒之似莫邪者」，尚未改。

「視毛牆、西施」，又第十九卷「今夫毛牆、西施」。《道藏》本「牆」竝作「嬙」。引之按：《說文》無「嬙」字。

「故儒者非能使人弗欲也，欲而能止之；非能使人勿樂也，樂而能禁之」。《道藏》本上無「也欲」二字，下無「也樂」二字。

弟八卷

「推移而无故」。《道藏》本無「移」字。

弟九卷

「東至湯谷」。《道藏》本「湯」作「暘」。引之按：此淺人以《堯典》改之也。惟《説林篇》「日出湯谷」未改。

「還反報曰：『蘧伯玉爲相。』」《道藏》本無「反」字。

「少力而不能勝也」。《道藏》本「少力」作「力少」。

「是故臣盡力死節以與君計，君垂爵以與臣市」。《道藏》本「市」作「是」。

「无小大脩短，皆得其所宜」。《道藏》本「皆」作「各」，無「所」字。引之按：上「无」下「皆」，文義相應，不當作「各」。

「堯、舜、禹、湯、武」。《道藏》本「武」上有「文」字。引之按：「文」字衍，上文不言「文王」。「禹」字亦衍，辯見前。

第十卷

「斯顔害儀」。《道藏》本「顔」作「頭」。引之按：「顔」乃「頭」之譌。斯頭，即斯須也。

第十一卷

「固有所宜也」，又第十七卷「固謂之斷」。《道藏》本「固」竝作「故」。

第十二卷

「吾問道於無窮，無窮曰：『吾弗知之。』」《道藏》本不重「無窮」二字。

「國家之福」。《道藏》本無「家」字。

「國人皆知殺戮之制專在子罕也」。《道藏》本「制專」作「專制」。

「枉則正」。《道藏》本「正」作「直」。引之按：此淺人以今本《老子》改之也。唐傅奕校定古本《老子》及《邢州龍興觀碑》，竝作「枉則正」，見王氏《金石萃編》。與「窪則盈」、「敝則新」爲韵。古音「正」、「盈」在耕部，「新」在真部。《周易》《管子》《老子》《莊子》《楚詞》，多以二部合韵。然則《淮南》所引作「正」，乃《老子》原文，未可以今本改之也。

「非以無私」。《道藏》本「以」下有「其」字，「私」下有「邪」字。

「無所不極」。《道藏》本「極」作「及」。引之按：《爾雅》：「極，至也。」淺人不知，而改爲「及」。

「馳騁於天下之至堅」。《道藏》本無「於」字。引之按：於，猶乎也，夫也。淺人不知而删之，非是。惟《原道篇》「馳騁於天下之至堅」尚未删。

「今日將教子以秋駕」。《道藏》本無「將」字。

「其政惛惛」。《道藏》本「惛惛」作「悶悶」。引之按：此淺人以今本《老子》改之也。不知《淮南子》所引不必與今本同。

弟十三卷

「今時之人」。《道藏》本「時之」作「之時」。

「舜無植錐之地」。《道藏》本「植」作「置」。又弟十四卷「一植一廢」。《道藏》本「植」作「值」。

第十四卷

「少則昌狂」。《道藏》本「昌」作「猖」。引之按：《説文》無「猖」字，古但作「昌」。《漢書·趙充國傳》：「先零昌狂。」

「時去我走」。《道藏》本「走」作「先」。

第十五卷

「扤泰山」。《道藏》本「扤」作「抗」。引之按：《小雅·正月篇》毛傳曰：「扤，動也。」言泰山爲之摇動也。「扤」與「抗」相似，世人多見「抗」，少見「扤」，故「扤」譌爲「抗」矣。

「前朱鳥」。《道藏》本「鳥」作「雀」。引之按：高注正作「朱鳥」。《天文篇》兩言「朱鳥」，皆作「鳥」，無作「雀」者。

第十六卷

「故有所善，則有不善矣」。《道藏》本無下「有」字。

弟十七卷

「故小快害大利」。《道藏》本「快」下有「而」字。引之按：「而」字因上句而衍。

弟十八卷

「然而戴冠履屨者」。《道藏》本「戴」作「冠」。

弟十九卷

「作爲雲梯之械」。《道藏》本無「爲」字。

「務之可趣也」。《道藏》本無「之」字。

弟廿卷

「四時千乘」。《道藏》本「乘」作「乖」。

「其於以監觀」。《道藏》本「於」作「所」。

弟廿一卷

「静精神之感動」。《道藏》本無「静」字。

「作爲炮格之刑」。《道藏》本「格」作「烙」。引之按：此《吕氏春秋·過理篇》所謂「肉圃爲格」也。後人多改「炮格」爲「炮烙」。段氏若膺嘗正其誤。見盧氏《鍾山札記》。《齊俗篇》「炮烙生乎熱斗」，亦當作「炮格」。

漢隸拾遺

張鉉 點校

漢隸拾遺序

余曩未講求金石文字，家藏漢隸亦甚少。前官運河道時，友人以漢碑拓本相贈。余因於殘闕剥落之中推求字畫，凡宋以後諸家所已及者略之，有其字而未之及與誤指爲佗字者補之。凡二十五事，名曰《漢隸拾遺》。蓋當時目尚未衰，故注視久之，亦能得其一二，今則并此而不能矣。益以見讀碑之時，適當力能讀之時，爲可幸也。兒子引之請以付梓，因綴數語以質於當世之通金石文字者。道光十一年三月二十一日高郵王念孫敘，旹年八十有八。

漢隸拾遺

三公山碑

右《三公山碑》，元初四年立，字在篆隸之閒，無額，今在正定府元氏縣城外野陂上。是碑出於乾隆甲午年，翁氏覃谿《兩漢金石記》、黄氏小松《小蓬萊閣金石文字》及趙氏晉齋《跋》釋之已詳。閒有未安者，别而論之。弟三行「蝗旱鬲□」。「鬲」下一字翁作「我」，黄作「并」。黄云：「按《漢書》安帝時，尚書僕射陳忠上書云：『隔并屢臻。』當是『鬲并』二字。」念孫案：黄説是也。《管子》《漢書》、漢碑多以「鬲」爲「隔」。李賢注《陳忠傳》云：「隔并，謂水旱不節也。」又《順帝紀》云：「政失厥和，陰陽隔并。」《郎顗傳》云：「歲無隔并，太平可待。」《陳蕃傳》云：「并隔水旱之困。」「并隔」猶「隔并」也。又《翟酺傳》注引《益都耆舊傳》云：「詔問酺，陰陽失序，水旱隔并。」《參同契》亦云：「湯遭戹際，水旱隔并。」是漢人多有「隔并」之語。《劉瑜傳》云：「天地之性，陰陽正紀，隔絶其道，則水旱爲并。」此説「隔并」二字之義最明。蓋水旱不節，皆謂之隔并。此云「蝗旱鬲并」，則專指旱災言之。「并」字碑文本作「𢦏」，故與「我」字相似，黄氏改書作「𢍏」，則非其原文矣。弟四行「乃𣎵道要」，本祖其原」。翁、黄皆以「𣎵」爲「来」字。案：「乃来道要」義不可通，王氏蘭泉《金石萃編》改爲「乃來道叟」，亦非。此字碑文本作「𣎵」，其首筆作曲形，自右而左，與上文「由是之来」作「来」者不同。「𣎵」即「求」字，謂求道之要，而本祖其原也。《斥彰長田君斷碑》「究届道要」，義與此同。「求」字篆文作「𣐩」，隸作「求」，又變而爲「𣎵」，與「来」字相似而不同。此碑字體在篆、隸之閒，故作「𣎵」。《張遷碑》「紀行求本」，「求」字作「来」，是其證。《吕刑》「惟貨惟來」，馬融本「來」作「求」，注云：「求，有求請賕也。」蓋漢律有受賕之條，即經所云「惟貨」也。又有聽請之條，即經所云「惟求」也。二者相因，故馬注云云，以兼釋「惟貨惟求」之義。「求」字傳寫作「𣎵」，故與「来」字相似，而某氏《傳》遂訓爲「往來」之「來」，失之矣。「求」、「來」二字，書傳多互譌。《管子·任法篇》「富人用金玉事主而求焉」，《小稱篇》「以求美名」，今本「求」字皆譌作「來」。《孟子·離婁篇》「舍館定，然後來見長者乎」，《史記·李斯傳》「來丕豹公孫支於晉」，今本「來」字又皆譌作「求」。《隸釋》所載《成陽靈臺碑》云：「厥後堯來祖統，慶都告以河龍。」《碑》陰云：「來索忠良。」揆其文義，皆本是「求」字。而洪氏不言與「求」同，則直以爲「來」字矣。今世所傳雙鉤本，亦作「堯來祖統」，蓋自宋以降，不復知「𣎵」爲「求」之異文，故傳寫皆作「来」也。

開母廟石闕銘

右《開母廟石闕銘》，延光二年立。篆書有二層，下層前有題名十二行，其銘詞則上下各廿四行，在河南府登封縣北十里。

題名弟一行，諸家皆未之見，中有「二月」二字。弟二行之末，乃「潁川郡陽」四字。「川」上一字已泐，以《漢志》考之，知是「潁」字。弟三行之首乃「城縣」二字，「城」字已泐，「縣」字右邊泐，左邊缺，連上行讀之，則爲「潁川郡陽城縣」也。「縣」下一字是「爲」字，右邊微缺，翁氏《兩漢金石記》以此爲「縣」字，非也。弟四行之首是「治」字，右邊已泐，左邊「氵」字尚存其末，連上行讀之，則爲「爲去聲開母廟興治神道闕」，《少室石闕銘》亦云「興治神道」矣。弟五行之首乃是「京兆」二字，「京」字上半已泐，但存下半，「兆」字作「兆」，尚分明。連上行讀之，則爲「大守京兆朱寵」，已見《大室石闕銘》。漢碑題名，固有書郡不書縣者，《禮器碑》有「京兆劉安初」，尤其明證也。武氏虛谷《授堂金石跋》謂是「杜陵」二字，則非其原文矣。

銘詞前十二行，皆以四字爲句。弟一行「□□□□防百川」，弟一字是「昔字」，下半已泐，而上半分明。弟三弟四是「共工」二字，「共」字雖模糊而可辨，「工」字分明。「防」上一字是「範」字，上半「竹」字模糊，而下半「軋」字分明。弟二行「□□□原」，「原」上一字是

「其」字，雖模糊而可辨。案《周語》曰「昔共工虞于湛樂，淫失其身，欲壅防百川，墮高湮庳，以害天下。其在有虞，有崇伯鯀，播其淫心，稱遂共工之過」，韋注曰：「稱，舉也。舉遂共工之過，謂障洪水也。」即此所云「昔□共工，範防百川，柏鯀稱遂，□□其原也」。弟三行「□□□功」，弟一字是「禹」字，下半模糊而上半分明。此説禹治水之事，故曰：「禹□□功，疏河寫玄。」水色黑，故曰「玄」也。弟四行「□□□文」，弟一字是「咸」字，上半「戊」字分明，唯「口」字模糊。弟三字是「無」字，篆作「𣞤」，上半雖模糊而下半「林」字可辨。合觀之，乃是「咸秩無文」四字。弟二字雖泐，然在「咸」與「無文」之閒，其爲「秩」字無疑。此言洪水既平而祀典畢舉也。《雒誥》曰「咸秩無文」，謂不在禮文者，皆秩次而祀之。「九山甄旅」、「咸秩無文」皆用《尚書》之文，猶言「望于山川，徧于羣神」耳。「爰納□山，辛癸之閒」，「山」上一字是「塗」字，雖字首稍泐，而大段分明。即《臯陶謨》所云「娶于塗山，辛壬癸甲」也。弟五行「同心濟□」，「濟」下一字篆作「𨼹」，讀爲「艱阸」之「阸」。《説文》：「𨼹，烏懈切。陋也。從𨸏，𦗃聲。𦗃，籀文「嗌」字。」籀文作「隘」，碑則省「𨼹」爲「𨼹」，又借爲「艱阸」之「阸」，字或作「阨」。言啟母與禹同心，以濟阸運也。崔瑗《司隸校尉箴》曰：「以濟難阨。」《魏都賦》曰：「能濟其阸。」弟六行「□□□正」，「正」，古文「正」字，與上「民」下「秦」爲韻，漢人多以真、庚通用也。「杞繒漸替」，王氏蘭泉《金石萃編》曰：「『繒』與『鄫』同。鄫亦姒姓之國，慨禹後之衰，故云『杞鄫漸替』，其爲借用字無疑。王、翁皆誤爲『繒』字，王且於『繒』下注云：疑即『檜』字。何其疏歟！」案：蘭泉説是也。凡《左傳》「鄫」字，《穀梁傳》皆作「繒」。又《周語》云「杞繒由大姒」，《魏策》云「繒恃齊以悍越」，《史記・夏本紀贊》云「禹後有杞氏、繒氏」，《漢書・地理志》云「東海郡，繒故國，禹後」，皆其證矣。《左傳・哀八年》「鄫人漚菅」，《考工記・㡛氏》注引作「繒人渥菅」，是鄭所見《左傳》亦作「繒」也。弟七行「□□□亨」，「亨」上是「聖漢禋」三字，「聖漢」二字雖模糊而可辨，「禋」字左邊尚存，右邊「垔」字上半模糊而下半分明。「亨」即「享」字。《周語》曰：「精意以享，禋也。」漢立啟母廟而祀之，故曰「聖漢禋亨，於茲馮神」也。兩漢人奏疏及漢碑中多稱「聖漢」。弟八行「□祥符瑞」，弟一字，葉氏井叔《嵩陽石刻記》、王氏虛舟《題跋》竝以爲「貞」字，翁氏以爲「原」字。案：碑文作「⿸厂貝」，乃「貞」字，非「原」字。「貞祥」即「禎祥」也。作「⿸厂貝」者，篆體小異耳。「靈支梃生」，「支」與「枝」同，即下文所云「木連理」也。而葉、王、翁皆以「靈支」爲「靈芝」，誤矣。《廣韻》「支」在五「支」，「芝」在七「之」，今音雖若近似，而古音絶不相通，故從支、從之之字古無通用者。此非精於三代兩漢之音者，不能辨也。弟九行「□□□化」，「化」上一字是「鬻」字，上半模糊而下半分明。「鬻」與「育」同。育化者，生化也。《樂記》「毛者孕鬻」，鄭注曰：「鬻，生也。」唯陰陽爲能生化，故曰「□□鬻化，陰陽穆清」也。弟十行「□□□□」，弟四字是「盈」字，上半多泐而下半分明。景氏説嵩以爲「盌」字，非也。「盌」爲古「寧」字，上從宀、從心。今碑文上半「夃」字仍存其尾，明是「盈」字，非「盌」字。「興雲降雨，□□□盈」，言膏澤滿盈也。弟十一行「相□我君」，「相」下一字葉、王以爲「宥」字，翁以爲「肩」字。案「相肩我君」，文不成義。碑文作「庯」，明是「宥」字，非「肩」字，但右邊稍泐耳。「宥」即「祐」字也。《管子·侈靡篇》「擇天之所宥，擇鬼之所富」，「宥」與「祐」同，「富」與「福」同。今本「天」下衍「下」字，「富」字又譌作「當」，辯見《管子》。《漢書·禮樂志》「神若宥之」，師古曰：「宥，祐也。」故曰「福禄來彶，相宥我君」，「相」、「宥」皆「助」也。

「自重曰」以下皆六字爲句，而剥蝕更甚於前。弟廿行「□□□□□化」，「化」上一字上半已泐，而下半尚可辨。葉氏以爲「慕」字，是也。黄氏《中州金石攷》誤以爲「恭」字。此言四夷慕化而來朝，故下句云「咸來王而會朝」也。「慕」上一字是「而」字，與下句「而」字對文，字雖糢糊而可辨。弟廿一行「□□□□静」，「静」上是「其清」二字，「其」字糢糊而可辨。「清」字上半糢糊下半分明。「其清静」三字，正與下句「其脩治」對文也。「九域尐其脩治」，翁云：「『尐』字，顧、王二家俱闕未録。案《説文》：『尐，子結切。少也。讀若輟。』正當援是銘以詁義爾。」案「九域少其脩治」，義不可通。余謂「尐」讀爲「九有有截」之「截」，《玉篇》《廣韻》《廣雅》音「尐」字竝音子列切。「尐」、「截」聲相近，故字亦相通。謂九域之内截然脩治也。作「尐」

者，假借字耳。《大雅・常武篇》「截彼淮浦」，毛傳曰：「截，治也。」《商頌・長發篇》「海外有截」，鄭箋曰：「截，整齊也。四海之外率服，截爾整齊。」正義引王肅云：「截然整齊而治。」下文「九有有截」，箋曰：「九州齊一截然。」皆謂治也。《玄鳥篇》「奄有九有」，《韓詩》作「九域」，見《文選・册魏公九錫文》注。則「九有有截」，《韓詩》亦必作「九域」。《魯語》「共工氏之伯九有也」，韋注：「有，域也。」《漢書・律曆志》引《祭典》曰：「共工氏伯九域。」「域」、「有」古同聲而通用，説見《釋詞》。故曰「九域截其脩治」，義本《韓詩》也。《晉書・樂志・四廂樂歌》曰「九域有截」，是其明證矣。弟廿二行「□□□□□福」，「福」上一字是「祈」字，其左「示」右「斤」之末尚分明。此言祀啟母以祈福，故下句即云「祀聖母虖山隅」也。弟廿三行「神□亨而飴格」，「亨」上是「禋」字，字雖模糊而可辨。「禋亨」二字，已見上文。精意以享，則神降之福，故曰「神禋亨而飴格，釐我后以萬祺」也。

北海相景君銘

右《北海相景君銘》，漢安二年立，并陰俱八分書，篆額在濟寧州儒學中。弟五行「根道核蓺」。「核」與「荄」同，《漢書・五行志》「孕毓根核」，師古曰「核亦荄字」是也。《漢隸字原》《隸辨》於《入聲二十一麥》「核」字下引此文，則誤讀爲「果核」之「核」矣。弟七行「辨秩東衍」。「辨秩」即《堯典》之「平秩」也。《周官・馮相氏》注「仲春辨秩東作」，疏云：「據《書傳》而言。」「衍」讀曰「埏」。《集韻》云：「埏，方也。」「辨秩東衍」，猶言「平秩東方」耳。「衍」字古讀若「延」，故與「埏」通。《周官・大祝》「衍祭」、《男巫》「望祀、望衍」，鄭注竝讀爲「延」。《唐風・椒聊篇》「蕃衍盈升」，《一切經音義》十九引作「蕃延」。弟九行「鴞梟不鳴」。「鴞」與「鴟」同，《隸釋》《漢隸字原》「鴞」字竝誤作「鴞」，唯《隸辨》不誤。「梟」字上從鳥，《隸釋》《隸辨》從俗作「梟」，誤也。《説文》：「梟，不孝鳥也。日至，捕梟磔之。從鳥在木上。」俗省作「梟」。俗書「鳧」字作「鳬」，「島」字作「島」，誤與此同。傳寫《説文》者因誤爲「梟」，後人不知，又改其注爲「從鳥頭在木上」，以牽合已誤之篆文，謬矣。俗書「梟」字，其上半「鳥」形已具，但無足耳，何云「鳥頭在木上」乎？《説文》「梟」字在《木部》，《玉篇》以「梟」是鳥名，遂改入《鳥部》，是《玉篇》「梟」字亦從鳥也，而今本《玉篇》亦誤爲「梟」。《廣韻》以下竝同。張參《五經文字》説此字云：「從鳥在木上，隸省。」據此，則《説文》「梟」字本從「鳥」，而注内本無「頭」字明矣。今經傳中「梟」字皆從俗作「梟」，唯此碑作「梟」，中閒四點分明，與《説文》「從鳥在木上」之解相合，足證《五經文字》之不謬。而《隸釋》《隸辨》復誤作「梟」，若非此碑至今尚在，誰能正其失乎？陽湖孫氏淵如云：「縣首於木上謂之梟首，故梟字從鳥頭在木上。」念孫案：「梟首」字本作「県」，從到首，今借梟鳥字爲之，非其本字也。日至捕梟，磔之木上，故其字從鳥在木上，非謂縣其首於木上也，何得云鳥頭在木上乎？孫又謂從鳥在木上，則是「巢」字，非「梟」字。案：

《說文》「鳥在木上曰巢」,「在穴曰窠」,此釋其義,非釋其字也。若釋其字,則下從木而上象巢形。故《說文》云:「巢,從木,象形。」謂象鳥巢在木上之形,非謂「從鳥在木上」也。且「巢」爲象形之字,故云「從木,象形」。「梟」爲會意之字,故云「從鳥在木上」,豈得謂「從鳥在木上」,即是「巢」字乎? 第十二行「歔欷賈絶,奄忽不过」,「不」下當是「遲」字,其右邊「犀」字之末二筆尚存。奄忽,疾貌也。《商頌·長發》傳云:「不遲,言疾也。」《說文》:「溘,奄忽也。」「奄忽不遲」,猶今人言溘逝也。「遲」與「危」、「回」、「摧」、「歸」、「哀」、「佪」、「褱」爲韻,於古音正協,或以爲「違」字,於義疏矣。 第十四行「大命□期,寔惟天□」,諦審碑文,「天」下是「授」字,與下文「就」、「留」爲韻,上文云「于何穹倉,布命授期,有生有死,天寔爲之」,是其證也。

碑陰上列弟十四行「平壽淳于闓」。「闓」即「闓」字。隸書「豆」字或省去上畫,如《張遷碑》「豎」字作「豎」,石經《尚書》殘碑「於戲」字作「戲」是也。《隸續》《隸辨》直書作「闓」,則非其原字矣。 中列弟十一行「營陵力遲」。「力」即「力」字。《廣韻》「力」字注云:「又姓,黄帝佐力牧之後。」隸書「力」字或從篆作「力」。 録此碑者或作「多遲」,非也。古有力姓,無多姓,諦視碑文,明是「力」字,非「多」字也。

敦煌長史武斑碑

右《敦煌長史武斑碑》，建和元年二月立，并額俱八分書，在濟寧州嘉祥縣武氏祠中。弟六行「追昔劉向、辯、賈之徒」。「辯」即「班」字也。《外黄令高彪碑》亦云：「章文𥜥袘，類乎斑賈。」「班」、「斑」、「辯」古字通。《荀子·君道篇》「善班治人者也」，《韓詩外傳》「班」作「辯」。字亦作「辨」，《士虞禮記》「明日以其班祔」，鄭注：「古文班或爲辨。」

司隸校尉楊涣石門頌

右《司隸校尉楊涣石門頌》，建和二年十一月立，并額俱八分書，在漢中府褒城縣棧道中，磨崖。弟六行「上則縣峻，屈曲流顛。下則入冥，廎寫輸淵」。冥者，深也，言水從高入深也。《豫》上六「冥豫」，釋文引王廙云：「冥，深也。」《爾雅》「冥，幼也」，孫炎本「幼」作「窈」，注云：「冥，深闇之窈也。」見《小雅·斯干》正義。《太玄·達》初一「中冥獨達」，范望云：「心深稱冥。」《論衡·道虛篇》云：「其書深冥奇怪。」是「冥」與「深」同義。「平阿淙泥，常蔭鮮晏」，「淙」即「泉」，「蔭」即「陰」字。晏，温也。言平阿之地，水泉泥濘，常寒少温也。《小爾雅》云：「晏，陽也。」《呂氏春秋·誣徒篇》云：「心若晏陰，喜怒無處。」《太玄·踦贊》云「凍登赤天，晏入黃泉」，范望云：「凍，至寒也。晏，至熱也。」《漢書・郊祀志》云：「至中山晏温。」《封禪書》「晏」作「曣」。《廣雅》：「曣，煗也。」是古謂温煖爲晏也。《漢隸字原》讀「平阿涼」爲句，《隸辨》讀「涼泥常蔭」爲句，皆失之。弟七行「臨危槍碭」。「槍」音七羊反，「碭」音「唐」。《説文》云：「踢，跌踢也。一曰：槍也。」《廣韻》云：「跌踢，行失正。」「踢」與「碭」通。「惡虫蔽狩」，「狩」與「獸」同。《隸釋》以「蔽」爲「斃」字，非也。「蔽」與「憋」同，《方言》「憋，惡也」，郭璞音方滅反。字亦作「敝」。《後漢書・董卓傳》「敝腸狗態」，李賢云：「言心腸敝惡也。」《續漢書》「敝」作「憋」。「憋」亦「惡」也。「惡虫」、「憋獸」，互文耳。「虵蛭毒蟃」，「蛭」音大結反，字本作「蛈」。《爾雅》「蛈蠆」，郭璞云：「蝮屬，大眼，最有毒，今淮南人呼蠆子。」「蠆」猶「惡」也。「蟃」與「曼」通。《魯頌・閟宮》傳云：「曼，長也。」「虵蛭毒蟃」，言毒長也。《説文》「蛈，蠆也。蛇毒長。今本譌作「蛇惡毒長」也，據《爾雅釋文》所引及《玉篇》注訂正。從長，失聲」，是其證。《隸辨》以「蛭」爲水蛭，又引「蟃」爲螟蛉蟲，皆失之。「未秋截霜，稼苗夭殘」，「截」與「夭札」之「札」聲近而義同。故《釋名》云：「札，截也。氣傷人如有斷截也。」《管子・五行篇》「旱札苗死民厲」，尹知章云：「札，夭死也。」是苗夭死亦謂之札，「札」猶「截」也。故云「未秋截霜，稼苗夭殘」矣。弟十三行「綏億衙彊」。綏、億皆安也。韋注《晉語》云：「億，安也。」「衙」與「禦」同，言能安彊禦之人也。「禦彊」即「彊禦」，倒文協韻耳。弟十五行「揆往卓今」。《廣雅》云：「卓，明也。」言以古知今也。弟十七行「世世嘆誦」。「誦」讀若「容」，與「通」、「廱」、「同」、「功」爲韻。《小雅・節南山篇》「家父作誦」，與「訩」、「邦」爲韻。《楚辭・九辯》「自壓桉而學誦」，與「通」、「從」、「容」爲韻，是其證也。《武榮碑》「萬世諷誦」，亦與「功」、「同」爲韻。弟廿一行「或解高格，下就平易」。「格」即「棧閣」之「閣」。《析里橋郙閣頌》云：「減西□之高閣，就安寧之石道。」意與此同也。《開通褒余道石刻》「始作橋格」，辛李《造橋碑》「棧格陵陵」，竝以「格」爲「閣」。

魯相韓勑造孔廟禮器碑

右《魯相韓勑造孔廟禮器碑》，永壽二年七月立，并碑陰兩側皆八分書，無額，在兖州府曲阜縣孔廟中。弟二行「莫不驩思，嘆卬師鏡」。案：《易是類謀》云「在主驩用」，鄭注云：「驩，庶幾也。」《廣雅》云：「驩，企也。」《文王世子》注引《孝經説》云：「大夫勤於朝，州里驩於邑。」字或作「冀」，又作「覬」，竝同。《隸釋》《漢隸字原》《隸辨》竝以「驩」爲「驥」字，則義不可通矣。弟七行「尊琦大人之意，逴瓕之思」。《漢隸字原》《隸辨》皆以「瓕」爲「彌」字。錢氏辛楣《金石文跋尾》云：「逴瓕即卓爾也。」念孫案：古書「爾」字無通作「瓕」者，婁、顧以「瓕」爲「彌」，是也。漢碑「彌」字多作「瓕」。逴、彌皆遠也。《説文》：「逴，遠也。」字亦作「卓」。《楚辭・九章》云：「道卓遠而日忘。」杜預注哀二十五年《左傳》、薛綜注《西京賦》竝云：「彌，遠也。」此言「逴彌之思」，下言「逴越絶思」，其義一也。弟八行「皇戲統華胥」。錢云：「自『皇戲統華胥』而下五十二句，句皆四言，獨『皇戲』句五言，而『皇』字特跳上一格書之，殊不可解，竊意此字後人妄加。」案：錢說是也。原碑「皇」字出格，至《隸釋》則與各行平列矣。《兩漢金石記》乃謂「皇」字筆法與前後正合，非後人妄加。則是不論行之高下，句之長短，而但以其筆法相似，遂定爲真迹。獨不思此碑「皇」字凡四見，後人固能依放而爲之乎？「皇戲統華胥」，殊爲不詞。且碑中之字上下相距，自有定式，唯「皇戲」二字相距不及四分，與諸字疏密縣殊，則「皇」字爲後人所加無疑。弟十二行「天與厥福，永享牟壽」。「牟壽」，大壽也。《吕氏春秋·謹聽篇》「賢者之道，牟而難知」，高注云：「牟，猶大也。」《太平御覽·工藝部十一》引《淮南》注亦云：「牟，大也。」陳氏子文《金石遺文録》謂「牟壽」即「眉壽」，非是。引之云：弟一行「霜月之靈」，「霜月」即《爾雅》之「七月爲相」也。「霜」、「相」古同聲，故「霜」字以「相」爲聲。《淮南·原道篇》「釣射鷫鷞」，《中山經》注引作「弋釣潚湘」，《太平御覽·地部三十》引作「射釣潚湘」。「潚湘」之爲「鷫鷞」，亦猶「相月」之爲「霜月」矣。「靈」讀爲「令」。《般庚》「弔由靈」，某氏傳云：「靈，善也。」正義以爲《爾雅·釋詁》文，今《爾雅》「靈」作「令」。周《齊侯鎛鍾銘》「霝命難老」，即「令命」。《微繺鼎銘》「永令霝丹」，即「永命令終」。「令」、「霝」、「靈」古同聲而通用。《士冠禮》祝辭云「令月吉日」，又云「以歲之正，以月之令」。「霜月之令，皇極之日」，謂七月五日也。《史晨饗孔廟後碑》云「乃以令日拜謁孔子」，意與此同。《集古録》以霜月爲九月，非是。以九月霜降而謂之霜月，則正月雨水亦可謂之雨月乎？以此紀月，未之前聞也。弟五行「雷洗觴觚，爵鹿柤梪，籩柉禁壺」。趙氏《金石録》云：「所謂鹿者，禮圖不載，莫知爲何器。後見汶陽陳氏所藏古彝爲伏鹿之形，近歲青州獲一器亦全爲鹿形，疑所謂鹿者，亦因其形而名之耳。」《隸釋》云：「柉音凡，木名也，皮可爲索。」《隸辨》云：「柉可爲索，非禮器也。《博雅》：『㿻，杯也。』《集韻》音『凡』，與『柉』同音，或是借『柉』爲『㿻』。」案：碑所陳禮器，皆禮所必用之器，器形似鹿，古無其名，趙説非也。顧以「柉」爲「㿻」，差爲近之。然古祭祀燕饗無用杯者，禮器亦不當有㿻。錢氏穀《校金石録記》云：「射禮有鹿中，爲鹿形，背設圜筩以納算籌。又有乏，如屏風，所以爲獲者御矢。『鹿』即『鹿』中，『柉』恐即『乏』也。」案盛算之器，《鄉射禮》但謂之中，或謂之鹿中，而不謂之鹿。若但謂之鹿，則不知爲何物矣。「雷洗觴觚，爵鹿柤梪，籩柉禁壺」，皆飲酒所用，非射所用，若雜以鹿中與乏，斯爲不倫矣。錢説亦非也。今案：「鹿」即「角」也，「柉」即「豐」也，皆聲之假借。古音「角」與「鹿」同，《周南·麟之趾》以「角」、「族」爲韻，《召南·行露》以「角」、「屋」、「獄」、「足」爲韻，《周頌·良耜》以「角」、「續」爲韻。《喪大記》「寔于緑中」，鄭注云：「緑當爲角，聲之誤也。」《史記·留侯世家》「角里先生」，李濟翁《資暇録》引荀悦《漢紀》作「禄里」。今本《漢紀》作「角里」，乃後人依《史記》改之。「角」、「禄」、「緑」、「鹿」四字，古竝同音，故「角」通作「鹿」。《特牲饋食禮記》「實二爵、二觚、四觶、一角、一散」，鄭注引舊説云：「爵一升，觚二升，觶三升，角四升，散五升。」《禮器》云：「宗廟之祭，貴者獻以爵，賤者獻以散，尊者舉觶，卑者舉角。」是角與爵、觚、觶、散同爲飲器，故碑於「觴觚爵」之下次以「角」也。觴，即觶也。《説文》：「寔曰觴，虚曰觶。」古音「柉」與「豐」相近，鄭注《士喪禮下篇》云：「今文窆爲封。」又注《檀弓》《王制》《曾子問》竝云：「封，當爲窆。」「窆」之爲「封」，亦猶「豐」之爲「柉」也。《説文》：「覂，覆也。從襾，乏聲。方勇切。」《漢書·食貨志》「大命將泛」，孟康曰：「泛，音方勇反，覆也。」「覂」、「泛」從乏聲而音方勇反，亦猶「柉」從乏之聲而讀爲「豐」也。《説文》：「豐，豆之豐滿者也。從豆，象形。」《鄉射禮》「命弟子設豐」，注云：「豐，所以承爵也。形蓋似豆而卑。」《大射儀》「司宮尊於東楹之西，兩方壺，膳尊兩甒在南，有豐」，注云：「豐以承尊也。説者以爲若井鹿盧，其爲字從豆，𧯷聲，近似豆，大而卑矣。」是豐與豆相類，故碑於「梪籩」之下次以「豐」。「豐」或作「柉」字，從木，與「柤梪」之從木同義。豐又可承尊，與棜禁同類，故碑於「豐」下次以「禁」也。

郎中鄭固碑

右《郎中鄭固碑》，延熹元年四月立，八分書，篆額，在濟寧州儒學中。是碑中斷後，遂失其下段，而上段尾復陷入土中，故向來拓本，唯存不全之上段。雍正六年，州人李鶚得下段於泮池旁。乾隆四十三年，其子東琪與定海藍嘉瑄復將上段升高出土，而此碑遂全。弟六行「詔拜郎中，非畁好也」。案：碑内「其」字或作「丌」，或作「甘」。唯此「其」字作上從「由」，亦猶《楊著碑》「基」字之作「𡋯」也。《隸釋》《漢隸字原》《隸辨》皆作「𡋯」，今此碑已亡，而世閒拓本直改「𡋯」爲「基」矣。「畁」者，「其」之借字也。《説文》：「弉，舉也。從廾，音「拱」。由聲。《春秋傳》曰：『晉人或以廣隊，楚人弉之。』」今《春秋傳》「弉」作「惎」。《説文》：「綨，帛蒼艾色。從糸，弉聲。《詩》曰：『縞衣綨巾。』」今《詩》「綨」作「綦」。《廣韻》云：「弉，《説文》音其。」「其」與「弉」同音，故字亦相通。《校官碑》「雅容其閑」，「其」字作「弉」，正與《説文》同。此碑作「畁」，下從丌，音「基」。則與《説文》小異，其實一字也。《隸釋》直書作「其」，則非其原文矣。弟八行「君大男孟子有楊烏之才」。「楊烏」即《法言》所謂「吾家之童烏」也。《問神篇》劉貢父謂子雲本姓揚，從手不從木，據此可以正其謬矣。説見《漢書》。弟十行「昔姬公□武，句弟述其兄。句綜□□，句□□行。句於蔑陋，句猷曷敢忘。句乃刊石，句㠯旌遺芳句」。「於蔑陋」者，「於」音烏，歎詞也。「蔑陋」，謂鄙小也。鄭注《君奭》云：「蔑，小也。」高注《淮南・脩務篇》云：「陋，鄙小也。」《漢書・韋玄成傳》云「於蔑小子」，與此「於蔑陋」同義。「兄」、「行」、「忘」、「芳」爲韻，「兄」讀若「荒」，「行」讀若「杭」。《隸辨》以「行於蔑陋」四字爲句，則既失其義而又失其韻矣。

泰山都尉孔宙碑

右《泰山都尉孔宙碑》，延熹七年七月立，并陰俱八分書，篆額，在曲阜縣孔廟中。弟六行「□□祠兵，遺畔未寧」。「祠兵」即治兵也。《左氏春秋・莊八年》「甲午治兵」，《公羊》作「祠兵」。宙傳嚴氏《春秋》，故書此碑者亦從《公羊》作「祠兵」也。弟十三行「帝賴其勳，民斯是皇」。皇，正也，言民歸於正也。《爾雅》：「皇，匡正也。」《豳風・破斧篇》「四國是皇」，毛傳：「皇，匡也。」引之云：弟十二行「乃綏二縣，黎儀以康」，「黎儀」即《皋陶謨》之「萬邦黎獻」也。某氏傳云：「獻，賢也。」「獻」與「儀」古同聲而通用。《周官・司尊彝》「鬱齊獻酌」，先鄭司農讀「獻」爲「儀」。餘見下。《大誥》之「民獻有十夫」，傳亦訓爲「賢」。而《大傳》作「民儀有十夫」，王莽仿《大誥》亦云「民儀九萬夫」。見《漢書・翟方進傳》。今本「儀」上有「獻」字，後人依《古文尚書》加之也。孟康釋「民儀」云：「民之表儀，謂賢者。」則正文本無「獻」字，辯見《漢書》。凡古文作「獻」者，今文多作「儀」。此碑云「黎儀以康」，《斥彰長田君碑》云「安惠黎儀」，《堂邑令費鳳碑》云「黎儀瘁傷」。漢碑多用《今文尚書》，此三碑皆言「黎儀」，則《皋陶謨》之「黎獻」，今文必作「黎儀」矣。《廣雅》云「儀，賢也」，蓋用今文説也。《隸釋》跋《費鳳碑》，以「黎儀」之「儀」爲「反其旄倪」之「倪」，失之矣。

碑陰上列弟十七行「東郡東武陽⿰月⿱龹二穆」。「⿰月⿱龹二」即「凌」字也。「⿰月⿱龹二」、「凌」二字皆從二，「二」者，「仌」之省文。今俗作「冰」，乃古「凝」字。《説文》：「⿰月⿱龹仌，仌出也。從仌，朕聲。《詩》曰：『内于⿰月⿱龹仌陰。』」「凌」，「⿰月⿱龹仌」或從「夌」，是其證。「⿰月⿱龹仌」隸省作「⿰月⿱龹二」，故《廣雅》云：「⿰月⿱龹二，仌也。」「⿰月⿱龹二」爲「凌」之本字，故凌姓之「凌」，古亦作「⿰月⿱龹二」，此碑之「⿰月⿱龹二穆」是也。《隸釋》《漢隸字原》《隸辨》《兩漢金石記》竝書作「滕」，則以甲代乙矣。

執金吾丞武榮碑

右《執金吾丞武榮碑》，無年月，據碑稱遭桓帝喪卒，則當在建寧改元之初。并額俱八分書，在濟寧州儒學中。弟二行「蘱然高厲」。「蘱然」，高貌也。字亦作「邈」，《楚辭・離騷》「神高馳之邈邈」是也。「厲」亦「高」也。《呂氏春秋・季冬篇》注云：「厲，高也。」《廣雅》同。《皋陶謨》「庶明厲翼」，《史記・夏本紀》作「衆明高翼」。劉歆《遂初賦》云：「天烈烈以厲高兮。」是「厲」與「高」同義。故曰：「蘱然高厲。」弟八行「陵惟哮虎」。「陵」與「棱」同。俗作「稜」。棱，威也。《漢書・李廣傳》「威棱憺乎鄰國」，李奇云：「神靈之威曰棱。」後漢馬棱字伯威，是「棱」與「威」同義。《集韻》「棱」又音「陵」，是「棱」與「陵」同音。故曰：「陵惟哮虎。」言其威棱如哮虎也。《辛李造橋碑》「棧格陵陵」，亦以「陵」爲「棱」。

衛尉卿衡方碑

右《衛尉卿衡方碑》，建寧元年九月立，并額俱八分書，在兖州府汶上縣西南。弟四行「少昌文塞，長以欽明」。案古文《尚書・堯典》「欽明文思安安」，今文「思」作「塞」。《後漢書・和熹鄧后紀》注、《第五倫傳》注、《陳寵傳》注竝引《尚書考靈燿》云：「堯文塞晏晏。」《魏受禪碑》亦云「九德既該，欽明文塞」。又《郅壽傳》注引鄭注《考靈燿》云：「道德純備謂之塞，寬容覆載謂之晏。」緯書皆用今文，故「文思」作「文塞」。漢碑亦多用今文，故與緯書同也。弟十七行「鐫茂伐，祕將來」。伐，功也。祕，告也。言刻石紀功以告來世。《廣韻》曰：「毖，告也。」《酒誥》曰：「厥誥毖庶邦庶士。」言誥告庶邦庶士也。又曰：「女典聽朕毖。」言女常聽朕告也。舊訓「毖」爲「慎」，失之。説見《經義述聞》。《車騎將軍馮緄碑》曰：「刊石表績，以毖來世。」此碑曰：「鐫茂伐，祕將來。」「祕」與「毖」古字通。弟十九行「邊民是鎮」。「鎮」讀平聲，與上下文爲韻。《廣韻》「鎮」字又音陟鄰切。《周官・天府》「凡國之玉鎮」，釋文：「鎮，又音珍。」《周語》「是陽失其所而鎮陰也」，宋庠補音云：「鎮，音珍。」馮衍《顯志賦》「覽聖賢以自鎮」，與「元」、「親」、「神」爲韻。《平都相蔣君碑》「社稷之鎮」，與「銀」、「均」、「年」、「昆」爲韻，皆其證。今高郵人謂壓物曰鎮，聲如珍也。

魯相史晨奏出王家穀祀孔子碑

右《魯相史晨奏出王家穀祀孔子碑》，建寧二年三月立，八分書，無額，在曲阜縣孔廟中。弟七行「脩定禮義」。「義」與「儀」同。古「禮儀」字本作「義」，《説文》：「義，己之威儀也。」《小雅·楚茨篇》「禮儀卒度」，《韓詩》「儀」作「義」。《周官·肆師》「治其禮儀」，故書「儀」作「義」，先鄭司農云：「『義』讀爲『儀』。古者書『儀』但爲『義』，今時所謂『義』爲『誼』。」又《大司徒》「以儀辨等」，《典命》「掌諸侯之五儀」，故書「儀」竝作「義」。《大行人》「掌大賓之禮及大客之儀」，《大戴記·朝事篇》「儀」作「義」。《漢書·禮樂志》「制之禮儀」，《樂記》「儀」作「義」。「禮儀」即《中庸》之「禮儀三百」也。此述孔子正禮樂之事，故曰「脩定禮儀」，非仁、義、禮、智之「義」。

史晨饗孔廟後碑

右《史晨饗孔廟後碑》，八分書，刻於前碑之陰。弟三行「述脩璧廱，社稷品制」。「脩」即「循」字。《説文》：「述，循也。」故云「述循璧廱，社稷品制」。前碑云「臣輒依社稷出王家轂」，「依」亦「循」也。隸書「循」、「脩」二字相似，寫者多亂之。然皆形之誤，非聲之通也。或者不察，遂謂「循」、「脩」二字古通，誤矣。韻書「循」在諄部，「脩」在尤部，尤與諄可通用乎？是碑「循」字左邊作「亻」，乃「彳」字之省。其右邊則仍是「盾」字，但缺末畫耳。而録此碑者皆作「脩」，則直是「脩」字矣。

博陵太守孔彪碑

右《博陵太守孔彪碑》，建寧四年七月立，并陰俱八分書，篆額，在曲阜縣孔廟中。弟二行「皭焉氾而不俗」。「氾」音「氾濫」之「氾」。《方言》云：「氾，洿也。自關而東曰氾。」「洿」與「污」同。《廣雅》云：「氾，污也。」《漢書・王褒傳》云：「水斷蛟龍，陸剸犀革，忽若彗氾畫塗。」彗者，埽也。《後漢書・光武紀》注云：「彗，埽也。」班固《東都賦》云：「戈鋋彗雲，羽旄埽霓。」氾者，污也。謂如以帚埽穢以刀畫泥也。如淳、顔師古以「彗」爲「帚」，「氾」爲「氾灑地」，皆失之。《史記・屈原傳》云：「濯淖污泥之中，蟬蜕於濁穢，以浮游塵埃之外，不獲世之滋垢，皭然泥而不滓。」即此所云「浮斿塵埃之外，皭焉氾而不俗」也。弟四行「遵王之素」。「素」謂成法也。鄭注《士喪禮》云「形法定爲素」，宣十二年《左傳》云「不忝于素」是也。案：《洪範》云「無偏無頗，無偏無黨」，又云「遵王之義」，「遵王之道」，「遵王之路」。此云「無偏無黨，遵王之素」者，約舉《書》詞而小變其文，猶下文言「惇懿允元」耳。或以爲「遵王之路」之異文，非也。《漢書·敘傳》云「遵王之法」，亦是約舉《書》詞也。「薦可黜否」，「否」字原文疑本作「不」。「不」即「否」字也。故經傳多以「不」爲「否」，今碑文作「否」，「口」字甚小，局促於「不」字之下，不成字體，疑後人補刻也。而《隸釋》《漢隸字原》皆作「否」，則南宋時碑文已然矣。弟五行「衹用既平」，此用《易·坎》九五爻辭也。《坎》九五「衹既平」，王注云：「衹，辭也。」釋文：「衹音支。」案「衹」字從氏，與「祇」字不同。「祇」，音「脂」，敬也，字從氏。此兩字一屬《五支》，一屬《六脂》，聲義既殊，而字形亦異。碑文「衹」字已泐，僅餘「八」形，而其字從氏，不從氐，尚灼然可辨。與上文「所在衹肅」之「衹」作「衹」者不同，《隸釋》作「祍」，失之矣。弟九行「去位闔□，以孝竭□。餘暇徲徥，彈琴擊磬。□□之味，而不改其静」。「竭」下疑是「情」字，《禮器》云「竭情盡慎」是也。今「情」字左邊尚隱隱可辨。「磬静」二字，古讀平聲，正與「情」爲韻也。《樂記》「石聲磬」，《史記·樂書》「磬」作「硜」。《易林·升之未濟》云：「荷蕢擊磬，隱世無聲。」晉董京《荅孫楚詩》云：「夫古之至人，藏器於靈。緼袍不能令暖，軒冕不能令榮。動如川之流，静如川之渟。鸚鵡能言，泗濱浮磬。衆人所翫，豈合物情。」是「磬」字古讀平聲。《表記》「文而静」，鄭注云：「静或爲情。」《大戴記·文王官人篇》「飾貌者不情」，《逸周書》「情」作「静」。《六韜·守國篇》云：「春道生，萬物榮。夏道長，萬物成。秋道斂，萬物盈。冬道藏，萬物静。」楊雄《解嘲》云：「爰清爰静，游神之庭。」是「静」字古亦讀平聲。弟十行

「□疾彌流」。「流」與「留」同。《逸周書・謚法篇》云：「彌，久也。」《顧命》云「病日臻，既彌留」是也。弟十一行「羣臣號咷，靡所復逞」。逞者，解也。言悲痛不可解也。《方言》云：「逞，解也。」成元年《左傳》「知難而有備，乃可以逞」，杜注與《方言》同。弟十二行「□是□吏崔□□□王沛等」。「是」上當是「於」字，「吏」上當是「故」字，「於」字左邊尚隱隱可辨也。弟十六行「邈矣不意」。「意」讀入聲，與「惻」、「極」、「息」、「力」爲韻。《明夷・象傳》「獲心意也」，與「食」、「則」、「得」、「息」、「國」爲韻。《楚辭・天問》「何所意焉」，與「極」爲韻。《呂氏春秋・重言篇》「將以定志意也」，與「翼」、「則」爲韻。秦《之罘刻石文》「承順聖意」，與「德」、「服」、「極」、「則」、「式」爲韻，皆其證也。

武都太守李翕西狹頌

右《武都太守李翕西狹頌》，建寧四年六月立，八分書，額有「惠安西表」四篆字，在階州成縣棧道中，磨崖。弟九行「緣崖俾閣」。「俾」與「比」同，言閣相比次也。《小雅・漸漸之石篇》「俾滂沱矣」，《論衡・明雩篇》作「比滂沱矣」。《大雅・皇矣篇》「克順克比」，《樂記》作「克順克俾」，是「比」、「俾」古通用。十四行「鐉燒破析」。「鐉」與「鐫」同，謂燒鑿山石而破析之也。《說文》：「鐫，琢石也。」《淮南・本經篇》「鐫山石」，高注云：「鐫，猶鑿也。」下文云

「鏌山浚瀆」，《天井道碑》云「鏌鎚西坂」，義竝同也。

李翕天井道碑題名

右《李翕天井道碑題名》，建寧五年四月立，八分書，亦在成縣棧道中。今《天井碑》世無拓本，唯題名尚存。翁氏覃谿、趙氏晉齋皆云：「本在《西狹頌》後，而《隸續》誤以爲《天井碑題名》。」余謂《隸續》不誤，請以四證明之。《隸釋》所載《西狹題名》衹有二行，今此碑題名有十二行，較多十行，而《隸續》所載《天井題名》則正是十二行，一也。《隸釋》「西狹題名」是小字，非大字。《隸續・碑式》又云：「《西狹頌》末有小字題名二行，低四字[一]許。」今此碑題名十二行，皆是大字，則非《西狹》之題名矣，二也。《隸釋・西狹題名》弟一行云「丞右扶風陳倉吕國字文寶」，弟二行云「故府掾□□□□孟字□□」，共缺六字。今此碑弟一行與《隸釋》所載同，弟二行則云「門下掾下辨李虔字子行」，與《隸釋》所載異，且一字不缺。而《隸續》所載《天井題名》之弟二行，則正與此同。其與《西狹題名》同者，唯弟一行耳。豈得以一行相同，而即定爲《西狹題名》乎？三也。《西狹題名》小字二行，近世拓碑

[一] 字，原作「寸」，據《隸續》改。

者皆遺之，余家所藏本亦然。然末行之左有殘字一行，則「丞右扶風陳倉吕國字文寶」十一字，皆各存其右半，此行低四格，與前行「六月」之「六」字相平。且是小字，非大字，始知洪氏之言信而有徵。四也。

李翕析里橋郙閣頌

右《李翕析里橋郙閣頌》，建寧五年二月立，并額皆八分書，在漢中府略陽縣棧道中，磨崖。是碑有申如塤重刻本，字甚拙惡，又於缺處妄補五十二字，諸家論之詳矣。此拓本是原刻，非申本也。弟一行「涉秋霖漉」。「霖漉」謂山水下注也。《説文》云：「淋淋，山水下也。」《一切經音義》二引《三倉》云：「淋漉，水下也。」「淋漉」與「霖漉」同。弟二行「漢水逆讓」。《管子·君臣篇》注云：「讓猶拒也。」言漢水暴漲，逆拒谿水，不得下注也。弟三行「郙閣尤甚」。案《廣雅》：「陠，衺也。」曹憲音布乎反，其字從𨸏，甫聲。碑文作「郙」者，移「𨸏」於右耳，非從「邑」也。下文説郙閣之狀云：「緣崖鑿石，處隱定柱。臨深長淵，三百餘丈。」蓋棧閣傾衺不平，因謂之「郙閣」矣。弟四行「處隱定柱」。隱，安也。於安處立柱也。下文云「改解危殆，即便求隱」，「便」、「隱」皆安也。言去危而即安也。故《廣雅》云：「便、隱，安也。」弟十行「醳散關之嶃漯」。「醳」與「釋」同。「漯」即「燥溼」之「溼」也。「沛漯」之

「漯」，《説文》本作「㶟」，隸省作「濕」，又作「漯」。其右邊作「累」者，省「絲」爲「糸」，又變「日」爲「田」耳。《金石文字記》釋此碑「漯」字，引《漢書·功臣表》「濕陰定侯昆邪」，《霍去病傳》《王莽傳》皆作「漯陰」，以證「濕」、「漯」之本爲一字。《兩漢金石記》謂「濕陰」之「濕」音它合反，與「燥溼」之「溼」不同，不當援以爲證。又疑此碑不當以「漯」爲「溼」。今案：「濕」字從水，㬎聲。「㬎」音五合反，而古聲則與「溼」相近。故《説文》「溼」字即從㬎省聲也。凡入聲合部中從合、從及、從立、從集、從㬎之字，古聲皆在緝部。故「溼」從㬎省聲而「原隰」之「隰」亦從㬎聲也。「原隰」之「隰」與「沛濕」之「濕」皆從㬎聲，故「隰」字亦通作「濕」。《漢書·地理志》「西河郡隰成縣」，《王子侯表》作「濕成」。「濕」音它合反，而古聲亦與「溼」相近。故經傳「溼」字多通作「濕」。「濕」與「漯」本是一字，此碑以「漯」爲「溼」，猶經傳之以「濕」爲「溼」也。《漢書·功臣表》「濕沃公士」，「濕」音它合反，《水經注》作「漯沃」。案：此縣爲漯水之所經，故有「漯沃」之名，而《地理志》作「溼沃」，是「溼」、「漯」可以互通。「燥溼」之「溼」通作「漯」，猶「沛漯」之「漯」通作「溼」，無足異也。洪氏筠軒《平津讀碑記》以「漯」爲「㠥」字之借，引《説文》「⿱山絫，⿱山皋也」，「⿱山皋，山形」，《玉篇》「⿱山累，同⿱山絫，力罪切」，爲證。案「嶄」、「巖」、「⿱山累」、「⿱山皋」等字，古無作水旁者。偏考諸書，「漯」字亦無力罪之音。且「嶃」者，平之反；「溼」者，燥之反。故云「醳散關之嶃漯，從朝陽之平燥」，若以「漯」爲「㠥」，則與下句不對矣。弟十五行「□□□樂，行人夷欣」。

「樂」上似是「歡」字，其下半尚隱隱可辨也。弟十六「行川兑之閒」。「川」，古「坤」字。坤在西南方，兑在西方，言其地當二方之閒也。弟十八行「□□救傾兮，全育□遺」。「救傾」上似是「扶跛」二字，其右邊皆隱隱可辨。《説文》：「跛，蹎跛也。」故云「扶跛救傾」。「遺」上是「孑」字，碑文作「孑」，惟左邊殘缺耳。

司隸校尉楊淮銘

右《司隸校尉楊淮銘》，熹平二年二月立，八分書，無額，在褒城縣棧道中，磨崖。弟五行「兄弟功德牟盛」。「兄」即「兄」字也。此碑自「故司隸校尉楊君厥諱淮」至「河南尹」，皆敘楊淮歷官之事。自「伯邳從弟諱弼字穎伯」至「下邳相」，皆敘楊弼歷官之事。此云「兄弟功德牟盛，當究三事，不幸早隕」，乃總承上文而言，故下文云「二君清□，約身自守，俱大司隸孟文之元孫也」。今本《隸續》「兄弟」作「元弟」，乃傳刻之譌。若云「元弟功德牟盛，當究三事」，則是專美楊弼而不及楊淮，無是理也。洪氏《跋》云：「凡稱元子、元兄、元舅之類，皆以長言之，二楊俱曰元孫，猶元士然，以元爲美稱也。」此但釋「元孫」而不及「元弟」，故知今本「元弟」爲傳刻之譌也。而葉氏九苞《金石録補》乃云：「獨悼穎伯未登三公之位而卒，故稱元弟以美之。」謬矣。蓋今拓本「兄」上「口」字右邊一直微缺，而下一横較長，與

「元」字相似。葉氏既爲誤本《隸續》所惑，遂不復細審而爲之説也。

司隸校尉魯峻碑

右《司隸校尉魯峻碑》，熹平二年四月立，并額及碑陰俱八分書，在濟寧州儒學中。弟三行「博覽羣書，無物不栞」。《隸釋》云：「以『栞』爲『看』。」《隸辨》云：「『栞』乃『刊正』之『刊』。」《兩漢金石記》云：「『栞』即『刊』字，猶筆削勘定之義。」念孫案：《廣雅》云：「記、栞、志，識也。」「識」即「多學而識之」之「識」。「博覽羣書，無物不栞」，即《曲禮》所謂「博聞强識」，非謂觀看，亦非謂刊正也。弟八行「躅細舉大，榷然疏發」。「榷然」，猶較然，明貌也。《廣雅》云：「較，明也。」曹憲音「角」。《史記・平津侯主父傳》「較然著明」，索隱云：「較音角。」《漢書・張安世傳》云：「賢不肖較然。」《一切經音義》七云：「較，古文榷，同古學反。」「較然」之爲「榷然」，猶「較崇」之爲「榷崇」，《考工記・輿人》「以其隧之半，爲之較崇」，鄭注：「故書較爲榷。」杜子春云：「當爲較。」釋文：「較，古學反。」「大較」之爲「大榷」，《史記・律書》「世儒闇於大較」，索隱：「較音角。」《續漢書・律曆志》「其可以相傳者，唯大榷常數而已」，「大榷」即「大較」。「辜較」之爲「辜榷」也。《漢書・陳咸傳》「没入辜榷財物」，晉灼注《鄭當時傳》作「辜較」。銘詞云「礧落彰較」，義亦同也。「較」與「較」同。《史記・伯夷傳》「此其尤大彰明較著者也」，「彰明較著」即此所謂「彰較」。「内懷溫潤」，「溫」字作「温」。《説文》：

「溫，從水，𥁕聲。」「𥁕」從皿、從囚。此碑「溫」字右邊作「盁」，其上半即「人」字也，有「人」無「口」音「圍」。者，隸省耳。《隸釋》《漢隸字原》竝作「温」，今本《隸釋》又譌作「溫」，此依明萬曆本。《兩漢金石記》作「溫」，皆非其原文也。唯《隸辨》不誤。弟十七行「晚矣旳旳」。洪云：「旳字易火以日。」案說文：「旳，明也。從日，勺聲。」《小雅・賓之初筵》云：「發彼有的，俗作「的」。以祈爾爵。」然則「旳」字古讀若「勺」，故與「較」、「嬫」、「綽」、「逴」、「虐」、「邈」、「榷」、「悼」、「樂」爲韻。「旳」訓爲「明」，故曰「晚矣旳旳」，非字本作「灼」而易「火」以「日」也。碑陰上列弟一行「河内褢管懿」。「褢」與「懷」同，漢書、漢碑多以「褢」爲「懷」。謂河内郡懷縣也。「褢」字下半微缺而張氏亟齋遂釋爲「夏」字，誤矣。下列弟六行「東郡樂平邢顥□□」，「顥」下一字似「𡖐」字。

武都太守耿勳碑

右《武都太守耿勳碑》，熹平三年四月立，八分書，無額，在成縣棧道中，磨崖。是碑經後人重鑿，頗多謬誤，《兩漢金石記》辯之已詳，其未經重鑿而誤釋者，尚有數字，今具論之。弟三行「壓難和戎，武霝慷慨」。《隸續》作「武慮慷慨」。案此句弟一字右邊已泐，而「武」字在左，則非「武」字也。弟二字亦非「慮」字，諦審碑文，似是「虣虎」二字。「虣」，古「暴」字也。《周官》、漢碑「暴」字多作「虣」。「暴虎慷慨」，喻其赴敵之勇耳。《論語》「暴虎馮河」，亦謂行三軍之事也。弟五行「考績有成，苻莢乃胙」。《兩漢金石記》「莢」字作「茓」，說云：「茓，即筭字。《蕩陰令張遷碑》『八月茓民』，即此字。『苻茓乃胙』者，『胙』即『福祚』之『祚』，古通用也。」念孫案：「苻筭乃祚」，義無所取。且碑文明是「莢」字，非「茓」字也。「苻莢」即「符策」。胙者，賜也。言考績有成，乃賜之以符策，命爲太守也。韋注《齊語》云：「胙，賜也。」隱八年《左傳》「胙之土而命之氏」是也。下文云「天胙顯榮」，義亦同也。弟六行「喜不縱慝，感不戮仁」。《隸續》「感」作「慼」。案：碑文是「感」字，非「慼」字。古字以「感」爲「憾」。憾，恨也。不以忿恨而戮及仁人也。《說文》無「憾」字。昭十一年《左傳》「唯蔡於感」，「感」即「憾」字。《宣十二年》「二憾往矣」，《成二年》「大國朝夕釋憾於敝邑之地」，《唐石經》竝作「感」。《宣二年》「以其私憾」，《襄十六年》「以齊人之朝夕釋憾於敝邑之地」，《二十九年》「美哉猶有憾」。《釋文》竝作「感」。《逸周書·大戒篇》「內姓無感，外姓無讁」，《韓策》「感忿睚眦之意」，《鹽鐵論·備胡篇》「士卒失職，而老母妻子感恨」，《漢書·張安世傳》「何感而上書，歸衛將軍富平侯印」，《杜鄴傳》「內無感恨之隙」，竝以「感」爲「憾」。弟十行「捄活□□千有餘人」。《隸續》「捄活」作「扶活」。案碑文作「捄」，明是「捄」字，非「扶」字也。「捄」即「救」字。《漢書·董仲舒傳》「將以捄溢扶衰」是也。弟二十行「拯阸捄傾」，字作「捄」，《隸續》亦誤作「扶」。「赤子遭慈」，「遭」字碑文作「遭」，《隸續》作「遺」。案「赤子遺慈」，文義殊晦，且碑文是「遭」字，非「遺」字也。「赤子遭慈，㠯活㠯生」，言赤子遭慈母而生活也。

校官碑

右《校官碑》，光和四年十月立，并額俱八分書，在江寧府溧水縣儒學中。弟一行《隸釋》於「三百八十有七載」之下缺三字，其下有「于」字。今案碑文非「于」字。「畀誄曰」，「畀」即《說文》「畁」字，上從由，下從廾，音拱。今碑省「畁」作「畀」，而以爲「其」之借字。說見《鄭固碑》。《隸釋》《金薤琳琅》作「畀」，皆不誤。《兩漢金石記》改「畀」爲「其」，非也。弟十一行「宗懿招德」。宗，尊也。「招」與「昭」同。昭，明也。猶言尊賢育才，以彰有德也。「昭」古通作「招」。《左傳》「楚康王昭」，《史記·楚世家》《論衡·吉驗篇》「昭」並作「招」。《史記·建元已來王子侯者表》「劇魁侯昭」，《漢表》作「招」。昭十二年《左傳》「作《祈招》之詩」，張衡《東京賦》「招有道於側陋」，賈逵、薛綜注竝云：「招，明也。」《周語》「好盡言以招人過」，亦謂彰人之過。韋注訓「招」爲「舉」，非也。說見《經義述聞》。「發彼有的，雅容□閑」。「閑」上一字諸家皆缺，今諦審碑文，亦是「畁」字，但「由」字不省作「田」，與上「畀」字小異耳。

郃陽令曹全碑

右《郃陽令曹全碑》，中平二年十月立，并陰俱八分書，無額，在同州府郃陽縣儒學中。弟三行「巴郡朐忍令」。段氏若膺《説文注》云：「《曲禮》『左朐右末』，鄭云：『屈中曰朐。』引伸爲凡屈曲之稱。漢巴郡有朐忍縣。《十三州志》曰：『其地下溼，多朐忍蟲，因名。』朐忍蟲即蚯蚓，今俗云曲蟺也。漢碑、古書皆作『朐忍』。不知何時，『朐』譌『朐』，『忍』譌『肕』。闞駰上音『春』，下音『閏』。《通典》上音『蠢』，下音如尹切。《廣韻》則上音『蠢』，下音『閏』。而大徐乃於《肉部》增『朐』、『肕』二篆，上音『如順』，下音『尺尹』，不知爲『朐忍』之字誤，且謂其地在漢中，又不知漢朐忍在今夔州府雲陽縣，西去漢中甚遠也。」念孫案：《淮南・時則篇》「蚯螾出」，高注云：「蚯螾，蠢蝡也。」「蠢蝡」、「蠢閏」聲相近，是蚯蚓舊有此名，非闞駰之妄作。唯「朐忍」之爲「朐肕」，乃是後人之譌耳。弟九行「諸國禮遺，且二百萬，悉以薄官」，又下文「主薄王歷」。此兩「薄」字皆今之「簿」字也。《説文》無「簿」字，古借「薄」字爲之。《孟子・萬章篇》「孔子先簿正祭器」，音義云：「簿，本多作薄，誤。」而不知作「薄」者，乃古本也。漢碑中「主簿」字作「薄」者，不可枚舉，作「簿」者僅見耳。而《金薤琳琅》「薄官」字改爲「簿」，《金石文字記》《兩漢金石記》兩「薄字」皆改爲「簿」，誤矣。弟十行「兖豫荆楊」，「楊」字從木。案：《藝文類聚・州部》《初學記・州郡部》、鈔本《太平御覽・州郡部三》引《尚書》《周官》《爾雅》「楊州」字皆從木。《佩觿》云：「楊，柳也，亦州名。」又云：「按《禹貢》『淮海惟楊州』，正義云『江南其氣燥勁，厥性輕揚』，則非，當從木。」據此，則郭氏所見本尚從木也。宋本《爾雅》「江南曰楊州」，宋本《史記・夏本紀》「淮海維楊州」，字竝從木。唐許嵩《建康實録》引《春秋元命苞》云：「地多赤楊，因取名焉。」其説雖不足爲據，然亦可見楊州字之本從木矣。自張參《五經文字》以從木者爲非，而《唐石經》遂定從手旁。《廣韻》「揚，舉也。又州名」，亦踵張氏之誤。《禹貢》正義引李巡《爾雅》注云：「兩河閒，其氣清，厥性相近，故曰冀；冀，近也。濟河閒，其氣專質，厥性信謹，故曰兖；兖，信也。淮海閒，其氣寬舒，厥性安徐，故曰徐；徐，舒也。江南，其氣燥勁，厥性輕揚，故曰楊；楊，揚也。今本作「揚輕也」，乃後人所改，辯見下。荆州，其氣燥剛，厥性彊梁，故曰荆；荆，彊也。河南，其氣著密，厥性安舒，故曰豫；豫，舒也。河西，其氣蔽壅，厥性急凶，故曰雍；雍，壅也。」「冀」「近」、「兖」「信」、「徐」「舒」、「楊」「揚」、「荆」「彊」、「豫」「舒」、「雍」「壅」，皆同聲而異字。後人徒以「厥性輕揚」之語，遂謂楊州字當從手旁，不知以「揚」釋「楊」，猶以「壅」釋「雍」也。若改「楊州」爲「揚州」，則亦將改「雍州」爲「壅州」乎？楊州字既改爲「揚」，則「楊，揚也」之文不可通，故又改爲「揚，輕也」以彌縫其闕。不知李釋九州，皆取同聲之字爲訓，「輕」與

「揚」不同聲也。又《公羊·莊十年》疏及《爾雅》釋文、《廣韻》所引李注皆無「楊，揚也」三字，蓋後人改「楊」爲「揚」，遂删此三字耳。據《尚書正義》所引有「揚，輕也」三字，亦足證後人之妄删矣。《公羊》疏所引有「冀，近也；豫，舒也；雍，壅也；荆，彊也；兖，信也；徐，舒也；幽，要也；營，均也」，而無「楊，揚也」。《爾雅》釋文於荆、徐、營三州未引李注，所引六州有「冀，近也；豫，舒也；雍，壅也；兖，信也；幽，要也」，而亦無「楊，揚也」。較《尚書正義》所引獨少一句，明是後人所删。今書傳中楊州字皆改從手旁，唯漢碑從木，人不能改，故至今尚存耳。《竹邑侯相張壽碑》「遭江楊劇賊」，《酸棗令劉熊碑》「出省楊土」，其字亦從木。《隷釋》所載《冀州刺史王純碑》「出使楊州」，《荆州刺史度尚碑》「楊賊畔於□□」，《車騎將軍馮緄碑》「督使徐楊二州」，此碑今本譌作「揚」，依萬曆本改。《大尉陳球碑》「陸梁荆楊」，《陳球後碑》「剥落荆楊」，《無極山碑》「楊越之梐□條蕩」，《巴郡太守張納碑》「楊州寇賊」，其字皆從木。是漢碑楊州字無從手者。

蕩陰令張遷頌

右《蕩陰令張遷頌》，中平三年二月立，并陰俱八分書，篆額，在泰安府東平州儒學中。弟二行「在帷幕之内」。「幕」字蓋本作「莫」。《史記·廉頗藺相如傳》「市租皆輸入莫府」，《馮唐傳》「上功莫府」，以下二《傳》，《漢書》同。《李將軍傳》「莫府省約文書籍事」，《後漢書·吴漢傳》「莫府上兵簿」，皆以「莫」爲「幕」。《史記索隱》引崔浩云：「古者出征爲將帥，軍還則罷，治無常處，以幕帟爲府署，故曰莫府。」是漢時「帷幕」字通作「莫」也。今碑文作「幕」，「巾」字甚小，局促於「莫」字之下，不成字體，蓋後人補刻也。碑中字上下相距自有定式，今於「莫」下加「巾」字，則字形太長，致與下字迫近。比之諸字，疏密縣殊矣。而《金薤琳琅》已作「幕」，則明時碑文已然矣。弟五行「爰既且於君」。《金石文字記》云：「『既且』者，『暨』之誤，此以一字離爲二字也。」《金石文跋尾》云：「『爰既且於君』，詳其文義，謂張氏仕漢，世世有德，後有興者，且於君也。顧以『既且』爲『暨』之誤，乃由臆斷，遽詆碑爲訛謬，豈其然乎？」《兩漢金石記》云：「錢說頗似牽强，下文『藝於從政』，『政』字亦誤作『畋』。想東漢時能書胥史，固不乏之人，竟似草稾審視未明而茫然下筆者。然則『暨』之爲『既且』，亦是誤筆，未可執一而論矣。」念孫案：翁說是也。「爰既且於君」義不可通，明是「爰暨於君」之誤，《魏元丕碑》「爰暨于君」，即其明證矣。弟十二行「紀行来本」。「来」即「求」字，言紀其行而求其始也。始謂初生時也，故下文云「蘭生有芬，克岐有兆」矣。「来」字首筆作曲形，自右而左，與上文三代以来之「来」字不同，而《金薤琳琅》乃直作「來」矣。隸書「求」字或作「朮」，與「来」字相似，說見前《三公山碑》。《兩漢金石記》以「来」字爲誤筆，亦非也。

仙人唐公房碑

右《仙人唐公房碑》，無年月，竝陰俱八分書，篆額，在漢中府城固縣。弟六行「鼠齧輺車被具」。「輺車」即藩車也。襄二十三年《左傳》「以藩載欒盈」，杜注云：「藩車之有障蔽者。」《漢書·游俠傳》云：「乘藩車入閭巷。」《嚴舉碑》「位至蕃車」，《夏承碑》「輜軒六轡」，字竝與「藩」同。《説文》：「軒，曲輈藩車也。」「輺，車耳反出也。」義各不同，此則借「輺」爲「藩」也。

碑陰弟六行「南鄭祝岱字子崋」，弟八行「祝恒字仲崋」，弟十行「祝崇字季崋」，「崇」即「嵩」字也。《周語》「融降于崇山」，韋注：「崇，崇高山也。」《史記·封禪書》云：「以三百户封太室奉祠，命曰崇高邑。」《漢書·地理志》云：「古文以崈高爲外方山。」是「崇高」即「嵩高」也。「崈」與「崇」同。此三人或名岱，或名恒，或名崇，而皆以「崋」爲字，是名與字皆取諸五嶽也。弟十一行「祝榮字文崋」，則取榮華之義，而其字亦作「崋」。後人以「崋山」之「崋」讀去聲，「榮華」之「華」讀平聲，據此，則古無異音也。《初學記》引《白虎通義》云：「西方華山，少陰用事，萬物生華，故曰華山。」是「崋山」之「崋」與「榮崋」之「崋」義亦相通也。

豫州從事孔褒碑

右《豫州從事孔褒碑》，無年月，竝額皆八分書，在曲阜縣孔廟中。是碑於雍正三年始出，故向來諸家皆未著録，剥蝕過半，僅存百七十餘字。弟二行「治家業《春秋□》句，綜□□典句，𦿆藉靡遺句」。「春秋」下一字，諸家竝缺，諦審當是「經」字，字雖泐而遺迹猶存。《孔宙碑》云：「治嚴氏《春秋》。」褒爲宙之長子，世傳其學，故云「治家業《春秋經》」也。「綜」下一字，牛氏階平《金石圖》以爲「極」字，今案碑文作「𣏾」而右邊殘缺，當是「核」字。綜核者，綜理而研核之。《漢書·宣帝紀贊》云「綜核名實」是也。弟十二、十三兩行「□磐□□，句逢□百□句」。「逢」下當是「此」字，「百」下當是「凶」字。今「此」字已不可見，而「凶」字尚存「凵」形。褒以匿張儉事獲禍，故云「逢此百凶」。《王風·兔爰》文「凶」字與上「隆」下「頌」爲韻，「頌」讀若「容」。

武梁石室畫象三石

右《武梁石室畫象三石》，無年月，字皆八分書，在嘉祥縣武氏祠中。碑石湮没已久，唯楊州馬秋玉家有舊拓本，所存者「伏戲」至「丁蘭」十四幅而已。乾隆丙午秋，黄司馬小松於嘉祥縣紫雲山下搜得原石，乃就其地爲堂垣，而砌諸石於內，榜曰「武氏祠堂」，誠盛事也。於是命工椎榻，分遺同好。較馬氏所藏本多十之七八，又補洪氏所缺者七十餘字。余今所藏本，即此本也。弟一石弟二層弟二幅「祝誦氏無所造爲，未有耆欲，刑罰未施」。《隸釋》「未」作「末」，蓋傳寫誤也。末者，無也。「無所造爲」，「末有耆欲」，互文耳。下文「刑罰未施」，其字始作「未」。弟九幅「夏禹長於地理，脈泉知陰」。此用《尚書刑德放》文也。《藝文類聚·職官部三》《太平御覽·職官六》竝引《尚書刑德放》云：「禹長於地理、水泉、九州，得《括象圖》，故堯以爲司空。」脈，莫狄反，相也，猶《詩》言「相彼泉水」也。《說文》作「䀡」，又作「覛」。《爾雅》云：「覛，相也。」《周語》「古者大史順時覛土」，韋注云：「覛，視也。」作「脈」者，借字耳。《魏策》云「前脈地形之險阻」是也。所圖禹象，其冠上鋭下廣，如笠形，手持兩刃臿。《說文》：「苿，兩刃臿也。」《玉篇》胡瓜切，云：「今爲鏵。」俗語所謂鏵鍬是。案《莊子·天下篇》引《墨子》云：「禹之湮洪水，決江河，親自操橐耜，司馬彪云：「橐，盛土器也。」崔譔云：「耜，插也。」「插」與「臿」同。沐甚雨，櫛疾風。」《淮南·脩務篇》云：「禹沐霪雨，櫛扶風，決江疏河。」《要略》云：「天下大水，禹身執虆臿以爲民先。」今本「臿」譌作「垂」，辯見《淮南》。此圖頭戴笠，手執臿，正所謂櫛風沐雨，身執虆臿者也。朱氏竹垞《跋》云：「禹冠頂鋭而下卑，殆《士冠禮》《郊特牲》所云『毋追』者是。覩此，可悟聶崇義《三禮圖》之非。」念孫案：朱氏此說其不可通者有三。王者受命，然後異器械，別衣服。禹之治水在帝堯之時，安得遽有「毋追」之制？一也。「毋追」，禮冠也，非治水時所宜用。頭戴禮冠，手持畚臿，則尤爲不倫。二也。《續漢書·輿服志》云：「委貌冠長七寸，高四寸，制如覆杯，前高廣，後卑鋭，所謂夏之毋追，殷之章甫者也。」今此圖冠形上鋭，不似覆杯。且無前高後卑之別，豈「毋追」之制乎？據《輿服志》所云，則三代冠制相去不遠，故《三禮圖》引舊圖云：「毋追、章甫、委貌，其制相比。」今此冠上鋭而下廣，作三角形，禮冠皆無此制。三也。弟十二幅「子騫衣寒，御車失棰」。「棰」與「箠」同。《説文》：「箠，擊馬箠也。」今本脱「箠」字，據《玉篇》補。字或作「棰」。《莊子·天下篇》「一尺之棰」，《漢書·路温舒傳》「棰楚之下」，《急就篇》「柣、棰、檛、杖、棁、柲、杸」，「棰」字竝從木。《隸釋》「失」字上下各缺一字。某氏《跋》云：「洪本僅存一『失』字，今全文可讀，乃是『御車失楧』，『楧』與『鞅』同。」念孫案：此説非也。原文作「𣝟」，明是「棰」字，非「楧」字。《説文》：「𠂹，艸木華葉𠂹，象形。」「垂，遠邊也。從土，𠂹聲。」「𦉥，小罌也。從缶，𠂹聲。」隸書「𠂹」、「垂」、「𦉥」三字多書作「垂」。凡漢碑中作「垂」、作「𡍮」者，皆「𦉥」之省文，非「垂」之省文也。此碑「棰」字右邊作「𡍮」，亦是「𦉥」之省文。棰爲御者所執，衣寒則手僵，手僵則失棰。若鞅爲馬頸靼，非御者所執，馬失其鞅與閔子衣寒，曾不相涉，不得言「子騫衣寒，御車失鞅」也。且上文以「明」、「方」、「綱」爲韻，下文以「連」、「驩」、「焉」爲韻，「父」、「與」爲韻，此以「移」、「棰」爲韻。若以「棰」爲「楧」，則失其韻矣。

憶乙未之冬，余在郡城，始晤汪君雪礓。雪礓新得馬秋玉家所藏石室畫象舊拓本，屬余作跋。余爲題數十字，且言某氏以「極」爲「稄」之誤，即翁閣學跋語内所云高郵王石臞説此字凡數條者是也。後此本歸於黄君小松，小松作《小蓬萊閣金石文字》，曾用余説，而惜其言之不詳也。自乙未至今五十六年，雪礓、小松皆已下世，而余年亦八十有八矣。此原石拓本，小松所手贈也。書此爲之憮然。

讀書雜志餘編

虞思徵 點校

讀書雜志餘編上

後漢書

聖跡滂流

《章帝紀》：「追惟先帝勤民之德，底績遠圖，復禹宏業，聖跡滂流，至于海表。」念孫案：「滂」當作「旁」，此因「流」字而誤加水旁耳。旁，溥也，徧也。流，行也。謂聖跡徧行天下，至于海表也。此言聖跡，非言聖澤，則「旁流」之「旁」不當作「滂」。《説文》曰：「旁，溥也。」「溥」亦「徧」也。《繫辭傳》曰：「旁行而不流。」謂徧行而不流也。說見《經義述聞》。《周官・男巫》曰：「旁招以茅。」謂徧招於四方也。《晉語》曰：「乃使旁告於諸侯。」謂徧告於諸侯也。《楚語》曰：「武丁使以象夢旁求四方之賢。」謂徧求四方之賢也。秦《之罘刻石文》曰：「威燀旁達，莫不賓服。」謂威燀徧達也。「旁」與「方」古字通，《堯典》「共工方鳩僝功」，《史記・五帝紀》作「旁」。《皋陶謨》「方施象刑惟明」，《新序・節士篇》作「旁」。《呂刑》「方告無辜于上」，《論衡・變動篇》作「旁」。《士喪禮》「牢中旁寸」，鄭注：「今文『旁』爲『方』。」《立政》曰：「其克詰爾戎兵，以陟禹之迹。方行天下，《齊語》曰：「君有此士也，三萬人以方行於天下。」《漢書·地理志》曰：「昔在黄帝，作舟車以濟不通，旁行天下。」其義一也。至于海表，罔有不服。」此云「底績遠圖，復禹宏業，聖跡旁流，至于海表」，意本於《立政》也。

奉盤錯鍉

《隗囂傳》「牽馬操刀，奉盤錯鍉，遂割牲而盟」，李賢注曰：「按：蕭該《音》引《字詁》『鍉即題，音徒啟反』。《方言》曰：『宋、楚之閒謂盎爲題。』據下文云『鍉不濡血』，明非盆盎之類。《前書·匈奴傳》云：『漢遣韓昌等，與單于及大臣俱登諾水東山，刑白馬，單于以徑路刀、金留犂撓酒。』應劭云：『留犂，飯匕也。撓，攪也。以匕攪血而歃之。』今亦奉盤措匙而歃也。以此而言，『鍉』即『匙』字。錯，置也，音七故反。」引之曰：「鍉」當爲「⿰缶是」，其字從缶不從金。《廣韻》：「鍉，都奚切。歃血器。」《集韻》：「鍉，歃器。」皆沿誤本《後漢書》。注內「題」字當爲「㼭」，其字從瓦不從頁。《方言》「甂，陳、魏、宋、楚之閒謂之㼭」，郭璞曰：「今河北人呼小盆爲㼭子，杜啟反。」《廣雅》曰：「㼭，甌甂也。」《太平御覽》引《通俗文》曰：「小甌曰㼭。」凡從瓦之字或從缶，故《字詁》「⿰缶是」與「㼭」同，《玉篇》「⿰缶是，徒啟切。亦作㼭。㼭，徒啟切，小盆也」，《集韻》亦曰「題，或從缶作鍉」，皆其證矣。賢意謂據「鍉」字，則爲盆盎之題。據下文，則當訓爲匙耳。案《周官·玉府職》「合諸侯則共珠槃玉敦」，鄭注曰：「合諸侯者，必割牛耳，取其血歃之以盟。珠槃以盛牛耳，尸盟者執之。玉敦，歃血玉器。」《戎右職》「盟則以玉敦，辟盟遂役之，贊牛耳桃茢」，注曰：「役之者傳敦血授當歃者。血在敦中，以桃茢拂之。耳者盛以珠盤，尸盟者執之。」若然，則盤以盛耳，敦以盛血，二器竝設矣。今《傳》曰奉盤，盤外當更有盛血之器。下文曰：「有司奉血鍉進，護軍舉手揖諸將軍曰：『鍉不濡血，歃不入口，是欺神明也。』」明鍉者盆盎之類，所以盛血，如古之有敦耳，不得如賢注所云。且隗囂遵用古禮，何肯效法匈奴乎？

首施兩端

《鄧訓傳》《西羌傳》竝云「首施兩端」，注曰：「首施，猶首鼠也。」念孫案：《史記·魏其武安傳》「何爲首鼠兩端」，故李本之爲注。今案：「施」讀如「施于中谷」之「施」，「首施」猶「首尾」也。首尾兩端，即今人所云進退無據也。春秋魯公子尾字施父，是「施」與「尾」同意。服虔注《漢書》曰：「首鼠，一前一卻也。」則「首鼠」亦即首尾之意。

胎養

《魯恭傳》「今始夏，百穀權輿，陽氣胎養之時」，注曰：「萬物皆含胎長養之時。」念孫案：「胎」亦「養」也。《方言》曰：「台、胎，養也。晉、衞、燕、魏曰台。汝、潁、梁、宋之閒曰胎。」《列女傳·頌義小序》曰：「胎養子孫，以漸教化。」是「胎」與「養」同義。此言陽氣胎養萬物，非謂萬物含胎也。《方言注》曰：「台，猶頤也，音『怡』。」《序卦傳》曰：「頤者，養也。」「胎」、「台」、「頤」聲近而義同。

或褱回藩屏或躑躅帝宫

《蘇竟傳》「太白辰星，或褱回藩屏，或躑躅帝宫」，注曰：「帝宫，北辰也。藩屏，兩傍之星也。」念孫案：北辰在紫宫之中，與左右兩藩皆非黄道所經，太白辰星無緣到此。今案「帝宫」謂太微宫，「藩屏」謂太微之兩藩，皆五星所經也。《史記·天官書》曰：「太微，三光之廷，匡衞十二星，藩臣。」《淮南·天文篇》曰：「太微者，太一之廷也。」「太一」當作「五帝」，辨見《淮南》。故云「褱回藩屏，躑躅帝宫」。

百獸駭殫

《班固傳〈兩都賦〉》「遂繞酆鎬，歷上蘭，六師發胄，「胄」與「逐」同。百獸駭殫」，注曰：「駭殫，言驚懼也。」念孫案：李訓「駭殫」爲「驚懼」，則「殫」字本作「憚」，今作「殫」者，後人據誤本《文選》改之也。韋昭注《周語》曰：「憚，懼也。」「懼」與「驚」義相通。《爾雅》：「驚，懼也。」《方言》：「懼，驚也。」故《楚辭·招魂》「君王親發兮憚青兕」，王逸注曰：「憚，驚也。」《淮南·人閒篇》曰：「驚憚遠飛。」司馬相如《上林賦》曰：「驚憚讋伏。」「驚憚」即「駭憚」，故《廣雅》曰：「駭憚，驚也。」言六師發逐而百獸皆驚也。又案《文選》「百獸駭殫」，「殫」字李善無注，張銑注曰：「言天子縱六軍，逐百獸，駭驚踐蹋，十分殺其二三。」「駭驚」即「駭憚」，「踐蹋」即下文之「蹂躪」，而獨不爲「殫」字作解。然則李善及五臣本皆作「百獸駭憚」，而今本作「殫」，亦是後人所改明矣。後人改「憚」爲「殫」者，以「憚」音徒案反，與「蘭」字韻不相協故耳。不知「憚」從單聲，古音徒丹反，故與「蘭」爲韻。《莊子·達生篇》「以鉤注者憚」，釋文「憚，徒丹反」，是其證也。後人不曉古音而妄改爲「殫」。殫者，盡也。百獸駭盡，則甚爲不詞。且此句但言百獸驚駭，下文乃言蹂躪其十二三，卒乃言草木無餘，禽獸殄夷。若先言百獸已盡，則下文皆成贅語矣。此字蓋近代淺學人所改，而各本《後漢書》《文選》皆相承作「殫」，莫能正其失，良可怪也。

保界河山

「子實秦人，矜夸館室，保界河山」，注曰：「保，守也。謂守河山之險以爲界。」念孫案：賦言保界河山，非謂保河山以爲界也。今案：「界」讀爲「介」，保、介皆恃也，言恃河山以爲固也。僖二十三年《左傳》「保君父之命而享其生禄」，《吕氏春秋·誠廉篇》「阻兵而保威」，高、杜注竝曰：「保，恃也。」襄二十四年《左傳》「以陳國之介恃大國而陵虐於敝邑」，「介」亦「恃」也。《史記·十二諸侯年表》「晉阻三河，齊負東海，楚介江淮」，「阻」、「負」、「介」皆恃也。索隱：「介，音『界』，言楚以江淮爲界。一云介者，夾也。」皆失之。《漢書·五行志》「虢介夏陽之阸，怙虞國之助」，「介」、「怙」皆恃也。顔師古曰：「介，隔也。」失之。《南粤傳》「欲介使者權」，師古曰：「介，恃也。」是「保」、「介」皆恃也。作「界」者，假借字耳。「界」與「介」古字通。《漢書·楊雄傳》「界涇陽，抵穰侯而代之」，《文選》「界」作「介」。《史記·晉世家》「文公環緜上山中而封之，以爲介推田，號曰介山」，《續漢書·郡國志》作「界山」。《春秋繁露·立元神篇》「介障險阻」，《淮南·覽冥篇》「介」作「界」。《郭有道碑》「介休」作「界休」。矜夸館室，「夸」亦「矜」也。保界河山，「界」亦「保」也。「矜夸」、「保界」皆兩字平列。

藴孔佐之宏陳

《典引》「蓄炎上之烈精，藴孔佐之弘陳」，注曰：「藴，藏也。『孔佐』謂孔子制作《春秋》及《緯書》以佐漢也。『弘陳』謂大陳漢之期運也。」念孫案：李云「大陳漢之期運」，則「弘陳」之下必須加數字以解之，而其義始明矣。今案：陳者，道也，言藴蓄聖人之大道也。李斐注《漢書・哀帝紀》曰：「陳，道也。」《微子》曰：「我祖底遂陳于上。」言致成道於上也。《君奭》曰：「率惟兹有陳。」言有道也。《大戴禮・衛將軍文子篇》曰：「君陳則進，不陳則行而退。」言君道則進，不道則退也。竝見《經義述聞》。「弘陳」與「烈精」相對爲文，則「弘陳」之爲大道明矣。

微胡瑣而不頤

「慝亡迴而不泯，微胡瑣而不頤」，注曰：「瑣，小也。頤，養也。言微細者何小而不養也。」念孫案：李以微爲細，細即小也。小胡小而不頤，則不詞之甚矣。今案：「微」讀曰「徽」。《爾雅》曰：「徽，善也。」《立政》「予旦已受人之徽言」，《漢石經》「徽」作「微」，是「微」與「徽」通。「徽」、「慝」二字正相對。慝，惡也。言惡者無遠不滅，善者無小不養也。

有靦其面

《樂成靖王黨傳》：「安帝詔曰：『萇有靦其面，而放逸其心。』」注曰：「靦，姡也，言面姡然無媿。姡，音胡八反。」念孫案：李訓「靦」爲「姡」，本於《爾雅》。然云「面姡然無媿」，則未解「靦」字之義，并未解「姡」字之義也。今案：《說文》：「靦，人面皃也。」今本「人面皃」譌作「面見」。案《爾雅釋文》引舍人曰：「靦，擅也。一曰面貌也。」《越語》「靦然而人面」，韋昭曰：「靦，面目之貌。」是「靦」爲人面貌也。《小雅·何人斯》正義引《說文》「靦，面見人」，亦是「人面皃」之譌，今訂正。或沿「面見人」之誤，解爲無面目相見，失之。姡，面靦也。《爾雅》訓「靦」爲「姡」，《說文》訓「姡」爲「面靦」，其義一也。今本「面靦」譌作「面醜」，《何人斯》釋文引《說文》「姡，面醜也」，亦後人據誤本《說文》改之，今據《何人斯》正義及《爾雅·釋言》疏所引訂正。又案《說文》：「嫙，好也。⿱齊女，材也。姡，面靦也。嬥，直好皃。」「姡」字在「嫙」、「⿱齊女」、「嬥」三字之閒，則其義亦與「好」相近，故《何人斯》箋曰：「姡然有面目。」則「姡」非面醜之貌明矣。《爾雅》「靦，姡也」，李巡、孫炎注竝曰：「人面姡然也。」見《釋文》。然則「靦」與「姡」皆人面之貌，而非無恥之貌明矣。《小雅·何人斯篇》「爲鬼爲蜮，則不可得。有靦面目，視人罔極」，毛傳曰：「靦，姡也。」鄭箋曰：「使女爲鬼爲蜮也，則女誠不可得見也。姡然有面目，女乃人也。人相視無有極時，終必與女相見。」是「靦」爲人面目之貌，故對鬼蜮言之。若以「靦」爲無恥，則與詩意相違矣。又《越語》「余雖靦然而人面哉，吾猶禽獸也」，韋注曰：「靦，面目之貌。」是「靦」爲人面目之貌，故對禽獸言之。若以「靦」爲無恥，則與「靦然人面」之文不合矣。此詔云「萇有靦其面，而放逸其心」，義亦與《越語》同。言萇雖靦然人面，而放逸其心，實與禽獸無異。下文「風淫于家，娉取人妻」，是其事也。李以「靦」爲「面姡然無媿」，失之矣。又案《方言》「㥏，慙也。荆、揚、青、徐之閒曰㥏」，此與「有靦面目」之「靦」異義。而左思《魏都賦》云：「有靦瞢容，神蘂形茹。」任昉《彈曹景宗奏》云：「惟此人斯，有靦面目。」《玉篇》亦云：「靦，慙皃。」則是誤以「靦」爲「㥏」矣。總之「靦」爲人面目之貌，或以爲恥，或以爲無恥，皆非也。或誤解《説文》之「靦」爲「㥏」，云：「㥏從心，慙在中；靦從面，媿在外。」亦沿左思、任昉之誤，不知《説文》之「靦」爲面貌，不與訓「慙」之「㥏」同義也。

不震厥教

「萇慢易大姬，不震厥教」，注曰：「大姬，即萇所繼之母也。震，懼也。」念孫案：「震」讀爲「祗」，祗，敬也。言不敬承其教，非謂不懼其教也。「祗」與「震」古同聲而通用。《盤庚》「爾謂朕曷震動萬民以遷」，《漢石經》「震」作「祗」。《無佚》「治民祗懼」，《史記·魯世家》「祗」作「震」。「震」字或作「振」，《皋陶謨》「日嚴祗敬六德」，《夏本紀》「祗」作「振」。《粊誓》「祗復之」，《魯世家》「祗」作「敬」。徐廣曰：「敬，一作振。」《内則》「祗見孺子」，鄭注曰：「祇，或作振。」皆其證也。「祇」從氏聲，古音在脂部。「震」從辰聲，古音在諄部。諄部之音多與脂部相通，故從辰之字亦與從氏之字相通。《説文》「蚳」從氏聲，或作「𧈝」，從辰聲。又其一證也。《恒》上六「振恒」，《説文》引作「榰恒」。《曲禮》「畛於鬼神」，鄭注曰：「畛，或爲祇。」「畛」之與「祇」，「振」之與「榰」，猶「震」之與「祇」也。

游不倫黨

《崔駰傳》「游不倫黨，苟以徇己」，注曰：「倫，謂等倫。」念孫案：倫，擇也。游不倫黨，謂交不擇類也。《説文》：「掄，擇也。」《周官・山虞》曰：「邦工入山林而掄材。」《少牢饋食禮》「雍人倫膚九」，鄭注曰：「倫，擇也。」是「倫」與「掄」通。《荀子・勸學篇》曰：「君子居必擇鄉，游必就士。」

補綻

《崔寔傳》「期於補綻決壞，枝柱邪傾」，注曰：「綻，音直莧反。《禮記》曰：『衣裳綻裂，紉箴請補綴。』」念孫案：李以「綻」爲「綻裂」，非也。「綻」亦「補」也。「補綻決壞」、「枝柱邪傾」相對爲文，若以「補綻」爲補其綻裂，則「補綻決壞」四字文不成義，且與下句不對矣。「綻」

字本作「組」，又作「綻」，《説文》：「組，補縫也。」《廣雅》曰：「組，縫也。」《急就篇》「鍼縷補縫綻紩緣」，顔師古曰：「脩破謂之補，縫解謂之綻。」古辭《豔歌行》曰：「故衣誰當補，新衣誰當綻。」

得之不休不獲不吝

《張衡傳》「應閒得之不休，不獲不吝」，注曰：「休，美也。吝，恥也。」念孫案：休，喜也。吝，恨也。言得之不喜，不得不恨也。《小雅·菁菁者莪篇》曰：「我心則喜」，「我心則休。」「休」亦「喜」也。《吕刑》曰：「雖畏勿畏，雖休勿休。」言雖喜勿喜也。竝見《經義述聞》。《周語》曰「爲晉休戚」，韋注曰：「休，喜也。」《廣雅》同。今俗語猶云「休戚相關」。《楚語》曰：「教之世，而爲之昭明德而廢幽昏焉，以休懼其動。」言喜懼其動也。《説文》曰：「吝，恨惜也。」《屯》六三「往吝」，馬融注曰：「吝，恨也。」《廣雅》同。下文《思玄賦》曰：「柏舟悄悄吝不飛。」字或作「悋」。《方言》曰：「悋，恨也。」

豈愛惑之能剖

《思玄賦》「通人闇於好惡兮，豈愛惑之能剖」，注曰：「剖，分也。」言通人尚闇於好惡，況愛寵昬惑者，豈能分之？」念孫案：李以「愛」爲「愛寵」，非也。愛者，蔽也。《説文》：「薆，蔽不見也。」《廣雅》曰：「薆、瘗、蔽，障也。」《爾雅》「薆，隱也」，郭璞曰：「謂隱蔽。」《方言》「掩、翳，薆也」，郭璞曰「謂薆蔽也」，引《詩·邶風·静女篇》「薆而不見」，今《詩》「薆」作「愛」。《楚辭·離騷》云：「衆薆然而蔽之。」「薆」、「薆」、「愛」古字通，皆謂障蔽也。此言通人尚闇於好惡，豈蔽惑之人所能分剖也。蔽與惑義相近，蔽惑與通人義相反。若以「愛」爲「愛寵」，則與上下文俱不相涉矣。《文選》「愛惑」作「昬惑」，蓋後人不曉「愛」字之義而改之也。

左概嵩嶽　箕背王屋

《馬融傳〈廣成頌〉》：「右彎三塗，左概嵩嶽，面據衡陰，箕背王屋。」念孫案：「概」當爲「枕」，字之誤也。草書「概」字作「枕」，「枕」字作「枕」，二形相似。《水經·汝水注》《太平御覽·地部》引此竝作「左枕嵩嶽」。「箕背」當爲「背箕」，「背箕」與「面據」相對，「箕」讀爲「基」，《立政》「以竝受此丕丕基」，《漢石經》「基」作「其」。《周頌·昊天有成命篇》「夙夜基命宥密」，《孔子閒居》「基」作「其」。《説文》：「其，籒文箕字。」「基」亦據也。《釋名》曰：「基，據也。在下物所依據也。」言前據衡陰，後據王屋也。《水經·汝水注》引此正作「背基王屋」。

脰完瓶撝介鮮　梏羽羣

「絹猑蹏，鏦特肩，脰完瓶，撝介鮮，散毛族，梏羽羣」，注曰：「絹，繫也，與『罥』通，音工犬反。鏦，猶撞也，音楚江反。脰，頸也，謂中其頸也。梏，諸家竝古酷反。案：字書捁從手，即古文『攪』字，謂攪擾也。」念孫案：李訓「脰」爲「頸」，「頸完瓶」則爲不詞，故又釋之曰：「謂中其頸。」殆失之迂矣。今案：「脰」讀爲「豆」。《廣雅》曰：「豆，裂也。」《玉篇》曰：「小裂也。」作「脰」者借字耳。「絹」、「鏦」、「脰」、「撝」、「散」、「梏」六字，字法皆相似，若訓「脰」爲「頸」，則與上下文不類矣。「介鮮」二字亦爲不類，「鮮」當爲「鱗」。凡隸書從粦之字或作叐，故「鱗」字或作「鱁」，形與「鮮」相近，因譌爲「鮮」。以下文毛羽例之，則此當爲介鱗也。《説文》曰：「撝，裂也。」謂裂介鱗也。「梏」讀爲「嚳」。《廣雅》曰：「嚳，分也。」「脰」、「撝」皆裂也，「散」、「梏」皆分也。李以「梏」爲「攪擾」之「攪」，亦失之。

儀建章

《杜篤傳〈論都賦〉》「規龍首，撫未央，「撫」與「摹」同。覛平樂，儀建章」，注曰：「覛，視也。」「儀」字無注。念孫案：儀者，望也。《吕氏春秋·處方篇》「射者儀毫而失牆，畫者儀髮而易貌」，《淮南·説林篇》「射者儀小而遺大」，高注竝曰：「儀，望也。」「儀」古讀若「俄」，字或作「睋」。定八年《公羊傳》注訓「睋」爲「望」。班固《西都賦》曰：「睎秦領，睋北阜。」「睋」與「儀」古今字耳。「規龍首，撫未央」，「撫」亦「規」也。「覛平樂，儀建章」，「儀」亦「覛」也。「睎秦領，睋北阜」，「睋」亦「睎」也。

田田相如

「厥土之膏，畝價一金，田田相如」，注曰：「相如，言地皆沃美相類也。」念孫案：「如」讀爲「紛挐」之「挐」。田田相挐，猶今人言犬牙相錯也。楊雄《豫州箴》曰：「田田相挐，廬廬相距。」是其證。

三十鍭

《南蠻傳》「其民户出雞羽三十鍭」，注曰：「《毛詩》『四鍭既均』，《儀禮》『鍭矢一乘』，鄭注曰：『鍭，猶候也，候物而射之也。』」念孫案：鍭者，矢名。此言「雞羽三十鍭」，則非謂鍭矢也。「鍭」讀爲「翭」。《方言》「翭，本也」，《廣雅》同。郭璞曰：「今以鳥羽本爲翭。」《説文》曰：「翭，羽本也。」《九章算術·粟米章》「買羽二千一百翭」，劉徽曰：「翭，羽本也。」數羽稱其本，猶數草木稱其根株也，義與此「雞羽三十猴」同。作「鍭」者，借字耳。

汾隰

《西羌傳》「晉人敗北戎于汾隰[一]」，注曰：「二水名。」念孫案：李以「隰」爲水名，非也。「汾隰」謂汾水旁下溼之地。《爾雅》曰：「下溼曰隰。」桓三年《左傳》「逐翼侯于汾隰」，杜注曰：「汾隰，汾水邊。」是也。

老子

信不足焉有不信焉

王弼本第十七章「信不足焉，有不信焉」，河上公本無下「焉」字。念孫案：無下「焉」字者是也。「信不足」爲句，「焉有不信」爲句。焉，於是也。言信不足，於是有不信也。《吕氏春秋・季春篇》注曰：「焉，猶於此也。」《聘禮記》曰：「及享，發氣焉盈容。」言發氣於是盈容

〔一〕隰，原作「濕」，據《後漢書》改。

也。《月令》曰：「天子焉始乘舟。」今本「焉」字在上句「乃告舟備具於天子」之下，此後人不曉文義而妄改之，今據《吕氏春秋・季春篇》《淮南・時則篇》訂正。言天子於是始乘舟也。《晉語》曰：「焉始爲令。」言於是始爲令也。《三年問》曰：「故先王焉爲之立中制節。」言先王於是爲之立中制節也。《荀子・禮論篇》「焉」作「安」，楊倞曰：「安，語助，或作安，或作案。《荀子》多用此字。」「焉」、「安」、「案」三字同義，詳見《釋詞》。《大荒南經》曰：「雲雨之山有木，名曰欒，羣帝焉取藥。」言羣帝於是取藥也。《管子・揆度篇》曰：「民財足，則君賦斂焉不窮。」言賦斂於是不窮也。《墨子・非攻篇》曰：「天乃命湯於鑣宮，用受夏之大命，湯焉敢奉率其衆以鄉有夏之境。」言湯於是敢伐夏也。《楚辭・九章》曰：「焉洋洋而爲客。」又曰：「焉舒情而抽信兮。」言於是洋洋而爲客，於是舒情而抽信也。又僖十五年《左傳》「晉於是乎作爰田」、「晉於是乎作州兵」，《晉語》作「焉作轅田」、「焉作州兵」。《西周策》「君何患焉」，《史記・周本紀》作「君何患於是」。是「焉」與「於是」同義。莊八年《公羊傳》「吾將以甲午之日，然後祠兵於是」，《管子・小問篇》「且臣觀小國諸侯之不服者，唯莒於是」，是「於是」與「焉」同義。河上公注云：「君信不足於下，下則應之以不信而欺其君也。」「則」字正解「焉」字之義。《祭法》曰：「壇墠有禱焉祭之，無禱乃止。」言壇墠有禱則祭之也。《大戴禮・曾子制言篇》曰：「有知，焉謂之友；無知，焉謂之主。」言有知則謂之友，無知則謂之主也。《荀子・禮論篇》「三者偏亡，焉無安人。」

《史記·禮書》「焉」作「則」。《老子》第十三章「故貴以身爲天下，則可寄天下。」《淮南·道應篇》引此「則」作「焉」。是「焉」與「則」亦同義，後人不曉「焉」字之義，而讀「信不足焉」爲一句，故又加「焉」字於下句之末，以與上句相對，而不知其謬也。又王弼本二十三章「信不足焉，有不信焉」，河上公本亦有下「焉」字。案河上公注云：「君信不足於下，下則應君以不信也。」與十七章注正同，則正文亦以「焉有不信」爲句明矣。乃後人既以「信不足焉」爲句，而加「焉」字於下句之末，又移此注於「信不足焉」之下，而改注内「應君以不信」爲「應君以不足」，甚矣其謬也。又案王弼注十七章云：「信不足則有不信，此自然之道也。」「則有不信」即「焉有不信」，是王弼亦以「焉有不信」爲句。今本王注作「信不足焉，則有不信」，「焉」字亦後人所加。二十三章注云：「忠信不足於下，焉有不信也。」《永樂大典》本如此。今本「也」字作「焉」，亦後人所改。此皆由不曉「焉」字之義而讀「信不足焉」爲一句，故訓詁失而句讀亦舛，既於下句末加「焉」字，遂不得不改注文以就之矣。

夫佳兵者不祥之器

三十一章「夫佳兵者不祥之器，物或惡之，故有道者不處」，釋文：「佳，善也。」河上云：「飾也。」念孫案：「善」、「飾」二訓皆於義未安。古所謂兵者，皆指五兵而言，故曰「兵者不祥之器」。見下文。若自用兵者言之，則但可謂之不祥，而不可謂之不祥之器矣。今案：「佳」當作「隹」，字之誤也。「隹」，古「唯」字也。「唯」，或作「惟」，又作「維」。唯兵爲不祥之器，故有道者不處。上言「夫唯」，下言「故」，文義正相承也。八章云「夫唯不争，故無尤」，十五章云「夫唯不可識，故强爲之容」，又云「夫唯不盈，故能蔽不新成」，二十二章云「夫唯不争，故天下莫能與之争」，皆其證也。古鐘鼎文「唯」字作「隹」，石鼓文亦然。又夏竦《古文四聲韻》載《道德經》，「唯」字作「隹」。據此則今本作「唯」者，皆後人所改。此「佳」字若不誤爲「佳」，則後人亦必改爲「唯」矣。

爲天下正

王弼本三十九章「侯王得一以爲天下貞」，河上公本「貞」作「正」，注云：「爲天下平正。」念孫案：《爾雅》曰：「正，長也。」《廣雅》曰：「正，君也。」《吕氏春秋·君守篇》「可以爲天下正」，高注曰：「正，主也。」「爲天下正」猶《洪範》言「爲天下王」耳。下文「天無以清，地無以寧」，即承上文「天得一以清，地得一以寧」言之。又云「侯王無以貴高」，「貴高」二字正承「爲天下正」言之，是「正」爲君長之義，非平正之義也。王弼本「正」作「貞」，借字耳。

唯施是畏

五十三章「行於大道，唯施是畏」，王弼曰：「唯施爲之是畏也。」河上公注略同。念孫案：二家以「施爲」釋「施」字，非也。「施」讀爲「迆」，迆，邪也。言行於大道之中，唯懼其入於邪道也。下文云「大道甚夷而民好徑」，河上公注：「徑，邪不正也。」是其證矣。案「徑」即上文所謂「施」也。邪道足以惑人，故曰「唯施是畏」。王注曰：「言大道蕩然正平，而民猶尚舍之而不由，好從邪徑，況復施爲以塞大道之中乎？」於正文之外又增一義，非是。《說文》「迆，衺行也」，引《禹貢》「東迆北會于匯」。《孟子·離婁篇》「施從良人之所之」，趙注曰：「施者，邪施而行。」丁公著音「迆」。《淮南·齊俗篇》「去非者，非批邪施也」，高注曰：「施，微曲也。」《要略篇》「接徑直施」，高注曰：「施，邪也。」是「施」與「迆」通。《禹貢》「東迆北會于匯」，馬融曰：「迆，靡也。」《文選·甘泉賦》「封巒石關，迆靡乎延屬」，《漢書·楊雄傳》「迆」作「施」。《史記·賈生傳》「庚子日施兮」，《漢書》「施」作「斜」。「斜」亦「邪」也。《韓子·解老篇》釋此章之義曰：「所謂大道也者，端道也。所謂貌施也者，邪道也。所謂徑也者，佳麗也。佳麗也者，邪道之分也。」此尤其明證矣。

莊子

培風

《逍遥遊篇》「風之積也不厚，則其負大翼也無力，故九萬里則風斯在下矣，而後乃今培風」，釋文曰：「培，重也。本或作陪。」念孫案：「培」之言「馮」也。馮，乘也。見《周官・馮相氏》注。風在鵬下，故言負；鵬在風上，故言馮。必九萬里而後在風之上，在風之上而後能馮風，故曰「而後乃今培風」。若訓「培」爲「重」，則與上文了不相涉矣。「馮」與「培」聲相近，故義亦相通。《漢書・周緤傳》「更封緤爲⿰崩阝城侯」，顔師古曰：「⿰崩阝，吕忱音『陪』，而《楚漢春秋》作『馮城侯』。『陪』、『馮』聲相近。」是其證也。「馮」字古音在蒸部，「陪」字古音在之部，之部之音與蒸部相近，故「陪」、「馮」聲亦相近。《説文》曰：「陪，滿也。」王注《離騷》曰：「馮，滿也。」「陪」、「馮」聲相近，故皆訓爲「滿」。文穎注《漢書・文帝紀》曰：「陪，輔也。」張晏注《百官公卿表》曰：「馮，輔也。」《説文》曰：「倗，輔也。」「陪」、「馮」、「倗」聲竝相近，故皆訓爲「輔」。《説文》曰：「倗，從人朋聲，讀若陪位。」「⿰崩阝，從邑崩聲，讀若陪。」《漢書・王尊傳》「南山羣盜傰宗等」，蘇林曰：「傰音朋。」晉灼曰：「音倍。」《墨子・尚賢篇》「守城則倍畔」，《非命篇》「倍」作「崩」，皆其例也。

朝菌

「朝菌不知晦朔，蟪蛄不知春秋」，釋文：司馬云：「『朝菌，大芝也。天陰生糞上，見日則死。一名日及，故不知月之終始也。』支遁云：『一名舜，朝生暮落。』潘尼云：『木槿也。』」引之曰：《淮南・道應篇》引此「朝菌」作「朝秀」，今本《淮南》作「朝菌」，乃後人據《莊子》改之。《文選・辯命論》注及《太平御覽・蟲豸部六》引《淮南》竝作「朝秀」，今據改。《廣雅》作「朝蟜」。高注曰：「朝秀，朝生暮死之蟲也。生水上，狀似蠶蛾，一名孳母。」據此則「朝秀」與「蟪蛄」皆蟲名也。「朝秀」、「朝菌」語之轉耳，非謂芝菌，亦非謂木槿也。上文云「之二蟲又何知」，謂蜩與學鳩；此云「不知晦朔」，亦必謂朝菌之蟲。蟲者微有知之物，故以知、不知言之。若草木無知之物，何須言不知乎？

蚉䖟僕緣

《人閒世篇》「夫愛馬者，以筐盛矢，以蜄盛溺。適有蚉䖟僕緣，而拊之不時，則缺銜毀首碎胸」，向秀解「蚉䖟僕緣」曰：「僕僕然蚉䖟緣馬，稠概之貌。」崔譔曰：「僕，御。」念孫案：向、崔二說皆非也。「僕」之言「附」也，言蚉䖟附緣於馬體也。「僕」與「附」聲近而義同，《大雅·既醉篇》「景命有僕」，毛傳曰：「僕，附也。」鄭箋曰：「天之大命，又附著於女。」《文選·子虛賦》注引《廣雅》曰：「僕謂附著於人。」案今《廣雅》無此語，《廣雅》疑《廣倉》之譌。

診其夢

「匠石覺而診其夢」，向秀、司馬彪竝云：「診，占夢也。」念孫案：下文皆匠石與弟子論櫟社之事，無占夢之事。「診」當讀爲「昣」，《爾雅》「昣，告也」，郭注引《曲禮》曰：「昣於鬼神。」「昣」與「診」古字通。此謂匠石覺而告其夢於弟子，非謂占夢也。

與造物者爲人　不與化爲人

《大宗師篇》「彼方且與造物者爲人，而遊乎天地之一氣」，《應帝王篇》「予方將與造物者爲人」，郭象曰：「任人之自爲。」《天運篇》「久矣夫丘〔一〕不與化爲人」，郭曰：「夫與化爲人者，任其自化者也。」引之曰：郭未曉「人」字之義。人者，偶也。「爲人」猶「爲偶」也。《中庸》「仁者，人也」，鄭注曰：「人也，讀如『相人偶』之『人』，以人意相存偶之言。」《檜風·匪風》

〔一〕丘，原作「某」，據《莊子》改。

箋曰：「人偶能割亨者，人偶能輔周道治民者。」《聘禮》注曰：「每門輒揖者，以相人偶爲敬也。」《公食大夫禮》注曰：「每曲揖及當碑揖，相人偶。」是「人」與「偶」同義，故漢時有「相人偶」之語。《淮南·原道篇》「與造化者爲人」，義與此同。高注：「爲，治也。」非是。互見《淮南》。《齊俗篇》曰：「上與神明爲友，下與造化爲人。」是其明證也。

以己出經式義度人孰敢不聽而化諸

《應帝王篇》「君人者，以己出經式義度，人孰敢不聽而化諸」，釋文曰：「『出經』絶句。司馬云：『出，行也。經，常也。』崔云：『出，典法也。』『式義度人』絶句。式，法也。崔云：『式，用也。用仁義以法度人也。』」念孫案：此當以「以己出經式義度」爲句，「人孰敢不聽而化諸」爲句。「義」讀爲「儀」，「儀」與「義」古字通。《説文》：「義，己之威儀也。」《文侯之命》「父義和」，鄭注：「義讀爲儀。」《周官·肆師》「治其禮儀」，鄭注：「故書『儀』爲『義』，鄭司農云：『義讀爲儀，古者書儀但爲義，今時所爲義爲誼。』」《小雅·楚茨篇》「禮儀卒度」，《韓詩》作「義」。《周官·大行人》「大客之儀」，《大戴禮·朝事篇》作「義」。《樂記》「制之禮義」，《漢書·禮樂志》作「儀」。《周語》「示民軌儀」，《大射儀》注引作「義」。儀，法也。見《周語》注、《淮南·精神篇》注、《楚辭·九歎》注。「經」、「式」、「儀」、「度」皆謂法度也。解者失之。

波流

「吾與之虛而委蛇，不知其誰何。因以爲弟靡，因以爲波流」，郭象曰：「變化頹靡，世事波流，無往而不因也。」釋文曰：「波流，崔本作『波隨』。云常隨從之。」念孫案：作「波隨」者是也。「蛇」、「何」、「靡」、「隨」爲韻。蛇，古音徒禾反。「委蛇」之「委」，古音於禾反。「委蛇」，疊韻字也。《召南·羔羊篇》「委蛇委蛇」，與「皮」、「紽」爲韻。皮，古音婆。《莊子·庚桑楚篇》「與物委蛇」，與「爲」、「波」爲韻。「爲」古音「譌」。「委蛇」，或作「委佗」。《鄘風·君子偕老篇》「委委佗佗」，與「珈」、「河」、「宜」、「何」爲韻。「宜」古音「俄」。「靡」古音「摩」。《中孚》九二「吾與爾靡之」，與「和」爲韻。《莊子·知北遊篇》「安與之相靡」，與「化」、「多」爲韻。成二年《左傳》「師至于靡笄之下」，「靡」，一音「摩」。《史記·蘇秦傳》「期年以出揣摩」，鄒誕本作「揣靡」。「隨」古亦音徒禾反。「波隨」，疊韻字。《詩序》「男行而女不隨」，《老子》「前後相隨」，《管子·白心篇》「天不始不隨」，《呂氏春秋·審應篇》「人先我隨」，《韓子·解老篇》「大姦作，則小盜隨」，《淮南·泰族篇》「上動而下隨」，《史記·太史公自序》「主先而臣隨」，竝與「和」爲韻。又《呂氏春秋·任數篇》「無先有隨」，與「和」、「多」爲韻。《賈子·道術篇》「有端隨之」，與「和」、「宜」爲韻。《淮南·原道篇》「禍乃相隨」，與「多」爲韻。《說文》：「隨，從辵，隋聲。隋，音他果反。」《史記·天官書》「前列直斗口三星，隨北端兑」，索隱曰：「隨，音他果反。」

擢德塞性

《駢拇篇》：「枝於仁者，擢德塞性以收名聲。」念孫案：「塞」與「擢」義不相類，「塞」當爲「搴」。「擢」、「搴」皆謂拔取之也。《廣雅》曰：「搴，取也，《楚辭·離騷》注及《史記·叔孫通傳》索隱引許慎竝與《廣雅》同。《方言》作「攓」，云：「取也，南楚曰攓。」《說文》作「𢶀」，云：「拔取也。」拔也。」樊光注《爾雅》及李奇注《漢書·季布欒布田叔傳贊》竝與《廣雅》同。此言世之人皆擢其德，搴其性，務爲仁義以收名聲。非謂塞其性也。《淮南·俶真篇》曰：「俗世之學，擢德攓性，内愁五藏，外勞耳目，乃始招蟯振繾物之豪芒，摇消掉捎仁義禮樂，暴行越智於天下，以招號名聲於世。」又曰：「今萬物之來擢拔吾性，攓取吾情。」皆其證也。隸書「手」字或作「丰」，若「擧」字作「舉」、「拳」字作「奉」之類。故「搴」字或作「搴」，形與「塞」相似，因譌而爲「塞」矣。

刻之雒之

《馬蹄篇》「伯樂曰：『我善治馬。燒之，剔之，刻之，雒之。』」司馬彪曰：「雒謂羈絡其頭也。」念孫案：「雒」讀爲「鉻」，音「落」。字或作「𠞊」，通作「雒」，又通作「落」。鉻之言落也，剔去毛鬣爪甲謂之鉻。《說文》曰：「鉻，鬄也。」《廣雅》曰：「𠞊，剔也。」《吴子·治兵篇》說畜馬之法云：「刻剔毛鬣，謹落四下。」此云「燒之，剔之，刻之，雒之」，語意略相似。司馬以「鉻」爲「羈絡」，非也。下文「連之以羈馽」，乃始言羈絡耳。

仁義存焉　義士存焉

《胠篋篇》：「彼竊鉤者誅，竊國者爲諸侯，諸侯之門，而仁義存焉。」引之曰：「存焉」當爲「焉存」。焉，於是也。言仁義於是乎存也。《吕氏春秋·季春篇》注曰：「焉，猶於此也。」《聘禮記》曰：「及享，發氣焉盈容。」言發氣於是盈容也。《月令》曰：「天子焉始乘舟。」今本「焉」字在上句「乃告舟備具于天子」之下，此後人不曉文義而妄改之。今據《吕氏春秋·季春篇》《淮南·時則篇》訂正。言天子於是始乘舟也。《晉語》曰：「焉始爲令。」言於是始爲令也。《三年問》曰：「故先王焉爲之立中制節。」言先王於是爲之立中制節也。《荀子·禮論篇》「焉」作「安」，楊倞曰：「安，語助，或作安，或作案。《荀子》多用此字。」「焉」、「安」、「案」三字同義，詳見《釋詞》。《大荒南經》曰：「雲雨之山有木名曰欒，羣帝焉取藥。」言羣帝於是取藥也。《管子·揆度篇》曰：「民財足，則君賦斂焉不窮。」言賦斂於是不窮也。《墨子·非攻篇》曰：「天乃命湯於鑣宮，用受夏之大命，湯焉敢奉率其衆以鄉有夏之境。」言湯於是敢伐夏也。《楚辭·九章》曰：「焉洋洋而爲客。」又曰：「焉舒情而抽信兮。」言於是洋洋而爲客，於是舒情而抽信也。又僖十五年《左傳》「晉於是乎作爰田」、「晉於是乎作州兵」，《晉語》作「焉作轅田」、「焉作州兵」。《西周策》「君何患焉」，《史記·周本紀》作「君何患於是」。是「焉」與「於是」同義。莊八年《公羊傳》「吾將以甲午之日，然後祠兵於是」，《管子·小問篇》「且臣觀小國諸侯之不服者，唯莒於是」，是「於是」與「焉」同義。此四句以「誅」、「侯」爲韻，「門」、「存」爲韻，其韻皆在句末。《史記·游俠傳》作「竊鉤者誅，竊國者侯，侯之門，仁義存」，是其明證也。《盜跖篇》「小盜者拘，大盜者爲諸侯。諸侯之門，義士存焉」，「存焉」亦當作「焉存」。此皆後人不曉「焉」字之義而妄改之耳。

鉤餌

「鉤餌網罟罾笱之知多，則魚亂於水矣」。念孫案：「鉤」本作「釣」，「釣」即「鉤」也。今本作「鉤」者，後人但知「釣」爲「釣魚」之「釣」，而不知其又爲「鉤」之異名，故以意改之耳。今案：《廣雅》曰：「釣，鉤也。」《田子方篇》曰：「文王觀於臧，見一丈夫釣，而其釣莫釣，非持其釣有釣者也，常釣也。」以上六「釣」字，唯「其釣」與「持其釣」兩「釣」字指「鉤」而言，餘四「釣」字皆讀爲「釣魚」之「釣」。《鬼谷子·摩篇》曰：「如操釣而臨深淵。」《淮南·說山篇》曰：「操釣上山，揭斧入淵。」《說林篇》曰：「一目之羅，不可以得鳥；無餌之釣，不可以得魚。」東方朔《七諫》曰：

「以直鍼而爲釣兮，又何魚之能得？」是古人謂「鉤」爲「釣」也。又案《釋文》云：「餌，如志反。罾，音曾。笱，音苟。」此是釋「餌」、「罾」、「笱」三字之音。下又云：「釣，鉤也。餌，魚餌也。《廣雅》云：『罟謂之网。罾，魚网也。』《爾雅》云：『嫠婦之笱謂之罶。』」此是釋「釣」、「餌」、「網」、「罟」、「罾」、「笱」六字之義，後人既改正文「釣」字爲「鉤」，又改《釋文》「笱，音苟。釣，鉤也」六字爲「笱，音鉤。釣，鉤也」，其失甚矣。又《外物篇》「任公子爲大鉤巨緇」，釋文「鉤，本亦作釣」，亦當以作「釣」者爲是。《文選·七啟》注、傅咸《贈何劭王濟詩》注、謝靈運《七里瀨詩》注及《太平御覽·資産部十四》引此竝作「釣」也。又《列子·湯問篇》「詹何以芒鍼爲釣」，後人改「釣」爲「鉤」，不知《御覽》引此正作「釣」也。又下文「投綸沈釣」，今本「釣」作「鉤」，亦是後人所改。《韻府羣玉》「釣」字下引《列子》「投綸沈釣」，則所見本尚作「釣」也。又《齊策》「君不聞海大魚乎？網不能止，釣不能牽」，後人改「釣」爲「鉤」，不知《御覽·鱗介部七》引此正作「釣」，《淮南·人閒篇》亦作「釣」也。又《淮南·說山篇》「人不愛江漢之珠而愛己之釣」，高注云：「釣，鉤也。」後人既改正文「釣」字爲「鉤」，又改注文爲「鉤，釣也」，則其謬滋甚。蓋後人不知「釣」爲「鉤」之異名，故以其所知，改其所不知，而古義寖亡矣。

吐爾聰明

《在宥篇》：「墮爾形體，吐爾聰明。」引之曰：「吐」當爲「咄」。「咄」與「黜」同。《徐無鬼篇》「黜耆欲」，司馬本作「咄」。韋昭注《周語》曰：「黜，廢也。」「黜」與「墮」義相近。《大宗師篇》「墮枝體，黜聰明」，即其證也。隸書「出」字或省作「士」，若「敖」省作「敖」，「賣」省作「賣」，「款」省作「款」之類。故「咄」字或作「吐」，形與「吐」相似，因譌而爲「吐」矣。「咄」之譌作「吐」，猶「吐」之譌作「咄」，《漢書·外戚傳》「必畏惡吐棄我」，《漢紀》「吐」譌作「咄」。

天下功

《天道篇》「天不産而萬物化，地不長而萬物育，帝王無爲而天下功」，郭象曰：「功自彼成。」念孫案：如郭解，則「功」下須加「成」字而其義始明。不知「功」即「成」也，言無爲而天下成也。《中庸》曰：「無爲而成。」《爾雅》曰：「功，成也。」《大戴禮·盛德篇》曰：「能成德法者爲有功。」《周官·稾人》「乃入功于司弓矢及繕人」，鄭注曰：「功，成也。」《管子·五輔篇》曰：「大夫任官辯事，官長任事守職，士脩身功材。」「功材」謂成材也。《荀子·富國篇》曰：「百姓之力，待之而後功。」謂待之而後成也。「萬物化」、「萬物育」、「天下功」相對爲文，是

「功」爲「成」也。

厲蠆

《天運篇》「其知憯於厲蠆之尾」，釋文曰：「厲，敕邁反，又音『例』。本亦作厲。郭音『賴』，又敕介反。蠆，許謁反，或敕邁反。或云：『依字上當作蠆，下當作蝎。』」引之曰：陸讀「厲」爲「蠆」，讀「蠆」爲「蝎」，皆非也。「厲」音「賴」，又音「例」。陸云「本亦作厲」，即其證也。「蠆」音敕邁反，「蝎」音許謁反。「厲」、「蠆」皆蝎之異名也。《廣雅》曰：「蠆、蠤，蝎也。」今本《廣雅》脱「蠤」字。《一切經音義》卷五引《廣雅》「蠆、蠤，蝎也」，《集韻》引《廣雅》「蠤，蠆也」，今據補。「蠤」音盧達反。「蠆」、「蠤」皆毒螫傷人之名。「蠆」之言「蛆」，「蛆」音「哲」。《一切經音義》卷十引《字林》曰：「蛆，螫也。」僖二十二年《左傳》正義引《通俗文》曰：「蝎毒傷人曰蛆。」「蠤」之言「瘌」也。「瘌」音盧達反。郭璞注《方言》曰：「瘌，辛螫也。」字或作刺，左思《魏都賦》曰：「蔡莽螫刺，昆蟲毒噬。」《廣雅・釋詁》云：「毒、蛆、瘌，痛也。」是其義矣。「蠤」與「厲」古同聲，《莊子》作「厲」，《廣雅》作「蠤」，其實一字也。《史記・秦本紀》「厲共公」，《始皇紀》作「刺龔公」。「刺」之通作「厲」，猶「蠤」之通作「厲」矣。

井鼃

《秋水篇》：「井鼃不可以語於海者，拘於虚也。」引之曰：「鼃」本作「魚」，後人改之也。《太平御覽·時序部七》《鱗介部七》《蟲豸部一》引此竝云「井魚不可以語於海」，則舊本作「魚」可知。且《釋文》於此句不出「鼃」字，直至下文「埳井之鼃」始云「鼃，本又作蛙，户蝸反」，引司馬注云「鼃，水蟲，形似蝦蟇」，則此句作「魚」不作「鼃」明矣。若作「鼃」，則「户蝸」之音、「水蟲」之注當先見於此，不應至下文始見也。再以二證明之：《鴻烈·原道篇》「夫井魚不可與語大，拘於隘也」、梁張綰文「井魚之不識巨海，夏蟲之不見冬冰」，《水經·贛水注》云：「聊記奇聞以廣井魚之聽。」皆用《莊子》之文，則《莊子》之作「井魚」益明矣。《井》九二「井谷射鮒」，鄭注曰：「所生魚無大魚，但多鮒魚耳。」見劉逵《吴都賦注》。《困學紀聞》卷十引《御覽》所載《莊子》曰：「用意如井魚者，吾爲鉤繳以投之。」《吕氏春秋·諭大篇》曰：「井中之無大魚也。」此皆「井魚」之證。後人以此篇有「埳井鼃」之語，而《荀子》亦云「坎井之鼃，不可與語東海之樂」，見《正論篇》。遂改「井魚」爲「井鼃」，不知井自有魚，無煩改作鼃也。自有此改，世遂動稱井鼃夏蟲，不復知有「井魚」之喻矣。

拘於虚

崔譔注「拘於虚」曰：「拘於井中之空也。」念孫案：崔訓「虚」爲「空」，非也。「虚」與「墟」同，故《釋文》云：「虚，本亦作墟。」《廣雅》曰：「墟，凥也。」凥，古「居」字。《文選·西征賦》注引《聲類》曰：「墟，故所居也。」凡經傳言「丘墟」者，皆謂故所居之地。言井魚拘於所居，故不知海之大也。魚居於井，猶河伯居於涯涘之閒，故下文曰：「今爾出於涯涘，觀於大海，乃知爾醜也。」

鴟鵂

「鴟鵂夜撮蚤，察豪末」。引之曰：「鵂」字涉《釋文》内「鴟，鵂鶹」而衍。《埤雅》引此已誤。案《釋文》曰：「鴟，尺夷反。崔云：『鴟，鵂鶹。』」而不爲「鵂」字作音，則正文内本無「鵂」字明矣。《淮南·主術篇》亦云：「鴟夜撮蚤。」

無東無西

「無南無北，奭然四解，淪於不測；無東無西，始於玄冥，反於大通」。念孫案：「無東無西」

當作「無西無東」。「北」、「測」爲韻，「東」、「通」爲韻。

腞楯之上聚僂之中

《達生篇》「苟生有軒冕之尊，死得於腞楯之上、聚僂之中則爲之」，釋文：「司馬云：腞猶篆也。楯猶案也。聚僂，器名也。今冢壙中注爲之。一云：聚僂，棺椁也。一云：聚當作菆，僂當作蔞，謂殯於菆塗蔞翣之中。」念孫案：「腞」讀爲「輇」，謂載柩車也。《雜記》「載以輲車」，鄭注曰：「輲讀爲輇。」釋文：「輇，市專反，又市轉反。」《士喪禮記》注曰：「載柩車，《周禮》謂之蜃車，《雜記》謂之團，或作輇，或作槫，聲讀皆相附耳。其車之轝狀如牀，中央有轅，前後出，設前後輅。轝上有四周，下則前後有軸，以輇爲輪。許叔重說：有輻曰輪，無輻曰輇。」「輇」、「輲」、「槫」、「團」竝字異而義同。此作「腞」，義亦同也。「楯」讀爲「輴」，亦謂載柩車也。《檀弓》曰：「天子之殯也，菆塗龍輴以椁。」又曰：「天子龍輴而椁幬，諸侯輴而設幬。」《喪大記》曰「君殯用輴」，鄭注曰：「天子之殯，居棺以龍輴，諸侯輴不畫龍，大夫廢輴。」《士喪禮下篇》注曰：「輁，狀如長牀。穿桯，前後著金而關軸焉。大夫、諸侯以上有四周謂之輴。」此謂朝廟時所用。「輴」與「楯」古字通，《雜記》注曰：「載柩以楯。」是其證也。「聚僂」，謂柩車飾也。衆飾所聚，故曰聚僂。亦以其形中高而四下，故言僂也。《雜記》注曰：「將葬，載柩之車飾曰柳。」《周官・縫人》「衣翣柳之材」，注曰：「柳之言聚，諸飾之所聚。」《釋名》曰：「輿棺之車，其蓋曰柳。柳，聚也。衆飾所聚，亦其形僂也。」《檀弓》曰：「設蔞翣。」《荀子・禮論篇》曰：「無帾絲歶縷翣，其䫉以象菲帷幬尉也。」「柳」、「蔞」、「縷」、「僂」竝字異而義同。《呂氏春秋・節喪篇》「僂翣以督之」，其字亦作「僂」。《釋文》所引或說，以「僂」爲「蔞翣」字是也，餘說皆失之。

殺鴈而亨之

《山木篇》「莊子舍於故人之家，故人喜，命豎子殺鴈而亨之」，釋文：「亨，普彭反，煮也。」念孫案：「亨」讀爲「享」。「享之」，謂享莊子。故人喜莊子之來，故殺鴈而享之。「享」與「饗」通，《呂氏春秋・必己篇》作「令豎子爲殺鴈饗之」，是其證也。古書「享」字作「亨」，「烹」字亦作「亨」，故《釋文》誤讀爲「烹」，而今本遂改「亨」爲「烹」矣。原文作「亨」，故《釋文》音普彭反。若作「烹」，則無須音釋。

必取其緒

「食不敢先嘗，必取其緒」，釋文曰：「緒，次緒也。」念孫案：陸說非也。緒者，餘也。言食不敢先嘗，而但取其餘也。《讓王篇》「其緒餘以爲國家」，司馬彪曰：「緒者，殘也。謂殘餘也。」《楚辭・九章》「欸秋冬之緒風」，王注曰：「緒，餘也。」《管子・弟子職篇》「奉椀以爲緒」，尹知章曰：「緒，然燭燼也。」「燼」亦「餘」也。見《方言》《廣雅》。

眞泠禹曰

「舜之將死，眞泠禹曰：『女戒之哉！』」釋文曰：「眞，司馬本作直。泠音零。司馬云：泠，曉也。謂以直道曉語禹也。泠或爲命，又作令，命猶教也。」引之曰：「直」當爲「卤」，「卤」，籀文「乃」字，隸書作「迺」。「卤」形似「直」，《繹山碑》「乃今皇帝」，「乃」字作「卤」，形似「直」字。故譌作「直」，又譌作「眞」。「命」與「令」古字通。《周官・司儀》「則令爲壇三成」，《覲禮》注引此「令」作「命」。僖九年《左傳》「令不及魯」，「令」，本又作「命」。《莊子・田子方篇》「先君之令」，「令」，本或作「命」。《周官・大卜》注「以命龜也」，「命」，亦作「令」。作「命」、作「令」者是也。「卤令禹」者，乃命禹也。

目大運寸

「莊子遊乎雕陵之樊，覩一異鵲自南方來者，翼廣七尺，目大運寸」，司馬彪曰：「運寸，可回一寸也。」念孫案：司馬以「運」爲「轉運」之「運」，非也。「運寸」與「廣七尺」相對爲文，

「廣」爲横，則「運」爲從也。「目大運寸」，猶言目大徑寸耳。《越語》「句踐之地，廣運百里」，韋注曰：「東西爲廣，南北爲運。」是「運」爲從也。《西山經》曰：「是山也，廣員百里。」「員」與「運」同。《周官·大司徒》「周知九州之地域廣輪之數」，《士喪禮記》「廣尺，輪二尺」，鄭注竝曰：「輪，從也。」「輪」與「運」聲近而義同，「廣輪」即「廣運」也。

三月不庭

「莊周反入，三月不庭。藺且從而問之：『夫子何爲頃閒甚不庭乎？』莊周曰：『今吾遊於雕陵而忘吾身，異鵲感吾顙；遊於栗林而忘吾真，栗林虞人以吾爲戮，吾所以不庭也。』」釋文曰：「『三月不庭』，一本作『三日』。司馬云：『不出坐庭中三月。』」念孫案：如司馬說，則「庭」上須加「出」字而其義始明。下文云：「夫子何爲頃閒甚不庭乎？」若以「甚不庭」爲甚不出庭，則尤不成語。今案：「庭」當讀爲「逞」，「不逞」，不快也。「甚不逞」，甚不快也。忘吾身，忘吾真，而爲虞人所辱，是以不快也。《方言》曰：「逞、曉，快也。自關而東，或曰曉，或曰逞。江、淮、陳、楚之閒曰逞。」桓六年《左傳》「今民餒而君逞欲」，《周語》「虢公動匱百姓以逞其違」，韋、杜注竝曰：「逞，快也。」「逞」字古讀若「呈」，聲與「庭」相近，故通作「庭」。張衡《思玄賦》「怨素意之不逞」，與「情」、「名」、「聲」、「營」、「平」、「崢」、「禎」、「鳴」、「榮」、「寧」爲韻。《說文》：「逞，從辵，呈聲。」僖二十三年《左傳》「淫刑以逞」，《釋文》「逞」作「呈」。《方言》「逞，解也」，《廣雅》作「呈」。「三月不庭」，一本作「三日」，是也。下文言「夫子頃閒甚不庭」，若三月之久，不得言「頃閒」矣。

臣有守也

《知北遊篇》：「大馬之捶鉤者，年八十矣，而不失豪芒。大馬曰：『子巧與？有道與？』曰：『臣有守也。』」念孫案：「守」即「道」字也。《達生篇》：「仲尼曰：『子巧乎？有道邪？』曰：『我有道也。』」是其明證矣。「道」字古讀若「守」，故與「守」通。凡九經中用韻之文，「道」字皆讀若「守」。《楚辭》及《老》《莊》諸子竝同。秦《會稽刻石文》「追道高明」，《史記·秦始皇紀》「道」作「首」，「首」與「守」同音。《說文》：「道，從辵，首聲。」今本無「聲」字者，二徐不曉古音而削之也。

簡髮而抆

《庚桑楚篇》「簡髮而抆，數米而炊」，釋文：「抆，莊筆反，又作『櫛』，亦作『楖』，皆同。郭音『節』，徐側冀反。」引之曰：《玉篇》：「抆，苦敢切，打抆也。」不得音莊筆反，又音「節」。「抆」當爲「㧊」，即《玉篇》「挐」字，隸書轉寫手旁於左耳。《玉篇》：「挐，七咨切，挈也。」此借爲「櫛髮」之「櫛」，故音莊筆反，又音「節」。凡從次聲之字，可讀爲「即」，又可讀爲「節」。

《說文》「垐，以土增大道上，從土，次聲。古文垐，從土，即聲」，引《虞書》「朕堲讒說殄行」。《玉篇》音才資、才即二切。《說文》：「楶，欂櫨也。從木，咨聲。」咨，從口，次聲。即是「山節藻梲」之「節」。《康誥》「勿庸以次女封」，《荀子·致士篇》引此「次」作「即」，皆其例也。「扻」爲「櫛髮」之「櫛」，當讀入聲，而其字以次爲聲，則亦可讀去聲，故徐邈音側冀反。

吉凶

「能抱一乎？能勿失乎？能無卜筮而知吉凶乎？能止乎？能已乎？能舍諸人而求諸己乎」。念孫案：「吉凶」當爲「凶吉」。「一」、「失」、「吉」爲韻，「止」、「已」、「己」爲韻。《管子·心術篇》「能專乎？能一乎？能毋卜筮而知凶吉乎」，是其證。《内業篇》「凶吉」亦誤爲「吉凶」，唯《心術篇》不誤。

儒以金椎控其頤

《外物篇》：「儒以詩禮發家，大儒臚傳曰：『東方作矣，事之何若？』小儒曰：『未解裙襦，口中有珠。詩固有之曰：「青青之麥，生於陵陂。生不布施，死何含珠爲！」接其鬢，壓其顪，儒以金椎控其頤，徐別其頰，無傷口中珠。』」念孫案：「儒以金椎控其頤」，《藝文類聚·寶玉部》引此「儒」作「而」，是也。而，汝也。自「未解裙襦」以下，皆小儒荅大儒之詞。言汝以金椎控其頤，徐別其頰，無傷其口中之珠也。「而」、「儒」聲相近，上文又多「儒」字，故而誤作「儒」。

哽而不止則跈

「凡道不欲壅，壅則哽，哽而不止則跈，跈則衆害生」，郭象曰：「當通而塞，則理有不泄而相騰踐也。」釋文：「跈，女展反。《廣雅》云：『履也，止也。』本或作『蹍』，同。」念孫案：踐履與壅塞，二義不相比附。郭云「理有不泄而相騰踐」，所謂曲説者也。「本或作蹍」，亦非也。今案：「跈」讀爲「抮」。抮，戾也。言哽塞而不止，則相乖戾，相乖戾則衆害生也。《廣雅》曰：「抮，盭也。」「盭」與「戾」同。《方言》曰：「軫，戾也。」郭璞曰：「相了戾也。」《孟子·告子篇》「紾兄之臂而奪之食」，趙岐曰：「紾，戾也。」此云「哽而不止則跈」，義竝與「抮」同。

上謀而下行貨

《讓王篇》：「今周見殷之亂而遽爲政，上謀而下行貨，阻兵而保威。」念孫案：「上謀而下行貨」，「下」字後人所加也。「上」與「尚」同。「上謀而行貨，阻兵而保威」，句法正相對。後人誤讀「上」爲「上下」之「上」，故加「下」字耳。《吕氏春秋·誠廉篇》正作「上謀而行貨，阻兵而保威」。

病瘦

《盜跖篇》「除病瘦死喪憂患，其中開口而笑者，一月之中不過四五日而已矣」，釋文：「瘦，色又反。」念孫案：「瘦」當爲「瘐」，字之誤也。瘐，亦病也。病瘐爲一類，死喪爲一類，憂患爲一類。「瘐」字本作「瘉」，《爾雅》曰：「瘉，病也。」《小雅·正月篇》「胡俾我瘉」，《毛傳》與《爾雅》同。《漢書·宣帝紀》「今繫者或以掠辜，若飢寒瘐死獄中」，蘇林曰：「瘐，病也。因徒病，律名爲瘐。」師古曰：「瘐，音庾，字或作瘉。」《王子侯表》曰：「富侯龍下獄瘐死。」

無轉而行

「無轉而行，無成而義，將失而所爲」。念孫案：「無轉而行」，「轉」讀爲「專」。《山木篇》云「一龍一蛇，與時俱化，而無肯專爲」，即此所謂「無專而行」也。此承上文「與時消息，與道徘徊」而言，言當隨時順道，而不可專行仁義。若專而行，成而義，則將失而所爲矣。故下文云：「正其言，必其行，故服其殃，離其患也。」「必其行」即此所謂「專而行」也。《秋水篇》

「無一而行，與道參差」，「一」亦「專」也。「無專而行」，猶言無一而行也。「專」與「轉」古字通，又通作「摶」。《史記·吴王濞傳》「燕王摶胡衆入蕭關」，索隱曰：「摶音專，謂專統領胡兵也。」《漢書》「摶」作「轉」。

馮氣

「今富人侅溺於馮氣，若負重行而上也，可謂苦矣」，釋文曰：「馮氣，馮音憤。憤，滿也。言憤畜不通之氣也。」念孫案：馮氣，盛氣也。昭五年《左傳》「今君奮焉震電馮怒」，杜注曰：「馮，盛也。」《楚辭·離騷》「馮不猒乎求索」，王注曰：「馮，滿也。楚人名滿曰馮。」是「馮」爲盛滿之義，無煩改讀爲「憤」也。

達於知者肖

《列御寇篇》「達生之情者傀，達於知者肖」，郭象曰：「傀然大，恬解之貌。肖，釋散也。」念孫案：郭以「傀」爲「大」，是也。以「肖」爲「釋散」，則非。《方言》曰：「肖，小也。」《廣雅》同。「肖」與「傀」正相反，言任天則大，任智則小也。「肖」猶「宵」也，《學記》「宵雅肄三」，鄭注曰：「宵之言小也。」「宵」、「肖」古同聲，故《漢書·刑法志》「肖」字通作「宵」。《史記·太史公自序》「申吕肖矣」，徐廣曰：「肖，音痟。痟，猶衰微。」義亦相近也。

天下多得一察焉以自好

《天下篇》「天下大亂，賢聖不明，道德不一，天下多得一察焉以自好」，郭象斷「天下多得一」爲句。釋文曰：「得一，偏得一術。」念孫案：「天下多得一察焉以自好」當作一句讀。下文云：「天下之人，各爲其所欲焉以自爲方。」句法正與此同。一察，謂察其一端而不知其全體。下文云：「譬如耳目鼻口，皆有所明，不能相通。」即所謂「一察」也。若以「一」字上屬爲句，「察」字下屬爲句，則文不成義矣。

吕氏春秋

蟄蟲始振　蟄蟲咸動

《孟春篇》「蟄蟲始振」，高注曰：「蟄伏之蟲乘陽，始振動蘇生也。」《仲春篇》「蟄蟲咸動」，注曰：「蟄伏之蟲皆動蘇。」念孫案：如高注，則「始振」及「咸動」下皆當有「蘇」字，今本無「蘇」字者，後人依《月令》删之耳。「蘇」本作「穌」，《淮南·時則篇》「蟄蟲始振穌」，高注曰：「振動，穌生也。」又「蟄蟲咸動穌」，注曰：「穌，生也。」足與此文互相證明矣。

其誰可而爲之

《去私篇》「晉平公問於祁黄羊曰：『南陽無令，其誰可而爲之？』」高注曰：「而，能也。」念孫案：「而」、「能」古雖同義，此「而」字不可訓爲「能」，「而」猶「以」也。言誰可以爲之也。誰可以爲之，猶言誰能爲之。若云誰可能爲之，則不辭矣。古者「而」與「以」同義，故「可以」或曰「可而」。《功名篇》曰：「故當今之世，有仁人在焉，不可而不此務，有賢主不可而不此事，賢不肖不可以不相分。」「而」與「以」同義，故二字可以互用。《不屈篇》曰：「惠子曰：『若王之言，則施不可而聽矣。』」《用民篇》曰：「處次官，執利勢，不可而不察於此。」《墨子・尚賢篇》曰：「使天下之爲善者可而勸也，爲暴者可而沮也。」又曰：「上可而利天，中可而利鬼，下可而利人。」《尚同篇》曰：「上用之天子，可以治天下矣；中用之諸侯，可而治其國矣；下用之家君，可而治其家矣。」皆其證也。餘見《荀子》「剄而獨鹿」下。

達帝功

《古樂篇》「昔葛天氏之樂，三人操牛尾投足以歌八闋：六曰《達帝功》」，畢氏弇山改「達」

爲「建」，説云：「《文選・上林賦》注張揖引作『徹帝功』，李善謂『以建爲徹，誤』，則當作『建』也。」念孫案：《上林賦》注，張揖曰：「葛天氏八曲，六曰《徹帝功》。」李善曰：「《吕氏春秋》『六曰《達帝功》』，今注以『達』爲『徹』，誤。」念孫謂徹者，通也。通，亦達也。《釋名》曰：「達，徹也。」昭二年《左傳》「徹命于執事」，《周語》「其何事不徹」，韋、杜注竝云：「徹，達也。」徹與達義同而聲亦相近，故張揖引此「達」作「徹」。李善駁之，誤也。至今本《文選》注「達」作「建」，乃傳寫之誤。建與徹聲義皆不相近，若本是「建」字，張揖無緣改「建」爲「徹」。考《初學記・樂部上》《太平御覽・樂部四》引此竝作「達帝功」，則作「達」者是也。《史記・司馬相如傳》索隱引作「建帝功」，亦後人據誤本《文選》改之。今據誤本《文選》以改本書，失之矣。

水道壅塞不行其原

「昔陶唐氏之始，陰多滯伏而湛積，水道壅塞，不行其原」，舊校云：「一作『陽道壅塞，不行其次』。」孫氏詒穀云：「李善注《文選・傅武仲〈舞賦〉》《張景陽〈七命〉》俱引作『陽道壅塞』。」念孫案：作「陽道」者是也。「陽道壅塞」與「陰多滯伏」正相對，後人以高注云「故有洪水之災」，遂改「陽道」爲「水道」，不知高注自謂陽道壅塞，故有洪水之災，非正文内本有「水」字也。「原」當爲「序」，字之誤也。《莊子・則陽篇》「隨序之相理」，釋文：「序，或作原。」陽道壅塞，故行不由序。別本作「不行其次」，次亦序也。《漢書・司馬相如傳》注引此正作「陽道壅塞，不行其序」。

苓管

「吹苓管壎篪」。引之曰：「苓」當爲「笭」，即「笙」字也。古從生聲之字，或從令聲。「笙」之爲「笭」，猶「旌」之爲「旍」也。《玉篇》云：「旍同旌，見《禮記》。」《爾雅・釋天》釋文云：「旌，本又作旍。」《月令》「載旌旐」，《呂氏春秋・季秋篇》「旌」作「旍」。隸書從竹之字，多變從艹，故「笭」譌作「苓」。或曰：「籥」字之譌，「竹」誤爲「艹」，又脱下半耳。

賢者益疑

《禁塞篇》「救守之説出，則不肖者益幸也，「也」當作「矣」。與下句文同一例。今作「也」者，因與上文「不肖者之幸也」相涉而誤。賢者益疑矣」，高注曰：「疑怪其何以益幸也。」念孫案：高説非也。疑者，恐也。言不肖者益幸，而賢者益恐也。古者謂「恐」曰「疑」。《雜記》曰：「五十不致毁，六十不毁，七十飲酒食肉，皆爲疑死。」鄭注曰：「疑，猶恐也。」《大戴禮・曾子立事篇》曰：「君子見善，恐不得與焉；見不善，恐其及己也。是故君子疑以終身。」《管子・小問篇》

曰：「駮食虎豹，故虎疑焉。」《荀子・宥坐篇》「其赴百仞之谷不懼」，《大戴禮・勸學篇》「懼」作「疑」，皆其證也。上文云：「守無道而救不義，則禍莫大焉，爲天下之民害莫深焉。」故此言「救守之説出，則不肖者益幸，而賢者益恐」。

憂恨

《懷寵篇》：「憂恨冒疾，遂過不聽。」引之曰：「憂恨」與「遂過不聽」義不相屬，「憂」當爲「复」。「复」與「愎」同。古無「愎」字，故借「复」爲之。或通作「復」，《韓子・十過篇》「夫知伯之爲人也，好利而鷙愎」，《趙策》「愎」作「復」是也。又通作「覆」，《管子・五輔篇》「下愈覆鷙而不聽從」是也。又通作「蝮」，《史記・酷吏傳贊》「京兆無忌、馮翊殷周蝮鷙」是也。隸書「复」字或作「夏」，「憂」字或作「𡝤」，二形相似而誤。《書・堯典》正義：「夏侯等書『心腹腎腸』曰『憂賢陽』。」《史記・秦始皇紀〈刻碣石門辭〉》「文復無罪」，徐廣曰：「復，一作憂。」蓋「腹」、「復」竝通作「复」，因誤爲「憂」也。「恨」與「很」同。《爾雅》「鬩，恨也」，孫炎本「恨」作「很」。又《荀子》見下。《莊子・漁父篇》曰：「見過不更、聞諫愈甚謂之很。」《説文》曰：「很，不聽從也。」宣十二年《左傳》注曰：「愎，很也。」故曰：「愎很冒疾，遂過不聽。」《逸周書・謚法篇》曰：「愎很遂過曰刺。」《荀子・成相篇》曰：「恨復遂過不肯悔。」「恨復」與「很愎」同，今本「復」譌作「後」，辯見《荀子》。義竝與此同。

奮投

《愛士篇》："晉惠公之右路石，奮投而擊繆公。"念孫案："投"當爲"杸"，字之誤也。《説文》"杸，軍中士所持殳也。從木、從殳"，引《司馬法》"執羽從杸"。《急就篇》曰"鐵錘檛杖棁柲杸"，今經傳通作"殳"。

載旍旐輿受車以級

《季秋篇》"命僕及七騶咸駕，載旍旐輿，"旍"與"旌"同。受車以級，整設于屏外"，高注曰："田僕掌佐車之政，令獲者植旍，故載旍也。輿，衆也。衆當受田車者，各以等級陳于屏外也。"引之曰：注言"載旍"而不及"旐"，則"旍"下無"旐"字，"旐"字蓋後人據《月令》加之也。《淮南·時則篇》作"戴荏"，"荏"即"旌"之譌，"荏"下亦無"旐"字，當删去。其"輿"字當讀爲"旟"，屬上句讀。《月令》云"載旌旐"，此云"載旍旟"，旟、旐皆旌旂之屬，各舉一物言之耳。高以"輿"字屬下句讀，又訓爲衆，皆失之。

剗而類揆吾家

《知士篇》："靜郭君大怒曰：『剗而類！揆吾家，苟可以慊劑貌辨者，吾無辭爲也。』"高注曰："剗，滅也。而，汝也。慊，足也。揆度吾家，誠可以足劑貌辨者，吾不辭也。"念孫案："剗"與"殘"同。《觀世篇》"以兵相剗"，《謹聽篇》"剗"作"殘"，是其證也。"揆"與"睽"同。《後漢書·馬融傳》注曰："睽，離也。"言雖殘害汝類，離析吾家，苟可以快劑貌辨者，吾不辭也。《齊策》作"剗而類，破吾家"，"破"與"睽"、"離"義亦相近，高以"揆"爲"揆度"，則與上句不類矣。

官人事

《安死篇》"憚耕稼採薪之勞，不肯官人事"，高注曰："既憚耕稼，又不肯居官脩治人事也。"念孫案：官，猶事也。事如「請事斯語」之「事」。言不肯事其民事也。《樂記》"禮樂明備，天地官矣"，鄭注曰："官，猶事也。"人事即指耕稼而言，高誤以官爲居官，遂分耕稼與人事爲二。

爲我死

《異寳篇》：「孫叔敖疾，將死，戒其子曰：『爲我死，王則封女，必無受利地。』」畢曰：「『爲』字衍。《後漢書·郭丹傳》注引此無。」念孫案：爲，猶如也。言如我死而王封汝，汝必無受利地也。古或謂「如」曰「爲」。《管子·戒篇》「管仲寢疾，桓公往問之，管仲曰：『夫江黄之國近於楚，爲臣死乎，君必歸之楚而寄之。』」言如臣死也。《秦策》「秦宣太后病，將死，出令曰：『爲我葬，必以魏子爲殉。』」言如我葬也。《長見篇》「魏公叔痤對惠王曰：『臣之御庶子鞅，願王以國聽之也。爲不能聽，勿使出竟。』」言如不能聽也。《韓子·内儲説》「荆王新得美女，鄭袖教之曰：『王甚喜人之掩口也，爲近王，必掩口。』」言如近王也。《秦策》「公孫衍謂義渠君曰：『中國無事於秦，則秦且燒焫獲君之國；中國爲有事於秦，則秦且輕使重幣而事君之國。』」言中國如有事於秦也。考《列子·説符篇》亦作「爲我死」，則「爲」非衍字明矣。《後漢書注》引此無「爲」字者，注内引書例得從省，不可援以爲據也。

侍老

《異用篇》「仁人之得飴，以養疾侍老也」，高注曰：「侍，亦養也。」念孫案：正文及注内兩「侍」字皆當爲「持」。「持老」謂養老也。《長見篇》曰：「申侯伯善持養吾意。」《管子·明法篇》曰：「小臣持祿養交，不以官爲事。」《墨子・天志篇》曰：「内有以食飢息勞，持養其萬民。」《荀子・勸學篇》曰：「除其害者以持養之。」《榮辱篇》曰：「以相羣居，以相持養。」《議兵篇》曰：「高爵豐祿以持養之。」是「持」與「養」同義，故注云「持，亦養也」。

而人不知以奚道相得

《不侵篇》：「天下輕於身，而士以身爲人。以身爲人者，如此其重也，而人不知，以奚道相得？」「以」字後人所加，説見下。高讀「而人不知奚道相得」爲一句，説云：「不知以何道得人，乃令之爲己死也。」念孫案：高説非也。「而人不知」爲句，「奚道相得」爲句。道者，由也。言士之輕身重義如此而人不知，則何由與士相得哉？不相知則不能相得，故下文云「賢主必自知士，故士盡力竭智，直言交争，而不辭其患」。《下賢篇》曰：「有道之士，固驕人主，人主之不肖者，亦驕有道之士。日以相驕，奚時相得？」《知接篇》曰：「智者其所能接遠也，愚者其所能接近也。所能接近而告之以遠化，奚由相得？」語意略與此同。《有度篇》「若雖知之，奚道知其不爲私」，言何由知其不爲私也。《晏子春秋・雜篇》「君何年之少而棄國之蚤，奚道至於此乎」，言何由至於此也。《韓子・孤憤篇》「法術之士，奚道得進」，言何由得進也。「奚道」上不當有「以」字，蓋後人不能正高注之誤，又因注而加「以」字耳。

極星與天俱遊而天極不移

念孫案：《爾雅》：「北極謂之北辰。」昭十七年《公羊傳》疏引孫炎注曰：「北極，天之中，以正四時，謂之北辰。」《開元占經・石氏中官占》引《黄帝占》注曰：「北極紐星，天之樞也。天運無輟，而極星不移。」案：「極星」即「北辰」也。或言「北辰」，或言「北極」，或言「極星」，或言「紐星」，或言「樞星」，皆異名而同實。古者極星正當不動之處，故曰：「居其所而衆星共之。」《爾雅》「北極謂之北辰」，與角、亢以下，同在星名之列。《公羊傳》以北辰、心、伐爲三大辰，《鄉飲酒義》謂之三光，皆指極星言之。《考工記》「匠人建國，夜攷之極星，以正朝夕」，偏東爲朝，偏西爲夕。鄭注曰：「極星謂北辰。」尤爲明據。《晏子春秋・雜篇》曰：「古之立國者，南望南斗，北戴樞星，彼安有朝夕哉？」《春秋繁露・深察名號篇》曰：「正朝夕者視北辰。」併與《考工》相合。《楚辭・九歎》「綴鬼谷於北辰」，王注曰：「北辰，北極星也。」亦與鄭注相同。賈逵、張衡、蔡邕、王蕃、陸績以紐星爲不動處是也。梁祖暅測不動處距紐星一度有餘，今紐星又移，而不動之處乃在鉤陳大星與紐星之閒，此因恒星東徙，是以極星移度，後儒遂謂經文之北辰皆指無星之處言之，失其指矣。《吕氏春秋・有始篇》曰：「衆星與天俱遊，而極星不移。」高注曰：「極星，北辰星也。《語》曰：『譬如北辰，居其所而衆星拱之。』故曰不移。」蓋周、秦之閒，極星未移，故吕氏之言正與《考工》相合，故高注引《論語》以證極星之不移。後人見極星已移，乃妄改之曰「極星與天俱遊，而天極不移」，或又改爲「天樞不移」，以强合無星之説，而不知其與高注大相抵牾也。凡言辰者，皆在天成象而可以正時者也。日、月、星謂之三辰，極星謂之北辰，北辰、心、伐謂之大辰，其義一也。是以《堯典》言「曆象日月星辰」，《中庸》言「日月星辰繫焉」，《祭法》言「日月星辰，民所瞻仰」，皆指在天成象者言之。後儒謂天之無星處皆辰，則無稽之言耳。

乃參于上

「冬至日行遠道，周行四極，夏至日行近道，乃參于上」，高注曰：「遠道，外道也。故曰周行四極。近道，内道也。乃參倍于上，夏日高也。」引之曰：高讀「參」爲「三」，非也。「參」如「立則見其參於前」之「參」。「參」猶「值」也。言正值人上也。夏至日行北道，日中之時，正值人上，故曰近。《墨子·經篇》曰：「直，參也。」「直」與「值」同。《淮南·説山篇》「越人學遠射，參天而發，適在五步之内」，高注曰：「越人習水便舟而不知射，射遠反直仰向天而發，矢勢盡而還，故近在五步之内。參猶望也。」案「參天而發」謂值天而發也，高訓「參」爲「望」，亦失之。

熛火

《應同篇》：「旱雲煙火，雨雲水波。」《淮南·覽冥篇》作「涔雲波水」。引之曰：「煙」當爲「熛」，字之誤也。《淮南》亦誤作「煙」，辯見《淮南》。《説文》：「熛，火飛也。讀若『標』。」《一切經音義》十四引《三倉》曰：「熛，迸火也。」「旱雲熛火，雨雲水波」，猶言旱雲如火，雨雲如水耳。若云「旱雲煙火」，則與下句不類矣。《藝文類聚·天部上》《初學記·天部》《太平御覽·天部八》引此竝誤作「煙」，唯舊本《北堂書鈔·天部二》出「熛火」二字，引《吕氏春秋》「旱雲如熛火」，陳禹謨依俗本改爲「烟火」。則所見本尚未誤。《慎小篇》曰：「突泄一熛，而焚宫燒積。」今本「熛」字亦誤作「煙」，畢校本已改正。《一切經音義》十三引此正作「熛」。《韓子·喻老篇》曰：「百尺之室，以突隙之熛焚。」《淮南·人閒篇》亦曰：「百尋之屋，以突隙之熛焚。」《淮南·齊俗篇》曰：「譬若水之下流，熛之上尋也。」《説林篇》曰：「一家失熛，百家皆燒。」《史記·淮陰侯傳》曰：「熛至風起。」《漢書·敘傳》曰：「勝、廣熛起，梁、籍扇烈。」皆其證也。魏徵《羣書治要》引《尸子·貴言篇》曰：「熛火始起，易息也。」《吴越春秋·句踐入臣外傳》曰：「目若熛火，聲如雷霆。」此尤「熛火」二字之明證。而今本《晏子》《韓子》及《淮南·覽冥》《齊俗》《人閒》三篇，「熛」字皆誤作「煙」，唯《史記》《漢書》《吴越春秋》《淮南·説林》及《羣書治要》《一切經音義》、舊本《北堂書鈔》所引不誤。世人多見「煙」，少見「熛」，固宜其沿誤而不知也。

財物資盡

《務本篇》「今有人於此，脩身會計則可恥，臨財物資盡則爲己」，高讀「盡則爲己」爲一句，說云：「盡猶略也。無不充仞以爲己有。」念孫案：高說「盡」字之義非是。「盡」讀爲「賮」。張載注《魏都賦》引《倉頡篇》云：「賮，財貨也。」「賮」與「盡」古字通。《孟子·公孫丑篇》作「贐」，《史記·高祖紀》作「進」。《管子·乘馬篇》云：「黄金一溢，百乘一宿之盡也。」是其證。「財物資盡」四字連讀，「脩身會計則可恥」、「臨財物資盡則爲己」句法正相對。若讀「臨財物資」爲句，「盡則爲己」爲句，則句不成義，且與上文不類矣。

厚用

《孝行篇》「此五者，代進而厚用之，可謂善養矣」，高注曰：「代，更。更次用之，以便親性，可謂爲善養親也。」引之曰：「厚」當爲「序」。隸書「厚」字或作「⿸广㫗」，見漢《荆州刺史度尚碑》。又作「⿸广㫗」，見《三公山碑》。形與「序」竝相近，故「序」譌爲「厚」。「代進而序用之」者，「序」亦「代」也。《燕禮》「序進」，鄭注曰：「序，次第也，猶代也。」《郊特牲》「昬禮不賀，人之序也」，鄭注曰：「序，猶代也。」是「序」與「代」同義，《楚辭·離騷》「春與秋其代序」是也。高訓「代」爲「更」，「序」亦「更」也。《周官·御僕》「以序守路鼓」，《公食大夫禮》「序進」，《仲尼燕居》「夏籥序興」，鄭注竝曰：「序，更也。」「序」與「次」亦同義，故高云「更次用之」。

雋觾

《本味篇》：「肉之美者，雋觾之翠。」念孫案：《說文》《玉篇》《廣韻》《集韻》皆無「觾」字。「雋觾」當爲「巂燕」，「巂」與「嶲」同。「嶲」、「巂」竝户圭反。《爾雅·釋鳥》云：「嶲周，燕燕，鳦。」郭璞以「燕燕」二字連讀，而以「嶲」與「周」爲一物，「燕燕」與「鳦」爲一物。《說文》云：「嶲，嶲周，燕也。」俗本脱下「嶲」字，今依段氏注補。則以「嶲周」二字連讀，而以「嶲周」與「燕」爲一物。此云「嶲燕之翠」，義與《說文》同。作「巂」者，借字耳。因右畔「嶲」字譌作「雋」，左畔「角」字又下移於「燕」字之旁，故譌爲「雋觾」二字。《北堂書鈔·酒食部四》、《太平御覽·飲食部十一》《羽族部十》及《文選·七命》注竝引作「嶲燕」。《初學記·器物部十四》引作「攜燕」，「攜」即「巂」之譌。

勝左人中人

《慎大篇》「趙襄子攻翟，勝左人、中人」，今本「左人」作「老人」。案俗書「左」字作「尢」，形與「老」相近，因誤爲「老」。《太平御覽·兵部五十三》引此正作「左人」，《晉語》及《列子·説符篇》亦作「左人」。《淮南·道應篇》作「尢人」，「尢」即俗書「左」字之誤。《水經·滱水注》「滱水東逕左人城南」，應劭曰：「左人城在唐縣西北四十里。」今據改。高注曰：「襄子使辛穆子伐翟，勝之，下左人、中人城。」念孫案：如高注，則「勝」字自爲一句，「左人中人」之上須加「下」字，而其義始明矣。今案：「勝左人中人」五字作一句讀。勝者，克也。克左人、中人二城也。凡戰而克謂之勝，攻而克亦謂之勝。襄十年《左傳》曰：「城小而固，勝之不武，弗勝爲笑。」是也。隱二年《傳》「司空無駭入極，費庈父勝之」，宣十二年《公羊傳》「莊王伐鄭，勝乎皇門」。《晉語》曰：「趙襄子使新稚穆子伐狄，勝左人、中人。」義與此同。《列子·説符篇》曰：「趙襄子使新穉穆子攻翟，勝之，取左人、中人。」此則以「勝之」爲句，「取左人中人」爲句，與《國語》《吕氏春秋》不同。

天下之適

《下賢篇》「士所歸，天下從之帝。帝也者，天下之適也。王也者，天下之往也」，高注曰：

「適，主也。」念孫案：高説非也。「適」亦「往」也。「天下之適」、「天下之往」皆承上「天下從之」而言。

無埅

「以天爲法，以德爲行，以道爲宗，與物變化而無所終窮，精充天地而不竭，神覆宇宙而無埅」，高注曰：「無埅，無界畔也。」引之曰：正文及注内兩「埅」字皆「埒」字之誤。「埅」或作「望」，「埒」俗書或作「埓」，二形相似而誤。《淮南・原道篇》云：「知八紘九野之形埒。」是埒爲界畔之名，故高云「無埒，無界畔也」。若作「埅」，則與界畔之義無涉。且「宗」、「窮」爲韻，「竭」、「埒」爲韻。若作「埅」，則失其韻矣。

溝迴陸　德迴乎天地

《貴因篇》「禹通三江五湖，決伊闕，溝迴陸」，高注曰：「迴，通也。」念孫案：書傳無訓「迴」爲「通」者。「迴」當爲「迵」，「溝迴陸」當爲「迵溝陸」。《玉篇》：「迵，徒東切，通達也。」昭四年《左傳》注曰：「陸，道也。」「迵溝陸」者，通溝道也。《淮南・本經篇》「平通溝陸」，正與此同義。「迵」之言「洞」也，《史記・倉公傳》「臣意診其脈曰迵風」，集解曰：「迵音『洞』，言洞徹入四肢也。」《淮南·要略篇》「通迵造化之母」，今本「迵」誤爲「迴」，辨見《淮南雜志》。又云「使人通迵周備」，「迵」亦「通」也。又《上德篇》「德迴乎天地」，高注曰：「迴，通也。」「迴」亦「迵」之誤，世人多見「迴」，少見「迵」，故「迵」誤爲「迴」矣。

愁慮

《察微篇》「故智士賢者相與積心愁慮以求之」，高注曰：「積累其仁心，思慮其善政，以求致治也。」引之曰：高解「愁慮」二字之義未明。「愁」讀爲「揫」。揫，聚也。「積心」、「揫慮」，其義一也。《爾雅》曰：「揫，聚也。」《說文》曰「䵸，收束也。或作揫」，又曰「揫，束也」，引《商頌·長發篇》「百禄是揫」。今《詩》作「遒」，毛傳曰：「遒，聚也。」《鄉飲酒義》「秋之爲言愁也。愁之以時察，守義者也」，鄭注曰：「愁讀爲揫。揫，斂也。」《漢書·律曆志》曰：「秋，䵸也。物䵸斂乃成孰。」「䵸」、「揫」、「愁」、「遒」古同聲而通用。

從

《正名篇》：「人主雖不肖，猶若用賢，猶若聽善，猶若爲可者，其患在乎所謂賢、從不肖也。所爲善，而從邪辟。「爲」與「謂」同義，說見《秦策》「蘇代僞爲齊王曰」下。「邪辟」下當有「也」字。所謂可，從悖逆也。」念孫案：三「從」字皆當爲「徒」。高注《異用篇》云：「徒，猶但也。」言所謂賢者非賢也，但不肖耳。所謂善者非善也，但邪辟耳。所謂可者非可也，但悖逆耳。隸書「從」字作「従」，形與「徒」相似，故「徒」誤爲「從」。《禁塞篇》「承從多羣」，「從」一本作「徒」。《齊風·載驅》箋「徒爲淫亂之行」，「徒」一本作「從」。《列子·天瑞篇》「食於道徒」，「徒」一本作「從」。《史記·仲尼弟子傳》「壤駟赤字子徒」、「鄭國字子徒」，《家語·七十二弟子篇》「徒」竝作「從」。高不知「從」爲「徒」之誤，而云「使人從不肖」、「使人從邪辟」，又云「從悖逆之道」，皆失之。

天無形　至精無象

《君守篇》「天無形，而萬物以成；至精無象，而萬物以化；大聖無事，而千官盡能」，《羣書治要》引此「天」上有「昦」字。念孫案：下文「至精無象」句注云：「説與昦天同。」則「天」上原有「昦」字明甚。本句下注云：「天無所制而物自成。」不言「昦天」者，省文耳。「昦天無形」、「至精無象」、「大聖無事」皆相對爲文也。又案：「至精無象，而萬物以化」，「象」當作「爲」。《老子》曰：「道常無爲而無不爲，侯王若能守之，萬物將自化。」又曰：「我無爲而民自化。」《莊子·天地篇》曰：「無爲而萬物化。」皆其證也。隸書「象」字或作「𠂢」，形與「爲」相似，故「爲」誤作「象」。「形」、「成」爲韻，「爲」、「化」爲韻，「事」、「能」爲韻。「爲」古讀若「譌」。「能」古讀若「而」。竝見《唐韻正》。若作「象」，則失其韻矣。《管子·兵法篇》「無設無形，焉無不可以成也。無形無爲，焉無不可以化也」，「形」、「成」爲韻，「爲」、「化」爲韻，正與此同。

煤室

《任數篇》「嚮者煤室入甑中」，高注曰：「煤室，煙塵也。」《文選·陸機〈君子行〉》注引此「煤室」作「炱煤」，又引高注「炱煤，煙塵也。炱，讀作臺」。《家語·在戹篇》「炱煤」作「炱墨」，今本《家語》「炱」誤爲「埃」，蓋「炱」字似「矣」而誤爲「矣」，後人又加土旁耳。「墨」、「煤」古同聲，說見《唐韻正》。《說文》：「炱，灰炱煤也。」《一切經音義》十五引《通俗文》云：「積煙爲炱煤。」引之曰：「煤室」當作「臺煤」，「臺」與「室」字形相似而誤。蓋正文借「臺」爲「炱」，而注讀「臺」爲「炱」也。今本「臺煤」二字誤倒，「臺」字又譌作「室」，而注内復有脱文。《文選注》所引「炱煤」亦當作「臺煤」，其引高注「炱讀作臺」當是「臺讀作炱」，今本《文選》亦後人所改，「炱」爲正字，「臺」爲借字，故云「臺讀作炱」。若云「炱讀作臺」，則是反以假借之字易正字，不可通矣。畢校本據《文選注》改「煤室」爲「煤炱」，非也。「炱」與「室」形聲俱不相近，若本是「炱」字，無緣誤爲「室」。且《文選注》及《說文》《玉篇》《一切經音義》皆作「炱煤」，非作「煤炱」也。

形性彌羸　莫敢愉綖

《勿躬篇》「凡君也者，處平静、任德化以聽其要，若此則形性彌羸，而耳目愈精；百官慎職，而莫敢愉綖；人事其事，以充其名」，高注曰：「愉，解。綖，緩。」念孫案：「羸」當爲「嬴」，字之誤也。「嬴」與「盈」古字通。言人君能處平静、任德化則形性充盈而耳目聰明也。「綖」當爲「綎」，亦字之誤也。「綎」讀爲「挺」。《仲夏篇》「挺衆囚」，高注曰：「挺，緩也。」鄭注《月令》曰：「挺，猶寬也。」「寬」亦「緩」也。《後漢書·臧宫傳》「宜小挺緩，令得逃亡」，《傳燮傳》「賊得寬挺」，李賢竝云：「挺，解也。」「解」亦「緩」也，故《序卦》傳云：「解者，緩也。」「挺」與「綎」古字通。「愉」即「安肆日偷」之「偷」，「偷」古作「愉」，見《周官·大司徒》。故注訓「愉」爲「解」、與「懈」同。「綎」爲「緩」也。此以「嬴」、「精」、「綎」、「名」爲韻，若作「綖」，則失其韻矣。

手足矜

《重言篇》「艴然充盈，手足矜者，兵革之色也」，高注曰：「矜，嚴也。」念孫案：矜，猶奮也。言手足奮動也。《燕策》曰：「矜戟砥劍。」言奮戟也。《墨子·所染篇》曰：「其友皆好矜奮。」《荀子·正名篇》曰：「有兼聽之明，而無奮矜之容。」《淮南·説林篇》曰：「呂望使老者奮，項託使嬰兒矜。」是「矜」與「奮」同義。《管子·小問篇》作「漻然豐滿而手足拇動者，兵甲之色也」，此尤其明證矣。

倒而投之溈水

《用名篇》「宋人有取道者，其馬不進，倒而投之溈水」，高注曰：「倒，殺。」念孫案：「倒」與「殺」義不相近。「倒」當爲「剄」。《説文》曰：「剄，刑也。」故高訓爲殺。今本作「倒」者，俗書「剄」字作「到」，形與「到」相似，「剄」譌爲「到」。《史記·韓世家》「不如出兵以勁之」，「勁」譌作「到」，是其例。後人又加人旁耳。《羣書治要》引此作「剄而投之谿水」，《論衡·非韓篇》云：「宋人有御馬者，不進，剄而棄之於溝中。」此皆其明證矣。又案：《水經·淮水注》云：「雞水出雞陂。《呂氏春秋》曰『宋人有取道者，其馬不進，投之雞水』是也。」據此則「雞」爲水名。然《論衡》言「剄而棄之溝中」，溝與谿同類，則作「谿」者是也。此直謂殺而投之谿中耳，非謂水名也。「谿」、「雞」形近而譌，酈氏因以爲汝南思善之雞水，誤矣。「谿」或作「溪」，「雞」或作「鷄」，今本作「溈」，則又「溪」、「鷄」二字之合譌也。

諜士

《爲欲篇》:「晉文公伐原,與士期七日,七日而原不下,命去之。諜士言曰:『原將下矣。』師吏請待之。」念孫案:原之將下,諜士無由知之。「諜士」當爲「諜出」,字形相似而誤。「諜」旁「世」字,唐人避諱作「廿」,遂與「諜」相似而誤。《漢書·藝文志》「大歲諜日晷二十九卷」,今本「諜」誤作「諜」。《史記·夏本紀》「稱以出」,《大戴禮·五帝德篇》譌作「稱以上士」。《墨子·號令篇》「若贖出親戚所知罪人者,以令許之」,又云「出候無過十里」,「出」字竝譌作「士」。《荀子·大略篇》「君子聽律習容而後士」,「士」亦「出」之譌。僖二十五年《左傳》及《晉語》正作「諜出」。蓋諜者入城探知其情,出而告晉侯也。

焉不知其所由

《召類篇》:「以龍致雨,以形逐景,禍福之所自來,衆人以爲命,焉不知其所由。」念孫案:「焉不知其所由」本作「焉知其所」。其「不知其所由」五字乃是高注,非正文也。今本作「焉不知其所由」者,正文脱去「知其所」三字,而注内「不知其所由」五字又誤入正文耳。此以「雨」、「景」、「所」爲韻,「景」字古音在養部,養部之音多與語部相通,故「景」與「雨」、「所」爲韻。《樂記》「和正以廣」,與「旅」、「鼓」、「武」、「雅」、「語」、「古」、「下」爲韻。《淮南·原道篇》「翱翔忽區之上」,與「下」、「野」、「與」、「後」

爲韻。《繫辭傳》「易之序也」，虞翻本「序」作「象」。《考工記》「陶瓬」，鄭司農云：「瓬讀爲甫始之甫。」皆其例也。若「所」下有「由」字，則失其韻矣。前《應同篇》曰：「故以龍致雨，以形逐景，師之所處，必生棘楚，禍福之所自來，衆人以爲命，安知其所。」高注云：「凡人以爲天命，不知其所由也。」是其明證矣。

子姪

《疑似篇》「梁北有黎丘部，有奇鬼焉，善効人之子姪昆弟之狀」，舊本「善」譌作「喜」。《文選・思玄賦》注引此作「善」，今據改。《太平御覽・神鬼部三》引此「子姪」作「子姓姪」，《文選・思玄賦》注引作「子姪」。引之曰：古者唯女子謂昆弟之子爲姪，男子則否。「子姪」本作「子姓」，「姓」與「姪」草書相似，故「姓」譌爲「姪」。《漢書・田蚡傳》「跪起如子姓」，師古曰：「姓，生也。言同子禮，若己所生。」《史記》譌作「子姪」，是其證也。《御覽》作「子姓姪」者，後人據誤本《呂氏春秋》旁記「姪」字，而傳寫者因誤合之。《文選注》作「子姪」，則後人據誤本改之耳。古者謂子孫曰姓，《周南・麟之趾》曰：「振振公子」、「振振公姓。」昭四年《左傳》曰：「問其姓，對曰：『余子長矣。』」杜注曰：「問其姓，問有子否。」三十二年《傳》曰：「三后之姓，於今爲庶。」《漢書・儒林傳》曰：「丁姓字子孫。」《廣雅》曰：「姓，子也。」是姓爲子孫之通稱，字亦通作生。《商頌・殷武》曰：「以保我後生。」鄭箋曰：「以此全守我子孫。」或曰子姓。

《特牲饋食禮》曰：「子姓兄弟如主人之服。」鄭注曰：「所祭者之子孫。言子姓者，子之所生。」《曲禮》曰：「納女於天子曰備百姓。」鄭注曰：「姓之言生也。天子皇后以下百二十人，廣子姓也。」《玉藻》曰：「縞冠玄武，子姓之冠也。」注曰：「謂父有喪服，子爲之不純吉也。」《喪大記》曰「卿大夫父兄子姓立于東方」，注曰：「子姓謂衆子孫也。姓之言生也。」《楚語》曰：「帥其子姓，從其時享。」韋注曰：「姓，同姓也。」非是。下文曰：「比爾兄弟親戚。」乃始言同姓耳。《越語》曰：「凡我父兄昆弟及國子姓。」韋注曰：「國子姓，年在衆子同姓之列者。」亦非是。《列子·説符篇》曰：「秦穆公謂伯樂曰：『子之年長矣，子姓有可使求馬者乎？』伯樂對曰：『臣之子皆下才也。』」《韓子·八經篇》曰：「亂之所生者六也，主母、后姬、子姓、弟兄、大臣、顯賢。」《史記·外戚世家》曰：「既驩合矣，或不能成子姓。」

皃之

《原亂篇》「慮福未及，慮禍過之，舊本脱「過」字。《淮南·人閒篇》云：「計福勿及，慮禍過之。」今據補。所以皃之也」，畢云：「『皃』疑『免』字之誤。」念孫案：「皃」當爲「完」。完，全也。言所以全其身也。隸書「完」字作「宂」，因譌而爲「皃」。《黄庭經》云：「保守完堅身受慶。」又云：「玉户金籥身完堅。」字竝作「皃」。

博志

《不苟論》凡六篇，五曰《博志》。念孫案：「博」當爲「摶」，「摶」與「專」同，謂專一其志也。篇内云：「用志如此其精也，何事而不達，何爲而不成。」是其明證矣。古書以摶爲專，傳寫者多誤作「博」。説見《管子》「博一純固」下。

似無勇而未可恐狼執固横敢而不可辱害

《士容篇》「似無勇而未可恐狼，執固横敢而不可辱害」，高讀「似無勇而未可恐」爲句，云：「未可恐以非義之事也。」又讀「狼執固横敢而不可辱害」爲句，云：「狼，貪獸也。所摶執堅固。横敢猶勇敢。士之若此者，不可辱亦不可害也。」「横敢猶勇敢」，舊本「横」下脱「敢」字，今補。「士之若此者」，舊本「士之」二字誤倒。下注云：「士之如此者，使即南面之君位，亦處義而已。」今據以乙正。念孫案：高説非也。「狼」當爲「猲」，字之誤也。隸書「狼」字作「狠」，形與「猲」相似。「恐猲」二字連讀，猶今人言恐嚇也。《一切經音義》一云：「或言恐嚇，或言恐喝，皆一義也。」《趙策》曰：「以秦權恐猲諸侯。」《史記·蘇秦傳》作「恐愒」，索隱曰：「謂相恐脅也。」《漢書·王子侯表》「葛魁侯戚坐縛家吏恐猲受賕，平城侯禮坐恐猲取鷄」，《王莽傳》「各爲權勢，恐猲良民」，皆其證也。

「似無勇而未可恐猲」爲句，「執固横敢而不可辱害」爲句，《論威篇》云：「深痛執固，不可摇蕩。」二句相對爲文。若以「狼執固横敢」五字連讀，則文不成義矣。此段以「大」、「猲」、「害」、「越」、「大」、「外」、「賴」、「世」、「揭」、「衛」、「厲」、「折」十二字爲韻，若以「恐」字絶句，則失其韻矣。

田之際

《辯土篇》：「農夫知其田之易也，不知其稼之疏而不適也；知其田之際也，不知其稼居地之虚也。」念孫案：「際」字於義無取，蓋「除」字之誤。上言「田之易」，此言「田之除」，易與除皆治也。《曲禮》「馳道不除」，鄭注曰：「除，治也。」且「易」、「適」爲韻，「除」、「虚」爲韻，若作「際」，則失其韻矣。

韓子

去舊去智

《主道篇》：「去好去惡，臣乃見素；去舊去智，臣乃自備。」念孫案：「去舊去智」本作「去智去舊」，「惡」、「素」爲韻，「舊」、「備」爲韻。「舊」古讀若「忌」。《大雅・蕩篇》「殷不用舊」，與「時」爲韻；《召閔篇》「不尚有舊」，與「里」爲韻；《管子・牧民篇》「不恭祖舊」，與「備」爲韻，皆其證也。後人讀「舊」爲巨救反，則與「備」字不協，故改爲「去舊去智」，不知古音「智」屬支部，「備」屬之部，兩部絶不相通，自唐以後，始溷爲一類，此非精於三代兩漢之音者，不能辨也。

姦臣

「弑其主，代其所，人莫不與，故謂之虎。處其主之側，爲姦臣，聞其主之忒，「聞」，蓋「閒」之譌。閒，伺也。故謂之賊」。念孫案：「臣」當爲「匿」，字之誤也。「匿」讀爲「慝」，謂居君側而爲姦慝也。《逸周書・大戒篇》「克禁淫謀，衆匿乃雍」，「衆匿」即衆慝。《管子・七法篇》「百匿傷上威」，「百匿」即百慝。《明法篇》「比周以相爲匿」，《明法解》「匿」作「慝」。《漢書・五行志》「朔而月見東方謂之仄慝」，《書大傳》作「側匿」。是「匿」與「慝」古字通，「主」、「所」與「虎」爲韻，「側」、「匿」、「忒」、「賊」爲韻，若作「臣」，則失其韻矣。

屬官　屬下

《有度篇》「屬官威民，退淫殆，止詐僞，莫如刑」，舊注曰：「屬官，欲令官之屬己。」念孫案：舊注甚謬。「屬」當爲「厲」，字之誤也。厲官威民，義正相近。《詭使篇》「上之所以立廉恥者，所以屬下也」，「屬」亦「厲」之誤。俗書「屬」字作「属」，形與「厲」相近，故「厲」誤作「屬」。《荀子·富國篇》「誅而不賞，則勤厲之民不勸」，今本「厲」誤作「屬」。

此道奚出

《十過篇》：「衛靈公之晉，晉平公觴之於施夷之臺，酒酣，靈公起曰：舊本「曰」上衍「公」字，今據《論衡·紀妖篇》删。『有新聲，願請以示。』平公曰：『善。』乃召師涓，令坐師曠之旁，援琴鼓之。未終，師曠撫止之曰：『此亡國之聲，不可遂也。』平公曰：『此道奚出？』」念孫案：「此道奚出」本作「此奚道出」。道者，由也。言此聲何由出也。《史記·樂書》作「是何道出」；舊本脱「是」字，今據《太平御覽·地部》所引補。《論衡·紀妖篇》作「此何道出」，皆其明證矣。《孤憤篇》「法術之士，奚道得進」，《晏子春秋·雜篇》「景公問魯昭公曰：『君何年之少而棄國之蚤，奚道至於此乎？』」《呂氏春秋·有度篇》「客問季子曰：『若雖知之，奚道知其不爲私？』」

《史記·趙世家》「簡子曰：『此其母賤，翟婢也，奚道貴哉？』」義竝與此同。今作「此道奚出」者，後人不知「道」字之義而妄改之耳。

墨染

「禹作爲祭器，墨染其外，而朱畫其内」。念孫案：「染」當爲「漆」，謂黑漆其外也。俗書「漆」字作「柒」，因譌而爲「染」。《困學紀聞》引此已作「染」，《太平御覽·人事部百三十四》引此正作「漆」，《説苑·反質篇》亦作「漆」。

輕誣强秦之實禍

「聽楚之虚言而輕誣强秦之實禍，則危國之本也」。引之曰：此言韓王聽虚言而輕實禍，則「輕」下不得有「誣」字。「誣」即「輕」之譌。《韓策》及《史記·韓世家》俱無「誣」字，是其證也。今作「輕誣强秦之實禍」者，一本作「輕」，一本作「誣」，而後人誤合之耳。凡從巠、從巫之字，傳寫往往譌溷。説見《經義述聞·大戴禮》「喜之而觀其不誣」下。

突隙之烟

《喻老篇》「千丈之堤，以螻蟻之穴潰；百尺之室，以突隙之烟焚」。引之曰：突隙之烟，不能焚室，「烟」當爲「熛」，「熛」誤爲「煙」，又轉寫爲「烟」耳。舊本《北堂書鈔·地部十三》引此正作「熛」。陳禹謨本删去。《説文》：「熛，火飛也。讀若標。」《一切經音義》十四引《三倉》云：「熛，迸火也。」《吕氏春秋·慎小篇》曰：「巨防容螻，而漂邑殺人；突泄一熛，而焚宫燒積。」今本「熛」字亦誤作「煙」。《一切經音義》十三引此正作「熛」。《淮南·人間篇》曰：「千里之隄，以螻螘之穴漏；百尋之屋，以突隙之熛焚。」今本亦誤作「煙」。《太平御覽·蟲豸部四》引此正作「熛」。語意竝與此同。世人多見「煙」，少見「熛」，故諸書中「熛」字多誤作「煙」。説見《吕氏春秋》「煙火」下。

輒行　輒還

《説林上篇》：「秦康公築臺三年，荆人起兵，將以攻齊，任妄曰：『臣恐其以攻齊爲聲，而以襲秦爲實也，不如備之。』戍東邊，荆人輒行。」念孫案：「輒」當爲「輟」。輟，止也。言荆人知秦之有備而止其行也。後「魏文侯借道於趙而攻中山」章云：「彼知君利之也，必將輟行。」是其證矣。又《内儲説下篇》「鄴令襄疵陰善趙王左右，趙王謀襲鄴，襄疵常輒聞而先言之魏王，魏王備之，趙乃輒還」。「輒還」亦當爲「輟行」。言趙王知魏之有備而止其行也。「輟」字既譌作「輒」，後人不得其解，故改「輒行」爲「輒還」，不知上言趙謀襲鄴，則兵尚未出，不得言還也。

削地

「韓宣王謂樛留曰：『吾欲兩用公仲、公叔，其可乎？』對曰：『不可。王兩用之，其多力者樹其黨，寡力者借外權。羣臣有内樹黨以驕主，有外爲交以削地，則王之國危矣。』」念孫案：「削地」當爲「列地」。「列」，古「裂」字。《艮》九三曰：「艮其限，列其夤。」《大戴禮·曾子天圓篇》曰：「割列禳瘞。」《管子·五輔篇》曰：「博帶梨，大袂列。」《荀子·哀公篇》曰：「兩驂列，兩服入廄。」裂，分也。言借外權以分地也。《韓策》作「或外爲交以裂其地」，是其明證矣。「列」字本作「𠛱」，形與「削」相似，因誤爲「削」。《説文》：「𠛱，分解也。從刀，𡿪聲。」「𧜵，繒餘也。從衣，𠛱聲。」今九經中分列之字多作「裂」，未必非後人所改，此「列」字若不誤爲「削」，則後人亦必改爲「裂」矣。

執鞅持扞　扞弓

《説林下篇》：「羿執鞅持扞，操弓關機，越人争爲持的。弱子扞弓，慈母入室閉户。」引之曰：鞅爲馬頸靼，非射所用。「鞅」當爲「決」，「決」誤爲「泱」，後人因改爲「鞅」耳。決謂韘也，箸於右手大指，所以鉤弦也。扞謂韝也，或謂之拾，或謂之遂，箸於左臂，所以扞弦也。故曰：「執決持扞，操弓關機。」《衛風・芄蘭篇》「童子佩韘」，毛傳曰：「韘，玦也。」《小雅・車攻篇》「決拾既佽」，毛傳曰：「決，鉤弦也。拾，遂也。」《周官・繕人》「掌王之用弓弩矢箙，矰弋抉拾」。鄭注引鄭司農云：「抉謂引弦彄也。拾謂韝扞也。」《鄉射禮》「袒決遂」，鄭注曰：「決猶闓也。以象骨爲之，箸右大擘指以鉤弦。闓，體也。遂，射韝也。以韋爲之，箸左臂，所以遂弦也。」《内則》曰：「右佩玦捍。」《賈子・春秋篇》曰：「丈夫釋玦靬。」「抉」、「玦」竝與「決」同。「捍」、「靬」竝與「扞」同。其「弱子扞弓」之「扞」，當作「扜」，字從于，不從干。扜弓，引弓也。《説文》：「弙，滿弓有所鄉也。」字或作「扜」，《大荒南經》「有人方扜弓射黄蛇」，郭注曰：「扜，挽也，音『紆』。」《吕氏春秋・壅塞篇》「扜弓而射之」，高注曰：「扜，引也。」《淮南・原道篇》「射者扜烏號之弓」，高注曰：「扜，張也。」弱子扜弓，則矢必妄發，故慈母入室閉户。若作「扞禦」之「扞」，則義不可通。今本《吕覽》《淮南》「扜」字皆誤作

「扦」，唯《山海經》不誤，則賴有郭音也。

得無微

《内儲説下篇》：「堂下得無微有疾臣者乎？」引之曰：「無」字後人所加。得微即得無也。《邶風・式微》傳曰：「微，無也。」《晏子春秋・雜篇》曰：「諸侯得微有故乎？國家得微有事乎？」《莊子・盜跖篇》曰：「得微往見跖邪？」皆其證也。後人加「無」字於「微」字之上，而其義遂不可通矣。

糲餅

《外儲説左下篇》：「孫叔敖相楚，棧車牝馬，糲餅菜羹。」念孫案：「餅」當爲「飰」，「飰」與「飯」同。見《玉篇》《廣韻》。「糲飯菜羹」，猶言疏食菜羹耳。「飰」與「餅」字形相似，傳寫往往譌溷。《廣雅》曰：「飰，食也。」《方言》注曰：「䈰，盛飰筥也。」《爾雅・釋言》釋文曰：「飰，字又作飰。」今本「飰」字竝譌作「餅」。《初學記・器物部》引此正作「糲飯」。

侵盂

《難二篇》：「昔者文王侵盂、克莒、舉酆。」引之曰：「盂」當爲「盂」，字之誤也。《竹書紀年》「帝辛三十四年，周師取耆及邗」，《書大傳》「文王受命二年，伐邘」，《史記·周本紀》「文王敗耆國，明年，伐邘」。作「盂」者，借字耳。

倠侈

《説疑篇》：「桀有倠侈。」念孫案：「倠」當作「倠」，形相似而誤。隸書從隹、從倠之字往往譌溷。説見《墨子·非命篇》「惟舌」下。《墨子·所染篇》《明鬼篇》竝作「推哆」，《晏子·諫篇》《漢書·古今人表》竝作「推侈」。「倠」與「推」聲相近，故通作「推」也。其爲「倠」字無疑。

法言

多哇

《吾子篇》「中正則雅，多哇則鄭」，李軌曰：「多哇者，淫聲繁越也。」引之曰：「多」讀爲「哆」。

哆，邪也。下文云：「述正道而稍邪哆者有矣，未有述邪哆而稍正也。」「哆」與「多」古字通。《孟子·梁惠王篇》「放辟邪侈」，字亦與「哆」同。多、哇皆邪也。「邪」本作「衺」。《廣雅》曰：「哇，衺也。」「哇」或作「䵷」。《漢書·王莽傳贊》「紫色䵷聲」，應劭曰：「䵷，邪音也。」《文選·東京賦》「咸池不齊，度於䵷咬」，李善曰：「《法言》曰：『哇則鄭。』李軌曰：『哇，邪也。』」「哇」與「䵷」同。案：今李注内無「哇，邪也」之訓，蓋已非完本矣。「中」亦「正」也。正則雅，邪則鄭。「多哇」與「中正」，正相反也。李以多爲繁越，則分「多」與「哇」爲二義，失其指矣。所惡於鄭聲者，惡其邪耳，非惡其繁越也。

俄而

《問神篇》「天俄而可度，則其覆物也淺矣；地俄而可測，則其載物也薄矣」，吴祕曰：「俄猶俄頃。」念孫案：吴説非也。「俄而」之言假如也。言天假如可度，則覆物必淺；地假如可測，則載物必薄也。「俄」與「假」聲近而義同。《周頌·維天之命篇》「假以溢我」，《説文》引作「誐以溢我」，是其例也。「而」、「如」古字通，見《日知録》卷三十二。

允哲　哲民情

《問明篇》：「或問：『堯將讓天下於許由，由恥，有諸？』曰：『好大者爲之也。顧由無求於世而已矣。允哲堯儃舜之重，則不輕於由矣。』」宋咸曰：「堯以允哲之道禪舜，豈輕之於許由也。」司馬光曰：「信以堯禪舜之重爲智，則必不輕授天下於由矣。」念孫案：二説皆非也。哲者，知也。「知」讀平聲，不讀去聲。言信知堯禪舜之重，則必不輕禪於許由也。《方言》：「曉、哲，知也。」「知」字平、去二聲皆可讀，故《方言》以「曉」、「哲」同訓爲「知」，今人猶謂不知事爲不曉事也。《文選・遊天台山賦》「之者以路絶而莫曉」，李善注引《方言》：「曉，知也。」「知」字正作平聲讀。《春秋繁露・五行五事篇》曰：「明作哲。哲者，知也。王者明，則賢者進，不肖者退。天下知善而勸之，知惡而恥之矣。」「哲」字亦作「悊」。《漢書・刑法志》：「《書》云：『伯夷降典，悊民惟刑。』」師古曰：「悊，知也。言伯夷下禮法以道民，民習知禮，然後用刑也。」以上二條訓「哲」爲「知」，「知」字皆讀平聲。宋與司馬皆訓「哲」爲「智慧」之「智」，失其指矣。又《法言序》云：「中和之發，在哲民情。」李軌曰：「哲，智。」吴祕曰：「《五行傳》曰：『哲，知也。』中和之發，則民之情僞，無不先知。」念孫案：吴説是也。「哲民情」即知民情。《漢書・楊雄傳》「中和之發，在於哲民情」，師古曰：「哲，知也。」「知」字亦讀平聲。

及其名

《五百篇》「或性或彊，及其名一也」，李軌曰：「功業既成，其名一也。」念孫案：李以名爲

「名譽」之「名」，非也。名者，成也。言或性或彊，及其成則一也。《廣韻》引《春秋説題辭》曰：「名，成也。」《廣雅》同。

忽眇緜

《先知篇》「敢問先知。曰：『不知。知其道者，其如視忽眇緜作昞。』」李軌斷「其如視」爲句，「忽眇緜作昞」爲句，注云：「眇緜，遠視。」宋咸讀「其如視忽眇緜作昞」爲一句，注云：「忽，輕也。眇，細也。緜，遠也。昞謂炳然光明也。此言先知之道，臨事則悟，如明目之視忽輕眇細緜遠之物，皆炳然而見也。李從『其如視』隔爲一句，復以『眇緜』爲一事釋之，頗失其義。」念孫案：宋説近之而未盡然也。忽、眇、緜皆微也。《一切經音義》五引《三蒼》云：「昞，著明也。」「視忽眇緜作昞」者，見微而知著也。《漢書·律曆志》「無有忽微」，孟康曰：「忽微，若有若無，細於髮者也。」《大戴禮·文王官人篇》曰：「微忽之言，久而可復。」是「忽」爲微也。《方言》曰：「眇，小也。」《顧命》曰：「眇眇予末小子。」是「眇」爲微也。《説文》曰：「緜，聯微也。」《廣雅》曰：「緜，小也。」《大雅·緜篇》「緜緜瓜瓞」，鄭箋曰：「緜緜然若將無長大時。」司馬相如《上林賦》曰：「微睇緜藐。」是「緜」爲微也。《廣雅》曰：「緫、紗、絢，微也。」曹憲：「緫音忽，紗音眇，絢音蔑。」《集韻》：「絢又音緜。」「緫」、「紗」、「絢」與

「忽」、「眇」、「緜」同義。《孫子算經》曰：「蠶所吐絲爲忽，十忽爲秒。」「忽」與「總」同，「秒」與「紗」同。《説文》：「緬，微絲也。」《玉篇》：「絤與緬同。」然則總、紗、絤皆絲之微者。李以「眇緜」爲「遠視」，宋以「忽」爲「輕」、「緜」爲「遠」，皆失之。

璜璜

《孝至篇》「武義璜璜，兵征四方」，吴祕曰：「璜璜，猶言煌煌也。」念孫案：「璜」讀爲「洸」。《爾雅》曰「洸洸，武也」釋文：「洸，舍人本作僙。」《邶風·谷風篇》「有洸有潰」，《大雅·江漢篇》「武夫洸洸」，毛傳竝與《爾雅》同。《鹽鐵論·繇役篇》引《詩》作「武夫潢潢」。「洸」、「潢」、「僙」、「璜」古同聲而通用。

郡勞王師

「龍堆以西，大漠以北，郡勞王師，漢家不爲也」，李軌曰：「勞王師而郡縣之，漢家不爲也。」念孫案：李以郡爲「郡縣」之「郡」，則與「勞王師」三字義不相屬。今案：郡者，仍也。仍，重也，見《晉語》注。數也。見《周語》注。言數勞王師於荒服之外，漢家不爲也。《爾雅》曰：「郡、仍，乃也。」「乃」與「仍」同。《周官·司几筵》「凶事仍几」，故書「仍」爲「乃」。鄭司農云：「乃讀爲仍。」《吴語》「邊遽乃至」，《左傳·哀十三年》正義引此「乃」作「仍」。《大雅·雲漢》箋：「天仍下旱災亡亂之道。」正義曰：「《定本》《集注》『仍』字皆作『乃』。」《史記·匈奴傳》「乃再出定襄」，《漢書》「乃」作「仍」。《小雅·正月篇》「又窘陰雨」，鄭箋曰：「窘，仍也。」「窘」與「郡」同。

即

《法言序》案：舊本十三篇之序列於書後，蓋自《書序》《詩序》以來體例如是。宋咸移置於各篇之首，非也。今仍依舊本列於後。「雄見諸子各以其知舛馳，大氏詆呰聖人，即爲怪迂析辯詭辭以撓世事」，司馬光曰：「『氏』下脱『不』字。」念孫案：司馬未解「即」字之義，故謂「氏」下脱「不」字耳。即，猶或也。言諸子之書，大氏詆呰聖人，或爲怪迂之説以撓世事也。《漢書·楊雄傳》「大氏」下亦無「不」字，是其證矣。「即」與「或」古同義。《越語》曰：「若以越國之罪爲不可赦也，將焚宗廟，係妻孥，沈金玉於江，有帶甲五千人，將以致死，無乃即傷君王之所愛乎？」言或傷君王之所愛也。《爾雅·釋地》：「西方有比肩獸焉，與邛邛、岠虚比，爲邛邛、岠虚齧甘草。即有難，邛邛、岠虚負而走。」言或有難也。《史記·張丞相傳》：「戚姬子如意爲趙王，年十歲，高祖憂即萬歲之後不全也。」言或萬歲之後不全也。

讀書雜志餘編下

楚辭

余雖脩姱以鞿羈兮謇朝誶而夕替

《離騷》「余雖脩姱以鞿羈兮，今本「脩」上有「好」字。臧氏用中《拜經日記》曰：「王注云：『言己雖有絶遠之智、姱好之姿。』『絶遠之智』釋『脩』字，『姱好之姿』釋『姱』字，不言『好脩』。『余雖脩姱以鞿羈兮』，與上『苟余情其信姱以練要兮』同一句法。舊本『脩』上有『好』字者，因下文多言『好脩』而衍。」今依臧説删。謇朝誶而夕替」，王注曰：「鞿羈，言爲人所係累也。誶，諫也。替，廢也。言己雖有絶遠之智、姱好之姿，然已爲讒人所鞿羈而係累矣，故朝諫謇謇於君，夕暮而身廢弃也。」念孫案：「雖」與「唯」同。言余唯有此脩姱之行，以致爲人所係累也。「唯」字古或借作「雖」，《大雅·抑篇》曰：「女雖湛樂從，弗念厥紹。」言女唯湛樂之從也。《無逸》曰：「惟耽樂之從。」《管子·君臣篇》「故民迂則流之，民流通則迂之。決之則行，塞之則止。雖有明君，能決之又能塞之」，言唯有明君能如此也。《莊子·庚桑楚篇》「唯蟲能蟲，唯蟲能天」，釋文曰：「一本『唯』作『雖』。」皆其證也。「謇」讀《惜誦》「謇不可釋」之「謇」。謇，詞也。非上文「謇謇爲患」之「謇」。

長余佩之陸離

「高余冠之岌岌兮，長余佩之陸離」，王注曰：「陸離，猶參差衆貌也。」念孫案：「陸離」有二義，一爲參差貌，一爲長貌。下文云：「紛總總其離合兮，斑陸離其上下。」司馬相如《大人賦》云：「攢羅列聚叢以蘢茸兮，衍曼流爛痑以陸離。」皆參差之貌也。此云「高余冠之岌岌兮，長余佩之陸離」，「岌岌」爲高貌，則「陸離」爲長貌，非謂參差也。《九章》云：「帶長鋏之陸離兮，冠切雲之崔嵬。」義與此同。

啟九辯與九歌兮夏康娛以自縱不顧難以圖後兮五子用失乎家巷

「啟《九辯》與《九歌》兮，夏康娛以自縱。不顧難以圖後兮，五子用失乎家巷」，王注曰：「啟，禹子也。《九辯》《九歌》，禹樂也。言禹平治水土，以有天下，啟能承先志，纘敘其業，育養品類，故九州之物，皆可辯數，九功之德，皆有次序而可歌也。《左氏傳》曰：『六府三事，謂之九功。九功之德，皆可歌也，謂之《九歌》。』夏康，啟子太康也。娛，樂也。縱，放也。圖，謀也。言太康不遵禹、啟之樂，而更作淫聲，放縱情欲，以自娛樂，不顧患難，不謀後世，卒以失國，兄弟五人，家居閭巷，失尊位也。《尚書序》曰：『太康失國，昆弟五人，須于洛汭，作《五子之歌》。』此佚篇也。」洪氏補曰：「《山海經》云：『夏后開上三嬪於天，得《九辯》與《九歌》以下。』注云：『皆天帝樂名。啟登天而竊以下，用之。』《天問》亦云：『啟棘賓商，《九辯》《九歌》。』王逸不見《山海經》，故以爲禹樂。巷，里中道也。此言太康娛樂放縱，以至失邦耳。五子之失乎家巷，太康實使之。」戴先生《屈原賦注》曰：「言啟作《九辯》《九歌》，示法後王，而夏之失德也，康娛自縱，以致喪亂。」「康娛」二字連文，篇内凡三見。引之曰：洪釋《九辯》《九歌》，戴釋「康娛」，皆郅確矣。其以夏爲「夏后氏」之「夏」，則與王注同。今案：「夏」當讀爲「下」，《左氏春秋・僖二年》「虞師晉師滅下陽」，《公羊》《穀梁》皆作「夏陽」。即《大荒西經》所謂「夏后開上三嬪于天，得《九辯》與《九歌》以下。此大穆之野，高二千仞，開焉始得歌《九招》」者也。郭璞注引《開筮》曰：「不得竊《辯》與《九歌》以國於下。」亦其證也。自「啟《九辯》與《九歌》」以下，皆謂啟之失德耳。言啟竊《九辯》《九歌》於天，因以康娛自縱於下也。詒謀不善，子姓姦回，故下文有「不顧難以圖後」云云也。《墨子・非樂篇》引《武觀》曰：「啟乃淫溢康樂于野，飲食將將，銘筦磬以力，湛濁于酒，渝食于野，萬舞翼翼，章聞于天，天用弗式。」《竹書》：「帝啟十年，帝巡守，舞《九招》于大穆之野。」皆所謂「下康娱以自縱」者也。解者誤以「啟《九辯》與《九歌》」爲美啟之詞，又誤以夏爲「夏后氏」之「夏」，是以詰籟爲病矣。又案：「五子用失乎家巷」，「失」字因王注而衍。注内「失國」、「失尊位」乃釋「家巷」二字之義，非以文中有「失」字而解之也。五子用乎家巷者，用乎之文與用夫、用之同。下文云「日康娱而自忘兮，厥首用夫顛隕」、「后辛之菹醢兮，殷宗用之不長」是也。若云「五子用失乎家巷」，則是所失者家巷矣。注何得云「兄弟五人，家居閭巷，失尊位」乎？《文選》李周翰注云：「五弟失尊位，家於閭巷。」「失尊位」三字在「五弟」之下，則唐本已誤衍「失」字。楊雄《宗正箴》曰：「昔在夏時，太康不恭，有仍二女，五子家降。」「降」與「巷」古同聲而通用，亦足證「家巷」之文爲實義而「用乎」之文爲語詞也。「巷」讀《孟子》「鄒與魯鬨」之「鬨」。劉熙曰：「鬨，構也。構兵以鬭也。」五子作亂，故云家鬨。義見下。家，猶内也，若《詩》云「蟊賊内訌」矣。「鬨」，字亦作「閧」。《吕氏春秋・慎行篇》「崔杼之子，相與私閧」，高誘曰：「閧，鬭也。」私閧，猶言家鬨。「鬨」之爲「閧」，猶「鬨」之爲「巷」也。「鬨」之通作「巷」，猶「巷」之通作「鬨」。《法言・學行篇》「一鬨之市」，「鬨」即「巷」字。《宗正箴》作「五子家降」，「降」亦「鬨」也。《吕氏春秋・察微篇》：「楚卑梁公舉兵攻吴之邊邑，吴王怒，使人舉兵侵楚之邊邑，吴、楚以此大隆。」「大隆」，謂大鬭也。「隆」與「降」通。《書大傳》「隆谷」，鄭注曰：「『隆』讀如『厖降』之『降』。」《荀子・天論篇》「隆禮尊賢而王」，《韓詩外傳》「隆」作「降」。《齊策》「歲八月降雨下」，《風俗通義・祀典篇》「降」

作「隆」。是「隆」與「降」通也。《吕氏春秋》「吴楚大隆」，高誘曰：「『隆』當作『格』。格，鬬也。」案：「隆」亦格鬬之名，字可不改。《逸周書·嘗麥篇》曰：「其在殷之五子，「殷」當作「夏」。忘伯禹之命，假國無正，用胥興作亂，遂凶厥國，皇天哀禹，賜以彭壽，思正夏略。」五子胥興作亂，所謂家鬨也。五子，即五觀也。《楚語》曰：「堯有丹朱，舜有商均，啟有五觀，湯有太甲，文王有管蔡，是五王者，皆元德也，而有姦子。」五觀，或曰武觀。《竹書》：「帝啟十年，帝巡守，舞《九招》于大穆之野。十一年，放王季子武觀于西河。十五年，武觀以西河叛，彭伯壽即《周書》所謂「彭壽」。帥師征西河，武觀來歸。」《墨子》引《武觀》亦言「啟淫溢康樂于野」，是五觀之作亂，實啟之康娱自縱有以開之，故云「啟《九辯》與《九歌》兮，夏康娱以自縱。不顧難以圖後兮，五子用乎家巷」也。王注以「家巷」爲「家居閭巷」，失之矣。五子家巷，即當啟之世。楊雄《宗正箴》及王注以爲太康時，亦失之矣。

又何芳之能祗

「椒專佞以慢慆兮，樧又欲充夫佩幃。既干進而務入兮，又何芳之能祗」，王注曰：「祗，敬也。言苟欲自進，求入於君，身得爵禄而已，復何能敬愛賢人而舉用之也？」引之曰：「祗」之言「振」也。言干進務入之人，委蛇從俗，必不能自振其芬芳，非不能敬賢之謂也。上文云：「蘭茝變而不芳。」意與此同。《逸周書・文政篇》「祇民之死」，謂振民之死也。「祇」與「振」聲近而義同，故字或相通。《皋陶謨》「日嚴祇敬六德」，《史記・夏本紀》「祇」作「振」。《粊誓》「祇復之」，《魯世家》「祇」作「敬」，徐廣曰：「一作振。」《内則》「祇見孺子」，鄭注曰：「祇，或作振。」

簫鍾兮瑤簴

《九歌》：「緪瑟兮交鼓，簫鍾兮瑤簴，鳴鷈兮吹竽。」「簫」，一作「蕭」。「簫鍾」句，王氏無注。洪補曰：「瑤簴，以美玉爲飾也。」洪邁《容齋續筆》曰：「洪慶善注《東君篇》『簫鍾』，一蜀客過而見之曰：『一本「簫」作「𢹬」。《廣韻》訓爲「擊」也。蓋是擊鍾，正與「緪瑟」爲對耳。』」念孫案：讀「簫」爲「𢹬」者是也。《廣雅》曰：「𢹬，擊也。」《玉篇》音所育切，《廣韻》又音「蕭」。「𢹬」與「簫」、「蕭」古字通也。「瑤」讀爲「搖」。搖，動也。《招魂》曰「鏗鍾搖簴」，王注曰：「鏗，撞也。搖，動也。」《文選》張銑注曰：「言擊鍾則搖動其簴也。」義與此同。作「瑤」者，借字耳。「緪瑟」以下三句，皆相對爲文。若以「瑤」爲美玉，則與上下文不類矣。

不能固臧　羌不知余之所臧

《天問》「白蜺嬰茀，胡爲此堂？安得夫良藥，不能固臧」，王注曰：「茀，白雲逶移若蛇者也。臧，善也。言崔文子學仙於王子僑，子僑化爲白蜺而嬰茀，持藥與崔文子，崔文子驚怪，引戈擊蜺，中之，因墮其藥，俯而視之，王子僑之尸也。故言得藥不善也。」念孫案：如王所述崔文子事，則「臧」字當讀爲「藏」。古無「藏」字，借「臧」爲之。《説文》無「藏」字。《魯語》曰：「掩賊者爲臧。」《管子·侈靡篇》曰：「天子臧珠玉，諸侯臧金石。」《墨子·耕柱篇》曰：「不舉而自臧，不遷而自行。」《荀子·解蔽篇》曰：「心未嘗不臧也，然而有所謂虚。」《漢書·禮樂志》「臧於理官」，顔師古曰：「古書『懷藏』之字本皆作『臧』，《漢書》例爲『臧』耳。」漢《敦煌長史武班碑》「勳臧王府」、《衛尉衡方碑》「用行舍臧」，竝以「臧」爲「藏」。崔文子引戈擊蜺而墮其藥，故云「得夫良藥，不能固臧」。若訓「臧」爲「善」，則義與「固」字不相屬矣。又《九章》云：「夫惟黨人鄙固兮，羌不知余之所臧。」「臧」亦讀爲「藏」，謂美在其中而人不知也。下文云「材朴委積兮，莫知余之所有」，意與此同也。王訓「臧」爲「善」，亦失之。

設張辟以娱君兮

《九章》「矰弋機而在上兮，罻羅張而在下。設張辟以娱君兮，願側身而無所」，王注曰：

「辟，法也。言讒人設張峻法以娱樂君。」念孫案：此以「張辟」連讀，非以「設張」連讀。「張」讀「弧張」之「張」，《周官·冥氏》「掌設弧張」，鄭注曰：「弧張，罿罦之屬，所以扃絹禽獸。」「辟」讀「機辟」之「辟」，《墨子·非儒篇》曰：「大寇亂，盜賊將作，若機辟將發也。」《莊子·逍遥遊篇》曰：「中於機辟，死於罔罟。」司馬彪曰：「辟，罔也。」「辟」疑與「繴」同。《爾雅》「繴謂之罿。罿，罬也。罬謂之罦。罦，覆車也」，郭璞曰：「今之翻車也。有兩轅，中施罥以捕鳥。」《山木篇》曰：「然且不免於罔羅機辟之患。」《鹽鐵論·刑德篇》曰：「罻羅張而縣其谷，辟陷設而當其蹊。」《楚辭·哀時命》曰：「外迫脅於機臂兮，上牽聯於矰隿。」「機臂」與「機辟」同。王注以「機臂」爲弩身，失之。此承上文「矰弋」、「罻羅」而言，則「辟」非「法」也。

心絓結而不解兮

「心絓結而不解兮，思蹇産而不釋」，王注曰：「絓，懸也。蹇産，詰屈也。」念孫案：絓，亦結也。《廣韻》：「絓，絲結也。」《史記·律書》曰：「秦二世結怨匈奴，絓禍於越。」是「絓」與「結」同義。「絓結」，雙聲也。「蹇産」，疊韻也。凡雙聲疊韻之字，皆上下同義。

悲江介之遺風

「哀州土之平樂兮，悲江介之遺風」，王注曰：「遠涉大川，民俗異也。」念孫案：上文云「欸秋冬之緒風」，王注：「欸，歎也。」下文云：「悲秋風之動容兮。」又云：「悲回風之摇蕙兮。」則此云「悲江介之遺風」，亦謂「風雨」之「風」，非「風俗」之「風」也。《文選·聖主得賢臣頌》「追奔電，逐遺風」，李善曰：「遺風，風之疾者。」楊雄《甘泉賦》：「輕先疾雷而馺遺風。」曹植《雜詩》「江介多悲風」，義本於此。

願摇起而横奔兮

「願摇起而横奔兮」，王注曰：「欲摇動而奔走。」念孫案：摇起，疾起也。「疾起」與「横奔」，文正相對。《方言》曰：「摇，疾也。《廣雅》同。燕之外鄙，朝鮮洌水之閒曰摇。」《淮南·原道篇》曰：「疾而不摇。」《漢書·郊祀志》曰：「遙興輕舉。」「遙」與「摇」通。彼言「遙興」，猶此言「摇起」矣。說見《漢書》。

懲連改忿兮

「懲連改忿兮，抑心而自强」，王注曰：「懲，止也。言止己留連之心，改其忿恨。」念孫案：連，當從《史記·屈原傳》作「違」，字之誤也。違，恨也。言止其恨，改其忿也。「恨」與「忿」義相近。若云「留連之心」，則非其類矣。班固《幽通賦》「違世業之可懷」，曹大家曰：「違，恨也。」《漢書·敘傳》「違」作「愇」。《廣雅》：「愇，恨也。」《無逸》曰：「民否則厥心違怨。」《邶風·谷風篇》「中心有違」，《韓詩》曰：「違，很也。」「很」亦「恨」也。《廣雅》：「很，恨也。」

曾傷爰哀

「曾傷爰哀，永歎喟兮」，王注曰：「爰，於也。」引之曰：王訓「爰」爲「於」，曾傷於哀，則爲不詞矣。今案：「爰哀」，謂哀而不止也。「爰哀」與「曾傷」相對爲文。《方言》曰：「凡哀泣而不止曰咺。」又曰：「爰、喛，哀也。」「爰」、「喛」、「咺」古同聲而通用。《齊策》「狐咺」，《漢書·古今人表》作「狐爰」，是其證也。

逢此世之侹攘

《九辯》「悼余生之不時兮，逢此世之侹攘」，王注曰：「卒遇譖讒而遽惶也。」念孫案：侹攘，亂貌。「逢此世之侹攘」，言與亂世相遭也。《哀時命》曰「摡塵垢之枉攘兮」，王注曰：「枉攘，亂貌。」「枉攘」與「侹攘」同。此注以爲遇讒而惶遽，失之。

不能復用巫陽焉乃下招曰

《招魂》：「巫陽對曰：『掌㝱。上帝其難從。若必筮予之，恐後謝之，謝之，一本作「之謝」，非。不能復用。』」王注曰：「謝，去也。巫陽言如必欲先筮問求魂魄所在，然後與之，恐後世怠懈，必去卜筮之法，不能復脩用。」《文選》呂延濟注略同。下文「巫陽焉乃下招曰」，王注曰：「巫陽受天帝之命，因下招屈原之魂。」念孫案：此則「不能復用」爲句，「巫陽焉乃下招曰」爲句明矣。「焉乃」者，語詞。猶言巫陽於是下招耳。王注「因下招屈原之魂」，「因」字正釋「焉乃」二字。《遠遊篇》「焉乃逝以俳佪」是其證。《列子・周穆王篇》「焉迺觀日之所入」，「迺」與「乃」同。今本《楚辭》及《文選》皆以「不能復用巫陽焉」爲句，非也。「不能復用」者，謂不用卜筮，非謂不用巫陽。且「用」字古讀若「庸」，與「從」字爲韻。《小雅・小閔篇》「不臧覆用」，與

「從」、「邛」爲韻。《管子·樞言篇》「坦坦之備不爲用」，與「功」爲韻。《趙策》「士爲知己者用」，與「容」爲韻。《堯典》「徵庸三十」〔二〕，《論衡·氣壽篇》引此「庸」作「用」。《皋陶謨》「五刑五用哉」，《後漢書·梁統傳》引此「用」作「庸」。若以「不用巫陽」連讀，則失其韻矣。今據王、呂二注訂正。

氾崇蘭些

「光風轉蕙，氾崇蘭些」，王注曰：「崇，充也。言充實蘭蕙，使之芬芳。」《文選》呂延濟注曰：「崇，高也。」念孫案：二説均有未安。崇蘭，猶叢蘭耳。《文子·上德篇》：「叢蘭欲茂，秋風敗之。」《説文》：「叢，聚也。」《廣雅》：「崇，聚也。」《酒誥》曰：「矧曰其敢崇飲。」《大雅·鳧鷖篇》曰：「福祿來崇。」隱六年《左傳》曰：「芟夷薀崇之。」是「崇」與「叢」同義。

蒻阿拂壁

「蒻阿拂壁，羅幬張些」，王注曰：「蒻，蒻席也。阿，曲隅也。拂，薄也。言以蒻席、薄牀、四壁及與曲隅，復施羅幬也。」念孫案：王以「阿」爲牀隅，則上與「蒻」字不相承，下與「拂壁」

〔二〕三，原作「二」，據《尚書》改。

二字不相連屬矣。今案：「蒻」與「弱」同。阿，細繒也。言以弱阿拂牀之四壁也。弱阿，猶言弱緆，《淮南·齊俗篇》曰「弱緆羅紈」是也。「阿」字或作「絅」。《廣雅》曰：「絅，練也。」《史記·李斯傳》曰：「阿縞之衣，錦繡之飾。」徐廣以「阿」爲東阿縣，非是。辯見《史記》。《淮南·脩務篇》「衣阿錫，曳齊紈」，高注曰：「阿，細縠。錫，細布。」《漢書·禮樂志》「曳阿錫，佩珠玉」，如淳曰：「阿，細繒。錫，細布。」《司馬相如傳》「被阿錫，揄紵縞」，張揖注與如淳同。

臑若芳些

「肥牛之腱，臑若芳些」，王注曰：「腱，筋頭也。臑若，熟爛也。言取肥牛之腱爛熟之，則肥濡臑美也。」念孫案：臑，熟也。若，猶而也。言既熟而且芳也。顧懽《老子義疏》曰：「若，而也。」《夬》九三曰：「遇雨若濡。」言遇雨而濡也。《金縢》曰：「予仁若考。」言予仁而巧也。說見《經義述聞》。莊二十二年《左傳》曰：「幸若獲宥，及於寬政。」言幸而獲宥也。「而」、「若」，語之轉耳。「若」無熟義，不得與「臑」同訓。

不沾薄只

《大招》「吴酸蒿蔞，不沾薄只」，王注曰：「沾，多汁也。薄，無味也。言其味不濃不薄，適甘美也。」念孫案：王以「沾」爲「多汁」，非也。沾，亦薄也。言其味不薄也。《廣雅》曰：「沾，襮也。」曹憲音他縑反。「襮」與「薄」同。《漢書·魏其傳》注云：「今俗言薄沾沾。」

察篤夭隱

「察篤夭隱，孤寡存只」，王注曰：「篤，病也。早死爲夭。隱，匿也。言察知萬民之中，被篤疾病早夭死，及隱逸之士，存視孤寡而振贍之也。」洪補曰：「篤，厚也。」念孫案：二說均有未安。「篤」與「督」同。昭二十二年《左傳》「晉司馬督」，《漢書·古今人表》作「司馬篤」。《漢書·張騫傳》「身毒國」，李奇曰：「一名天篤。」《後漢書·文苑傳》作「天督」。《鹽鐵論·詔聖篇》：「渫篤責而任誅斷。」篤責，即督責。《說文》曰：「督，察也。」是「督」與「察」同義。隱，窮約也。昭二十五年《左傳》「隱民多取食焉」，杜注曰：「隱約窮困。」定三年《傳》：「君以弄馬之故，隱君身，弃國家。」言察督夭死及窮約之人，存視孤寡也。

昭質既設

「昭質既設，大侯張只」，王注曰：「昭質，謂明旦也。明旦既設禮，張施大侯，使衆射之。」引之曰：「昭」讀爲「招」。「招質」，謂射埻的也。「埻」通作「準」。《呂氏春秋·本生篇》曰：「萬人操弓，共射一招。」高注曰：「招，埻的也。」《盡數篇》曰：「射而不中，反循于招，何益於中？」

《別類篇》曰：「射招者，欲其中小也。」《小雅・賓之初筵篇》「發彼有的」，毛傳曰：「的，質也。」《荀子・勸學篇》曰：「質的張而弓矢至焉。」是埻的謂之質，又謂之招，合言之則曰招質。《魏策》曰：「今我講難於秦，兵爲招質。」謂以趙兵爲秦之招質也。《韓子・存韓篇》曰：「秦必爲天下兵質矣。」《説林篇》曰：「且君何釋以天下圖智氏，而獨以吾國爲智氏質乎？」是其明證也。作「昭」者，假借字耳。《春秋・襄二十八年》「楚子昭」，《史記・楚世家》作「招」。《管蔡世家》「司徒招」，索隱曰：「或作昭。」設，謂設昭質，非謂設禮。昭質在侯之中，故即繼之以大侯。猶《詩》言「大侯既抗」，而繼之以「發彼有的」也。若以昭質爲明旦，則義與下文不相屬。且明旦謂之質明，不謂之昭質也。

正法弧而不公

《七諫》「邪説飾而多曲兮，正法弧而不公」，王注曰：「弧，戾也。言世俗之人，推佞以爲賢，進富以爲能，故君之正法，膠戾不用，衆皆背公而歸私也。」念孫案：「正法弧而不公」，「公」與「容」同。謂己之正法戾於流俗而不見容，非謂君之正法膠戾不用，亦非謂衆皆背公而歸私也。衆背公而歸私已在上句内，此但言己之不容於世耳。「邪説飾而多曲」，即所謂邪曲害公也。「正法弧而不容」，即所謂方正不容也。「容」與「公」古同聲而通用。故「容貌」之「容」本作「頌」，從頁，公聲。「容受」之「容」古作「宊」，從宀，公聲。《淮南・主術篇》

「萬民之所容見也」，「容」與「公」同。《齊俗篇》「望君而笑是公也」，「公」與「容」同。

款冬而生兮

《九懷》「款冬而生兮，凋彼葉柯」，王注曰：「物叩盛陰，不滋育也。」引之曰：《急就篇》「款東貝母薑狼牙」，顏師古曰：「款東，即款冬，亦曰款凍。以其淩寒叩冰而生，故爲此名。」師古以「款凍」爲「叩冰」，義本於王注也。然反復《九懷》文義，實與王注殊指。其曰「款冬而生兮，凋彼葉柯。瓦礫進寶兮，捐弃隨和。鉛刀厲御兮，頓弃太阿」，總言小人道長，君子道消耳。款冬、瓦礫、鉛刀以喻小人，葉柯、隨和、太阿以喻君子。《七諫》云：「鉛刀進御兮，遥棄太阿。拔搴玄芝兮，列樹芋荷。」彼言玄芝，猶此言葉柯也。彼言芋荷，猶此言款冬也。鉛刀、太阿取譬，正與此同。此言陰盛陽窮之時，款冬微物乃得滋榮，其有名材柯葉茂美者，反凋零也。款冬而生，指款冬之草，不得以爲物叩盛陰。草之名款冬，其聲因顆凍而轉。《爾雅》「菟奚，顆凍」，郭璞曰：「款冬也。」更不得因文生訓。《爾雅·釋魚》「科斗，活東」，舍人本作「顆東」。科斗非冬生之物而亦名顆東，則謂取淩寒叩冰之意者謬矣。傅咸《款冬花賦》云：「維兹奇卉，款冬而生。」亦仍王注之誤。

行叩誠而不阿兮

《九歎》「行叩誠而不阿兮，遂見排而逢讒」，王注曰：「叩，擊也。言己心不容非，以好叩擊人之過，故遂爲讒佞所排逐也。」念孫案：王訓「叩」爲「擊」，則「叩誠」二字，義不相屬。今案：叩誠，猶言款誠。《廣雅》曰：「款，誠也。」「款」與「叩」一聲之轉。款誠之爲叩誠，猶叩門之爲款門也。重言之則曰叩叩。繁欽《定情詩》曰：「何以致叩叩，香囊繫肘後。」《廣雅》曰：「叩叩，誠也。」轉之則又爲「款款」矣。

巡陸夷之曲衍兮

「巡陸夷之曲衍兮」，王注曰：「大阜曰陸。夷，平也。衍，澤也。言巡行陵陸，經歷曲澤之中。」念孫案：「巡陸夷」及注內「大阜曰陸」，兩「陸」字皆當作「陵」。義見《爾雅》。此因陵、陸字相似，又涉注內「陸」字而誤。又案：陵夷者，漸平之稱。「陵夷」二字，上下同義，不可分訓。說見《漢書》「連語」下。下平曰衍。見《釋名》及《周官》、《左傳》、《國語》注。陵夷，即曲衍之貌。王以「陵」爲「大阜」，「衍」爲「澤」，皆失之。

律魁放乎山閒

「偓促談於廊廟兮，律魁放乎山閒」，王注曰：「偓促，拘愚之貌。律，法也。魁，大也。言拘愚蔽闇之人，反談論廊廟之中，明於大法賢智之士，弃在山閒而不見用也。」念孫案：王以「律」爲「法」，「魁」爲「大」，又云「明於大法賢智之士」，殆失之迂矣。今案：律魁，猶魁壘也。「壘」、「律」聲相近。《漢書·司馬相如傳》「隱轔鬱壘」，師古曰：「壘，音律。」《路史·餘論》曰：「《山海經》云：『神荼鬱壘二神人，主執惡害之鬼。』」《風俗通》作「鬱律」。案：今本《風俗通》仍作「鬱壘」，蓋後人不通古音而改之也。《藝文類聚·果部上》《太平御覽·果部四》竝引作「鬱律」。《漢書·鮑宣傳》曰：「朝臣亡有大儒骨鯁、白首耆艾、魁壘之士。」服虔曰：「魁壘，壯貌也。」轉之則爲「律魁」。《小雅·蓼莪篇》曰：「南山律律。」《史記·留侯世家贊》曰：「魁梧奇偉。」是「律」、「魁」皆高大之意，正與「偓促」相對。司馬相如曰：「委瑣握齱。」「握齱」與「偓促」同。「偓促」、「律魁」皆疊韻也。凡疊韻之字，皆上下同義，不宜分訓。

蒯聵登於清府

「烏獲戚而驂乘兮，燕公操於馬圉。蒯聵登於清府兮，咎繇棄而在壄」，王注云：「燕公，邵公也，封於燕，故曰燕公也。蒯聵，衞靈公太子也。」念孫案：邵公、咎繇皆古之賢臣，而衞蒯聵與烏獲行不相類。「蒯聵」謂趙之「蒯」聵也。《史記・太史公自序》曰：「司馬氏在趙者，以搏劒論顯，蒯聵其後也。」《漢書・司馬遷傳》與此同。如淳曰：「《刺客傳》之蒯聵也。」《淮南・主術篇》曰：「故握劒鋒以，今本此下脱一字。下「雖」字譌作「離」。雖北宮子司馬蒯蕢，不便應敵。「蕢」與「聵」通。高注曰：「司馬蒯蕢在趙，以善擊劒聞。」操其觚，招其末，則庸人能以制勝。今使烏獲、藉蕃從後牽牛尾，尾絶而不從者，逆也。若指之桑條以貫其鼻，則五尺童子牽而周四海者，順也。」然則趙之蒯聵以搏劒聞，故與烏獲竝舉之。《淮南》稱北宮子蒯聵，而并及於烏獲、藉蕃，可以互證矣。自「烏獲」以下四句，皆謂貴武士而賤賢臣也。

文選

度宏規而大起

《西都賦》「圖皇基於億載，度宏規而大起」，李善曰：「《小雅》曰：『羌，發聲也。』『度』與『羌』古字通。『度』或爲『慶』也。」念孫案：「度」與「羌」聲不相近，絶無通用之理。蓋李善本「度」字本作「慶」，今本作「度」者，後人據五臣本及《班固傳》改之耳。善注原文當云：「《小雅》曰：『羌，發聲也。』『慶』與『羌』古字通。」《漢書・楊雄傳》：「《反離騷》曰：『懿神龍之淵潛兮，慶竢雲而將舉。』」宋祁校本云：「蕭該《音義》曰：『慶，音羌。』今《漢書》亦有作『羌』字者。」又「慶夭顇而喪榮」，張晏曰：「慶，辭也。」師古曰：「慶，亦與羌同。」又《甘泉賦》「厥高慶而不可虛疆度」，《敘傳》「《幽通賦》『慶未得其云已』」，師古竝云：「慶，發語辭。讀與羌同。」「『慶』或爲『度』」，「慶」字草書作「庆」，與「度」相似，故「慶」誤爲「度」。《史記・建元以來侯者年表》「平津侯公孫慶」，《漢表》「慶」作「度」。《説文》：「㲜，有大慶也。」今本「慶」譌作「度」。今本作「『度』與『羌』古字通。『度』或爲『羌』」者，後人既改正文作「度」，復改注文以就之，而不知「度」與「羌」之不可通也。又案：善本作「慶」，是也。慶，語詞。「宏規」與「大起」相對爲文，言肇造都邑，先宏規之而後大起之也。

掍建章而連外屬　洞枍詣以與天梁

「凌隥道而超西墉，掍建章而連外屬」，五臣本「掍」作「混」。念孫案：「連」字後人所加也。建章宮在西城之外，故云「掍建章而外屬」。「外」上不當有「連」字。上文「未央」、「桂宮」皆宮名，故云「自未央而連桂宮」，與此句異義。且既言屬，則不得更言連。故張銑注曰：「混，通也。」閣道出城，通達建章宮，與外相屬，其無「連」字明矣。《後漢書・班固傳》正作「混建章而外屬」也。又案：下文「經駘盪而出馺娑，洞枍詣以與天梁」，「駘盪」、「馺娑」、「枍詣」皆殿名。「天梁」，宮名。「以」字與下三字義不相屬，亦是後人所加。《班固傳》無「以」字。

奮泰武乎上囿　緣於泰山之阿　結根泰山阿

「爾乃盛娛游之壯觀，奮泰武乎上囿」，五臣本「泰」作「太」，《班固傳》作「大」，注云：「大武，謂大陳武事也。」念孫案：作「大」者是也。「大」譌爲「太」，又譌爲「泰」耳。《逸周書》有《大武篇》，《秦策》引《詩》云「大武遠宅不涉」，皆其證也。《風賦》「緣於泰山之阿」，李善本無「於」字，五臣本有。《藝文類聚》引此與五臣同。今以上下文例之，當有「於」字。五臣本作「太」，亦是「大」字之譌。今合上下文讀之：「風生於地，起於青蘋之末，侵淫谿谷，盛怒於土囊之口，緣於大山之阿，舞於松柏之下。」此其由卑而高，由谷而山，所在皆然，不獨泰山也。若此句獨指泰山言之，則與上下文不類矣。《古詩》「冉冉孤生竹，結根泰山阿」，「泰」亦「大」之譌。李周翰曰：「泰山，衆山之尊。夫者，婦之所尊。故以喻之。」此曲說也。此以竹喻婦，山喻夫，謂婦之託於夫，如竹之結根於山耳。

芳草被隄

「茂樹蔭蔚，芳草被隄。蘭茝發色，曄曄猗猗。若摛錦布繡，燭燿乎其陂」，李善說「芳草被隄」引《說文》曰：「隄，塘也。」念孫案：「被」讀若「披」。「被隄」者，芳草之貌，非謂芳草覆隄也。「蔭蔚」，雙聲也。「被隄」，疊韻也。「曄曄猗猗」，重字也。以上皆形容草木之盛，然後總而言之曰：「若摛錦布繡，燭燿乎其陂。」陂與隄，一物也。《陳風·澤陂》傳曰：「陂澤，障也。」《一切經音義》二引李巡《爾雅注》曰：「隄，障也。」若上言隄而下言陂，則複矣。

填流泉而爲沼

《東都賦》「填流泉而爲沼」，李善曰：「順流泉而爲沼，不更穿之也。昭明諱順，故改爲填。」引之曰：「填」當爲「慎」，草書之誤也。「慎」、「順」古字通，故昭明改「順」爲「慎」。

嘉祥阜兮集皇都

《白雉詩》：「啟靈篇兮披瑞圖，獲白雉兮效素烏，嘉祥阜兮集皇都。」念孫案：「嘉祥」句蓋後人所加。此句詞意膚淺，不類孟堅手筆，且《寶鼎詩》亦可通用，其可疑一也。下文「發皓羽兮奮翹英」，正承「白雉」、「素烏」言之，若加入此句，則上下文義隔斷，其可疑二也。《明堂》《辟雍》《靈臺》三章，章十二句；《寶鼎》《白雉》二章，章六句。若加入此句，則與《寶鼎詩》不協，其可疑三也。李善及五臣本此句皆無注，其可疑四也。《後漢書·班固傳》無此句，其可疑五也。

錫用此土而翦諸鶉首

《西京賦》「昔者大帝説秦繆公而覲之，饗以鈞天廣樂。帝有醉焉，乃爲金策。錫用此土，而翦諸鶉首」，薛綜曰：「翦，盡也。」李善曰：「盡取鶉首之分，爲秦之境也。」引之曰：薛訓「翦」爲「盡」，「盡諸鶉首」，殊爲不詞。李云「盡取鶉首之分」，亦與「翦諸」之文不合。今案：「翦」讀爲「踐」。《文王世子》「不翦其類也」，《周官・甸師》注引「翦」作「踐」。《玉藻》「凡有血氣之類，弗身踐也」，注：「踐，當爲翦。」踐，居也。謂居之於鶉首之虛也。《晉語》曰：「實沈之虛，晉人是居。」《方言》曰：「慰、廛、度，凥也。「凥」，今通作「居」。東齊海岱之閒或曰踐。」趙注《孟子・盡心篇》曰：「踐，履居之也。」《晏子・問篇》曰：「後世孰踐有齊國者。」皆其證也。

意亦有慮乎神祇宜其可定以爲天邑

「及帝圖時，意亦有慮乎神祇。宜其可定以爲天邑」，薛綜曰：「言高帝圖此居之時，意亦以慮於天地陰陽，而思可宜定以爲天邑。」念孫案：意亦，猶抑亦也。「抑」與「意」古字通。《論語・學而篇》「求之與？抑與之與」，《漢石經》「抑」作「意」。《大戴禮・武王踐阼篇》曰：「黄帝顓頊之道存乎？意亦忽不可得見與？」《荀子·脩身篇》曰：「將以窮無窮，逐無極與？意亦有所止之與？」《秦策》曰：「誠病乎？意亦思乎？」竝與「抑亦」同。「宜」讀曰「儀」。儀，度也。度其可安定之地以爲天邑也。《説文》曰：「儀，度也。」《周語》曰：「儀之于民而度之于羣生。」又曰：「不度民神之義，不儀生物之則。」「儀」與「宜」古字通。《小雅·角弓篇》「如食宜饇」，《韓詩》「宜」作「儀」。《楚語》「采服之儀」，《周官·春官》鄭司農注引作「宜」。薛云「思可宜定以爲天邑」，失之。

嗟内顧之所觀　嗟難得而覶縷　嗟難得而備知　嗟孰可爲言己　唴見偉於疇昔

念孫案：王逸注《離騷》曰：「羌，楚人語詞也。」《文選》内「羌」字多作「唴」，因譌而爲「嗟」。俗書「嗟」字作「咾」，「唴」字作「唴」，二形相似而誤。後人多見「嗟」，少見「唴」，故莫能正之耳。《西京賦》「嗟内顧之所觀」，李善注：「《小雅》曰：『嗟，發聲也。』」兩「嗟」字皆「唴」字之譌。《西都賦》「慶宏規而大起」，李注：「《小雅》曰：『羌，發聲也。』『慶』與『羌』古字通。」是其證。若「嗟」則歎聲，非發聲也。五臣本作「嗟」，訓爲「歎聲」，失之矣。《吴都賦》「嗟難得而覶縷」，劉逵注：「《小雅》曰：『嗟，楚人發語端也。』」兩「嗟」字亦「唴」字之譌。既云「楚人發語端」，其爲「唴」字明矣。《古文苑·王延壽〈王孫賦〉》「羌難得而覶縷」，本書王融《曲水詩序》「羌難得而稱計」，章樵、李善注引《吴都賦》竝作「羌」。《雪賦》「嗟難得而備知」義本《吴都》，亦是「咣」之譌也。《思玄賦》「嗟孰可爲言己」，「嗟」亦「咣」之譌。《後漢書·張衡傳》作「羌」，是其證也。《蜀都賦》「咣見偉於疇昔」，其字正作「咣」。張伯顔本如此，他本則譌作「嗟」矣。蔡邕《瞽師賦》「咣求煩以愁悲」，字亦作「咣」。

交綺豁以疏寮

「何工巧之瑰瑋，交綺豁以疏寮」，李善曰：「交結綺文，豁然穿以爲寮也。《蒼頡篇》曰：『寮，小窻也。』」念孫案：交綺豁以疏窻，殊爲不詞。今案：交綺，即窻也。《廣雅》曰：「豁、寮，空也。」《一切經音義》一引《蒼頡篇》曰：「寮，小空也。」《説文》曰：「疏，通也。」「豁以疏寮」，皆空虚之貌。既言「豁」而又言「疏寮」者，文重詞複以申明其意。若《大人賦》言「麗以林離」、「叢以蘢茸」、「痑以陸離」矣。

若鷩鶴之羣罷

「紛縱體而迅赴，若鷩鶴之羣罷」。念孫案：「若鷩鶴之羣罷」，文不成義。「罷」字與「伎」、「氏」、「綺」、「豸」、「纚」爲韻，蓋「罷」字之譌。韋注《吴語》曰：「罷，歸也。」《廣雅》同。言若鷩鶴之羣歸也。

莫我能形

《東京賦》「飛閣神行，莫我能形」，薛綜曰：「人不見行往，故曰神。形，謂天子之形容。言我無能説其形狀也。」念孫案：薛説甚迂。《廣雅》曰：「形，見也。」言行於飛閣之中，莫我能見也。《史記・秦始皇紀》正義引應劭曰：「於馳道外築牆，天子於中行，外人不見。」

感懋力以耘耔

「兆民勸於疆埸，感懋力以耘耔」。念孫案：「感」字與下五字義不相屬，蓋「咸」字之誤。咸，皆也。言皆勉力也。

時乘六龍

「天子乃撫玉輅，時乘六龍，發鯨魚，鏗華鍾」，李善曰：「《周易》曰：『時乘六龍。』此謂各隨其時而乘之。」念孫案：如李注，則正文本作「乘時龍」，故先引《周易》「時乘六龍」，而即繼之曰「此謂各隨其時而乘之」，言此與《周易》異義也。「各隨其時」，謂若春乘蒼龍，夏乘赤駵之屬是也。《東都賦》亦云：「登玉輅，乘時龍。」此作「時乘六龍」者，因注引《周易》而誤。

「撫玉輅」以下四句，句各三字，此句獨多一字，與上下不協。

盈溢天區

「聲教布濩，盈溢天區」，薛綜曰：「天區，謂四方上下也。」引之曰：據薛注，則「天區」當爲「六區」。《思玄賦》「上下無常窮六區」，李善亦云：「六區，上下四方也。」「天」、「六」二字，篆、隸皆相似，故「六」譌作「天」。

西朝顛覆而莫持

「臣濟奓以陵君，忘經國之長基。故函谷擊柝於東，西朝顛覆而莫持」，薛綜曰：「謂王莽之兵猶擊柝守函谷關，而三輔兵已自入長安宮，朝廷顛隕，無復扶持也。」念孫案：薛説非也。西朝顛覆，謂王莽篡漢耳。言臣陵其君，國本墮壞，故王莽得爲篡逆。函谷雖擊柝於東，西京已顛覆而莫持，明患不在外而在内也。若以三輔兵誅王莽爲西朝顛覆，則與上文「臣濟侈以陵君」二句義不相屬。且平子不當稱亡新爲西朝也。

亂北渚兮揭南涯

《南都賦》「爾乃撫輕舟兮浮清池，亂北渚兮揭南涯」，李善曰：「《爾雅》曰：『正絶流曰亂。』《説文》曰：『揭，高舉也。』」吕向曰：「揭，猶指也。」念孫案：李解「揭」爲「高舉」，與「南涯」二字義不相屬；吕解「揭」爲「指」，古無此訓，皆非也。今案：「揭」讀爲「愒」。《廣韻》「愒」、「揭」竝去例切。聲相同，故字相通。愒，息也。言自北渚絶流而渡，息乎南涯也。《小雅·菀柳篇》「不尚愒焉」，毛傳曰：「愒，息也。」《召南·甘棠篇》作「憩」。字又作「偈」。《甘泉賦》「度三巒兮偈棠黎」，韋昭曰：「偈，息也。」句法正與此同。

酌清酤

《蜀都賦》「酌清酤，割芳鮮」，五臣本「清酤」作「醪酤」。念孫案：「醪酤」與「芳鮮」相對爲文，則作「醪」者是也。今作「清酤」者，後人以李注引《詩》「既載清酤」而改之耳。不知李注自解「酤」字，非兼解「清酤」二字。其「醪」字已見《南都賦》，故不重注也。《北堂書鈔·酒食部八》引此正作「酌醪酤」。

齷齪而筭

《吴都賦》：「齷齪而筭，顧亦曲士之所歎也。旁魄而論都，抑非大人之壯觀也。」念孫案：「齷齪而筭」下當有「地」字，「齷齪而筭地」、「旁魄而論都」相對爲文。劉逵注云：「言筭量蜀地，亦是曲僻之士。」則「筭」下原有「地」字明矣。

英雄之所躔

「翫其磧礫而不窺玉淵者，未知驪龍之所蟠也。習其弊邑而不覩上邦者，未知英雄之所躔也」，李善曰：「《方言》曰：躔，歷行也。」吕延濟曰：「不見上國，不知英雄之所行歷也。」念孫案：李、吕以「躔」爲「行歷」，非也。躔，居也。英雄之所居，謂吴都也。吴都爲英雄之所居，猶玉淵爲驪龍之所蟠，故曰不窺玉淵，未知驪龍之所蟠；不覩上邦，未知英雄之所躔也。李注《月賦》引韋昭《漢書注》曰：「躔，處也。」「處」亦「居」也。《方言》曰：「廛，凥也。「凥」，古「居」字。東齊海岱之間曰廛。」《魏風·伐檀》傳曰：「一夫之居曰廛。」孟康注《漢書·王莽傳》曰：「纏，居也。」「廛」、「躔」、「纏」字異而義同。

雜插幽屏　宋玉於是陋其結緑

「楨丹明璣，金華銀樸。紫貝流黃，縹碧素玉。隱賑崴𡾟，雜插幽屏。精曜潛熲，李善曰：「潛熲，謂潛深而有光熲。」《爾雅》曰：「熲，光也。」今李善本「熲」字皆誤作「潁」，五臣本作「熲」。李周翰曰：「雖在幽僻之處，常熲然有異光。」今據改。晢陊山谷。碕岸爲之不枯，林木爲之潤黷。隋侯於是鄙其夜光，宋玉於是陋其結緑」，李善曰：「幽屏，謂生處也。」李周翰曰：「雜插幽屏，謂雜生隱僻之處。屏，僻也。」念孫案：「幽屏」當爲「幽屋」，字之誤也。幽屋，謂山也。言衆寶隱賑崴𡾟，雜插於山中也。幽屋，猶言幽室。謝靈運《登永嘉緑嶂山詩》云「懷遲上幽室」是也。「屋」與「樸」、「玉」、「谷」、「黷」、「緑」爲韻。若作「屏」，則失其韻矣。「宋玉」當爲「宋王」。劉逵注引《史記》「宋有結緑」，是結緑爲宋之寶，故曰「宋王於是陋其結緑」。「宋王」與「隋侯」相對爲文，無取於「宋玉」也。

悠悠旆旌

「悠悠旆旌者，相與聊浪乎昧莫之坰」。念孫案：「悠悠旆旌者」當作「悠悠旆旆者」。《詩》曰：「悠悠旆旌。」又曰：「彼旟旐斯，胡不旆旆。」是也。今本「旆旆」作「旆旌」，即因《詩》「悠悠旆旌」而誤。悠悠、旆旆皆旌旗之貌，故云「悠悠旆旆者，相與聊浪乎昧莫之垌」。上文云：「趁譚狘猭，若離若合者，相與騰躍乎莽罠之野。」文義正與此同。若云「悠悠旆旌者」，則「者」字之義不可通。李善及五臣皆不釋「旆旆」二字，蓋所見本已誤爲「旆旌」矣。

與夫唱和之隆響　有殷坻穨於前

「若此者，與夫唱和之隆響，動鍾鼓之鏗耾。有殷坻穨於前，曲度難勝」。念孫案：「與夫唱和之隆響」二句，句法參差而文義不協。「與夫」二字，乃一「舉」字之誤。「舉」亦「動」也。「舉唱和之隆響」、「動鍾鼓之鏗耾」，句法正相對。「有殷坻穨於前」，「於前」二字後人所加也。有殷坻穨，言其聲殷然若坻穨也。《漢書·揚雄傳》「響若坻隤」，應劭曰：「天水有大坂，名曰隴坻。其山堆傍著，崩落作聲，聞數百里，故曰坻隤。」見《文選·解嘲》注。「隤」與「穨」同。句法與《詩》「有瀰濟盈」、「有鷕雉鳴」相似。若云「有殷坻穨於前」，則不成句法。且「有殷坻穨」、「曲度難勝」皆以四字爲句，若上句多二字，則句法參差矣。後人以李周翰注云「其聲若山穨於前」，故加「於前」二字。不知李注自加「於前」二字以申明其義，非正文所有也。不審文義而據注妄增，其失甚矣。

若吾子之所傳

「若吾子之所傳，孟浪之遺言，略舉其梗概，而未得其要妙也」。念孫案：吾者，東吴王孫自謂也。「吾」下「子」字後人妄加之耳。吕向注云：「如我所傳。」則「吾」下原無「子」字明矣。

冐六英五莖

《魏都賦》：「冠韶夏，冐六英五莖。」念孫案：「冐六英五莖」，句法甚累，且「英莖」與「韶夏」相對爲文，若加「六」、「五」二字，則與上句不協。後人以李善注引《樂動聲儀》「帝嚳樂曰《六英》，帝顓頊樂曰《五莖》」，因加「六」、「五」二字，不知李注自解「英莖」二字，非并解「六」、「五」二字也。

判殊隱而一致

「覽《大易》與《春秋》，判殊隱而一致」。念孫案：此本作「判隱顯而一致」。言《易》與《春秋》雖有隱顯之分，而其致一也。張載注云：「《春秋》推見以至隱，《易》本隱以之顯，所言雖殊，其合德一也。」李善云：「言《大易》《春秋》隱顯殊而合德若一。」皆其明證矣。後人以張、李二注内皆有「殊」字，遂加入「殊」字而删去「顯」字，不知注内「殊」字是解正文「判」字，而正文内本有「顯」字，故二注皆言「隱顯」也。若云「判殊隱而一致」，則文不成義矣。

亡國肅乎臨淵

《甘泉賦》「襲琁室與傾宫兮，若登高眇遠，亡國肅乎臨淵」，服虔曰：「桀作琁室，紂作傾宫，以此微諫也。」應劭曰：「登高遠望，當以亡國爲戒，若臨深淵也。」念孫案：正文内「亡國」二字，後人所加也。應云「以亡國爲戒」者，承上琁室、傾宫言之，以申明「肅乎臨淵」之意。後人不審，輒於正文内增入「亡國」二字。亡國肅乎臨淵，斯爲不詞矣。五臣本及《漢書·楊雄傳》皆無此二字。

友仁義與之爲朋

《羽獵賦》：「建道德以爲師，句友仁義與之爲朋。」念孫案：「友仁義與之爲朋」，殊爲不詞，蓋後人不解「與」字之義，因於「與」下加「之」字耳。今案：「建道德以爲師，友仁義與爲朋」，句法正相對。友，親也。見《廣雅》。與，猶以也。言親仁義以爲朋也。《漢書·楊雄傳》作「友仁義與爲朋」，是其明證矣。《召南・江有汜篇》曰：「不我以。」又曰：「不我與。」鄭箋曰：「以，猶與也。」「以」可訓爲「與」，「與」亦可訓爲「以」。《繫辭傳》曰：「是故可與酬酢，可與祐神矣。」言可以酬酢，可以祐神也。《論語・陽貨篇》曰：「鄙夫可與事君也與哉？」言不可以事君也。《中庸》曰：「知遠之近，知風之自，知微之顯，可與入德矣。」言可以入德也。《史記・袁盎傳》曰：「妾主豈可與同坐哉？」言不可以同坐也。「以」、「與」聲相近，故二字可以互用。《管子・形勢篇》曰：「譕巨者可以遠舉，今本「巨」譌作「臣」。辯見《管子》。顧憂者可與致道。」《呂氏春秋・樂成篇》曰：「故民不可與慮化舉始，而可以樂成功。」《史記・貨殖傳》曰：「智不足與權變，勇不足以決斷，仁不能以取予。」「以」、「與」二字互用，正與此同也。「以」、「與」聲相近，故又可以通用。《鄉射禮》「各以其耦進」，今文「以」爲「與」。《越語》「節事者與地」，《史記・越世家》「與」作「以」。《論語》「鄙夫可與事君也與哉」，《匡謬正俗》引此「與」作「以」。《史記》「妾主豈可與同坐哉」，《漢書》「與」作「以」。

忿戎王之淫狡

《北征賦》「忿戎王之淫狡，穢宣后之失貞」，李善曰：「杜預《左氏傳注》曰：『狡，猾也。』」念孫案：李説非也。「狡」讀爲「姣」，「姣」亦「淫」也。襄九年《左傳》「弃位而姣，不可謂貞」，杜注曰：「姣，淫之别名。」作「狡」者，借字耳。

才難

《西征賦》：「當音鳳恭顯之任勢也，乃熏灼四方，震燿都鄙。而死之日，曾不得與夫十餘公之徒隸齒。才難，不其然乎？」今李善本如此。六臣本作「名才難，不其然乎」，五臣作「名難，不其然乎」。吕延濟曰：「音、鳳之流，其死之日，曾不得與蕭、曹等十餘公之僕隸齒列。名器之難，其如此矣。」念孫案：作「名難」者是也。音、鳳、恭、顯生前赫奕而死後無名，是富貴易得而名難得，故曰：「名難，不其然乎？」此用《論語》句法，故李善引「才難，不其然乎」爲證。其實《論語》言才難，此言名難，句法雖同而意不同也。六臣本作「名才難」者，後人以李善引《論語》「才難」，故旁記「才」字，而傳寫者遂誤合之也。今李善本作「才難」者，又後人以「名才難」三字文不成義，而删去一字也。乃不删「才」字而删「名」字，斯爲謬矣。

昭列顯於奎之分野

《魯靈光殿賦》：「承明堂於少陽，昭列顯於奎之分野。」念孫案：「昭列顯於奎之分野」句法甚累，既言「昭」，而又言「顯」，亦爲重沓。蓋正文本作「昭列於奎之分野」，後人以李善注云「其光昭列，顯於奎之分野」，因於正文内加「顯」字。不知注内「顯」字乃承上「昭列」而申言之，非正文所有也。不審文義而據注妄增，各本相沿不改，其亦弗思之甚矣。

參旗九旒

《景福殿賦》「參旗九旒，從風飄揚」，李善曰：「《周禮》曰：『熊旗六斿以象伐。』毛萇《詩傳》曰：『參，伐也。』然伐一星，以旗象參，故曰參旗。《周禮》曰：『龍旂九斿。』今云『參旗九旒』，蓋一指旗名，一言旒數，可以相明也。」李周翰曰：「參，三也。旗上畫日月星。九旒，九旗也。」念孫案：二李之説皆非也。參旗、九旒皆星名。言旌旗之旒，從風飄揚，象天之有參旗、九旒也。參旗，一名天旗。九旒，或作九游。《史記·天官書》曰：「參爲白虎，其西有句曲九星三處羅，一曰天旗，二曰天苑，三曰九游。」《晉書·天文志》曰：「參旗，一曰天旗。」《開元占經·石氏外官占》引石氏曰：「參旗九星，在參西。」又《甘氏外官占》引甘氏曰：「九游九星，在玉井西南。」

決陂潢而相湲

《海賦》「於是乎禹也，乃鏟臨崖之阜陸，決陂潢而相湲。啟龍門之岝嶺，墾陵巒而嶄鑿」，李善曰：「《說文》曰：湲，灌也。」念孫案：「湲」爲「潺湲」字，義與「灌」不相近。「湲」當爲「浂」。「浂」，古「沃」字。沃，灌也。言決陂潢之水而相灌也。故李注引《說文》「浂，灌也」以釋之。隸書「夭」字或作「夨」。故「浂」字或作「湲」。形與「湲」相似，因誤爲「湲」。五臣本作「湲」，「湲」又「湲」之誤也。「浂」與「鑿」爲韻，猶《詩・唐風》「從子于沃」與「白石鑿」爲韻。若作「湲」、作「湲」，則失其韻矣。

淙大壑與沃焦

《江賦》「出信陽而長邁，淙大壑與沃焦」，李善曰：「《說文》曰：『淙，水聲也。』」念孫案：李訓「淙」爲「水聲」，則與下五字義不相屬。今案：淙者，灌也。言江水東流入海，灌大壑與沃焦也。李引《玄中記》曰：「東海之沃焦，水灌之而不已。」即其證也。《廣雅》曰：「澆、沃、淙、曹憲音士降反。灌，漬也。」是「淙」與「灌」同義。

鯪鯥跻䟿於垠隒

「鯪鯥跻䟿於垠隒」，今李善本如此。李善曰：「《埤蒼》曰：『跻䟿，跳也，求悲切。』《聲類》曰：『偏舉一足曰跔蹄也，渠俱切。』」舊本「跔」誤作「跼」，今據李善音及《史記・張儀傳》索隱改。念孫案：

如李注，則「踦𨇤」本作「跻跔」，謂二魚跳躍於水厓也。《楚辭·天問》「鯪魚何所」，王注曰：「鯪魚，鯪鯉也。有四足，出南方。」《南山經》曰：「柢山有魚焉，其狀如牛，陵居，蛇尾，有翼，其名曰鯥。」是鯪、鯥皆魚之有足者，故云「跻跔於垠隒」。《史記·張儀傳》「虎賁之士，跿跔科頭」，集解曰：「跿跔，跳躍也。」索隱引《韻集》云：「偏舉一足曰跔蹏。」義與《聲類》同。又案：吕向注云：「踦𨇤，行貌。」然則今李善本作「踦𨇤」者，後人據五臣本改之耳。

憯悽淋慄

《風賦》：「故其風中人狀，直憯悽淋慄，清涼增欷。」引之曰：「憯悽淋慄」當爲「淋慄憯悽」，寫者誤倒耳。淋慄、清涼皆謂風之寒也。李善注曰：「淋，寒貌。慄，寒氣也。」憯悽、增欷皆感寒之貌也。二句相對爲文。且「悽」、「欷」爲韻，古音俱在脂部。若「慄」字則在質部，質與脂，古韻不同部。「慄」字古通作「栗」。《詩》三百篇「栗」字皆與質部之字爲韻，無與脂部之字爲韻者。其作「慄」之字，《詩·黄鳥》與「穴」爲韻，《楚辭·九辯》與「瑟」爲韻。「慄」、「穴」、「瑟」皆質部也。不可與「欷」爲韻矣。《高唐賦》「令人淋悷憯悽，脅息增欷」，「悷」、「慄」聲相近。「淋悷憯悽」，猶「淋慄憯悽」也。彼賦亦以「悽」、「欷」爲韻。《楚辭·九辯》「憯悽增欷兮，薄寒之中人。愴怳懭悢兮，去故而就新」，「悽」與「欷」爲韻，「愴怳」與「懭悢」爲韻，又其一證矣。

何今日之兩絶

《鸚鵡賦》："何今日之兩絶，若胡越之異區。"念孫案：王粲《贈蔡子篤詩》"風流雲散，一別如雨"，李善注引此賦曰："何今日之雨絶。"又引陳琳《檄吴將校》曰："雨絶于天。"江淹《雜體詩》"雨絶無還雲"，李注亦引此賦。據此則李善本本作"雨絶"明矣。吕向注曰："何今日兩相隔絶，各在一方。"然則今本作"兩絶"者，後人據五臣本改之耳。

竦余身而順止兮

《思玄賦》"竦余身而順止兮，遵繩墨而不跌"，舊注曰："竦，立也。止，禮也。"念孫案：竦，敬也。言敬余身而循禮也。《説文》曰："竦，敬也。"字或作"聳"，《周語》曰："身聳除潔，外内齊給，敬也。""身聳"即此所謂"竦余身"也。《楚語》曰："昔殷武丁能聳其德。"韋注曰："聳，敬也。"

遊塵外而瞥天兮

"遇九皋之介鳥兮，怨素意之不逞。遊塵外而瞥天兮，據冥翳而哀鳴"，舊注曰："瞥，裁見也。」《後漢書·張衡傳》注曰：「瞥，視也。」念孫案：此皆以瞥爲「瞥見」之「瞥」，非也。「瞥」讀爲「撆」。撆，擊也，「撆」如「鳳皇上撆九千里」之「撆」。拂也。「拂」如「鳴鳩拂其羽」之「拂」。高注《呂氏春秋·季春紀》曰：「拂擊其羽，直刺上飛數十丈。」言鶴遊塵外而上拂天也。《説文》曰：「撆，擊也。」字或作「撇」，《漢書·楊雄傳》：「《甘泉賦》：『歷倒景而絕飛梁兮，浮蔑蠓而撇天。』」此云「遊塵外而瞥天」，下文云「浮蔑蒙而上征」，語意與《甘泉賦》略同。顔師古曰：「撇，猶拂也。」李善引張揖《三蒼注》同。作「瞥」者，借字耳。亦通作「蔽」，《史記·刺客傳》「跪而蔽席」，索隱曰：「蔽，音匹結反。蔽，猶拂也。」《燕策》作「跪而拂席」。

漱飛泉之瀝液

「漱飛泉之瀝液兮，咀石菌之流英」，李善曰：「《説文》曰：『漱，蕩口也。』所又切。」引之曰：李以「漱」爲「蕩口」，非也。此「漱」字當讀爲「欶」。《説文》：「欶，吮也。」《玉篇》：「所角切。」字或作「嗽」。《一切經音義》二引《三蒼》曰：「嗽，吮也。」又引《通俗文》曰：「含吸曰嗽，所角反。」《釋名》曰：「嗽，促也。用口急促也。」《漢書·佞幸傳》「文帝嘗病癰，鄧通常爲上嗽吮之」，顔師古曰：「嗽，音山角反。」《後漢書·方術傳》「嗽舌下泉咽之」，李賢曰：「嗽音朔。」《論衡·驗符篇》曰：「建初四年，甘露下泉陵、零陵、洮陽、始安、泠道五縣，民嗽吮之，甘如飴蜜。」張載注《魏都賦》引司馬相如《梨賦》曰：「刷嗽其漿。」其或作「漱」者，假借字耳。《楚辭・九章》曰：「吸湛露之浮涼兮，漱凝霜之雰雰。」「漱」與「吸」義相近，故《通俗文》曰：「含吸曰嗽。」《楚辭・遠遊》云「吸飛泉之微液」，猶此云「漱飛泉之瀝液」也。《遠遊》曰：「湌六氣而飲沆瀣兮，漱正陽而食朝霞。」《後漢書・列女傳》注引《論語撰考讖》曰：「水名盜泉，仲尼不漱。」劉伶《酒德頌》曰：「銜杯漱醪。」陸機《文賦》曰：「傾羣言之瀝液，漱六藝之芳潤。」以上諸「漱」字皆音所角反。説者多讀爲「盥漱」之「漱」，音所又反，非也。今俗語猶謂含吸曰「嗽」，音如「煩數」之「數」。

翾鳥舉而魚躍兮

「翾鳥舉而魚躍兮，將往走乎八荒」，舊注曰：「《廣雅》曰：翾，飛也。」《張衡傳》注同。念孫案：「飛鳥舉而魚躍」，甚爲不詞，且訓「翾」爲「飛」，則既與魚躍不協，又與鳥舉相複矣。今案：翾者，疾也。猶言儵鳥舉而魚躍也。《方言》：「儇，疾也。」郭璞曰：「謂輕疾也。」「儇」與「翾」通。《荀子・不苟篇》「小人喜則輕而翾」，《韓詩外傳》「翾」作「快」，「快」亦「疾」也。《説文》：「還，疾也。」義亦與「翾」同。

偉關雎之戒女

「惆河林之蓁蓁兮，偉《關雎》之戒女」，舊注引《關雎》首章四句，又曰：「偉，異也。」《張衡傳》注曰：「偉，美也。」念孫案：李賢訓「偉」爲「美」，是也。「戒女」二字，諸家説之未明。今案：《漢書・杜周傳》杜欽説大將軍鳳曰：「佩玉晏鳴，《關雎》歎之。知好色之伐性短年，離制度之生無厭，天下將蒙化，陵夷而成俗也。故詠淑女，幾以配上，忠孝之篤，仁厚之作也。」李奇曰：「后夫人雞鳴佩玉，去君所，周康王后不然，故詩人歎而傷之。」薛瓚曰：「此《魯詩》也。」《後漢書・明帝紀》注引薛君《韓詩章句》曰：「人君退朝，入于私宮，后妃御見，去留有度，應門擊柝，鼓人上堂，退反晏處，體安志明。今時大人内傾于色，賢人見其萌，故詠《關雎》，説淑女，正容儀以刺時。」如魯、韓《詩》説，則《關雎》所以申女戒，故曰「偉《關雎》之戒女」。《杜周傳贊》云：「欽以建始之初，深陳女戒，庶幾乎《關雎》之見微。」義與此同也。

怨高陽之相寓兮

「怨高陽之相寓兮，佃顓頊而宅幽」，舊注曰：「寓，居也。」念孫案：「寓」訓爲「寄」，不訓爲

「居」。「寓」當作「寓」，字之誤也。《説文》「寓，籀文宇字。」《荀子・賦篇》「精微乎毫毛，而大盈乎大寓」，《漢書・高惠高后文功臣表》「高其位，大其寓」，《東京賦》「威振八寓」，漢《史晨祠孔廟奏銘》「周孔舊寓」，《蕩陰令張遷碑》「開定畿寓」，字竝與「宇」同。《大雅・緜》傳、《桑柔》傳、《魯頌・閟宮》箋及《周語》注竝云：「宇，居也。」此言「相寓」，謂相其所居之地，故舊注訓「寓」爲「居」，而李善、李賢皆不爲「寓」字作音，蓋所見本已譌爲「寓」矣。

姑純懿之所廬

「安和靜而隨時兮，姑純懿之所廬」，舊注曰：「懿，美也。廬，居也。」李善曰：「杜預曰：姑，且也。」《張衡傳》注同。念孫案：二李訓「姑」爲「且」，非也。「且純懿之所廬」，則爲不詞矣。今案：姑者，息也。言自安於和靜，而息乎大美之所居也。《廣雅》曰：「𩲡，息也。」曹憲音姑，古無「𩲡」字，借「姑」爲之。《檀弓》曰：「細人之愛人也以姑息。」「姑」亦「息」也。《爾雅》曰：「苦，息也。」「苦」讀爲「盬」，聲與「姑」近而義同。説見《經義述聞》「王事靡盬」下。

後委衡乎玄冥

「前長離使拂羽兮，後委衡乎玄冥」，今李善本如此。舊注曰：「委，屬也。水衡，官名也。」見《漢書・百官表》。六臣本作「後委水衡乎玄冥」，五臣作「委水衡乎玄冥」，《張衡傳》與五臣同。念孫案：五臣本及《張衡傳》是也。昭二十九年《左傳》曰：「水正曰玄冥。」故曰「委水衡乎玄冥」，言以水衡之職，屬之玄冥也。舊注云：「水衡，官名。」則正文内原有「水」字明矣。六臣本作「後委水衡乎玄冥」者，後人以上句有「前」字，故加「後」字以對之。「後委水衡乎玄冥」，斯爲不詞矣。今李善本作「後委衡乎玄冥」者，又校書者嫌其不詞而删去一字也。乃不删「後」字而删「水」字，其謬益甚矣。

陪京泝伊

《閑居賦》「於是退而閑居，于洛之涘，陪京泝伊，面郊後市」，李善曰：「《南都賦》曰：『陪京之南。』」薛綜《東京賦注》曰：「泝，向也。」念孫案：《南都賦》「陪京之南」，本取陪輔之義。此言「陪京泝伊，面郊後市」，則「陪」字當讀爲「倍」。「倍」、「陪」古字通。《禹貢》「至于陪尾」，《漢書・地理志》作「倍尾」。《左傳・僖三十年》「焉用亡鄭以陪鄰」，定四年「分之土田陪敦」，《釋文》竝作「倍」。「倍」即今「向背」字也。言家在洛水之涘，背京向伊，前郊後市也。《漢書・張良傳》云：「背河鄉雒。」《東京賦》云：「泝洛背河。」義竝與此同也。《晉書・潘岳傳》正作「背京泝伊」。

芳酷烈之誾誾

《長門賦》「桂樹交而相紛兮，芳酷烈之誾誾」，李善曰：「誾誾，香氣盛也。誾，魚斤切。」引之曰：上文之「心」、「音」、「宮」、「臨」、「風」、「淫」、「陰」、「音」、「襜」，下文之「吟」、「南」、「中」、「宮」、「崇」、「窮」、「音」皆以東、侵、鹽三部之字爲韻，此古人合韻之常例也。「誾」爲諄部之字，古無以東、侵、鹽、諄四部合用者，殆誤字也。「誾誾」當爲「闇闇」。「闇」與「馣」同。《廣雅》曰：「馣，香也。」又曰：「馣馣，香也。」曹憲音烏含反。凡字之從奄聲、音聲者多通用，「闇」之爲「馣」，猶「暗」之爲「晻」也。《高唐賦》「越香掩掩」，「掩」亦與「馣」同。

委參差以槺梁

「施瑰木之欂櫨兮，委參差以槺梁」，李善曰：「言以瑰奇之木爲欂櫨，委積參差以承虛梁。《方言》曰：『康，虛也。』『康』與『槺』同，音『康』。」念孫案：如李説，則「槺梁」之上必加「承」字而其義始明，且以「梁」爲屋梁，則與上文「飾文杏以爲梁」相複矣。今案：「參差」，雙聲也。「槺梁」，疊韻也。「槺梁」者，中空之貌，言衆欂櫨羅列參差而中空也。《方言》「康，空也」，郭璞曰：「康寊，空貌。」《説文》曰：「康，屋康寊也。寊，康也。」「康寊」與「槺梁」同。《説文繫傳》「㝗，力畺反」，正與「梁」同音。蓋《説文》舊音也。《玉篇》音「郎」，「郎」與「梁」古今聲有侈弇耳。

遂穨思而就牀　靁歎穨息

「無面目之可顯兮，遂穨思而就牀」，李善曰：「《廣雅》曰：『穨，壞也。』言壞其思慮而就牀。」引之曰：李説非也。「思」當爲「息」，字之誤也。馬融《長笛賦》曰：「靁歎穨息。」靁，歎聲也。下文「靁叩鍛之岌沓兮」，靁亦謂叩鍛聲也。「穨」猶「嘳」也，太息之聲也。李善曰：「歎聲若雷，息聲若穨。」引《爾雅》「焚輪謂之穨」，皆失之。陸機《弔魏武帝文》曰：「循膚體而穨歎。」陸雲《登遐頌》曰：「絶音穨息。」穨之言嘳也。嘳然太息而就牀也。傅毅《舞賦》「嘳息激昂」，李善曰：「《韓詩外傳》曰：『魯哀公嘳然太息。』《説文》曰：『嘳，太息也。』『嘳』與『喟』同。」以上李善注。《易林・師之咸》曰：「絶無以北，惆然嘳思。」「思」亦「息」之誤。《噬嗑之復》曰：「絶無以北，惆然憒息。」「憒」又「嘳」之誤也。

故亦非華説之所能精

《文賦》：「是蓋輪扁所不得言，故亦非華説之所能精。」今李善本如此。念孫案：「故亦非華説之所能精」，李善本有「亦」而無「故」，五臣本有「故」而無「亦」。今李善本兼有之者，後人據五臣本旁記「故」字，而傳寫者因誤合之也。六臣本作「亦非華説之所能精」，又云：「亦，五臣作故。」劉良曰：「文章之妙，故非此輩所能精察而言。」是其明證矣。

故聞其悲聲

《洞簫賦》：「故聞其悲聲，今李善本如此。則莫不愴然累欷，撆涕抆淚。其奏歡娱，則莫不惲漫衍凱，各本「衍」字皆譌作「衎」。案：五臣音苦汗切，其爲「衎」字明矣。「惲漫」爲疊韻，「衍凱」爲雙聲。《藝文類聚》引此亦作「衍」，今改正。阿那腲腇者已。」念孫案：李善本「故聞其悲聲」本作「故爲悲聲」，五臣本作「故其爲悲聲」。見六臣本注。今作「故聞其悲聲」者，後人以意改之也。不知「爲悲聲」、「奏歡娱」皆指吹簫者言之，下文「愴然」、「累欷」云云，方指聽簫者言之。若云「聞其悲聲」，則已指聽簫者言之，與下文「其奏歡娱」句不類，自亂其例矣。《藝文類聚·樂部》引此正作「故其爲悲聲」。

瞪瞢忘食

「是以蟋蟀斥蠖，蚑行喘息。螻蟻蝘蜓，蠅蠅翊翊。遷延徙迆，魚瞰雞睨。垂喙蛩轉，瞪瞢忘食。況感陰陽之龢，而化風俗之倫哉」。念孫案：「瞪瞢忘食」，「食」當爲「飡」，字之誤也。「息」、「翊」爲韻，「也」、「睨」爲韻，「飧」、「倫」爲韻。《藝文類聚》引此已作「食」，則此字之誤久矣。

狀若捷武　毅武孔猛

「狀若捷武，超騰踰曳，迅漂巧兮。又似流波，泡溲泛淁，趨𧾷巇道兮」。念孫案：「狀若捷武」，武者，士也。言狀如蹻捷之士，超騰踰曳也。《淮南·覽冥篇》「勇武一人，爲三軍雄」，高注曰：「武，士也。江淮閒謂士曰武。」《齊俗篇》「顏闔爲天下顯武」，《脩務篇》「勇武攘捲一擣」，高注竝曰：「楚人謂士爲武。」《漢書·伍被傳》「即使辯士隨而說之」，《史記·淮南厲王傳》「士」作「武」。「捷武」與「流波」相對爲文，是「武」爲「士」也。而李善云：「捷武，言捷巧。」如李注，則「狀若捷武」之下必加「之人」二字而其義始明。蓋謂士爲武，唐人已不知有此訓矣。《七發》云：「毅武孔猛，袒裼身薄。」「毅武」，亦謂果毅之士也。

噫可以進乎

《舞賦》「激楚結風，陽阿之舞，材人之窮觀，天下之至妙。噫，可以進乎」，李善曰：「孔氏《尚書傳》曰：『噫，恨辭也。』」李周翰曰：「噫，歎聲。歎其美可進爲羣臣之樂。」念孫案：二李斷「噫」字爲句，非也。「噫可以進乎」五字作一句讀。「噫」讀爲「抑」，語詞也。言楚舞之妙如此，抑者可進之以樂羣臣乎。抑者，猶言意者。說見下。「抑」，字或作「意」，《論語·學而篇》「抑與之與」，《漢石經》「抑」作「意」。《墨子·非攻篇》曰：「意將以爲利天乎？」《莊子·駢拇篇》曰：「意仁義，其非人情乎？」「意」竝與「抑」同。或言「意亦」，《大戴禮·武王踐阼篇》曰：「黄帝顓頊之道存乎？意亦忽不可得見與？」《秦策》曰：「誠病乎？意亦思乎？」「意亦」與「抑亦」同。或言「意者」，《晏子春秋·襍篇》曰：「意者非臣之罪乎？」《墨子·節葬篇》曰：「意者可邪？」《漢書·敘傳》曰：「其抑者從横之事復起於今乎？」「抑者」與「意者」同。又作「億」，《震》六二及《文王世子》注，見下。《史記·吴王濞傳》「億亦可乎」，「億亦」與「抑亦」同。《魏都賦》「億若大帝之所興作，二嬴之所曾聆」，「億若」與「抑若」同。下文云：「抑若春霆發響，而驚蟄飛競；潛龍浮景，而幽泉高鏡。」即其證也。李周翰訓「億」爲「遠」，非是。又作「噫」，《小雅·十月篇》「抑此皇父」，鄭箋曰：「抑之言噫。」《震》六二「億喪貝」，王弼曰：「億，辭也。」釋文曰：「億，本又作噫。」《文王世子》注：「億，可以爲之也。」正義曰：「億，是發語之聲。」釋文曰：「億，本又作噫。」《繫辭傳》曰：「噫亦要存亡吉凶，則居可知矣。」「噫亦」與「抑亦」同。《釋文》《正義》斷「噫」字爲句，訓爲「歎聲」，非是。說見《經義述聞》。《莊子·外物篇》曰：「噫其非至知厚德之任與？」《新序·雜事篇》曰：「噫將使我追車而赴馬乎？投石而超拒乎？逐麋鹿而搏豹虎乎？噫將使我出正辭而當諸侯乎？決嫌疑而定猶豫乎？」《韓詩外傳》「噫」作「意」。《法言·五百篇》曰：「噫者吾於觀庸邪？」「意」、「億」、「噫」竝與抑同。說者多以「噫」爲歎聲，失之矣。

惟籦籠之奇生兮

《長笛賦》「惟籦籠之奇生兮，于終南之陰崖」，吕向曰：「奇生，謂生奇質也。」念孫案：如吕說，則「奇」下須加「質」字而其義始明。今案：「奇」讀爲「寄」。寄，託也。言託生於山崖也。故下文即云：「託九成之孤岑。」《洞簫賦》曰：「原夫簫幹之所生兮，于江南之丘墟。」意與此同。《楚辭・七諫》曰：「便娟之脩竹兮，寄生乎江潭。」尤其明證也。

膺陗陁腹陘阻

「膺陗陁，腹陘阻」，李善曰：「言以膺服於陗陁，而腹突於陘阻也。《淮南子》曰『岸陗者必陁』，許慎曰：『陗，峻也。』《字林》曰：『陁，小崩也。』《爾雅》曰『山絶陘』，郭璞曰：『連山中斷也。』」念孫案：李說「陁」、「陘」二字皆失其義。《廣雅》曰：「陁，險也。」《考工記》「則於馬終古登陁也」，鄭注曰：「陁，阪也。」義亦相近。《上林賦》曰：「巖陁甗錡，摧崣崛錡。」是陁爲險貌也。《廣雅》又曰：「陘，阪也。」《孟子・盡心篇》「山徑之蹊閒介然」，趙注曰：「山徑，山之領。」《法言・吾子篇》曰：「山峌之蹊，不可勝由矣。」「徑」、「峌」竝與「陘」同，是陘爲阪也。此言山阪險峻，伐竹者匍匐而上，故曰「膺陗阤，腹陘阻」。阤非「崩阤」之「阤」，陘亦非「連山中斷」之「陘」也。

中息更裝

「蓋滯抗絶，中息更裝」，李善曰：「許慎《淮南子注》曰：『裝，束也。』謂更裝而奏之。」李周翰曰：「此吹笛聲也。而云更裝者，謂中道息聲，更調理而吹之。亦如人之將裝結而出也。」念孫案：二李説「更裝」二字，皆不得其解而爲之辭。今案：「裝」讀爲「壯」。壯，盛也。言笛聲中息而復盛也。「壯」字古讀若「莊」，故與「裝」通。《楚辭·遠遊》「精醇粹而始壯」，與「行」、「鄉」、「陽」、「英」、「放」爲韻。「放」讀若「方」。《莊子·在宥篇》「物將自壯」，與「藏」爲韻。《晉語》「趙簡子問於壯馳茲」，舊音曰：「壯音莊。」《檀弓》「衛有大史曰柳莊」，《漢書·古今人表》作「柳壯」。《莊子·天下篇》「不可與莊語」，釋文曰：「莊，一本作壯。」《鄘風·君子偕老》箋「顏色之莊」，釋文曰：「莊，本又作壯。」此下二句云：「奄忽滅没，曄然復揚。」「奄忽滅没」，所謂「中息」也；「曄然復揚」，所謂「更壯」也。

丸挺彫琢

「丸挺彫琢，刻鏤鑽笮」，李善曰：「《韓詩》曰『松柏丸丸』，薛君曰：『取松與柏。』然則丸，取也。《漢書音義》如淳曰：『埏，擊也，舒連切。』」今李善本此下有「一作埏。《老子》曰：『埏埴以爲器』」云云凡四十九字，皆與李注不合，蓋後人取他書附入者。六臣本無此四十九字。念孫案：李説非也。丸之言和也。和土以爲器也。「和」、「丸」聲相近，故凡字之讀若「丸」者，或讀若「和」，其讀若「和」者亦然。《禹貢》「和夷底績」，《水經·桓水注》引鄭注曰：「和，讀曰桓。」如淳注《漢書·酷吏傳》曰：「陳宋之俗，言桓聲如和。」《説文》：「萑，鴟屬也。讀若『和』。」皆其例也。《淮南·俶真篇》曰：「埏挏萬物，揣丸變化。」義與此「丸」字相近。「埏」亦「和」也。《老子》「埏埴以爲器」，河上公曰：「埏，和也。埴，土也。和土以爲飲食之器。」《太玄·玄文》「與陰陽埏其化」，蕭該《漢書·敘傳音義》引宋忠注曰：「埏，和也。」《淮南·精神篇》「譬猶陶人之剋埏埴也」，蕭該引許慎注曰：「埏，揉也。」《齊策》：「桃梗謂土偶人曰：『子西岸之土也。挺子以爲人。』」高誘曰：「挺，治也。」義與和竝相近。「丸挺」二字承上文「暴辛爲塤」而言。鄭注《周官·小師》曰：「塤，燒土爲之。」

心慷慨以忘歸

《琴賦》「羨斯嶽之宏敞，心慷慨以忘歸」，李善曰：「《爾雅》曰：『愷慷，樂也。』《史記》曰：『穆天子見西王母，樂之忘歸。』」念孫案：如李注，則正文本作「心康愷以忘歸」，今作「慷慨」者，後人據五臣本改之也。《爾雅》曰：「愷康，樂也。」《説文》曰：「愷，康也。」則李注引《爾雅》本作「康」，今作「慷」者，又後人據已誤之正文改之也。《神女賦》曰：「心凱康以樂歡。」「凱」與「愷」同。此言山形宏敞，令人樂而忘歸，故李注又引《史記》「樂之忘歸」爲證。若改「康愷」爲「慷慨」，則與上下文都不相屬矣。五臣本作「慷慨」，訓爲歎聲，皆非是。

狀若詭赴

「或閒聲錯糅，狀若詭赴」，李善曰：「言其狀若詭詐而相赴也。」呂延濟曰：「詭，疾也。言閒聲緒襍，狀如疾而相赴。」念孫案：「詭詐相赴」，於義未安。訓「詭」爲「疾」，尤未之前聞。今案：詭者，異也。高誘注《淮南·説林篇》曰：「詭，不同也。」薛綜注《西京賦》曰：「詭，異也。」赴，趨也。言閒聲錯出，若與正聲異趨也。下文曰：「初若將乖，後卒同趣。」是其明證矣。

若浮海而望碣石

《高唐賦》：「崪中怒而特高兮，若浮海而望碣石。」念孫案：「石」字後人所加。「碣」與上文之「會」，下文之「礚」、「厲」、「㵣」、「霈」、「邁」、「喙」、「竄」、李善注引《字林》：「竄，七外切。」「摯」爲韻。《後漢書·竇憲傳》「封神丘兮建隆碣」，與「裔」、「外」、「界」、「世」爲韻。《國三老袁良碑》「曜其碣」，與「厲」、「際」、「濊」、「邁」、「乂」、「世」爲韻。竝與此同。若加「石」字於下，則失其韻矣。《史記·天官書》「勃碣海岱之閒，氣皆黑」，《貨殖傳》「夫燕亦勃碣之閒一都會也」，正義曰：「勃海碣石在西北。」是碣石亦可謂之「碣」，不必加「石」字也。李善注曰「言水怒浪如海邊之望碣石」，引《尚書》孔注「碣石，海畔山也」，而不單舉「碣」字作解云「碣，碣石山也」，則所見本已衍「石」字。

窐寥窈冥

「俯視崝嶸，窐寥窈冥」，李善曰：「窐寥，空深貌。窐，苦交切。」念孫案：「窐」字從穴，圭聲，不得有「苦交」之音。蓋其字本作「窯」，從穴，羔聲，故李音苦交切。「窯寥」，疊韻字也。《集韻》：「窯，丘交切。「丘交」與「苦交」同音。窯寥，空寂。」是其明證矣。燒瓦竈謂之窯，音餘昭反，亦取空中之義。《長笛賦》「庨窌巧老，港洞坑谷」，李注曰：「庨窌巧老，深空之貌。庨，苦交切。窌，郎交切。」「庨窌」與「窯寥」同。「窯」、「窐」二字，草書相似，故「窯」字譌而爲「窐」。《墨子·備突篇》「置窯竈」，《後漢書·袁紹傳》注引此譌作「窐」，是其證也。考《玉篇》《廣韻》，窐字皆無苦交之音，《集韻·爻部》內收「窯」字，音丘交切，是矣。乃又收「窐」字，音於交切，云：「窐寥，深遠貌。」則已爲誤本《文選》所惑。

當年遨遊

「王雎鸝黄，正冥楚鳩。姊歸思婦，垂雞高巢。其鳴喈喈，當年遨遊」，李善曰：「一本云：『子當千年，萬世遨遊。』未詳。」引之曰：「年」當爲「羊」，草書之誤也。「當羊」，即尚羊，「尚」讀如「常」。古字假借耳。《楚辭・惜誓》「託回飇乎尚羊」，王注曰：「尚羊，遊戲也。」正與「遨遊」同義。或作「常羊」，或作「徜徉」，竝字異而義同。其一本作「子當千年，萬世遨遊」，詞理甚爲紕繆，且賦文兩句一韻，多一句則儳互不齊，蓋後人妄改之也。

九竅通鬱精神察滯

「九竅通鬱，精神察滯。延年益壽千萬歲」，李善曰：「《吕氏春秋》曰『凡人九竅五藏惡之精氣鬱』，案：《吕氏春秋・達鬱篇》云：「凡人三百六十節，九竅五藏六府，病之留，惡之生也，精氣鬱也。」此所引有脱文。高誘曰：『鬱，滯不通也。』」念孫案：「九竅通鬱精神察」，「察」下本無「滯」字。此與「延年益壽千萬歲」皆以七字爲句。今本作「精神察滯」者，後人以「察」字與上下文韻不相協，又見注内有「鬱滯不通」之語，因加入「滯」字以協韻耳。不知李注自解「鬱」字，非解「滯」字。又不知「察」字古讀若「際」，《繫辭傳》「萬民以察」，與「契」爲韻。《越語》「先無陽察」，與「蔽」、「藝」爲韻。

《淮南·原道篇》「施四海，際天地」，《文子·道原篇》「際」作「察」。正與「旆」、「蓋」、「逝」、「會」、「害」、「逮」、「歲」爲韻也。「精神察」者，《爾雅》曰：「察，清也。」鄭注《禮器》曰：「察，明也。」若云「精神察滯」，則不詞之甚矣。五臣本無「滯」字。

志未可乎得原

《神女賦》「時容與以微動兮，志未可乎得原」，李善曰：「原，本也。」念孫案：原者，度也。言其志未可忖度也。《廣雅》曰：「謜，度也。」「謜」與「原」古字通。《韓子·主道篇》曰：「掩其跡，匿其端，下不能原。」《列女傳·頌義小序》曰：「原度天道，禍福所移。」皆其證也。下二句云：「意似近而既遠兮，若將來而復旋。」正申明志不可原之意。

於赫君子

韋孟《諷諫詩》「興國救顛，孰違悔過？追思黄髮，秦繆以霸。歲月其徂，年其逮耇。於赫君子，庶顯于後」，李善曰：「歎美昔之君子，能庶幾自悔，故光顯于後。」念孫案：如此注，則李善本本作「於昝君子」。《漢書·韋賢傳》亦作「昝」。顏師古曰：「言昝之君子，庶幾善道，所以能光顯於後世也。」「於昝君子」，謂秦繆也。「追思黄髮」、「歲月其徂」，皆約舉《秦誓》文也。李周翰注曰：「於赫，美也。言何不美君子之道，庶光明於後代。」據此，則五臣本已作「於赫君子」。今李善本亦作「赫」，則後人據五臣改之耳。「㫺」字俗書作「昔」，「赫」字俗書作「赤」，二形相近，故「㫺」譌爲「赫」。「於赫，美也」，古亦無此訓。

未若託蓬萊

郭璞《遊仙詩》：「朱門何足榮，未若託蓬萊。」念孫案：「蓬萊」本作「蓬藜」。後人以此是遊仙詩，故改「蓬藜」爲「蓬萊」也。不知此章但言仕不如隱，未及神仙之事。「朱門何足榮」，承上「京華遊俠窟」而言。「未若託蓬藜」，承上「山林隱遯棲」而言。蓬藜，隱者所居，《鹽鐵論・毀學篇》云「包丘子飯麻蓬藜，脩道白屋之下」是也。《漢書・司馬遷傳》注云：「藜草似蓬。」蓬、藜皆穢草而形相似，故書傳多竝稱之。《月令》曰：「藜莠蓬蒿竝興。」昭十六年《左傳》曰：「斬之蓬蒿藜藋。」《管子・小匡篇》曰：「蓬蒿藜藋竝興。」下文「靈谿可潛盤，安事登雲梯。漆園有傲吏，萊氏有逸妻」仍是此意。「登雲梯」，猶言致身青雲耳。李善云：「仙人升天，因雲而上，故曰雲梯。」非是。此章「藜」字與「棲」、「荑」、「梯」、「妻」、「羝」、「齊」爲韻，於古音屬脂部。第六章「高浪駕蓬萊」，與「災」、「臺」、「杯」、「頤」、「垓」、「孩」、「才」爲韻，於古音屬之部。二部不相通用。此非精於周秦兩漢之音者，不能辨也。李善注引《封禪書》「安期生仙者，通蓬萊中」，則所見本已作「蓬萊」矣。

結綏生纏牽

左思《招隱詩》「結綏生纏牽，彈冠去埃塵」，李善曰：「《説文》曰：纏，繞也。」念孫案：「纏」當爲「纆」。《坎》上六「係用徽纆」，馬融曰：「徽纆，索也。」劉表曰：「三股曰徽，兩股曰纆。」《韓策》段干越謂新城君曰：「王良之弟子，駕千里馬，遇造父之弟子。造父之弟子曰：『馬不千里。』王良之弟子曰：『馬，千里之馬也；服，千里之服也。而不能取千里，何也？』曰：『子纆牽長，故纆牽於事，萬分之一也，而難千里之行。』」張華《勵志詩》「纆牽之長，實累千里」，顔延之《應詔觀北湖田收詩》「取累非纆牽」，李注竝引《韓策》爲證。此「纏牽」即「纆牽」之誤，而李讀爲「纏繞」之「纏」，蓋偶未檢也。張華《荅何劭詩》云：「吏道何其迫，窘然坐自拘。纓綏爲徽纆，文憲焉可踰。」與此「結綏生纆牽」同意。

反税事巖耕

顔延之《車駕幸京口侍遊蒜山詩》「空食疲廊肆，反税事巖耕」，李善曰：「《説文》曰：『税，租也。』」李周翰曰：「言已素餐疲倦於廊廟之列，今欲反輸國税，事耕巖石之下。」念孫案：二李以「税」爲「租税」，非也。「税」讀如「税駕」之「税」。《爾雅》曰：「税，舍也。」言反舍於家而事巖耕也。

誰肯相爲言

古辭《飲馬長城窟行》「入門各自媚，誰肯相爲言」，李善曰：「人入門咸各自媚，誰肯爲言乎？皆不能爲言也。」李周翰曰：「誰肯相爲訪問而言者。」念孫案：二李皆未解「言」字之意。「言」即「問」也，謂誰肯相爲問也。《爾雅》曰「訊，言也」，郭璞曰：「相問訊。」《廣雅》曰：「言，問也。」《聘禮》「若有言，則以束帛如享禮」，鄭注曰：「有言，有所告請，若有所問也。」《曲禮》「君言不宿於家」，注曰：「言，謂有故所問也。」《曾子問》「召公言於周公」，正義曰：「言，猶問也。」《哀公問》：「寡人願有言然，冕而親迎，不已重乎。」《史記·倉公傳》：「臣意言王曰：『才人女子竪何能？』」此皆古人謂問爲言之證。

長夜無荒

陸機《短歌行》「來日苦短，去日苦長。今我不樂，蟋蟀在房。樂以會興，悲以別章。豈曰無感，憂爲子忘。我酒既旨，我肴既臧。短歌有詠，長夜無荒」，李善曰：「《毛詩》曰：『好樂無荒。』」念孫案：荒者，虚也。言無虚此長夜也。《爾雅》：「漮，虚也。」「漮」，或作「荒」。釋文引郭璞《音義》如此。《大雅・召閔》正義引某氏曰：「《周禮》云：『野荒民散則削之。』」《大雅・桑柔篇》「具贅卒荒」，《召閔篇》「我居圉卒荒」，《周語》「田疇荒蕪」，毛傳、鄭箋、韋注竝云：「荒，虚也。」此詩但言及時行樂，與《唐風》「好樂無荒」異義。

猶將銷鑠而挺解也

《七發》「雖有金石之堅，猶將銷鑠而挺解也」，李善曰：「高誘《呂氏春秋注》曰：『挺，猶動也。』」念孫案：李訓「挺」爲「動」，則分「挺」與「解」爲二義矣。今案：「鑠」亦「消」也。「挺」亦「解」也。《呂氏春秋・仲夏紀》「挺衆囚，益其食」，高注曰：「挺，緩也。」鄭注《月令》曰：「挺，猶寛也。」義與「解」亦相近。字或作「綎」。《呂氏春秋・勿躬篇》「百官慎職而莫敢愉綎」，今本「綎」譌作「綖」，辯見上卷。注曰：「愉，解也。綎，緩也。」「緩」亦「解」也，故《序卦傳》曰：「解者，緩也。」《後漢書・臧宮傳》「宜小挺緩，令得逃亡」，《傅燮傳》「賊得寛挺」，李賢注竝曰：「挺，解也。」下文「筋骨挺解」，義與此同。

寂漻薵蓼

「寂漻薵蓼，蔓草芳苓」，李善曰：「言水清淨之處，生薵、蓼二草也。《字書》曰：『薵，藸草也。』毛萇《詩傳》曰：『蓼，水草也。』」念孫案：李説非也。「寂漻薵蓼」四字皆疊韻，謂草貌也。既言「寂漻」而又言「薵蓼」者，文重詞複以形容之。若《風賦》之「被麗披離」，《子虚賦》之「罷池陂陀」，《上林賦》之「崴磈嵔瘣」、「偨池茈虒」矣。

乘牡駿之乘

「駕飛軨之輿，乘牡駿之乘」。念孫案：「牡」當爲「壯」。《爾雅》曰：「駿、壯，大也。」又曰：「奘，駔也。」《方言》曰：「奘，大也。秦晉之間，凡人之大謂之奘，或謂之壯。」《説文》曰：「壯，大也。」「奘，駔大也」。「駔，壯馬也。」《楚辭・九歎》「同駑贏與乘駔兮」，王注曰：「乘駔，駿馬也。」《魏都賦》曰：「冀馬填廄而駔駿」，然則「壯」、「奘」、「駔」、「駿」四字，名異而實同。壯駿，即駔駿也。作「牡」者，字之誤耳。

誠必不悔決絶以諾

「誠必不悔，決絶以諾」，李善曰：「言忠誠爲之，必不有悔。事之決絶，但以一諾，不俟再三。」念孫案：誠必不悔，以「誠必」二字連讀，非以「必不悔」三字連讀。「誠必」與「決絶」相對爲文。《管子・九守篇》曰：「用賞者貴誠，用刑者貴必。」《吕氏春秋・論威篇》曰：「又況乎萬乘之國，而有所誠必乎？」《賈子·道術篇》曰：「伏義誠必謂之節。」皆其證也。「決絶以諾」，「以」與「已」通。言或已或諾，俱決絶而無猶豫也。《表記》「君子與其有諾責也，寧有已怨」，鄭注曰：「已，謂不許也。」《逸周書·官人篇》曰：「已諾無決。」李注皆誤。

簟扶桑

「凌赤岸，簟扶桑」，李善曰：「《説文》曰：『簟，埽竹也。』」念孫案：訓「簟」爲「埽竹」，則與「扶桑」二字義不相屬，且與上句「凌」字不對矣。今案：簟者，埽也。言濤勢之大，凌赤岸而埽扶桑也。「簟」字本作「彗」。《後漢書·光武紀》注曰：「彗，埽也。」《聖主得賢臣頌》曰：「忽若簟氾畫塗。」簟氾，猶言埽穢也。如淳曰：「若以簟掃於氾灑之處。」非是。辯見《漢書》。《東都賦》曰：「戈鋋彗雲，羽旄埽霓。」義亦同也。

恭命則愈

《讓中書令表》「夫富貴寵榮，臣所不能忘也；刑罰貧賤，臣所不能甘也。今恭命則愈，違命則苦，臣雖不達，何事背時違上，自貽患責哉」，吕向曰：「愈，勝也。」念孫案：「愈」即「愉」字。《爾雅》曰：「愉，樂也。」「樂」與「苦」正相反。恭命則樂，承上「富貴寵榮」而言；違命則苦，承上「刑罰貧賤」而言。「愉」與「愈」古字通。《荀子·正論篇》「形至佚，心至愉」，《君子篇》「愉」作「愈」。

灌章邯

《鄒陽上書吴王》「高皇帝燒棧道，灌章邯」，應劭曰：「章邯爲雍王，高祖以水灌其城，破之。」念孫案：「灌章邯」本作「水章邯」。後人不解「水」字之義，又見應注云「以水灌其城」，故改「水」爲「灌」。不知應注自解「水」字，非解「灌」字也。以水灌之，故曰水。《魏策》曰：「決滎澤而水大梁。」是也。《漢書·鄒陽傳》正作「水章邯」。

得全者昌失全者亡

枚乘《上書諫吴王》：「臣聞得全者昌，失全者亡。」念孫案：此本作「得全者全昌，失全者全亡」，今作「得全者昌，失全者亡」者，後人依孟子句法删之也。《離婁篇》「順天者存，逆天者亡」。不知「得全全昌，失全全亡」本出《史記·田完世家》。索隱曰：「全昌者，謂事君無失，則身名獲昌，故云全昌也。」故李善引之以爲證。删者謬矣。《漢書·枚乘傳》《説苑·正諫篇》竝作「得全者全昌，失全者全亡」。

極天命之上壽弊無窮之極樂

「今欲極天命之上壽，弊無窮之極樂，究萬乘之勢」。念孫案：首句「上」字，次句「極」字，皆後人所加。極天命之壽，謂終其天年耳，非必上壽也。弊，盡也。極天命之壽，則盡無窮之樂矣，不必言極樂也。且「極天命之壽」以下皆五字爲句，加入「上」、「極」二字，則句法參差矣。《枚乘傳》及《漢紀》《説苑》皆無「上」、「極」二字，五臣本無「極」字。

手可擢而抓

「夫十圍之木，始生而櫱，足可搔而絶，手可擢而抓」。今李善本如此。念孫案：「手可擢而抓」，「抓」本作「拔」，今作「抓」者，後人據李善注改之也。今案：李注云：「《廣雅》曰：『搔，抓也。』」此自釋「搔」字之義，非釋「抓」字之義。下又云：「《字林》曰：『抓，壯交切。』」此是釋注内「抓」字之音，與正文無涉。後人不察，而改「拔」爲「抓」，謬矣。且「拔」與「櫱」、「絶」爲韻，若改爲「手可擢而抓」，則非但文不成義，且失其韻矣。五臣本及《枚乘傳》《説苑》竝作「手可擢而拔」。六臣本注云：「拔，善作抓。」則所見已是誤本。

若望僕不相師而用流俗人之言

《報任少卿書》：「若望僕不相師，而用流俗人之言。」今李善本如此。念孫案：此本作「若望僕不相師用，句而流俗人之言句」，故蘇林曰：「而，猶如也。言視少卿之言如流俗人之言，而不相師用也。」六臣本注云：「而用，善本作『用而』。」是其證也。若如今本作「不相師而用流俗人之言」，則「而」字不得訓爲「如」矣。又案：張銑曰：「而，如也。言《少卿書》若怨望我不相師用，以少卿勸戒之辭，如流俗人所言。」據此，則五臣本亦作「不相師用而流俗人之言」明矣。今本「用而」作「而用」，則後人以意改之也。六臣本注引李善本作「用而」，而今本亦作「而用」，則又後人據已誤之五臣本改之也。《漢書·司馬遷傳》亦作「用而」，足以互證矣。此篇原文多經後人增改，當以《漢書》參校，今略舉數條，不能具論也。

自守奇士

「然僕觀其爲人，自守奇士」。念孫案：「自守奇士」本作「自奇士」。言僕與李陵俱居門下，素非相善，然觀其爲人，自是奇士。「奇士」二字，統「事親孝」以下七事而言，若加一「守」字，則失其義矣。今本作「自守奇士」者，後人加「守」字以成四字句耳。下文「躬流涕」，「躬」下加「自」字；「拘羑里，具五刑」，「拘」、「具」下竝加「於」字；「鄙没世」，「鄙」下加「陋」字；「衹取辱」，「衹」下加「足」字，皆此類也。張銑曰：「自守奇節之士。」則五臣本已有「守」字。《司馬遷傳》無「守」字。

倡優所畜

「固主上所戲弄，倡優所畜，流俗之所輕也」。念孫案：「倡優所畜」本作「倡優畜之」，謂主上以倡優畜之也。若云「倡優所畜」，則義不可通矣。蓋後人欲與上下兩「所」字一例，故改「畜之」爲「所畜」，而不知其謬也。張銑曰：「如倡優女樂所畜，以爲調戲者。」則所見本已作「所畜」。《司馬遷傳》正作「倡優畜之」。

鄙陋没世

「恨私心有所不盡，鄙陋没世，而文采不表於後也」。念孫案：「鄙陋没世」本作「鄙没世」。鄙，恥也。《楚辭·九章》「君子所鄙」，王注曰：「鄙，恥也。」《廣雅》同。恥没世而文不著也。此句「鄙」字與上句「恨」字相對爲文，後人於「鄙」下加「陋」字，謬矣。吕向斷「恨私心有所不盡鄙陋」爲句，其謬益甚。《司馬遷傳》及《藝文類聚》引此俱無「陋」字。

適足取辱耳

「於俗不信，適足取辱耳」。念孫案：「適足取辱」本作「祇取辱」。《小雅・我行其野》傳曰：「祇，適也。」昭十三年《左傳》曰：「大福不再，祇取辱焉。」是也。李善本作「適足取辱」，五臣本作「祇足取辱」，皆後人所增改，《司馬遷傳》正作「祇取辱」。

諸儒博士

《移書讓太常博士》：「諸儒博士，或不肯置對。」念孫案：「諸儒博士」，「儒」字後人所加。諸博士即諸儒，不當於博士之外更言諸儒也。李善及吕延濟注竝云：「諸博士不肯與歆論議相對。」則善及五臣本皆無「儒」字明矣。《漢書・劉歆傳》亦無「儒」字。

以尚書爲不備

「以《尚書》爲不備，謂左氏不傳《春秋》」。念孫案：「以《尚書》爲不備」，本無「不」字，蓋當時學者不信《古文尚書》，而以今文二十九篇爲已備，故曰「以《尚書》爲備」，非謂其不備也。李善引薛瓚《漢書注》曰：「當時學者謂《尚書》唯有二十八篇，今文連《大誓》爲二十九篇，此云

「二十八篇」者，除《大誓》計之也。蓋瓚晉初人，魏晉閒僞《古文尚書》已出，以僞作之《大誓》爲增多伏生之篇，而擯伏生之《大誓》而不數，故但云今文二十八篇，辯見《經義述聞》「伏生尚書二十九篇」說。不知本有百篇。」呂向曰：「當時學者，《尚書》唯有三十篇，當云二十九篇。今文《顧命》與《康王之誥》合爲一篇，故二十九。以爲備矣。」據此，則李善及五臣本皆作「以《尚書》爲備」明矣。今本「備」上有「不」字者，後人不曉文義而妄加之耳。《劉歆傳》無「不」字。

乃湮洪塞源

《難蜀父老》：「乃湮洪塞源，決江疏河，灑沈澹災。」念孫案：「乃湮洪塞源」，「塞」字後人所加。「湮洪源」者，湮，塞也，謂塞洪水之源也。若改爲「湮洪塞源」，則不特「塞」與「湮」詞意相複，且「湮洪」二字文不成義矣。後人改爲「湮洪塞源」者，欲其句法與下二句相對，而不知其義之不可通也。《文選》中往往有此。《史記》《漢書》，司馬相如傳俱無「塞」字。《史記》作「乃堙鴻水」，《漢書》作「乃堙洪原」。

躬腠胝無胈

「躬腠胝無胈，膚不生毛」，李善曰：「孟康曰：『腠，腠理也。』韋昭曰：『胈，其中小毛也。』郭璞《三蒼解詁》曰：『胝，躪也，竹施切。』」念孫案：「躬腠胝無胈」，句法甚累。《史記》作「躬胝無胈」，集解曰：「徐廣曰：『胝音竹移反。一作腠，音湊，膚理也。』」《索隱》本作「躬腠胝無胈」，云：「張揖曰：『腠，一作戚。戚，腠理也。胝，音丁私反。』」《漢書》作「躬戚無胈」，今本作「躬傶骿胝無胈」，「傶」爲「戚」之譌，「骿胝」二字後人所加。說見劉氏端臨《漢學拾遺》。張晏曰：「戚，湊理也。」合《史記》《漢書》《文選》考之，是《史記》作「胝」，一作「腠」；《漢書》作「戚」，一作「腠」；張揖、孟康竝作「腠」，見上李善注及《史記索隱》。「腠」、「戚」古聲相近，故「戚」或作「腠」。而《文選》及《史記索隱》則「腠」、「胝」二字竝載。揆厥所由，皆一本作「腠」，一本作「胝」，而後人誤合之也。《史記》作「胝」，又作「腠」，即其明證矣。而李善、劉良、司馬貞皆竝解「腠」、「胝」二字，則其誤已久。獨賴有徐廣「胝，一作腠」之語，可識其致誤之由耳。

猶鷦鵬已翔乎寥廓之宇

「猶鷦鵬已翔乎寥廓之宇，今李善本如此。而羅者猶視乎藪澤」。念孫案：「之宇」二字，後人妄加之也。「鷦鵬」二句相對爲文，且「澤」字古讀若「鐸」，說見《唐韻正》。與「廓」爲韻。若加「之宇」二字，則非特句法參差，而韻亦不諧矣。五臣本及《史記》《漢書》《漢紀》皆無「之宇」二字。

夷險芟荒

《荅賓戲》「方今大漢洒埽羣穢，夷險芟荒」，注：「晉灼曰：『發，開也。今諸本皆作芟字。』」念孫案：據晉灼注，則正文作「夷險發荒」可知。「發」者，「癹」之借字也。「癹」、「發」聲相近，《玉篇》：「癹，匹葛、扶葛二切。」故「癹」通作「發」。「癹」亦「夷」也。《説文》「癹，以足蹋夷艸」，引《春秋傳》《隱六年》曰：「癹夷蘊崇之。」是也。諸本作「芟」，蓋即「癹」之誤。又案：晉灼注《漢書》而訓「發」爲「開」，則《漢書·敘傳》亦必作「發荒」，今本《敘傳》作「芟」，蓋亦「癹」之誤。

伯夷抗行於首陽柳惠降志而辱仕顔淵樂於簞瓢

念孫案：「伯夷抗行於首陽」四句，當從《漢書·敘傳》作「夷抗行於首陽，惠降志於辱仕，顔耽樂於簞瓢，孔終篇於西狩」。今李善本「夷」作「伯夷」，「惠」作「柳惠」，「顔耽樂」作「顔淵樂」，皆後人妄增改之也。「夷抗行於首陽」以下皆以六字爲句，今改「夷」爲「伯夷」、「惠」爲「柳惠」，則句法參差，其謬一也。謂柳下惠爲柳惠，其謬二也。「夷」與「惠」對，「顔」與「孔」對，今改「顔耽樂」爲「顔淵樂」，則與「孔終篇」不對，其謬三也。五臣本無「伯」字、

「柳」字，「顔耽樂」作「顔潛樂」，義得兩通。「降志於辱仕」，各本「於」字竝譌作「而」。

虎嘯而谷風洌龍興而致雲氣

念孫案：《聖主得賢臣頌》「虎嘯而谷風洌」二句，本作「虎嘯而風洌，龍興而致雲」。今李善本「風」上有「谷」字，「雲」下有「氣」字，皆後人所加也。彼見《四子講德論》云「虎嘯而風寥戾，龍起而致雲氣。蟋蟀俟秋吟，蜉蝣出以陰」，與此大略相同，故於「雲」下加「氣」字，不知本文原無「氣」字也。蓋彼以「戾」、「氣」爲韻，故「雲」下有「氣」字，與此不同也。又見《楚辭·七諫》及《淮南·天文篇》竝云：「虎嘯而谷風至。」故於「風」上加「谷」字，不知本文亦無「谷」字也。如有「谷」字，則李善當引《楚辭》《淮南》爲證，今乃引《管輅别傳》云：「虎者陰精而居于陽，依木長嘯，動於巽林，二數相感，故能運風。」則「風」上本無「谷」字明矣。《嘯賦》注引此正作「虎嘯而風洌，龍興而致雲」。五臣本及《漢書·王襃傳》《漢紀》竝同。

祚爾煇章

《漢高祖功臣頌》「祚爾煇章」，李善曰：「章，印章也。」張銑曰：「福汝煇榮之寵章。」念孫案：李、張二説皆非也。「煇」讀爲「徽」。徽，旌旗之屬。徽章，猶言旗章。祚，賜也。見

《齊語》注。言賜爾以徽章也。《大雅·韓奕》曰：「王錫韓侯，淑旂綏章。」是也。《説文》曰：「微，識也。「識」今作「幟」。以絳微帛著于背。」引昭二十一年《左傳》「揚微者公徒」，今本作「徽」。《大傳》「殊徽號」，鄭注曰：「徽號，旌旗之名也。」徽所以爲表章，故曰徽章。《齊策》曰：「章子變其徽章，以雜秦軍。」是也。《宋孝武宣貴妃誄》曰：「崇徽章而出寰甸。」「徽」與「煇」古字通，亦通作「揮」。《東京賦》曰：「戎士介而揚揮。」

立基孝公

《劇秦美新》：「立基孝公，今李善本如此。茂惠文，奮昭莊。」念孫案：「立基孝公」，「立」字後人所加。「基孝公」者，《爾雅》曰：「基，始也。」言秦之彊始於孝公也。「基孝公」、「茂惠文」、「奮昭莊」皆以三字爲句，加一「立」字，則句法參差矣。五臣本及《藝文類聚》所引皆無「立」字。

咸稽之於秦紀

「改制度軌量，咸稽之於《秦紀》」，李善曰：「稽，考也。紀，本紀也。言考校之而著之《秦紀》。」吕向曰：「稽，述也。紀，記也。言述之於秦史，以記其事。」念孫案：李、吕二説皆非也。《商頌・玄鳥》正義引《尚書緯》曰：「曰若稽古帝堯。稽，同也。」鄭注《堯典》同。《儒行》曰：「今人與居，古人與稽。」《韓子・主道篇》曰：「保吾所以往而稽同之。」韋注《越語》曰：「紀，法也。」言改制度軌量，而同之於秦法也。《史記・秦始皇紀》曰：「一法度衡石丈尺，車同軌，書同文字。」是其事也。

狙獷而不臻

「來儀之鳥，肉角之獸，狙獷而不臻」，李善曰：「《説文》曰：『狙，犬暫齧人。』又曰：『獷，犬不可親附也。』」張銑曰：「鳳皇麒麟，皆以秦如惡狗而不至也。狙獷，犬齧人者也。」念孫案：李解「狙」字之義未當，張則大謬矣。「狙」讀爲「虘」。《廣雅》曰：「䞿狾，虘也。」虘，曹憲音在何反，謂驚去之貌也。「虘」與「狙」古字通。《説文》曰：「狾，犬狾狾不附人也。讀若南楚相驚曰狾。」又曰：「獷，犬獷獷不可附也。」然則狙、獷皆驚去之貌，言麟鳳高飛遠走而不至也。

神歇靈繹

「神歇靈繹，海水羣飛」，李善曰：「繹，猶緒也。言神靈歇其舊緒，不福佑之。繹，或爲液。

海水，喻萬民。羣飛，言亂。」五臣本「繹」作「液」。劉良曰：「天地神祇，以秦無道之甚，故歇其靈潤滋液，不降福祥也。」念孫案：李、劉二注皆不得其解而爲之詞。今案：繹者，終也。「神歇靈繹，海水羣飛」，言始皇既没而天下皆叛也。「繹」字本作「斁」，「繹」、「液」皆其借字也。又借作「射」。《説文》曰：「斁，終也。」《廣雅》曰：「繹，終也。」又曰：「疆、繹、終，窮也。」《魯頌・駉篇》曰：「思無疆。」又曰：「思無斁。」《白虎通義》曰：「九月謂之無射何。射者，終也。言萬物隨陽而終，當復隨陰而起，無有終已也。」此皆古人謂終爲斁之證。張衡《靈憲》曰：「神歇精斁。」義與此同也。

有凴應而尚缺

「上覽古在昔，有凴應而尚缺，焉壞徹而能全」，李善以「凴應」爲「依憑瑞應」，吕向曰：「憑仁義而感瑞應。」念孫案：「應」讀爲「膺」。凴膺，猶服膺也。「服」與「凴」一聲之轉。《中庸》曰：「拳拳服膺而弗失之。」《士喪禮》「凴尸」，《喪大記》「凴尸」，鄭注曰：「凴，服膺之。」《喪大記》注曰：「凴，謂扶持服膺。」《莊子・盜跖篇》曰：「凴而不舍。」又曰：「服膺而不舍。」服膺，即凴也。「服」與「伏」古通用，「服膺」之爲「凴膺」，猶「伏軾」之爲「凴軾」，《史記・酈生傳》「伏軾下齊七十餘城」，《漢書》作「凴軾」。「伏琴」之爲「凴琴」，《史記・魏世家》「中期凴琴」，索隱曰：「《春秋後語》作『伏琴』。」「茵伏」之爲「茵馮」也。《史記·酷吏傳》「未嘗敢均茵伏」，《漢書》作「茵馮」。「膺」與「應」古同聲而通用。《康誥》曰：「應保殷民。」《周語》曰：「膺保明德。」「應保」即「膺保」。《魯頌·閟宮篇》「戎狄是膺」，《史記·建元以來侯者年表》「膺」作「應」。《孟子·滕文公篇》「戎狄是膺」，《音義》曰：「膺，丁本作應。」此承上文「帝王之道不可離」而言，言上覽古昔，有服膺斯道而尚有缺失者矣，未有壞徹斯道而能自全者也。「服膺」與「壞徹」意正相對。説者不達，乃讀「應」爲「瑞應」之「應」，宜其詰鞫爲病矣。

其疇離之

「其異物殊怪，存乎五威將帥，班乎天下者，四十有八章。登假皇穹，鋪衍下土，非新家其疇離之」，李善曰：「離，應也。」劉良曰：「離，治也。」念孫案：「應」、「治」二訓，皆於古無據，且於義未安。今案：離者，被也。言非新家，其誰被此祥瑞也。《後漢書·東平憲王傳》「策曰：『今詔有司，加賜鸞輅乘馬，龍旂九旒，虎賁百人，奉送王行，匪我憲王，其孰離之？』」句法正與此同。李賢曰：「離，被也。」班固、杜根、張衡《傳》注竝同。言非憲王，誰更被蒙此恩也。

覺德不愷

「夫不勤勤，則前人不當；不懇懇，則覺德不愷」，李善曰：「不懇懇，則覺德不和也。《毛詩》曰：『有覺德行。』《左氏傳》注曰：『愷，和也。』」劉良曰：「不懇懇，則悟大德不和其化也。覺，悟也。」念孫案：李解「愷」字之義未當，劉則并誤解「覺」字矣。今案：覺，大也。愷，明也。言不懇懇，則大德不明於天下也。《孝經》引《詩》「有覺德行」，鄭注曰：「覺，大也。」《小雅·斯干篇》「有覺其楹」，毛傳曰：「有覺，言高大也。」《緇衣》引《詩》「覺」作「梏」，鄭注曰：「梏，大也，直也。」《爾雅》曰：「愷悌，發也。」舍人、李巡、孫炎、郭璞皆訓「愷」爲「明」。字亦作「闓」，《廣雅》曰：「闓，明也。」

羣公先正罔不夷儀

「天人之事盛矣，鬼神之望允塞。羣公先正，罔不夷儀」，李善曰：「《尚書》曰：『羣公既皆聽命。』又曰：『亦惟先正夷儀。』言有常儀也。」劉良曰：「百官羣公之治既正，無不端平有等差也。夷，平也。」念孫案：李説「羣公」及「夷儀」皆失之，劉説尤謬。今案：「羣公先正」，即上所謂「鬼神」。《大雅·雲漢篇》曰「羣公先正，則不我助」是也。《爾雅》曰：「夷，悦也。」

郭注引《詩》「我心則夷」。又《鄭風・風雨篇》云：「胡不夷。」《商頌・那篇》「亦不夷懌」，毛傳竝與《爾雅》同。言羣公先正之神，無不悅其禮儀，故曰「鬼神之望允塞」也。下文云：「姦宄寇賊，罔不振威。」「振威」與「夷儀」相對爲文，是「夷」爲「悅」也。

猶可得而脩也

《典引》「厥有氏號，紹天闡繹，莫不開元於太昦皇初之首，上哉夐乎，其書猶可得而脩也」，呂向曰：「其書尚可得脩治也。」念孫案：「脩」當爲「循」，字之誤也。隸書「循」、「脩」二字，傳寫往往譌溷。《繫辭傳》「損德之脩也」，釋文：「脩，馬本作循。」《莊子・大宗師篇》「以德爲循」，釋文：「循，本亦作脩。」《晉語》「曚瞍脩聲」，《王制》正義引作「循聲」。《史記・商君傳》「湯武不循古而王」，索隱曰：「《商君書》作『脩古』。」《管子・九守篇》「循名而督實」，《呂氏春秋・盡數篇》「射而不中，反循于招，何益于中」，《韓子・五蠹篇》「聖人不期循古」，《趙策》「循禮無邪」，今本「循」字竝譌作「脩」。漢《北海相景君碑陰》「故𢔶〔一〕行都昌台丘暹」，《金石録》曰：「案：《後漢書・百官志》注『河南尹官屬有循行一百三十人』，而《晉書・職官志》州縣吏皆有『循行』。今此碑陰載故吏都昌台丘暹而下十九人，皆作『𢔶行』。他漢及晉碑數有之，亦與此碑陰所書同。豈『脩』、『𢔶』字畫相近，遂致訛謬邪？」《隸續》曰：「『循』、『脩』二字，隸法只爭一畫，書碑者好奇，所以從省借用。」循者，述也。《邶風・日月》傳曰：「述，循也。」《廣雅》曰：

〔一〕𢔶，原作「循」，據《隸續》改。

「循，述也。」太昪以前，不可復考，故上文曰：「踰繩越契，寂寥而亡詔者，系不得而綴也。」太昪始作《八卦》，以通神明之德，類萬物之情，故曰「其書可得而述」，非謂脩治之也。《後漢書・班固傳》亦誤作「脩」。

慝亡回而不泯

「慝亡回而不泯，「慝」，古「慝」字也。《逸周書・大戒篇》曰：「克禁淫謀，衆慝乃雍。」《管子・七法篇》曰：「百慝傷上威。」《韓子・主道篇》曰：「處其主之側爲姦慝。」「慝」竝與「慝」同。《漢書・五行志》「朔而月見東方，謂之仄慝」，《周官・保章氏》疏、《後漢書・蔡邕傳》注、《文選・月賦》注引《書大傳》竝作「側慝」。微胡瑣而不頤」，吕延濟曰：「回，邪也。」《班固傳》作「慝亡迴而不泯」，李賢曰：「慝，惡也。迴，遠也。瑣，小也。頤，養也。言凶惡者無遠而不滅，微細者何小而不養也。」念孫案：「迴」與「瑣」相對爲文，則作「迴」者是也。「迴」譌爲「廻」，因譌爲「回」耳。吕訓「回」爲「邪」，則是惡無邪而不泯，不詞之甚矣。「微」讀爲「徽」，徽，善也。説見《班固傳》。

有不俾而假素罔光度而遺章今其如台而獨闕也

「伊考自遂古，乃降戾爰茲；作者七十有四人，有不俾而假素，罔光度而遺章，今其如台而獨闕也」，李善曰：「言前封禪之君，有天不使之，而尚假竹素，未有告之以光明之度，而遺其篇章。《尚書》曰『夏罪其如台』，孔傳曰：『台，我也。』」《班固傳》注以「光度」爲「光揚法度」，餘與李善注略同。五臣注甚謬，故不録。念孫案：李善以「不俾」爲「天不使」，「光度」爲「光明之度」，「如台」爲「如我」，李賢又以「光度」爲「光揚法度」，皆不得其解而爲之詞也。今案：不俾者，不從也。《爾雅》曰：「俾，從也。」《君奭》曰：「海隅出日，罔不率俾。」猶《魯頌》言「至于海邦，莫不率從」也。「度」與「宅」古字通。「光度」即「光宅」也。《書序》曰「昔在帝堯，聰明文思，光宅天下」是也。薛瓚注《漢書·韋玄成傳》曰：「古文『宅』、『度』同。」《大雅·皇矣篇》「此維與宅」，《論衡·初稟篇》引作「度」。《文王有聲篇》「宅是鎬京」，《坊記》引作「度」。又《堯典》「宅西」，《周官·縫人》注引作「度」。「五流有宅」，《史記·五帝紀》作「度」。《禹貢》「是降丘宅土」，《風俗通義》引作「度」。「三危既宅」，《夏本紀》作「度」。《立政》「文王惟克厥宅心」，《漢石經》作「度」。凡《古文尚書》例作「宅」，《今文尚書》例作「度」。孟堅本用今文，此言「光度」，即《書序》之「光宅」。猶上文言「正位度宗」，即《顧命》之「恤宅宗」也。「光宅天下」者，廣宅天下也。《周頌·敬之》傳曰：「光，廣也。」「光」與「廣」義同而字亦相通。《周語》：「熙，廣也。」韋注引鄭司農云：「廣，當爲光。」《堯典》曰：「光被四表。」漢《樊毅復華下民租田口算碑》曰：「廣被四表。」《荀子·禮論篇》曰「積厚者流澤廣」，《大戴禮·禮三本篇》作「流澤光」，皆其證也。「如台」者，奈何也。《湯誓》「夏罪其如台」，《史記·殷本紀》作「有罪其奈何」。《高宗肜日》「乃曰其如台」，《史記》作「乃曰其奈何」。《西伯戡黎》「今王其如台」，《史記》作「今王其奈何」。是古謂「奈何」爲「如台」也。《盤庚》「卜稽曰：其如台」，亦謂「卜問曰：其奈何」也。《法言·問道篇》「莊周申韓不乖寡聖人而漸諸篇，則顏氏之子、閔氏之孫其如台」，言三子若不詆呰聖人，則顔閔之徒其奈之何也。《漢書·敘傳》「矧乃齊民，作威作惠，如台不匡」，言奈何不匡正之也。説者皆訓「台」爲「我」，而其義遂不可通矣。言自古封禪之君，有海内未盡率從而尚假竹素者，未有光宅天下而遺其文章者，今其奈何而獨闕也。《郭有道碑》文曰：「今其如何而闕斯禮。」句法本此。

光允不陽

念孫案：班固《述成紀》「炎炎燎火，亦允不陽」，亦，發語詞。《皋陶謨》曰：「亦行有九德。」是也。經傳中若是者多矣。今李善本作「光允不陽」者，後人但知「亦」爲連及之詞，而不知其爲發語詞，故妄改爲「光」。不知此謂火之不揚，非謂其光也。《小雅·正月篇》「燎之方揚」亦謂火，非謂光也。《漢書·谷永傳》作「燎之方陽」。「陽」、「揚」古字通。五臣本及《漢書·敘傳》《漢紀》皆作「亦允不陽」。李善引張晏注曰：「天子之威盛如燎火之陽，今委政王氏，亦不熾矣。」據此，則正文本作「亦允不陽」明矣。今本「亦不熾矣」作「不亦熾乎」，又今本《漢書》張晏注作「不炎熾矣」，皆後人不曉文義而妄改之。

躬親節儉

念孫案：《非有先生論》「舉賢才，布德惠，施仁義，賞有功，躬親節儉」，五臣本及《漢書·東方朔傳》竝作「躬節儉」，六臣本注云：「躬，善本作『親』。」據此，則李善本本作「親節儉」。

今作「躬親節儉」者，校書者據五臣本旁記「躬」字，而後人誤合之也。自「舉賢才」以下，皆以三字爲句。加入「躬」字，則句法參差矣。下文「放鄭聲」以下七句，「開内藏」以下六句，亦以三字爲句。

但懸曼矰

《四子講德論》「是以空柯無刃，公輸不能以斲，但懸曼矰，蒲苴不能以射」，李善曰：「薛君《韓詩章句》曰：『曼，長也。』」張銑曰：「蒲苴子，善弋射者也。與曼矰，不與其弓，則不能發射也。」念孫案：李、張皆未解「懸」字、「曼」字之義。懸，謂繳也。繳，繩也。矰，弋射矢也。弋者以繳繫矢而射，故曰懸。懸，繫也。《淮南·説山篇》「好弋者先具繳與矰」，高注曰：「繳，大綸。矰，短矢。繳所以繫矰。」是也。曼者，無也。言但有繳而無矰，則雖蒲苴不能以射也。《廣雅》：「曼，無也。」《小爾雅》同。《法言·寡見篇》曰：「曼是爲也。」《五百篇》曰：「行有之也，病曼之也。」皆謂「無」爲「曼」。「但懸曼矰」與「空柯無刃」相對爲文。「但」亦「空」也。「曼」亦「無」也。「無」、「曼」一聲之轉，「無」之轉爲「曼」，猶「蕪菁」之轉爲「蔓菁」矣。

偃息俌匐乎詩書之門

「偃息俌匐乎詩書之門，今李善本如此。游觀乎道德之域」。念孫案：「俌匐」二字，後人妄加之也。「偃息乎詩書之門」、「游觀乎道德之域」皆以七字爲句，加入「俌匐」二字，則非特句法參差，且文不成義矣。五臣本無「俌匐」。

貪不可冀無爲二母之所笑

念孫案：《王命論》「貪不可冀，無爲二母之所笑」，「無」字本在「貪」字上，言毋貪不可冀望之事，爲二母所笑也。《漢書·敘傳》作「毋貪不可幾」、《漢紀》作「無貪不可幾」者是其證。又案：李周翰注云：「勿貪帝位，終不可冀望，徒爲二母所笑。」則「無」字本在「貪不可冀」之上明矣。今本「無」字在下句「爲」字上，蓋後人不曉文義而妄移其次耳。

棲遲泌丘

《郭有道碑》文「棲遲泌丘，善誘能教」，李善曰：「《毛詩》曰：『泌之洋洋，可以療飢。』」念孫案：毛以「泌」爲泉水，此言「泌丘」，則與《毛傳》異義。案：《廣雅》曰：「丘上有木爲柲丘。」此碑云「棲遲泌丘」，而《周巨勝碑》亦云「洋洋泌丘，于以逍遥」，又束晳《玄居釋》曰：「學既積而身困，夫何爲乎祕丘？」《抱朴子·正郭篇》曰：「廁高潔之條貫，爲祕丘之俊民。」「泌」、「柲」、「祕」字異而義同。蔡邕、張揖、束晳、葛洪竝以「泌」爲丘名，説與毛異，蓋本於三家也。

世謂隨夷爲溷兮謂跖蹻爲廉

念孫案：《弔屈原文》：「世謂隨夷爲溷兮，謂跖蹻爲廉。」本無兩「爲」字，今有之者，後人以下文云「莫邪爲鈍兮，鉛刀爲銛」，故加之也。不知此二句言謂不言爲，下二句言爲不言謂，互文也。若此二句有「爲」字，則不成句法矣。《史記》《漢書》賈誼傳俱無「爲」字。

豈能容夫吞舟之巨魚

「彼尋常之汙瀆兮，豈能容夫吞舟之巨魚」。念孫案：「巨」字後人所加。既言吞舟之魚，則不必更言巨矣。《列子·楊朱篇》曰：「吞舟之魚，不游枝流。」《莊子·庚桑楚篇》曰：「吞舟之魚，碭而失水。」《吕氏春秋·愼勢篇》曰：「吞舟之魚陸處。」《韓詩外傳》曰：「滎澤之水，無吞舟之魚。」《淮南·繆稱篇》曰：「尋常之溝，無吞舟之魚。」《史記·酷吏傳》曰：「網漏於吞舟之魚。」後人以李善注云「尋常之溝，巨魚無所還其體」，因於正文内加「巨」字。不知此引《莊子》之文，以明小水之不容巨魚耳，非正文内本有「巨」字也。劉良注云「吞舟之魚，今本作「吞舟巨魚」，亦是後人所改。下文云：「言小池水之中，不能容吞舟之魚。」則仍未改也。謂大魚腹中可容船也。」則正文内原無「巨」字明矣。《史記》《漢書》皆無「巨」字。

擠爲山乎九天

《弔魏武帝文》「彼人事之大造，夫何往而不臻。將覆簣於浚谷，擠爲山乎九天」，李善曰：「擠，墜也。」張銑曰：「爲山將至九天，忽山穨，謂大功既成而死矣。」念孫案：「擠」讀爲「朝隮于西」之「隮」。隮，升也。爲山者自下而上，故曰隮。言人事所成，何往不至，譬如爲山，將覆簣於深谷之中，而隮之至於九天也。若云「墜爲山乎九天」，則與上意不貫。下二句云「苟理窮而性盡，豈長筭之所研」，乃始言功成而身死耳。「擠」與「隮」古字通，昭十三年《左傳》「知擠於溝壑矣」，杜注曰：「擠，墜也。」《商書·微子篇》「予顛隮」，馬注曰：「隮，猶墜也。」「擠墜」之「擠」通作「隮」，猶「隮升」之「隮」通作「擠」矣。